高等院校工商管理专业规划教材

内部控制与风险管理

叶陈刚　郑洪涛　等著

对外经济贸易大学出版社
中国·北京

图书在版编目（CIP）数据

内部控制与风险管理/叶陈刚等著．—北京：对外经济贸易大学出版社，2011

高等院校工商管理专业规划教材

ISBN 978-7-5663-0177-2

Ⅰ．①内… Ⅱ．①叶… Ⅲ．①企业管理：风险管理-高等学校-教材 Ⅳ．①F275．1

中国版本图书馆 CIP 数据核字（2011）第 201758 号

内部控制与风险管理

叶陈刚 郑洪涛 等著

责任编辑：王春霞 汪 洋

对外经济贸易大学出版社

北京市朝阳区惠新东街 10 号 邮政编码：100029

邮购电话：010-64492338 发行部电话：010-64492342

网址：http://www.uibep.com E-mail：uibep@126.com

山东省沂南县汇丰印刷有限公司印装 新华书店北京发行所发行

成品尺寸：185mm×230mm 22.5 印张 452 千字

2011 年 10 月北京第 1 版 2011 年 10 月第 1 次印刷

ISBN 978-7-5663-0177-2

印数：0 001-3 000 册 定价：41.00 元

前　言

21 世纪初，美国发生了数起震惊全球的财务舞弊案，这直接导致《2002 萨班斯－奥克斯利法案》的出台，这是继美国 1933 年《证券法》和 1934 年《证券交易法》颁布以来的最严格的公司监管法律。该法案对公司内部控制评价和风险管理提出了非常严格的要求。2004 年美国 COSO 委员会发布的《企业风险管理整体框架》，将内部控制融入其中，内部控制发展进入一个新的阶段。报告指出，风险管理框架应建立在内部控制框架的基础上，内部控制则是企业风险管理的基础。

2008 年，中国财政部、证监会、审计署、银监会、保监会五部委联合发布了《企业内部控制基本规范》，并于 2009 年 7 月在上市公司范围执行，这标志着中国版萨班斯法案的正式启动。2010 年 4 月 26 日，五部委又发布了《企业内部控制配套指引》。该配套指引包括 18 项《企业内部控制应用指引》、《企业内部控制评价指引》和《企业内部控制审计指引》，连同此前发布的《企业内部控制基本规范》，标志着适合我国企业内部控制规范体系已基本建成。

但是，从我国目前的状况来看，企业普遍缺乏内部控制和风险管理的意识，内部控制与风险管理之间的关系也需要明确。基于此，我们在本书对内部控制和风险管理进行了详尽的阐述。

本书主要介绍了内部控制的概述，内部控制理论的形成和发展，内部控制理论框架，内部控制的其他支持系统建设，内部控制系统的设计，内部控制信息的评价与披露，内部控制行为的监督，风险与风险管理的基本概念，企业风险管理的组织，企业风险管理的目标设定与风险识别，企业风险分析与评价，企业风险应对策略与措施、企业风险评估与控制系统，风险的信息披露与审计，公司治理、内部控制、风险管理的互动及协调。

本书由对外经济贸易大学财务治理研究中心研究员、国际商学院博士生导师叶陈刚教授与北京国家会计学院教务部副主任郑洪涛博士负责拟定提纲并共同统纂定稿，郑洪涛博士撰写本书第一、三章，叶陈刚教授撰写第二、九、十一、十二章，华北电力大学工商管理学院博士后张颖撰写本书第四、五、六、七章，华北电力大学工商管理学院叶陈云博士撰写第十章，对外经济贸易大学国际商学院博士生、北方工业大学经济管理学院会计系刘桂春撰写本书第十三、十四章，对外经济贸易大学国际商学院研究生刘颖撰写第八章，对外经济贸易大学国际商学院博士研究生王海菲与对外经济贸易大学财务治理研究中心研究员张亚东撰写第十五章。

本书紧密联系中国内部控制与风险管理实务，突出重点，明确难点，把握关键。本书是作者在多年对企事业单位调研、咨询、培训的基础上完成的，不仅适用于高年级本科教学，而且可用MBA、MPAcc等经济管理类专业硕士教学与研修，也可作为有关社会教育机构的学习用书。

由于时间和能力所限，书中内容如有不尽成熟之处、缺点和错误，恳请读者批评指正，以利改进与完善。

叶陈刚于北京惠园

2011年7月11日

目 录
Contents

第一章

内部控制概述

在本章中，你将学到

◇ 内部控制的概念和分类
◇ 内部控制的目标
◇ 内部控制产生的根源和背景
◇ 内部控制的局限性

引例

因内部控制混乱而被注册会计师出具无法表示意见的郑百文公司①

中国第一份因内部控制混乱而被注册会计师出具拒绝表示（无法表示）意见的审计报告企业——郑百文。

审计报告：

……

经审查，贵公司所属家电分公司缺乏我们可信赖的内部控制制度，会计核算方法具有较大的随意性，而家电分公司的资产及业务量在贵公司占有较大比重，致使我们无法取得充分适当的审计证据对贵公司的整体会计报表的收入、成本及相关的报表项目的真实性、合理性予以确认。

……

① 李若山．注册会计师：经济警察吗？［M］．北京：中国财政经济出版社，2003．

我们认为，由于上述原因，不能取得充分必要的审计证据，无法确认其对报表整体的影响程度，我们无法对上述会计报表是否符合《企业会计准则》和《股份有限公司会计制度》的有关规定以及是否公允反映了贵公司 1998 年 12 月 31 日的财务状况和 1998 年度的经营成果及现金流量情况发表意见。

第一节　内部控制的概念和分类

企业内部控制是企业发展和组织效率提高需求的产物，随着企业组织形态进化、社会环境变化而不断深化。自 20 世纪 30 年代美国《证券交易法》提出内部会计概念以来，内部控制的内涵和外延都发生了深刻的变化。内部控制由外部审计界发端、企业监管部门参与，通过以企业界为主体的经营管理实践的不断总结和发展，形成了完整的理论体系和实践框架。不同国家、不同组织机构基于不同的角度和层次，对内部控制的认识和分析得到了不同的概念。

一、国际上不同国家和机构对内部控制概念的界定

（一）COSO 报告

目前，现代内部控制最具有权威性的框架当属美国 COSO 委员会发布的《企业风险管理——整合框架》(ERM 框架)。ERM 框架将全面风险管理定义为：全面风险管理是一个由企业的董事会、管理层和其他员工共同参与的，应用于企业战略制定和企业内部各个层次和部门的，用于识别可能对企业造成潜在影响的事项并在其风险偏好范围内管理风险的，为企业目标的实现提供合理保证的过程。

在这个定义中，全面风险管理具有多目标驱动，全员、全过程、合理保证的特性。风险管理受一个或多个不同类型但相互交叉的目标驱动，由董事会、管理当局和组织中各个层级的人员共同实施，持续应用于生产经营活动的全过程，通过识别影响主体的潜在不利事项，采取恰当政策和方法将风险控制在风险容量以内，从而为目标实现提供合理保证。

根据 ERM 框架，内部控制包括三个维度：第一维是企业的目标，第二维是全面风险管理要素，第三维是企业的各个层级。第一维企业的目标有四个，即战略目标、经营目标、报告目标和合规目标。第二维全面风险管理要素有八个，即内部环境、目标设定、事件识别、风险评估、风险应对、控制活动、信息和交流、监控。第三维企业的层级，包括企业层面、各职能部门、各条业务线及下属各子公司。ERM 三个维度的关系如下：全面风险管理的八个要素都是为企业的四个目标服务的；企业各个层级都要坚持

同样的四个目标；每个层次都必须从以上八个方面进行风险管理。

ERM框架从公司治理的角度对内部控制进行研究。内部控制包括两个层面：第一个层面是公司层面，即所有者对经营者的控制，通过一套有效的制衡机制，对经营者进行激励和约束，促使经营者科学决策、努力经营，减少逆向选择和道德风险；第二个层面是业务层面，即经营者对生产经营活动的控制，通过对业务过程中的业务流、资金流、信息流和人员流进行监控，提高管理效益和效率，实现既定目标。

（二）加拿大CoCo委员会的控制指南

加拿大特许会计师协会（CICA）下属的控制规范委员会（Criteria of Control Board，CoCo委员会）专门对控制系统的设计、评估和报告进行研究，并发布相关指南。CoCo委员会于1995年发布的《控制指南》（Guidance on Control，CoCo指南），将"内部控制"的概念扩展到"控制"，其定义为"控制是一个企业中的要素集合体，包括资源、系统、过程、文化、结构和任务等，这些要素结合在一起，支持达成该企业的目标"。

CoCo指南明确指出，控制的性质具有四个特点：（1）控制需要企业内所有成员的参与，包括董事会、管理层和所有其他员工；（2）控制对达成企业目标只能提供合理的保证，而不是绝对的保证；（3）控制的终极目的是为了创造价值，而不只是单纯地控制成本；（4）有效的控制需要保持独立和整体、稳定和适应变化之间的平衡。

根据CoCo指南，控制由四个基本要素构成：目标、承诺、能力、学习和监督。目标是指明确企业发展的方向及发展过程中的风险和机遇，包括任务、前景和战略计划。承诺是指企业应培育互相信任的氛围，建立以诚信为基石的伦理价值观。企业的人力资源政策、权力和职责的界定应与企业的伦理价值观和目标一致。能力要素强调员工应拥有设计和执行控制活动所必需的知识、资源、技术和工具，以增强企业的竞争力。学习和监督着眼于企业的发展，指从工作中持续学习和自我检查。CoCo指南进一步从上述四个方面提出有效控制的20个规范标准。

与COSO报告相比，CoCo指南提供了更为广泛、更具前瞻性的内部控制概念。例如，CoCo指南强调对内部控制的评估应着眼于与未来业绩、机会与风险相关的信息，认为追求机会的能力与必要时灵活快速地作出反应的能力对组织发展十分必要。

（三）巴塞尔委员会的内部控制

巴塞尔委员会发布的《银行组织内部控制系统框架》（Framework for Internal Control Systems in Banking Organizations，FICSBO，简称《巴塞尔框架》）是银行内部控制研究的历史性突破。此框架一经发布便为各国银行监管当局承认和接受，目前已经成为建立与评价银行内部控制的权威依据。《巴塞尔框架》并没有对内部控制作出明确定义，而是规定了内部控制的五个构成要素：管理监督和控制文化、风险识别和评价、控制活动和职责分离、信息与沟通、监管和缺陷纠正，并基于五个要素提出13条原则。这些原则明确指出：董事会和高管人员对内部控制建立和执行的有效性负有最终责任；要求银行对经营中的风险进行有效识别和持续评估；特别强调银行应实行恰当的职责分离制度；要求银行建立有效的信息系统与沟通渠道。

《巴塞尔框架》吸收和借鉴了COSO报告的精髓，因此两者在整体结构上十分相似，但同时也存在一定差异。《巴塞尔框架》的内容更加具体、更具有操作性。通过针对每一个要素制定相关内部控制建立和评估的原则，明确了主要的控制点和控制流程。《巴塞尔框架》还明确了董事会、管理当局、业务部门和内部审计部门在内部控制系统的责任。

（四）信息系统审计和控制联合会的内部控制

信息系统审计和控制联合会（以下简称ISACA），成立于1969年，是国际上最负盛名的信息控制理论研究及研究资料的出版机构，是一个专门从事IT治理相关技术研究、教育的国际组织。2000年7月，ISACA发布了信息及相关技术的控制目标（Controlled Objectives for Information and Related Technology，COBIT）。COBIT是一个基于IT治理概念的、面向IT建设过程的IT治理实现指南和审计标准，其目标是为信息系统审计提供公认的信息安全和控制评价标准。

COBIT将信息系统的作业过程划分为规划和组织、获得和建设、交付和运行、监督四个阶段，各阶段共包括34个具体步骤。建立电子商务系统的内部控制程序和政策应以COBIT框架的34项作业步骤为控制流程主线，针对各步骤的作业内容、控制目标和固有风险，选择COSO报告中的相应控制要素及控制要点构成本环节的相应控制政策。COBIT将IT过程、IT资源及信息、企业的策略与目标联系起来，形成一个三维的体系结构。其中，IT准则维集中反映了企业的战略目标，主要从质量、成本、时间、资源利用率、系统效率、保密性、完整性、可用性等方面来保证信息的安全性、可靠性、有效性；IT资源维主要包括以信息、应用系统、设施及人在内的相关信息资源，这是IT治理过程的主要对象；IT过程维则是在IT准则的指导下，对信息及相关资源进行规划与处理，从信息技术的规划与组织、获取与实施、交付与支持、监督与评估等四个方面确定了34个信息技术处理过程，每个处理过程还包括更加详细的控制目标和审计方针以对IT处理过程进行评估。

二、我国的内部控制概念

2006年7月15日，受国务院委托，财政部牵头，由财政部、国资委、证监会、审计署、银监会、保监会联合发起成立企业内部控制标准委员会。许多监管部门、大型企业、行业组织、中介机构、科研院所的领导和专家学者积极参与委员会的工作，为构建我国企业内部控制标准体系提供了组织和机制保障。

2008年6月，财政部会同证监会、审计署、银监会、保监会发布《企业内部控制基本规范》（简称《基本规范》），要求自2009年7月1日起首先在上市公司范围开始施行，鼓励非上市的大中型企业执行。《基本规范》的发布标志着我国内部控制制度建设取得了重大突破，基本形成以各单位具体实施为基础、监管部门为主导、会计师事务所等中介机构咨询服务为支撑、政府监管和社会评价相结合的内部控制实施机制。

《基本规范》对内部控制作出如下定义：内部控制是由企业董事会、监事会、经理层和全体员工实施的，旨在实现控制目标的过程。内部控制的目标是合理保证企业经营管理合法合规、资产安全、财务报告及相关信息真实完整，提高经营效率和效果，促进企业实现发展战略。

《基本规范》在形式上借鉴了COSO报告内部控制五要素框架，同时在内容上体现了其风险管理八要素框架的实质，构建了以内部环境为重要基础、以风险评估为重要环节、以控制活动为重要手段、以信息沟通为重要条件、以内部监督为重要保证的五要素框架。上述要素相互联系、相互促进，构成一个统一的企业内部控制框架。

三、内部控制的分类

内部控制从不同角度，按照不同标准可以划分为若干不同的类型。

（一）按内部控制主体分类

内部控制从组织内部的控制主体角度可分为董事会控制、管理者控制、员工控制，从而形成三个层级的内部控制：一是以董事会为主体的公司治理控制；二是以管理者为主体的管理控制；三是以员工为主体的任务控制或作业控制①。

（二）按控制实施方式分类

内部控制从控制实施方式角度可分为正式控制和非正式控制，委托型控制和直接型控制。根据制度设计和实施方式不同，控制方式划分为正式控制和非正式控制。正式控制是指通过组织正式的组织结构和制度程序加以实施控制；非正式控制是通过正式控制以外的，诸如信任、奖励、交谈、文化等途径实施控制。根据权力集中程度不同，控制方式划分为委托型控制和直接型控制。委托型控制是指委托人与受托人之间是一种信任与被信任关系的控制。在此控制类型中，委托人给受托人设定一个活动的框架，受托人在这个框架内可以充分发挥自己的能动作用，受托人的行为主要靠信托责任和合约来约束。

（三）按控制目标分类

内部控制从控制目标角度可分为遵循相关法规的控制、保证报告可靠性的控制、实现经营或效率和效果的控制以及促进实现企业战略目标的控制。

---

① 张先治．内部管理控制论［M］．北京：中国财政经济出版社，2004：2.

第二节 内部控制的目标

一、不同国家和组织对内部控制目标的表述

任何一项制度都是为满足特定需求而产生的。内部控制目标是指企业通过实施内部控制所要达到的预期效果。在内部控制发展的初期，企业将内部控制定位于纠错与防范舞弊。随着社会经济和技术的发展，人们对内部控制的认识已突破原有会计和审计的局限。内部控制的目标也随之拓展和深化。20 世纪 90 年代以来，不同国家和组织先后颁布内部控制框架，这些框架明确指出内部控制的目标，并且大多采用列举式加以列示。本书对现有内部控制框架关于内部控制的目标进行比较（见表 1－1）。

表 1－1 不同框架的内部控制目标比较

内部控制框架	内部控制目标
COSO 报告（2004）	1. 促进战略目标的实现 2. 经营效率和效果 3. 报告的可靠性 4. 遵循适用的法律和法规
CoCo 报告（1995）	1. 经营效果和效率 2. 内部报告和外部报告的可靠性 3. 遵循适用的法律和法规
Turnbull 报告（1999）	1. 对公司面临的业务、经营、财务、合规等主要风险作出适当反应，提升公司效果和效率 2. 有助于确保内部报告和外部报告质量 3. 有助于确保遵循相关法律、监管规定及公司内部的政策和行为守则
Basle 报告（1998）	1. 经营活动的效率和效果（业绩目标） 2. 财务及管理信息的可靠性、完整性和及时性（信息目标） 3. 遵循适用的法律和监管规定（遵循性目标）
《企业内部控制基本规范》（2008）	1. 促进战略目标的实现 2. 经营效率和效果 3. 财务会计报告及管理信息的真实可靠 4. 资产的安全完整 5. 遵循国家法律法规以及有关监管要求

由表1－1可以看出，内部控制目标可以归纳为两个层次、五个目标。

第一层次：战略层次

包括一个目标，即战略目标。战略目标反映了管理层就主体如何努力为其利益相关者创造价值所作出的选择，是高层次的目标，与其使命相关联并支撑其使命。战略是实现企业目标的全面性、方向性的行动计划。企业在考虑实现战略目标的各种方案时，必须考虑与各种战略相伴的风险及其影响，对于同样的战略目标可以选择不同的战略加以实现，而不同的战略则具有不同的风险。因此，企业在战略选择之前，有必要对当前的经营状况进行评估，分析内外部环境因素，公司在行业中所处的位置及面临的机遇和挑战，不断审视当前的目标与使命。

第二层次：业务层次

包括四个目标，即经营目标、报告目标、合规目标和资产目标。

1. 经营目标。经营目标与企业经营的有效性和效率有关，包括业绩和盈利目标的实现，需要反映企业运营所处的特定经营、行业和经济环境。

2. 报告目标。与报告的可靠性有关，企业报告包括内部和外部报告，可能涉及财务和非财务信息。可靠的报告为管理层提供适合其既定目标的准确而完整的信息，支持管理层的决策，并对主体活动和业绩实施有效监控。财务报告向外界报告使用者提供与企业财务状况、经营成果等有关的会计信息，反映企业管理层受托责任的履行情况，有助于报告使用者作出经济决策；内部控制报告可以增强CEO及其他高层管理人员的控制意识，传递高层管理人员对内部控制的承诺，进而增强内部控制的有效性。

3. 合规目标。合规目标与企业活动的合法性有关。企业从事活动必须符合相关的法律和法规，并有必要采取具体措施。这些法律法规可能与市场、价格、税收、环境、员工福利以及国际贸易有关。企业需要根据相关的法律法规制定最低的行为标准并作为企业遵循的目标，企业的合规记录可能对它在社会上的声誉产生极大的正面或负面影响。

4. 资产目标。资产的安全完整目标是我国内部控制体系在COSO框架基础上结合国情的创新，资产的安全与完整对于我国企业尤其是国有企业有非常重要的现实意义。

二、设定内部控制目标

企业的战略目标一般是稳定的，但与其相关的业务层面的目标具有动态性，会随着内部和外部的条件而调整。在内部控制目标的设定过程中，首先要确定企业层面的目标，即战略目标。

1. 制定战略目标

战略目标需要通过董事会及员工的相互沟通后方能确定，同时还要有支持其实现的资金预算及战略计划。战略目标的制定需要经过如下四个阶段：

(1) 明确企业发展目标。企业在其中长期规划中应明确自身的发展目标和发展方向，通过培训、宣传手册、领导讲话等方式将企业层面的目标清晰地传达给员工；

(2) 制定实现目标的战略规划。企业通过 SWOT 分析，在了解自身的优势、劣势、机会和威胁的基础上制定帮助企业实现目标的战略规划；

(3) 制定年度计划及资金预算。企业根据制定的中长期战略规划，编制年度经营计划、年度资金预算等。该年度经营计划及预算应符合企业中长期战略规划的效益目标、投资方向和投资结构；

(4) 编制《企业预算管理办法》。明确编制预算的基本原则、内容、编制依据等。

2. 确定业务层面目标

业务层面目标包括如上所述的经营目标、报告目标、合规目标和资产目标；它来自企业战略目标及战略规划，并制约或促进企业战略目标的实现。业务层面的目标应具体并具有可衡量性，且与重要业务流程密切相关。业务层面目标的制定需要经过如下四个阶段：

(1) 制定业务层面目标。企业的总目标及战略规划为业务层面的目标指明方向，业务层面根据自身的实际情况及总体目标的要求提出本单位的目标，通过上下不断沟通最终确定；

(2) 根据企业的发展变化，定期更新业务活动的目标；

(3) 配置资源以保证业务层面目标的顺利实现。企业在确定各业务单位的目标之后，将人、财、物等资源进行合理分配，以保证各业务单位有实现其目标的资源；

(4) 分解业务目标并下达。企业确定业务层面的目标后，再将其分解至各具体的业务活动中，明确相应岗位的目标。

3. 合理确定风险承受能力

为了合理确定风险承受能力，在目标设定阶段企业必须解决以下三个基本问题：

(1) 风险偏好。风险偏好是指企业在实现其目标的过程中愿意接受的风险的数量。我们可以采用定性和定量两种方法对风险偏好加以度量。风险偏好与企业的战略直接相关，在战略制定阶段，企业应进行风险管理，考虑将该战略的既定收益与企业的风险偏好结合起来，目的是帮助企业的管理者选择与企业的风险偏好相一致的战略。

(2) 风险容忍度。风险容忍度是指在企业目标实现的过程中对差异的可接受程度，是企业在风险偏好的基础上设定的对相关目标实现过程中所出现的差异的可容忍限度。在确定各目标的风险容忍度时，企业应考虑相关目标的重要性，并将其与企业风险偏好联系起来。

(3) 风险组合观。企业风险管理要求企业管理者以风险组合的观点看待风险，对相关的风险进行识别并采取措施使企业所承担的风险在风险偏好的范围内。对企业内每个单位而言，其风险可能落在该单位的风险容忍度范围内；但从企业总体来看，总风险可能超过企业总体的风险偏好范围。因此，应从企业总体的风险组合的观点看待风险。

三、内部控制的目标结构

根据表1-1，我们可以看到，与传统的会计、审计相比，现有内部控制目标有明显的进步。但是，我们认为，现有内控目标的各目标之间缺乏逻辑上的系统性和层次性。显然，战略目标与遵循性目标、报告目标属于不同层次的目标。将不同层次的目标列举在一起必然会影响内部控制目标的理解，从而不利于目标的实现。因此，本书认为有必要构建内部控制的目标结构。

1. 终极目标。内部控制目标应从属于企业目标，相应地，内部控制的终极目标应服务于企业目标。企业作为赢利性的组织，关注价值的创造。因此，内部控制的终极目标是实现企业价值最大化。企业在建立健全内部控制制度的过程中应以是否能实现企业价值最大化为标准。

2. 基本目标。企业价值的变化有两个方向，一是价值的增加，一是价值的减少。价值的增加来自于销售的增加、市场的扩张，价值的减少则是由于风险发生带来的损失。内部控制从本质上讲是一个防御系统，这就决定了其基本使命在于风险的防范与控制。通过管理风险，内部控制能够促进企业价值增长。因此，我们将内部控制的基本目标定位于预防和控制风险，这样既符合内部控制的客观属性，又符合管理的主观需要。因为一方面，内部控制本质上是一个风险的预防和控制系统，具有防守性质。另一方面，预防和控制风险也是企业实现价值增长的途径之一。

3. 具体目标。在基本目标的指导下，内部控制需要针对企业面临的各种风险，制定明确和具体的目标，将基本目标具体化。本书将内部控制的具体目标归纳为如下四个：

遵循性目标：遵循法律法规和内部规章制度。国有国法，家有家规。企业只有遵守国家的各项法律法规和监管制度，才可能实现正常的生产运营。只有企业内部管理制度得到贯彻落实，才可能实现发展战略和经营目标。从这个意义上说，内部控制是其他制度得以实施的基础。

报告目标：保证财务报告和内部报告的真实可靠。保证财务报告的真实可靠，是内部控制的重要目标。事实上，很多国家正是基于会计信息的可靠性考虑，要求企业制定内部控制制度。以严厉著称的《萨班斯-奥克斯利法案》（以下简称《萨班斯法案》），其核心是要求上市公司建立健全内部控制，以保证财务报告的可靠性。

资产目标：保证资产安全完整。资产是企业运行的基础，通过内部控制防范和控制资产管理环节的风险和损失是管理者的基本要求。

经营目标：提高、改善企业的经营效率和效果。前面已谈到，内部控制本质上是防御系统而不是进攻系统，因此无力承担研发设计和市场开拓等任务。那么，内部控制如何实现经营目标呢？内部控制通过流程梳理、组织架构、岗位设置、相互牵制等一系列制度安排识别生产经营过程中的风险因素，并加以防范和控制，从而提高经营效率，最终实现经营目标。

内部控制的目标体系如图 1－1 所示。

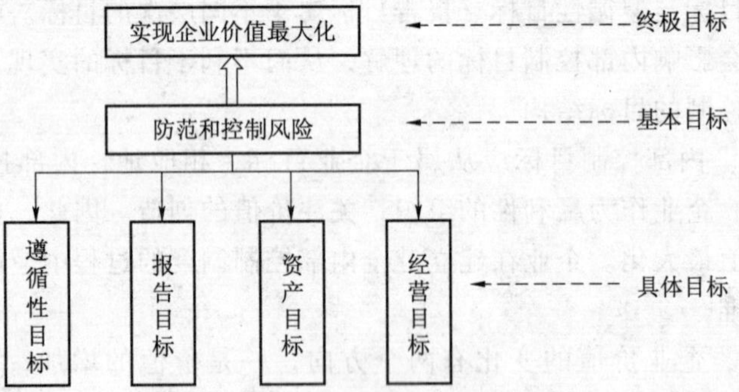

图 1－1 内部控制目标体系构成

第三节 内部控制产生和发展的基础

内部控制是人类社会发展到一定阶段的产物，并随着人类社会的发展而不断发展。经济发展、信息技术发展以及管理科学技术发展是内部控制产生的基础和前提条件，也是推动内部控制发展的重要动力源泉。

一、受托责任机制是内部控制产生的根源

自 19 世纪以来，随着科技进步，生产力水平迅猛发展，企业规模迅速扩大，传统的所有者和经营者合一的企业，其所提供的资金已不能满足企业发展所需要的资本。为解决这一问题，产生了合伙企业。随着经济的发展和法律制度的不断完善，产生了公司形式的企业。企业股东人数增加，企业经营管理日趋复杂，分权经营模式逐步盛行。公司的所有者（股东）将资本注入企业，并不参与企业的日常经营活动。经营管理权由企业所有者（委托人）授予管理者（代理人），由此产生受托责任。

受托责任产生新的问题——代理问题。首先，企业所有者和管理者目标利益不一

致。委托人的主要目标是股东价值最大化，即希望他们所投入企业的资本增值，资本收益不断增加；而代理人也是追求自身效用最大化的理性经济人，代理人除了追求更高的经济收入外，还追求包括名誉、权力、地位、舒适的办公条件以及在职消费等。这些目标显然偏离了股东价值最大化的目标，代理人为自己的利益很可能会侵害委托人的利益。其次，二者风险偏好不一致。股东作为委托人因为其可以分散投资，在代理问题的研究领域里通常认为他们承担的风险是中性的；而作为代理人管理者，其人力资本无法有效分散，因此与股东相比，代理人是风险厌恶型的。风险偏好的不一致，使得管理者为回避风险而放弃有利于股东财富增加的机会。此外，二者所享有的信息是不对称的。管理者往往具备较高的专业知识，通过直接参与企业的日常经营，掌握有关企业财务状况、经营成果和现金流量等大量“一手”信息。而所有者专业知识相对贫乏，通常不参与企业的日常经营，企业经营状况的信息来自于管理者的报告，对企业经营者的努力程度不可能做到准确的评价。由于已经授权，无法对代理人实施完全的监督，无法准确判断经营者是否尽力追求股东的利益。所有者和管理者之间的信息不对称，很容易导致管理者作出逆向选择（Adverse Selection）和道德风险（Moral Hazard）的决策。逆向选择是指在执行委托代理契约之前，管理者因占有某种私有信息而侵害所有者利益；道德风险是指在执行契约过程中，管理者利用私有信息选择不利于所有者的利己行为。由于上述三个内在的矛盾存在于委托代理机制，管理者不可能完全按照所有者的利益目标履行契约，进而产生了代理问题。

为了使委托代理关系能够存在下去，并维持企业的正常运转，企业必须建立一种信任机制，而内部控制就是这种信任机制中的一种制度安排。在健全的内部控制制度之下，企业管理者能够保证提供的财务报告不存在重大的虚假信息；在健全的内部控制制度之下，企业各级员工才可能遵循各种规章制度，提高企业经营效率和效果，最终实现股东价值最大化。

二、工业化生产是内部控制产生的经济基础①

作为现代意义上的内部控制，是工业化革命和机器大生产的结果。那么，工业化革命和机器大生产是如何关联从而催生出内部控制的呢？这主要决定于大机器作业的特定生产方式。我们知道，作为工业化革命成就的机器大生产，是以内部的严密分工为基础的。因为在大机器生产条件下，生产工序复杂，生产作业链条严密，专业化程度大大提高，这种情况下再要求每个人完成所有的工序是不可能的。即使可能，也不利于效率的提高。所以此时，岗位设立、按岗分工就成为一种必然选择。但是，按岗分工之后，就

① 李连华. 内部控制理论结构［M］. 厦门：厦门大学出版社，2007.

出现了岗位之间如何协调的问题。如果相互之间协调不好，非但效率不能提高，恐怕连正常的生产作业都无法开展。这种情况下内部控制就应运而生了。因为内部控制的功能之一就是合理地划分岗位职责、权限，解决岗位之间的协调问题。

三、竞争加剧是内部控制发展的外在要求

当今的经济环境发生巨大变化，企业面临的竞争日益加剧。第一，外部环境的不确定性大大增加。客户市场、原材料市场、服务市场等各方面充满不确定性，这一变化直接导致了企业经营中的风险加大。企业稍有不慎，就可能带来灭顶之灾。例如，丰田汽车由于忽视了对刹车系统外包服务体系的质量管理，出现刹车踏板问题，招致整个品牌的信誉和市场遭受巨大打击。第二，内部管理要求不断提高。为了能够在竞争中脱颖而出，企业必须不断提高效率、降低成本。为此，企业应提高管理的标准化和规范化，在这种管理体系下，不论企业的高层管理人员还是一般的员工，都可以按照某种操作规范和程序自觉地完成本职工作，而不需要借助于前任的经验或某个人的亲自指导。内部控制就具有这样的功能，通过建立内部控制，企业可以把各项工作以岗位职责、工作流程的形式确定下来，使企业的运行变得标准化和规范化，从而提高经营效率，有效降低运营成本。

四、其他科学理论是内部控制发展的技术支撑

1. 内部控制是控制论在管理领域的应用

20 世纪 40 年代，维纳发表了著名的《控制论——关于在动物和机器中控制和通讯的科学》一书，标志着控制论的产生，此后控制论的思想和方法已经渗透到了几乎所有的自然科学和社会科学领域。控制论是一门研究机器、生命社会中控制和通讯的一般规律的科学，是研究动态系统在变化的环境条件下如何保持平衡状态或稳定状态的科学。根据控制论，控制系统所共有的基本特征是信息的交换和反馈过程，利用这些特征可以达到对系统的认识、分析和控制的目的，保证系统的平衡稳定。从控制系统的主要特征出发来考察，管理系统是一种典型的控制系统。管理系统中的控制过程在本质上与工程的、生物的系统是一样的，都是通过信息反馈来揭示成效与标准之间的偏差，并采取纠正措施，使系统稳定在预定的目标状态上。内部控制正是吸收了控制论的思想和方法，才得以发展。

2. 内部控制是制度经济学应用的结果

20 世纪 40 年代，经济学领域出现一个重要的学科分支——制度经济学。根据制度经济学，制度无非是人类社会用以约束人们行为的规则或规范。这些规则或规范，不仅将对人们的行为选择产生影响，还通过各种行为选择将要招致的成本和净收益来影响人

们的选择。人们在做选择时，才对其行为结果有了比较准确的预期，经济活动中的不确定性得以减少①。内部控制正是受到制度经济学的影响，才突破了会计和审计角度的局限，产生现代意义上的内部控制制度。

第四节　内部控制固有的功能和局限

一、内部控制的功能

（一）有效抵御风险，实现持续健康发展

在市场经济环境下，企业在生产经营过程中会遇到各种各样的风险。如果不能积极、有效地防范风险，轻则影响企业的发展，重则导致企业倒闭。而且，在风险面前，不论企业规模大小，概莫能免。国内外这方面的案例有很多。

从国外来看，巴林银行——百年老店，由于疏于控制，小交易员里森酿成大祸，在14亿美元巨亏之下，巴林银行只有接受破产的命运；安然——能源巨鳄，财务报告舞弊无法长期掩盖经营的失败，最终公司倒闭，CEO和CFO成为阶下囚；雷曼兄弟——华尔街五大券商之一，漠视风险，大量投资次贷衍生金融产品，尽管经过大风大浪，但终究没能逃过次贷危机。

从国内来看，中航油——昔日的明星企业，虽有完善的内控制度和《风险管理手册》，但不重视实施，期权投资失控，招致公司申请破产的命运；邯郸某银行缺少基本的内部控制制度，两位金库管理员“如同从自家菜园摘白菜一样”，转移金库资金近5 100万元。这些企业失败的原因尽管多种多样，但仔细分析，我们发现，它们存在一个共同的问题——风险管理失效。可以说，正是由于缺乏有效的风险管理机制使企业走上不归之路。

因此，企业为了长期生存，并且逐步发展壮大，就必须重视风险防范。古今中外成功的企业对于风险防范都非常重视，只是采用的防范手段不同而已。对于现代企业而言，防范风险最为有效的方法是建立一个健全而有效的内部控制制度。好的内部控制是一道有效的风险“防火墙”，它使企业的组织体系具有免疫力和过滤功能，从而有能力抵御各种风险，持续、健康地发展，实现基业长青。

首先，内部控制具有一个强有力的运行机制，为企业抵御风险、实现健康持续发展提供合理保证。内部控制由预防机制、纠错机制和激励机制三个运行机制共同组成。内

---

① 贺卫，伍山林．制度经济学［M］．北京：机械工业出版社，2003．

部控制立足于预防机制，通过优化控制环境奠定企业良好的风险管理基础，运用不相容职务相互分离、授权审批等方法建立相互制衡的控制体系，防止企业在生产经营中出现重大失误以及员工利用职务之便舞弊。由于内部控制固有的局限性以及其他人为或客观的原因，在实际执行中可能发生预防机制失效，此时内部控制启动第二道防线纠错机制。顾名思义，纠错机制对已经发生的失控事件及时地进行制止，并采用相应的补救措施以防类似事件再次发生。纠错机制主要通过监控要素实现。内部控制作为一种制度安排，其核心在于引导组织内不同目标的个体向企业的既定目标努力。为此，内部控制在预防机制和纠错机制之外，还必须对个体的行为结果进行奖励与惩罚，即建立激励机制。

其次，内部控制作为一种制度安排，可以将各种资源有机地统合在一起，为企业创造价值。企业所拥有的各种经济要素，如资金、设备、人员等，只有依靠一套完善的制度才能融合在一起并形成真实的生产能力。从这种意义上讲，内部控制制度就像一种黏合剂一样可以把这种生产要素有机、有序地组合在一起。假如没有内部控制制度，那么所有的生产要素都如同一盘散沙，只能是一种潜在的生产能力，无法在企业内部合理地安排和使用，当然这样的企业就很难生存下去。

（二）保障资产安全、完整

资产，正如会计准则所定义的，是能够为企业带来经济利益流入的经济资源。资产是企业安身立命之所在，构成了企业生存和发展的物质基础。根据政治经济学，资产包括生产资料和生产工具。因此，如果企业没有资产，既不可能形成生产能力，也不可能运用生产能力，当然不可能完成生产经营任务，无法实现经营目标。另一方面，资产也是企业经营成果的体现，是财富的表现形式。企业的重要目标之一是获取盈利。而盈利的表现形式无非是现金和实物等各种形式的资产。从这个意义上讲，企业生产经营是为了实现资产的保值和增值。

实现企业的资产安全和完整，可以选择很多种管理措施。总体上，有三条思路都可以实现这个目标。第一条思路是按照人治的思想来解决这个问题，即把资产交给最为可靠的人去保管。同时，不让有劣迹表现的人接触企业的资产和物质。在这种方式下只要保管员选择得当，企业的资产安全和完整基本上是有保证的。这里之所以说“基本上”是安全的，是因为这种方式下尽管保管员是可靠的、值得信赖的，不存在保管员监守自盗的问题，但是它却无法完全保证和避免其他人进入到保管室或仓库进行盗窃。尤其在保管室或仓库不是十分牢靠的情况下，这种事件发生的概率会很高。第二条思路是按照技术思路来解决这个问题，即把保管室或仓库的门设计得很好，很坚实；或者把保管室或仓库的锁设计得很严密，用诸如密码锁、指纹锁等先进技术以防止无关人员进入保管室或仓库。在这种方式下，资产的安全性和完整性也会增加，但是同样也只能是“基本上”保证资产的安全和完整，因为这种偏好技术或者依靠技术手段解决资产失盗的做法，可以有效地防止保管员之外的人接触和盗窃企业的资产，但是无法避免保管员监守自盗的问题。特别是当企业的保管员行为不端时，再坚实的门窗、再高级的门锁也是形同虚设。第三条思路是按照制度管理的思路来解决资产安全和完整的问题。按照这种管理方法，企业为了资产的安全和完整需要制定一系列管理制度。比如，制定资产交接制度、资产入库制度、资产出库制度、限制接近资产制度、资产的盘点清查制度、丢失资产的罚款制度、保管员的选聘制度、保管员的激励制度等，通过这些制度的有效实施来确保资产不被侵害和挪用。在上述三条解决问题的思路中，第三条思路无疑是最全面、最可靠的，可以说是企业资产安全和完整的最重要的一道防线。因为：第一，它可以通过选聘制度、盘点制度和罚款制度解决保管员的监守自盗问题；第二，它可以通过限制接近制度、出入库制度等避免保管员之外的人员盗取资产。同时，保管员为了履行职责，避免资产在自己手上丢失而被处罚，也必然会积极主动地购置必要的保管设备和工具，从而使技术措施相应地得到落实。所以，技术设施和人治管理都只是补充，只有健全有效的内部控制制度才是解决资产安全问题的根本之道。①

（三）提高会计信息质量

在市场经济环境中，会计信息具有十分重要的经济意义，这一点已逐渐被人们所认识。

1. 会计信息是企业契约机制的核心内容

根据契约理论，企业是一系列契约的联合体。因此，企业可以看作是理性主体之间的一组契约。这些理性主体或者说企业所联结的契约关系人主要包括：(1) 股东。股东向企业投入权益性资本，要求其权益性资本得以保全，并得到满意的投资回报。(2) 债权人。债权人将资金提供给企业使用，要求企业按期还本付息。(3) 经理。经理运用其丰富的管理知识和先进的管理技术对企业的生产经营活动进行管理，要求得到满意的工资、报酬等。(4) 职工。职工为企业提供劳动，要求得到满意的工资和报酬。(5) 政府。政府向企业提供公共物品，获得企业的社会贡献——税收。(6) 外部审计人员。审计人员为企业提供审计服务，要求得到约定的审计费用。(7) 顾客。顾客将款项交给企业，要求企业提供满意的产品和服务。(8) 供应商。供应商向企业提供原材料、产品或劳务，要求得到相应的价款。根据契约，每个理性主体都要向企业提供一定的资源（资本、知识、技能、服务或信息），作为回报允许每个主体从企业中获得相应的利益。

在现代企业中，所有权和经营权的分离，使委托代理成为普遍现象，管理者与股东

---

① 李连华. 内部控制理论结构［M］. 厦门：厦门大学出版社，2007.

之间形成的便是委托代理契约。企业与其他利益相关者之间也构成委托代理关系。由于一方面委托者和受托者双方各自的利益不同，并且作为理性主体，双方都努力追求各自利益的最大化；另一方面，委托者和受托者之间存在信息不对称。因此，就会引发逆向选择和道德风险。

为了保证各方契约关系人的利益和契约的顺利实施，在契约条款中涵盖了契约的谈判、制定、履行及其监督，还常常包括对各方行为的限制。而这些限制需要以各种信息为依据，其中会计信息是最为重要的依据。不同的会计信息，会引发利益在各主体之间的不同分配。会计作为企业契约耦合体的内部游戏规则，可以确定企业组织内部代理人的权利，明细代理人业绩的评判标准及其报酬支付方式，从而成为企业整体契约机制的核心内容。

2. 会计信息是企业利益相关者进行决策的信息基础

从企业外部来看，投资者根据会计信息进行投资决策，决定是继续持有、增加还是出售投资；债权人根据会计信息进行信贷决策；国家以会计信息为依据，进行宏观经济调控、税费征收和监管，等等。

从企业内部来看，企业管理当局在进行管理决策时，必然需要一定的信息。这些信息有一些是管理者自身积累和观察到的信息，这部分信息在很大程度上具有管理经验的性质。而另外一部分信息，尤其是过去的信息和管理者不能亲自观察到的信息，则必须依靠会计系统加以提供。事实上，随着企业规模的扩大，集团公司乃至跨国公司的出现，管理当局在进行管理决策中，越来越依靠会计信息系统的支持。

3. 会计信息是资本市场正常运转的必备条件

健康、高效的资本市场离不开真实、可靠的会计信息系统。众所周知，资本具有趋利性。那么，如何判断“利”之所在？当然必须以一定的会计信息为基础。从这个意义上讲，会计信息是引导资本流动的指示器。离开会计信息系统这个条件，我们无法正确判断企业的经营状况和经营成果，资本也就无法顺畅地流动。如果出现虚假会计信息，必然导致经济的混乱和经济决策的失误，以及社会资源的逆向流动，造成资源的浪费。因此，市场经济越发达，资本市场越发达，会计信息便越重要。

会计信息要发挥在企业管理、资本市场和社会经济中的作用，就必须具有一定的质量特征。所以，对会计信息提出质量要求，不仅是企业利益相关者的经济利益之所系，也是维持经济社会中的正常信任关系和保证社会经济系统顺利运行的重要基础之一。

会计信息要在各方利益相关者的决策中、社会经济和资本市场的发展中发挥作用，必须满足一定的质量标准。而我国会计信息质量却不容乐观，会计信息舞弊现象普遍存在。

通过某种制度安排来规范企业的会计行为，防范无意的或有意的错误和舞弊，以此解决会计信息失真，提高会计信息的质量。这种从制度角度入手，通过企业内部某种制度机制的制定和实施，达到“想舞弊而无法舞弊”的目的，显然内部控制是最佳方法。

从国外或者国内大量案例来看，会计信息失真的发生，很大程度上并不是由于会计准则本身的问题，而是企业为了谋取私利故意所为。对于这类虚假会计信息，只有通过建立、健全有效的内部控制制度才能防范。这是会计信息质量得以保证的制度基础。因此，近几年来，我国政府和监管当局积极推动企业内部控制的建设，先后颁布多部内部控制规范。

健全、有效的内部控制，可以通过以下控制机制遏制会计信息舞弊，提高会计信息质量。第一，它通过不相容岗位相互分离、授权审批、预算控制，防止虚假会计信息行为；第二，它通过审核、对账制度、资产清查制度等，发现虚假会计信息行为；第三，它通过绩效考核和惩罚机制等，惩处虚假会计信息的行为，同时防止其他人模仿。

作为企业而言，内部控制是企业各项管理工作的基础，也是企业健康有序发展的基础。实践证明，企业一切管理工作都是从建立内部控制开始的，企业的一切活动都无法游离于内部控制之外。可以说“控制则强、失控则乱、无控则亡”，切莫将内部控制当做可有可无的一纸空文。

二、内部控制的局限性

1. 成本限制

由于内部控制受到成本效益原则的制约，管理层在设计和实施某项内部控制时要权衡它的利弊得失，如果增加控制环节导致降低工作效率，就可能会放弃实施这项内部控制。由于企业资源有限，对于很少发生或不经常发生的经济业务也不会制定控制制度，当这些经济业务发生时，控制制度这些经济业务无法控制。

2. 人为错误

智者千虑，必有一失。内部控制的设计会因受到设计人员自身经验和知识水平的限制而存在缺陷，同时执行人员在粗心、精力不集中、身体欠佳、判断失误或误解上级发出的指令时，内部控制制度也会失效。

3. 串通舞弊

内部控制制度达到控制目的的前提是公司员工按照制度的规定办事，但当员工合伙舞弊和内外串通共谋时，会导致内部控制的失灵。如，出纳和会计合伙动用公司资金，保管员和财产记录人员合伙作假，业务人员同顾客、供应商串谋，在这些情况下，无论多么完善的控制制度都显得苍白无力。

4. 滥用职权

作为管理工具，任何控制程序也不能发现和防止那些负责执行监督控制的管理人员滥用职权或不正当使用权利。管理当局的干预一直是许多重大舞弊事件发生和财务报告失真的一个重要原因。在某些情况下，对于担任控制职能的人员的越权管理、滥用职权，即使设计良好的内部控制，也不能发挥其应有的作用。内部控制作为企业管理的组成部分，它理所当然地要按照管理人员的意图运行，尤其是企业负责人的决策更是起决定性的作用。决策出了问题，贯彻决策人意图的内部控制也就失去了应有的控制作用。

5. 制度失效

内部控制制度是针对制度制定时的经济业务制定的，内部控制可能会因经营环境、业务性质的改变而削弱或失效，可能会对不正常的或未预料到的业务类型失去控制能力。现在企业处在经常变化的环境之中，为保持竞争能力，势必要经常调整经营策略，这就导致原有的控制制度对新增的业务内容失去作用。

6. 非经常性事项

内部控制一般针对常规业务活动而设计，因此一旦发生异常或未预计的经济业务，内部控制往往就有失控或不适用的可能，从而降低其作用。

本章小结

本章是内部控制的原理篇，对于我们学习内部控制规范起基础性的作用。首先，介绍了内部控制的概念。国际上不同国家和机构对内部控制概念进行了界定，其中最重要的是 COSO 的定义。我国 2008 年《企业内部控制基本规范》借鉴 COSO 的规定对内部控制给出了自己的定义。

其次，是内部控制的目标。COSO 对内部控制的目标规定为促进战略目标的实现、经营效率和效果、报告的可靠性、遵循适用的法律和法规。

再次，本章分析了内部控制产生的原因。受托责任机制是内部控制产生的根源，工业化生产是内部控制产生的经济基础，竞争加剧是内部控制发展的外在要求，其他科学理论是内部控制发展的技术支撑。

最后，本章介绍了内部控制的功能和局限。内部控制的功能有有效抵御风险、保障资产安全、完整、提高会计信息质量。局限性包括成本限制、人为错误、串通舞弊、滥用职权、制度失效等。

重点名词

内部控制

内部控制目标
受托责任
串通舞弊

本章重点与难点

1. 各组织对内部控制的定义
2. 内部控制的目标
3. 内部控制的作用
4. 内部控制的局限性

思考题

1. 内部控制的目标是什么？
2. 内部控制产生的内外部原因是什么？
3. 内部控制的功能有哪些？
4. 如何理解内部控制的局限性？

案例讨论

郑百文的内部控制

郑百文曾有过辉煌历史：1988 年在全国同行业率先进行股份制改革，成为全国商业批发行业龙头，1996 年上市。上市申请文件中称 1986～1996 年 10 年间，企业销售收入增长 45 倍，利润增长 36 倍；1996 年销售收入 41 亿元，名列全国同行业前茅。1997 年其主营规模和资产收益率等在所有商业上市公司中排第一。然而神话很快破灭，1998 年郑百文每股净亏 2.54 元，1999 年亏掉 9.8 亿元，两创沪深股市亏损之最。如今其有效资产不足 6 亿元，而亏损超过 15 亿元。新华社刊发的《假典型巨额亏空的背后》一文形象地描述了郑百文没落之路：“一边是越吹越大的数字，一边是越戴越多的桂冠；红极一时的背后掩藏着弄虚作假、胡作非为；一边是冠冕堂皇的理论，一边是移花接木的骗局；唬人一时的‘ST 郑百文经验’把银行牢牢套住；一边是越铺越大的摊子，一边是越堆越高的债务；高速膨胀下的失控加速了 ST 郑百文神话的破灭。”郑百文由盛而衰的过程是典型的内部控制的失败史。正如有关专家指出：“郑百文事件为上市公司敲响了警钟，公司上市并不意味着万事大吉，如果上市公司内部没有形成行之有效的监督机制，上市后必然会出现问题。”下面我们依内部控制的若干要素，加以具体分析。

1. 控制环境（Control Environment）分析

企业的核心是企业中的人及其活动，人的活动在环境中进行。控制环境是指对建立、加强或削弱特定政策和程序效率发生影响的各种因素。控制环境是企业内部控制的核心，它直接影响到企业内部控制的贯彻和执行以及企业内部控制目标的实现。我们从以下几个方面对郑百文的内部控制环境进行分析：

（1）经营者的思想和经营作风

1992年12月，公司进行增资扩股，所募集的数以亿计资金被公司领导以投资、合作为名拆借、挪用出去，10多家公司拆借的近2亿元的资金至今仍无法收回。连续不断的追款讨债官司也影响到了其正常的经营活动。

1997年，各分公司仅购置交通工具的费用就高达1 000多万元。郑百文1998年取得配股资金后在全国各地迅速铺点，短时间内在全国设立了40多家分公司。总公司规定：分公司完成销售一亿元者，负责人享受总公司副总经理待遇，分公司可自行购买小汽车一辆。为完成销售收入指标，以得到总公司的奖励，各分公司不惜采用购销价格倒挂的办法，大量商品高进低出。从1998年下半年起，设在全国各地的几十家分公司相继停业，数以亿计的货款要么直接进入个人的腰包，要么成为无法回收的呆坏账。公司至今仍有4亿多元账款未收回。其分公司的一名经理在任职期间拥有了价值上百万元的宝马轿车和北京罗马花园300多万元的豪宅。

仅从几个事例即可看出，不论总公司还是分公司，经营者往往只注重个人的利益而不顾及公司的整体利益，这种思想和经营作风又怎么能使郑百文持续走向繁荣呢？

（2）人事工作方针及其执行

前面已经述及，企业的核心是企业中的人及其活动，人事政策及员工的素质对企业整体运营状况将起到决定作用。郑百文经营的一个重要特征就是遍布全国的营销网络和众多的销售经理。从1996年起，公司投入上亿元资金，建立起40多家分公司。1998年又在全国9个城市和地区建立了12个配售中心，公司规模进一步膨胀。与此同时，各分支机构又饥不择食地招聘了上千名各类人员，但却不注重对职工的上岗培训和考核。公司的扩张过程始终伴随着这样一种现象：一方面是迅速膨胀的分、子公司，另一方面是大量素质较低的业务经理和普通职员。

（3）内部审计的状况

代理人理论认为，由于公司经理人与股东、债权人的利益不一致，从而产生代理人成本。经理人会通过各种方式来使自己的收益最大化，最终损害股东和债权人的利益。

审计是保持经理人与股东和债权人利益最佳化的控制器。

郑百文董事会下设审计委员会，负责公司的内部审计工作，其作用发挥得如何呢？在“郑百文事件”被披露以后，记者曾采访公司董事会秘书，她说在1998年开始出现亏损时，公司才进行全面的内部审计。在她的印象中，以前内部审计比较少，内部整顿也是在公司出了事以后。由此可见，公司内部审计部门形同虚设。没有内部审计部门的事前预测、计划，事中检查、控制，事后分析、评判，又怎能保证郑百文经营战略得当，经营渠道顺畅呢？

2. 风险评估分析

(1) 盲目扩张，风险加大。郑百文上市时资产负债率已高达68.9%，上市后公司没有及时调整资产结构，反而走上大规模扩张之路。1997年资产规模以60.12%的速度高速增长，股东权益仅增长24.94%，负债率达到87.97%。1998年配股后，如果将资金用于偿还负债或补充自身的流动资金，公司经营情况或许有所缓和。但郑百文反而在配股后一年内，在全国9个城市和地区建立了12家配售中心，支出达2.7亿元，更加重了债务负担。此后销售收入没有上升，反而从1997年的70.4亿元下降到1998年的33.5亿元，负债率在1999年中期高达134.18%。公司董事长对高负债率不以为然，认为“负债经营对公司有利”，并没有认识到杠杆经营必须要用较高的销售利润率来弥补经营风险。但是，1997年郑百文销售利润率只有0.69%，远远不能弥补高负债带来的潜在经营风险。

(2) 信用销售，埋下祸根。成也萧何，败也萧何。郑百文高速发展的动力和最后让其陷入困境的都是与长虹、建行的三角信用关系。这种销售方式存在致命缺陷——抗风险能力差：一旦郑百文不能在规定期限内将产品销售出去，或资金回笼出现问题，就会引发严重的后果。一方面，郑百文以银行承兑汇票向厂家买断产品，厂商即将产品的销售风险全部转嫁给郑百文。1998年以来家电竞争激烈，长虹为扩大市场份额，一再降价，直接导致郑百文购入的存货实际价值大幅贬值，最终购销价格倒挂，形成亏损。之后，长虹改变销售策略，放弃单纯依靠批发商经销，郑百文货源因此大幅缩水。另一方面，如果郑百文不能及时回流货款，银行会对其开具的银行承兑汇票的逾期资金进行罚息。1998年的罚息使公司年度财务费用达到1.3亿元，同比增长1 434.27%。之后建行发现其款项不能收回，即停止对郑百文承兑汇票，掐断了其资金后盾。

3. 控制活动分析

仅以公司货币资金业务的控制情况为例，分析如下：

公司领导以投资、合作为名，随意拆借、挪用上市募集的资金，近2亿元有去无回。1998年股东大会决定向全体股东配售新股，配股资金将用于组建商品销售中心、兼并郑州市化工公司等五个方面。不久又召开董事会，决定更改配股资金投向。公司在资金预算、项目建设等方面存在着严重的管理失控现象。在郑百文跌入困境之际，数亿元的货款因为分公司、子公司的经营管理不善而不能正常回流公司，这都说明了公司对货币资金管理的混乱。

4. 信息和沟通分析

(1) 信息披露严重失真

公司的一位财务经理曾回忆说："郑百文其实根本不具备上市资格，为了达到上市募集资金的目的，公司硬是把亏损做成盈利报上去，最后蒙混过关。"为了上市，公司曾组建专门做假账的班子，采用虚增资产、虚减负债、增加待摊费用等手段，最终骗取了上市资格。甚至在1998年公司出现严重亏损时，管理层仍会聚深圳，讨论公司1998年财务报告是反映亏损还是继续用盈利欺骗投资者。如果公司对外财务报告中的数据均由企业管理者通过"讨论"而得出的话，那么，上市公告及财务报告的虚假程度之深就不言而喻了。

(2) 会计制度不规范

截至1999年底，公司的应收账款、其他应收款、预付账款共计9.77亿元。由于公司缺乏有效的内部控制机制，许多往来款项缺少应有的凭证，无法做到账证相符。另外，天健会计师事务所在对公司的固定资产进行账实核对时发现：由于管理薄弱，相关人员更迭频繁，会计记录混乱，会计处理随意，致使财务与经营业务运作脱节；甚至连存货的生产日期、进货时间及存货可变现净值等资料都不能完整地提供。这种混乱状况不仅影响了会计师事务所对公司经营状况的客观审计，而且也不利于公司管理者对本企业相关信息的准确掌握，同时也不利于投资者对公司经营状况的正确分析和判断。

(3) 公司内部缺乏必要的信息沟通系统

从1996年起，郑百文为建立全国性的营销网络，投入上亿元，建立了40多家分公司。其中控股子公司达到18家，全资子公司有3家。由于公司规模扩张过快，总公司对分、子公司在财务及人员管理等方面缺乏必要的控制措施，致使公司下属部分外地分支机构的管理人员素质不高，缺乏应有的经营理念；特别是对财务工作缺乏必要的认识和重视。同时，由于会计人员多在当地招聘，且人员变动频繁，造成部分公司会计记录混乱，会计处理随意，内部往来长期不进行核对和清算。这在很大程度上影响了总部对企业整体资金运营的掌握程度，最终必将影响到其宏观经营决策。

5. 监督分析

在1998年开始出现亏损时，公司才进行全面的内部审计。以前内部审计比较少，内部整顿也是在公司出了事以后。这种救火式的内部监督能起多大作用呢？郑百文员工就认为："仅凭公司几个人走马观花，四处看看，这种监管等于没有。"在经营过程中一直没有内审的声音，郑百文就这样一步步走向破产边缘。监督可通过日常的、持续的监督活动来完成，也可以通过进行个别的、单独的评估来实现，或两者结合。在内部控制的监督上，克服重程序监督、轻对“内部人”监督的偏向，真正做到以下三点：(1) 加强对企业法人的内部控制监督，建立企业重大决策集体审批制度，以杜绝管理者的独断专行；(2) 加强对企业部门管理的控制监督，建立部门之间相互牵制的制度，以杜绝部门权力过大或集体徇私舞弊；(3) 加强对关键岗位管理人员的控制监督，建立关键岗位人员轮岗和定期稽查制度，杜绝企业中层干部和供销、会计等重要岗位人员以权谋私或串通作案。

（资料来源：饶盛华．加强企业内部控制是当务之急——“ST郑百文”的警示[J]．中国注册会计师，2001 (6).）

讨论问题：

1. 为什么郑百文公司由盛转衰，走向不归路？原因何在？
2. “ST郑百文”对加强企业管理与内部控制有何启示？

第二章

内部控制理论的形成和发展

在本章中，你将学到

◇西方国家内部控制的发展历程：从内部牵制、内部控制制度、内部控制结构到内部控制整体框架

◇我国内部控制的发展：从《企业内部会计控制规范》到《企业内部控制基本规范》

◇美国《萨班斯法案》的出台背景及主要内容

◇《企业内部控制基本规范》与《萨班斯法案》的对比

引例

小小出纳员贪污200万元①

2000年7月，原北京某区教委出纳员周某三次挪用、贪污公款达211万元，被法院以挪用公款罪和贪污罪两罪并罚判处有期徒刑20年，但200万元的教育资金却难以收回。15年前，周某到北京某区教育局财务科做出纳，15年的工作经历使周某对教育局的财务状况了如指掌，其中的漏洞也心中有数。周某说："我可以决定提取现金的数量，支票也由我处理，可随时加盖支票印鉴。在每月同会计对账时，我同他们只对总账，而不进行明细账核对。另外，我挪用公款，银行账上有反映，但我们的银行对账单由我保管，单位也不易发觉。"

---

① 朱荣恩．内部控制案例［M］．上海：复旦大学出版社，2005．

第一节　西方内部控制理论的产生和演进

一、西方内部控制理论的产生和演进

在公元前3000多年以前，内部控制的思想已经在人们的日常经济生活中得以运用。经过人类历史的漫长发展，现代内部控制作为一个完整概念，于20世纪的工业革命时期首次提出。此后，内部控制理论不断完善，逐渐被人们了解和接受。具体来说，内部控制理论和实务大致经历了五个发展阶段。

（一）内部牵制

1912年，R. H. 蒙哥马利在《审计：理论与实践》一书中提出了“内部牵制”理论，认为“两个或两个以上的个人或部门无意识地犯同样错误的可能性很小；两个或两个以上的个人或部门有意识地串通舞弊的可能性大为低于单独一个人或部门舞弊的可能性”，因此，内部牵制“要求在经营管理中凡涉及财产物资和货币资金的收付、结算及其登记工作，应当由两个或两个以上的人员来处理，以便彼此牵制，查错防弊。”它要求在企业经营管理中凡涉及财产物资和货币资金的收付、结算及其登记工作，应当由两个或两个以上的员工来处理，以便彼此牵制，查错防弊。内部牵制应该主要包括以下几个职能：

（1）实物牵制，例如把保险柜的钥匙交给两个以上的工作人员，不同时使用两把以上的钥匙，保险柜就打不开；

（2）物理牵制，例如仓库的门不按正确程序操作就打不开，甚至会自动报警；

（3）分权牵制，例如采购与审批、验收业务都分别由不同的人或部门去处理，以预防错误和舞弊的发生；

（4）簿记牵制，例如定期将明细账与总账进行核对。

内部牵制可以看做是内部控制的雏形阶段，目的就是查错防弊，形式是通过人员之间职能的牵制实现对财产物资和货币资金的控制，主要是针对执行层面。

内部牵制思想从其出现到理论的产生大概经历了几千年的时间。而理论的形成离不开社会大环境。工业革命后，以资本和技术为代表的社会生产力取得了飞跃发展，公司规模逐步扩大，内部结构愈加复杂，再加上外部竞争的加剧，急需强化内部管理。这时出现了以泰勒为代表的管理学家，他们提出了“管理”与“控制”等概念，要求把管理的计划职能与执行职能分开，强调职务分离。这是内部牵制理论形成的时代背景。

（二）内部控制制度

麦克逊·罗宾斯药材公司审计案例使得审计界开始重视对内部控制的审查。20世纪 40 年代至 70 年代，审计理论与实务的发展推进了内部控制的发展。

1936 年美国会计师协会在《独立注册会计师对财务报表的审查》公告中，首次提出审计师在制定审计程序时，应审查企业的内部牵制和控制，并且从财务审计的角度把内部控制定义为“保护公司现金和其他资产，检查薄记事务的企业内部控制的发展、比较与评价准确性，而在公司内部采用的手段和方法”。这是首次正式使用“内部控制”术语。

1949 年美国会计师协会所属审计程序委员会在其专门报告《内部控制：一个协调的系统要素及其对管理层和独立公共会计师的重要性》（Internal Control——Elements of a Coordinated System and its Importance to Management and the Independent Public Accountant）中首先对内部控制下了定义：“内部控制包括组织的计划和企业为了保护资产，检查会计数据的准确性和可靠性，提高经营效率，以及促使遵循既定的管理方针等所采用的所有方法和措施。”与 1936 年的定义不同的是，该定义是从企业经营管理的角度来定位内部控制的，内容不仅包括与会计和财务部门直接有关的控制，还包括预算控制、成本控制、定期报告、统计分析、培训计划和内部审计以及技术与其他领域的经营活动，从理论上给出了内部控制的广泛内涵。

审计人员认为 1949 年的定义过于广泛，超出了他们评价被审计单位内部控制所应承担的职责。为此，美国注册会计师协会（AICPA）所属的审计程序委员会 1958 年颁布第 29 号审计程序公报，对内部控制定义做了正式修改，把内部控制分为会计控制和管理控制。会计控制“由组织计划和所有保护资产、保护会计记录可靠性或与此相关的方法和程序构成。会计控制包括授权与批准制度；记账、编制财务报表、保管财务资产等职务的分离；财产的实物控制以及内部审计等控制。”管理控制“由组织计划和所有为提高经营效率、保证管理部门所制定的各项政策得到贯彻执行或与此直接相关的方法和程序构成。管理控制的方法和程序通常只与财务记录发生间接的关系，包括统计分析、时动分析、经营报告、雇员培训计划和质量控制等。”

前者强调与公司财产安全、会计记录的可靠性有关的方法和程序；后者则强调与提高经营效率有关的方法和程序。这种划分对于审计有重要意义，审计人员可以在评价企业内部控制制度的基础上确定实质性测试的范围和方式，在一定程度上降低了审计成本，提高了审计效率。

1973 年，第 1 号审计标准公告（SAS），对会计控制和管理控制给出下列定义：

1. 会计控制。会计控制由组织计划以及与保护资产和保证财务资料可靠性有关的程序和记录构成。会计控制旨在保证：根据管理层的一般授权或特殊授权执行交易；交易的记录必须有利于按照一般公认会计原则或其他有关标准编制财务报表，落实资产责任；只有在得到管理部门批准的情况下，才能接触资产；按照适当的间隔期限，将资产的账面记录与实物资产进行对比，一旦发现差异，应采取相应的补救措施。

2. 管理控制。管理控制包括但不限于组织的计划以及与管理部门授权办理经济业务的决策过程有关的程序和记录。这种授权活动是管理部门的职责，它直接与管理部门执行该组织的经营目标有关，是对经济业务进行会计控制的起点。

然而这种划分却带来了消极的后果，审计人员与管理人员对内部控制的认识和理解分歧和差异很大，财务人员和审计人员只关注内部会计控制，而对内部管理控制并不关心。这种人为地划分将完整的内部控制体系给割裂了，从而遭到多方批评和质疑。

(三) 内部控制结构

20 世纪 70 年代以后，内部控制研究的重点从一般含义转向具体内容。这一转变的背景是：20 世纪 60 年代以后，美国进入审计诉讼爆炸时期。大量的公司破产倒闭或陷入财务困境，审计风险前所未有地大大增加，审计行业也面临着巨大的社会压力——广大投资者不禁怀疑为什么经过注册会计师审计的报表与事实有这么大的出入，从而将审计人员告上法庭。

与此同时，行业内部也进行自省和检查。1985 年 6 月，美国注册会计师协会(AICPA)、美国会计学会（AAA)、财务经理协会（FEI)、国际内部审计师协会(IIA) 以及管理会计师协会（IMA）共同组成了反虚假财务报告全国委员会（Treadway Committee)，探讨财务舞弊的根源。

1987 年反虚假财务报告全国委员会发布一份调查报告，即著名的《全国委员会关于反虚假财务呈报的报告》（Report of the National Commission on Fraudulent Financial Reporting)。该报告指出，在其所调查的舞弊财务报告中 50% 源于内部控制的失效。另外，由于内部控制的概念和解释不统一，导致管理层、内部审计人员以及外部审计人员对内部控制的理解产生偏差。也就是说，企业组织规模的扩大和经营复杂程度的提高等审计环境的变化使得当时的内部控制概念——“内部会计控制”和“内部管理控制”已经不能保证在提高审计效率、降低审计成本的同时保证审计的质量。

在这种背景下，反虚假财务报告全国委员会组成了一个 COSO 委员会（Committee of Sponsoring Organization of the Treadway Commission)，专门研究内部控制。

1988 年，美国注册会计师协会（AICPA）发布了第 55 号审计准则公告《会计报表审计中对内部控制结构的关注》，拓展了审计师在财务报表审计中考虑内部控制的责任，修改了内部控制的定义，用“内部控制结构”取代了“内部控制”，不再区分会计控制和管理控制，而是确立了一种控制结构，指出“企业的内部控制结构包括为合理保证企业特定目标而建立的各种政策和程序”，并指出内部控制结构包括控制环境、会计系统和控制程序三个要素。从此，内部控制由“二分法”进入“三分法”——内部控制结构阶段。

1. 控制环境是指企业为其雇员创造的工作氛围。控制环境的因素包括：

（1）管理当局的作风。许多例子证明，管理当局的欺诈或不当行为会成为雇员效仿的对象。管理当局的行为表率和适当的沟通是有效控制环境的重要因素。当管理当局的行为无法起到表率作用时，控制环境就遭到了破坏。如果某经理一边说“不要把钥匙借给其他人或把你的密码告诉其他人”，一边自己又出借钥匙或透露密码，那他实际是发送一组矛盾信号。“行动胜于言词”。管理当局的不当行为成为其他人无视控制程序的合理借口。

（2）清晰的组织结构。当企业的每一个人都能够权责分明、各司其职时，则发生舞弊的可能性会大大减少。清晰的组织结构有助于追查丢失的财产。“我是一家中型银行的六个出纳员之一。我们都能接触到汇票和银行支票，因此我乘机偷取了12张汇票。我等了十天，想看看是否有人发现丢失了汇票。然后，我用一张汇票提取了500美元。十天过去了，没有人对此表示怀疑，于是我又用了8张汇票。”如果每天有人进行独立的对账，早就发现问题了。

（3）有效的内部审计部门。虽然研究表明内部审计人员只能发现大约20%的雇员舞弊，但是设置内部审计人员本身就对反舞弊具有重大影响。内部审计人员所进行的独立核查使得想要实施舞弊的人需要怀疑自己是否能够得逞并逍遥法外。

2. 会计系统。所有舞弊包括三个要素：偷盗资产、掩盖舞弊行为、转移。有效的会计系统可以提供审计轨迹，使得舞弊能被发现或难以掩盖。舞弊通常通过会计记录加以掩盖。通过检查未附有凭证的交易记录和不合理的会计报表金额，可以发现舞弊。

3. 控制程序：为了保证公司目标实现的程序。包括：职责划分和相互牵制；授权批准制度；独立稽核；实物防护；凭证和记录。

（1）职责划分和相互牵制。职责划分是将职责划分为两部分，以避免某个人员完全操纵某项工作。相互牵制是同一项工作要求有两个人一起完成。2004年，因贪污罪、挪用公款罪被判处死缓的国家自然科学基金委员会卞中之所以能挪用2亿元科研资金，原因是他既做会计、又做出纳。

（2）独立稽核。理论依据是：如果人们知道其工作或活动受到其他人的监督，则实施或掩盖舞弊的机会将大大减少。

（3）授权批准制度。长虹公司因合作伙伴美国APEX家电进口公司拖欠4.6亿美元巨款而遭受巨大坏账损失。虽然APEX是长虹的长期合作伙伴，但是在确定信用政策时，长虹考虑坏账风险的策略是难以理解的。因为长虹在APEX公司拖欠国内多家公司的巨额货款情况下，还与其签订了巨额赊销合同，如果长虹有合理的内部控制制度，这些情况或许不会发生。

（4）实物防护。可以防止资产的失窃。如保险柜、防护墙。

(5) 凭证和记录。很少用于防范性的控制，但可以有效的发现舞弊。

总之，这一阶段的内部控制开始关注组织整体层面的控制，侧重于研究组织的决策、执行、监督以及相互之间的关系，并以此为依据来设计组织的控制体系。

(四) 内部控制整体框架

1992 年，COSO 提出了报告《内部控制 - 整合框架》，这一报告在内部控制的发展过程中具有重要意义。

在该框架下，内部控制定义为“是由企业董事会、管理层和其他人员共同实施的，为经营的效率效果性、财务报告的可靠性、相关法规的遵循性等目标的实现而提供合理保证的过程。”

COSO 下的内部控制其核心内容可概括为：三大控制目标、五大构成要素。

控制目标包括经营的效率效果性、财务报告的可靠性、法律和法规的遵从性。

COSO 控制框架包括控制环境、风险评估、控制活动、信息与沟通、监控五个要素，覆盖了公司生产经营活动的所有空间和时间，包括从文化理念到考核结果的评价等各个方面。

(1) 控制环境，是指董事会与管理层对内部控制的态度、认知度和行动。

包括：① 员工的诚实性和道德观，道德行为标准的行为准则。② 员工的胜任能力，如雇员是否能够胜任质量管理要求。③ 董事会或审计委员会，如董事会是否独立于管理层。④ 管理哲学和经营方式，如管理层对人为操纵或错误记录的态度。⑤ 组织结构，如信息是否到达合适的管理阶层。⑥ 授予权利和责任的方式，关键部门经理的职责是否有充分规定。⑦ 人力资源政策和实施，如是否有关于雇佣、培训、提升和奖励雇员的政策。

(2) 风险评估，是管理层识别并采取相应行动，来管理对经营、财务报告、符合性目标有影响的内部或外部风险，包括风险识别和风险分析。风险识别包括对外部因素（如技术发展、竞争、经济变化）和内部因素（如员工素质、公司活动性质、信息系统处理的特点）进行检查。风险分析涉及估计风险的重大程度、评价风险发生的可能性、考虑如何管理风险等。

每个企业都面临着诸多来自内部和外部的风险，这些风险影响企业既定目标的实现。因此，必须形成一套有效机制，按照一定标准来识别、分析和管理影响目标实现的相关风险。

(3) 控制活动，此概念替代了“控制程序”。控制活动是指那些有助于管理层决策顺利实施的政策和程序，也包含对风险采取的控制措施。控制活动存在于企业上下各个层面、各项作业和所有部门。它们通常包括批准、授权、核实、调节和审查经营业绩、保护资产安全和严格职责分工等。控制活动有两部分构成，即政策（Policy）和程序

(Procedure)。政策是目标，程序是实现政策的操作规程。

(4) 信息与沟通，是指必须确定哪些是企业经营管理所需的信息并将其及时传递给相关人员，以便员工履行其职责，全方位支持和执行。信息要素不仅包括内部产生的信息，还包括与企业经营决策和对外报告相关的外部信息。

沟通的方式有政策手册、财务报告手册、备查簿以及口头交流或管理示例等。

(5) 监控，是对内部控制体系有效性进行评价的过程。对内部控制体系的监督可以通过持续性监督、独立评价或是将两者结合起来进行。目的是保证内部控制持续有效。

这五个要素是相互关联的。控制环境是其他控制要素的基础，如果控制环境出了问题，企业的内部控制就不可能有效；在规划控制活动时，需要对企业可能面临的风险进行详细的了解；另外，控制活动政策和程序必须在组织内有效地沟通；最后，内部控制的设计和执行必须受到有效地监控。

(五) 基于企业风险管理整合框架的内部控制

进入 21 世纪后，美国先后爆发了安然、世纪通信、施乐等重大财务舞弊丑闻，人们意识到内部控制框架中可能存在着缺陷，即原有的内部控制框架对于风险的防范和化解强调不够，无法满足企业对风险管理的需求。

美国在 2002 年颁布了《萨班斯 - 奥克斯利法案》(Sarbanes-Oxley Act)，这部法案扩充了长期持续的对公众公司保持内部控制制度的规定，要求管理当局证实、并由独立审计师鉴证这些制度。人们迫切需要一个能够提供关键原则和概念、通用语言以及明晰的方向和指南的企业风险管理框架。

COSO 委员会在 1992 年报告的基础上，对《萨班斯 - 奥克斯利法案》的要求进行扩展，于 2004 年 9 月 29 日发布了《企业风险管理—整合框架》(Enterprise Risk Management Integrated Framework，ERM 框架)。《企业风险管理—整合框架》提出了风险组合的观念，并且增加了三个风险管理要素，即“目标制定”、“风险识别”和“风险反应”。它拓展了内部控制框架，关注企业风险管理这一更加宽广的领域。根据整合框架，企业风险管理包括了四项目标和八大要素。这四项目标是战略目标、经营目标、报告目标和合法目标。八大要素分别为内部环境、目标制定、风险识别、风险评估、风险应对、控制活动、信息与沟通、监控。

与内部控制框架的定义和内涵相比，ERM 框架更加明确、具体，并且拓展或创新了以下概念和内涵：

(1) 增加了战略目标。明确了从企业战略制定阶段就必须进行风险管理，并且内部控制要为企业战略制定和实施的全过程提供合理保证。

(2) 将财务报告的可靠性目标发展为报告的可靠性目标。即企业管理层要对发布的所有报告的可靠性负责。

(3) 明确内部控制重点是企业的风险，而风险管理最重要的是识别影响组织的潜在事项，并把风险控制在组织的风险偏好范围之内。为了区分风险与机会，ERM 框架将风险界定为可能有负面影响的事项，并且明确指出风险控制是一个全员参与、全方位管理的过程。

ERM 框架对于内部控制的发展具有里程碑式的意义：

(1) 内部控制由审计导向转为管理导向。由于最初内部控制理论研究人员主要来自会计审计行业和学术界，因此对内部控制的研究不可避免地带有审计导向的烙印。然而，美国安然、世界通信等一系列公司财务丑闻导致加强企业风险管理的呼声愈来愈高。因此，COSO 希望新的 ERM 框架能够为企业董事会和管理者提供一个衡量企业管理团队处理风险以及评价风险管理有效性的有力工具。虽然 ERM 框架来源于内部控制框架，但它制定的指导思想却有明显不同：ERM 框架将企业内部控制和风险管理融为一体，是企业管理的重要组成部分。

(2) 内部控制由财务报告导向转为风险防范导向。一直以来，内部控制理论关注重点在于公开披露的财务报告，防止财务报告舞弊的发生。然而，财务报告反映的主要是企业过去的财务状况和经营成果，前瞻性较差；并且大多数财务舞弊是管理层在企业出现经营困境时采取的策略，因此仅强调与财务报告相关的内部控制并不能防止企业战略、经营管理上的失败。另外，企业面临的不确定性主要来自于政治、法律、宏观经济、竞争格局以及内部的组织人事、质量、业务等方面，这些风险积累到一定程度并发生损失后才会在财务数据上有所体现。因此，以财务报告为关注重点的内部控制理论已经滞后。而 ERM 框架明确将企业风险管理作为内部控制重点，在战略的制定和实施过程中直接管理风险，将事后的反映控制改为事前分析控制，将企业经营风险控制到企业能接受的程度。

二、《萨班斯法案》和 404 条款

(一)《萨班斯法案》出台的背景

2001 年开始美国爆发出一系列的财务丑闻案，对美国的经济乃至世界经济产生了重大的影响，严重打击了投资者的信心。尤其是安然公司（Enron）的财务丑闻，不仅对全球金融市场产生了巨大冲击，还导致百年老店——原五大会计师事务所之一的安达信的倒闭。

安然公司是一家能源公司，曾是美国第七大上市公司和全球最大的能源交易商。安然从 1997 年以来，主要通过“组织创新”、“交易设计”和“衍生工具”等方式，创立了近 3 000 家特殊目的实体（Special Purpose Entity，SPE），利用这些实体网络与安然公

司进行不具有经济实质的关联交易。安然公司在1997年至2000年间至少高估了4.99亿美元利润，低估了数十亿美元负债。2001年12月2日安然公司宣布申请破产保护时，其流通市值由最高时的680亿美元跌至不足2亿美元。

安然公司自1985年成立以来，其财务报表一直由安达信审计。1997年至2000年出具的审计报告均为无保留意见。2000年度，安达信为安然公司出具了两份报告，一份是无保留意见加解释性说明段（对会计政策变更的说明）的审计报告，另一份是对安然公司管理当局声称其内部控制能够合理保证其财务报表可靠性予以认可的评价报告。经过与安达信的磋商，安然公司2001年11月向美国证监会（SEC）提交报告，对过去5年财务报表的利润、股东权益、资产总额和负债总额进行了重大的重新表述，并明确提醒投资者：1997至2000年经过审计的财务报表不可信赖。

紧接安然公司破产案，世界通信公司（Worldcom）也爆出财务丑闻。这家曾经以1 150亿美元股票市值排名美国第25位的大公司，于2002年6月25日向媒体宣布，内部审计发现2001年度以及2002年第一季度，世界通信虚增利润38.52亿元。2002年11月5日世界通信承认的虚假会计利润已经超过93亿美元。2002年7月21日，世界通信向法院申请破产保护时，申报的资产总额高达1 070亿美元，成为美国有史以来最大的破产案。

正是在这一系列丑闻披露的背景下，美国前总统布什在2002年7月签署了《2002年公众公司会计改革和投资者保护法案》又称《萨班斯－奥克斯利法案》（即《Sarbanes-oxley Act》，以下简称《萨班斯法案》）。

《萨班斯法案》出台后，美国政府要求所有在美国上市的海外企业于2006年7月15日起，要由独立的外部审计师遵照《萨班斯法案》的要求出具审计报告，同时对上市公司披露的定期财务报告和内部控制报告提出了强制要求。

（二）《萨班斯法案》的主要内容及核心条款

《萨班斯法案》对会计行业的监管、审计独立性、财务信息披露、公司责任、证券分析师行为、证券交易委员会的权利和职责、法律责任等诸多方面作出规定。包括：（1）专门成立由5人委员组成的公众公司会计监督委员会（Public Oversight Board, PCAOB），专事会计行业的注册、调查、监管、惩戒等；（2）限制会计师事务所向审计客户提供的非审计服务（如许多咨询服务）；　（3）要求公司首席执行官（Chief Executive Officer, CEO）和首席财务官（Chief Financial Officer, CFO）对公司财务报告是否公允地反映了公司财务状况和经营成果作出保证；（4）对故意提供虚假财务报告、故意销毁、隐匿、伪造财务报告、证券欺诈等犯罪行为处以重典（涉嫌财务报告的犯罪行为最高可处20年监禁，而涉嫌欺诈的犯罪行为则最高可处25年监禁）等。

《萨班斯法案》中最重要的两个条款是302条款和404条款。302和404条款的制定对于公司建立完善的内部控制制度和公司治理结构起到了一个指导作用，通过建立一个完善的内部控制体系，使企业随时监管自身的财务和生产经营状况。302 条款要求公司的首席执行官和首席财务官在提交定期财务公告的时候，提交一份个人签署的书面认证文件和对财务报告的真实性负责的一份声明。404 条款则是要求在提交定期财务报告之后，由公司出具一份内部控制评估报告。

（三）404 条款的主要内容

该条款原文如下：

1. 规则要求。证券交易委员会应要求所有依照 1934 年《证券交易法案》第 13（a）或第 15（d）条款编制的年度报告中都包含一份内部控制报告，这份内部控制报告应：

（1）表明公司管理层有建立和维持财务报告内部控制系统及保证相关控制程序充分有效的职责。

（2）包含管理层在最近一个财政年度年底对财务报告内部控制系统及程序有效性进行评估的结果。

2. 内部控制评估与报告。对公司财务报告进行审核的注册公共会计公司应对公司管理层内部控制评估进行鉴证，并出具鉴证报告。鉴证应执行委员会发布或认可的规则。这种鉴证不应成为一种单独的业务。

对于上市公司来说，404 条款的实施必须由公司董事、管理层、404 项目小组、内审总监与其他人士的积极参与，一般来说分为以下几个阶段：（1）公司应制定内部控制详细目录，确定内部控制是否足够，并与内部控制框架进行对照；（2）记录控制措施评估方式以及未来将被用来弥补控制缺陷的政策和流程（如果存在）；（3）测试工作，以确保控制措施和补救手段起到预期作用；（4）管理层要将前述三个阶段的活动情况进行总结并撰写报告。

404 条款明确规定了管理层应承担设立和维持一个应有的内部控制结构的职责。该条款要求上市公司必须在年报中提供内部控制报告和内部控制评价报告；上市公司的管理层和注册会计师都需要对企业的内部控制系统作出评价，注册会计师还必须对公司管理层评估过程以及内部控制系统结论进行相应的检查并出具正式意见。

（四）实务界执行《萨班斯法案》的反馈

《萨班斯法案》执行以来得到了较好的评价，比如，公司与投资者的关系大为改善，企业控制环境得以明显改观，企业风险得到较好控制，资本市场的吸引力得以增强等。404 条款已揭示出许多上市公司有重大缺陷。上市公司为达到其要求，不断提高内部控制水平，揭示出重大缺陷的公司的数量在逐年下降，2003 年是 638 家，2004 年是

502 家，2005 年是 363 家。①

然而，也有人指出，法案的两种方法很偏激。尤其是其中的 404 条款，因为执行该条款要花费巨大的人力和物力，所以 404 条款被称为《萨班斯法案》中最昂贵的条款。404 条款究竟有多昂贵？根据国际财务执行官（FEI）对 321 家企业的调查结果，每家需要遵守《萨班斯法案》的美国大型企业第一年实施 404 条款的总成本超过 460 万美元。这些成本包括 35 000 小时的内部人员投入、130 万美元的外部顾问和软件费用以及 150 万美元的额外审计费用（增幅达到 35%）。全球著名的通用电气公司就表示，404 条款致使公司在执行内部控制规定上的花费已经高达 3 000 万美元。②

2002 年《萨班斯法案》是自美国 1933 年《证券法》和 1934 年《证券交易法》颁布以来对上市公司和证券监管影响最大的法案，也是美国证监会（SEC）由传统的信息披露监管转向信息披露和公司治理监管并重的转折点。

第二节　我国内部控制理论的变化和发展

一、内部控制规范的雏形

我国早在西周时期，官厅组织结构就已经比较完备。据《周礼》记载，在当时的西周王朝，周王为最高统治者，在周王之下设有天官冢宰、地官司徒、春官宗伯、夏官司马、秋官司寇和冬官考工等六大官职。西周时期的内部牵制主要包括：（1）财物分管，即在天官冢宰下分设大府、玉府、内府、外府、职币等机构，分管王朝的财物；（2）职务分离，即会计记账、收入核算、支出核算和实物保管分别由不同官员实施；（3）内部稽核，即宰夫行使稽核职权，负责组织对财物保管部门年度、月度、旬度的财物出入和经济收支情况进行详细、全面的稽核，并以稽核结果作为评定官吏政绩优劣的依据。

从历史发展来看，我国古代内部控制制度始于西周，完善于唐朝，衰落于宋代。

新中国成立以来，我国实行的是计划经济体制，企业没有自主权、投资权和筹资权、用人权和解雇权等，财产可以统一调拨、资金可以统一调度，一切听从国家计划的安排。没有内部控制的称谓，所以当时的内部控制非常不全面、不完善，有的只是生产控制、成本控制、财产安全控制等。

---

① 孟焰，张军．萨班斯法案 404 条款执行效果及借鉴［J］．审计研究，2010（3）：96－100.

② 陈赛珍．解析 404 条款：萨班斯法案最大的挑战［J］．会计师，2005（7）.

20 世纪 90 年代以后，我国开始实行市场经济，并设立股份公司和资本市场，在改革开放的同时开始借鉴西方的公司治理及监管措施，一系列跟公司规范有关的法律法规开始出台。

中国注册会计师协会在 1996 年发布了《独立审计具体准则第 9 号——内部控制与审计风险》，要求注册会计师在审计过程中必须了解被审计单位的内部控制，明确内部控制是为了保证业务、资产、会计资料的相关要求而制定和实施的政策与程序，内部控制包括控制环境、会计系统和控制程序。

1999 年修订、2000 年实施的新《会计法》是我国第一部体现内部会计控制要求的法律，该法对内部控制需达到的目标、内部会计控制的内容以及运用方法作了具体要求。目标方面涉及会计行为、会计资料、单位资产等；内容方面从会计控制角度涉及整个业务活动。内部控制方法包括：不相容职务相互分离控制、授权批准控制、会计系统控制、预算控制、财产保全控制、风险控制、内部报告控制、电子信息技术控制。

二、内部控制规范的形成——《企业内部会计控制规范》

自 2001 年 6 月起，财政部发布了《内部会计控制规范——基本规范》、《内部会计控制规范——货币资金》、《内部会计控制规范——采购与付款》、《内部会计控制规范——销售与收款》《内部会计控制规范——工程项目》等专项规范，并发布了《内部会计控制规范——担保》、《内部会计控制规范——对外投资》、《内部会计控制规范——成本费用》，对单位内部会计控制和与会计相关的控制进行了原则性详细规范。

《内部会计控制基本规范》中指出“内部会计控制是指单位为了提高会计信息质量，保护资产的安全、完整，确保有关法律法规和规章制度的贯彻执行等而制定和实施的一系列控制方法、措施和程序。”内部会计控制的目标包括：提高会计信息质量；保护资产的安全完整；确保有关法律法规的贯彻执行。

会计控制是内部控制的重要内容但不是其全部内容。但是，全文未对“内部会计控制”作出界定。在总则第二条关于内部控制的定义中也未涉及“内部会计控制”和“内部控制”的关系，造成存在以下问题：“内部会计控制”和“内部控制”两个概念混用；另外在内部会计控制的总标题下，《内部控制基本规范》中各章的内容已经大大超出内部会计控制的范畴，但又未包揽内部控制的全部内容。

2001 年 1 月 31 日中国证监会发布《证券公司内部控制指引》，目的是引导证券公司规范经营，完善证券公司内部控制机制，增强证券公司自我约束能力，推动证券公司现代企业制度建设，防范和化解金融风险。内部控制应充分考虑控制环境、风险识别与评估、控制活动与措施、信息沟通与反馈、监督与评价等要素。

有效的内部控制应为证券公司实现下述目标提供合理保证：

（1）保证经营的合法合规及证券公司内部规章制度的贯彻执行。

（2）防范经营风险和道德风险。

（3）保障客户及证券公司资产的安全、完整。

（4）保证证券公司业务记录、财务信息和其他信息的可靠、完整、及时。

（5）提高证券公司经营效率和效果。

由此可见，不同的组织或部门对内部控制目标的设定是不同的，但都没有反映出企业内部控制具有普遍意义的概括性目标。

三、中国版《萨班斯法案》——《企业内部控制基本规范》

（一）出台背景

改革开放以来，国有企业改革如火如荼，但同时弊病凸显，内部控制的缺失是其中之一。我国上市公司频繁爆发的大股东侵占上市公司资金、上市公司违规担保等问题，严重影响了资本市场的健康发展，打击了中小股东的投资信心，恶化了中国的金融环境。加强上市公司监管，完善上市公司内外治理，是建立现代企业制度的一部分。

2006 年 7 月 15 日，财政部牵头成立我国“企业内部控制标准委员会”，研究制定我国企业内部控制规范。2007 年 3 月 2 日，财政部发布了《企业内部控制规范——基本规范》和 17 项具体规范（征求意见稿），向全国征求意见。

2008 年，中国财政部、证监会、审计署、银监会、保监会五部委联合发布了《企业内部控制基本规范》，并于 2009 年 7 月在上市公司范围执行，这标志着中国版《萨班斯法案》的正式启动。2010 年 4 月 26 日，财政部、证监会、审计署、银监会、保监会联合发布了《企业内部控制配套指引》。该配套指引包括 18 项《企业内部控制应用指引》、《企业内部控制评价指引》和《企业内部控制审计指引》，并规定自 2011 年 1 月 1 日起在境内外同时上市的公司执行，2012 年 1 月 1 日起在上交所、深交所主板上市的公司执行。《企业内部控制评价指引》连同此前发布的《企业内部控制基本规范》，标志着适合我国企业内部控制规范体系已基本建成。

（二）内部控制的目标

根据《企业内部控制基本规范》，内部控制是由企业董事会、监事会、经理层和全体员工实施的、旨在实现控制目标的过程。内部控制的目标是合理保证企业经营管理合法合规、资产安全、财务报告及相关信息真实完整，提高经营效率和效果，促进企业实现发展战略。

表 2-1 内部控制整体框架（COSO）、ERM 框架、《企业内部控制基本规范》中控制目标的比较

	内部控制整体框架（COSO）	ERM 框架	《企业内部控制基本规范》
目标	经营的效率效果性 财务报告的可靠性 法律和法规的遵从性	战略目标 经营目标 报告目标 合法目标	经营管理合法合规 资产安全 财务报告及相关信息真实完整 提高经营效率和效果 促进企业实现发展战略

（三）内部控制的要素

根据《企业内部控制基本规范》，内部控制包括下列五个要素：

1. 内部环境。内部环境是企业实施内部控制的基础，一般包括治理结构、机构设置及权责分配、内部审计、人力资源政策、企业文化等。

(1) 治理结构及权责分配

规定了股东（大）会、董事会、监事会和经理层的职责。股东（大）会享有法律法规和企业章程规定的合法权利，依法行使企业经营方针、筹资、投资、利润分配等重大事项的表决权。董事会对股东（大）会负责，依法行使企业的经营决策权。监事会对股东（大）会负责，监督企业董事、经理和其他高级管理人员依法履行职责。经理层负责组织实施股东（大）会、董事会决议事项，主持企业的生产经营管理工作。

董事会负责内部控制的建立健全和有效实施。监事会对董事会建立与实施内部控制进行监督。经理层负责组织领导企业内部控制的日常运行。企业应当成立专门机构或者指定适当的机构具体负责组织协调内部控制的建立、实施及日常工作。

企业应当在董事会下设立审计委员会。审计委员会负责审查企业内部控制，监督内部控制的有效实施和内部控制自我评价情况，协调内部控制审计及其他相关事宜等。审计委员会负责人应当具备相应的独立性、良好的职业操守和专业胜任能力。

(2) 内部审计

内部审计机构对内部控制的有效性进行监督检查。内部审计机构对监督检查中发现的内部控制缺陷，应当按照企业内部审计工作程序进行报告；对监督检查中发现的内部控制重大缺陷，有权直接向董事会及其审计委员会、监事会报告。

(3) 人力资源政策

包括员工的聘用、培训、辞退与辞职；员工的薪酬、考核、晋升与奖惩；关键岗位员工的强制休假制度和定期岗位轮换制度；掌握国家秘密或重要商业秘密的员工离岗的限制性规定及其他政策。

企业应当将职业道德修养和专业胜任能力作为选拔和聘用员工的重要标准，切实加强员工培训和继续教育，不断提升员工素质。

（4）企业文化

企业应当加强文化建设，培育积极向上的价值观和社会责任感，倡导诚实守信、爱岗敬业、开拓创新和团队协作精神，树立现代管理理念，强化风险意识。董事、监事、经理及其他高级管理人员应当在企业文化建设中发挥主导作用。企业员工应当遵守员工行为守则，认真履行岗位职责。

2. 风险评估。风险评估是企业及时识别、系统分析经营活动中与实现内部控制目标相关的风险，合理确定风险应对策略。企业开展风险评估，应当准确识别与实现控制目标相关的内部风险和外部风险，确定相应的风险承受度。

企业识别内部风险，应当关注下列因素：

（1）董事、监事、经理及其他高级管理人员的职业操守，员工专业胜任能力等人力资源因素。

（2）组织机构、经营方式、资产管理、业务流程等管理因素。

（3）研究开发、技术投入、信息技术运用等自主创新因素。

（4）财务状况、经营成果、现金流量等财务因素。

（5）营运安全、员工健康、环境保护等安全环保因素。

（6）其他有关内部风险因素。

企业识别外部风险，应当关注下列因素：

（1）经济形势、产业政策、融资环境、市场竞争、资源供给等经济因素。

（2）法律法规、监管要求等法律因素。

（3）安全稳定、文化传统、社会信用、教育水平、消费者行为等社会因素。

（4）技术进步、工艺改进等科学技术因素。

（5）自然灾害、环境状况等自然环境因素。

（6）其他有关的外部风险因素。

企业应当综合运用风险规避、风险降低、风险分担和风险承受等风险应对策略，实现对风险的有效控制。风险规避是企业对超出风险承受度的风险，通过放弃或者停止与该风险相关的业务活动以避免和减轻损失的策略。风险降低是企业在权衡成本效益之后，准备采取适当的控制措施降低风险或者减轻损失，将风险控制在风险承受度之内的策略。风险分担是企业准备借助他人力量，采取业务分包、购买保险等方式和适当的控制措施，将风险控制在风险承受度之内的策略。风险承受是企业对风险承受度之内的风险，在权衡成本效益之后，不准备采取控制措施降低风险或者减轻损失的策略。企业应当结合不同发展阶段和业务拓展情况，持续收集与风险变化相关的信息，进行风险识别和风险分析，及时调整风险应对策略。

3. 控制活动。控制活动是企业根据风险评估结果，采用相应的控制措施，将风险控制在可承受度之内。

控制措施一般包括不相容职务分离控制、授权审批控制、会计系统控制、财产保护控制、预算控制、运营分析控制和绩效考评控制等。

4. 信息与沟通。信息与沟通是企业及时、准确地收集、传递与内部控制相关的信息，确保信息在企业内部、外部进行有效沟通。

企业应当对收集的各种内部信息和外部信息进行合理筛选、核对、整合，提高信息的有用性。企业可以通过财务会计资料、经营管理资料、调研报告、专项信息、内部刊物、办公网络等渠道，获取内部信息。企业可以通过行业协会组织、社会中介机构、业务往来单位、市场调查、来信来访、网络媒体以及有关监管部门等渠道，获取外部信息。

企业应当将内部控制相关信息在企业内部各管理级次、责任单位、业务环节之间，以及企业与外部投资者、债权人、客户、供应商、中介机构和监管部门等有关方面之间进行沟通和反馈。信息沟通过程中发现的问题，应当及时报告并加以解决。重要信息应当及时传递给董事会、监事会和经理层。

企业应当建立反舞弊机制，坚持惩防并举、重在预防的原则，明确反舞弊工作的重点领域、关键环节和有关机构在反舞弊工作中的职责权限，规范舞弊案件的举报、调查、处理、报告和补救程序。

企业至少应当将下列情形作为反舞弊工作的重点：

（1）未经授权或者采取其他不法方式侵占、挪用企业资产，牟取不当利益。

（2）在财务会计报告和信息披露等方面存在的虚假记载、误导性陈述或者重大遗漏等。

（3）董事、监事、经理及其他高级管理人员滥用职权。

（4）相关机构或人员串通舞弊。

5. 内部监督。内部监督是企业对内部控制的建立与实施情况进行的监督检查，通过评价内部控制的有效性，发现内部控制缺陷，促使企业及时加以改进。

内部监督分为日常监督和专项监督。日常监督是指企业对建立与实施内部控制的情况进行常规、持续的监督检查；专项监督是指在企业发展战略、组织结构、经营活动、业务流程、关键岗位员工等发生较大调整或变化的情况下，对内部控制的某一或者某些方面进行有针对性的监督检查。

专项监督的范围和频率应当根据风险评估结果以及日常监督的有效性等确定。

企业应当制定内部控制缺陷认定标准，对监督过程中发现的内部控制缺陷，应当分析缺陷的性质和产生的原因，提出整改方案，采取适当的形式及时向董事会、监事会或者经理层报告。

内部控制缺陷包括设计缺陷和运行缺陷。企业应当跟踪内部控制缺陷整改情况，并就内部监督中发现的重大缺陷，追究相关责任单位或者责任人的责任。

企业应当结合内部监督情况，定期对内部控制的有效性进行自我评价，出具内部控制自我评价报告。

内部控制自我评价的方式、范围、程序和频率，由企业根据经营业务、经营环境、业务发展状况、实际风险水平等自行确定。

（四）与《萨班斯法案》的比较

《企业内部控制基本规范》以及2006年颁布的《企业会计准则》、《独立审计准则》都是我国与国际接轨的重大改革，体现了中国经济与全球经济的进一步接轨和整合。《企业内部控制基本规范》被誉为我国的《萨班斯法案》。但是二者也有显著的区别（见表2-2）。

表2-2　《企业内部控制基本规范》与《萨班斯法案》的区别

	《企业内部控制基本规范》	《萨班斯法案》
适用范围	除上市公司外，还鼓励非上市公司与其他大中型企业加强企业内部控制管理	只限于上市公司
具体规定	原则性规定	详细
严厉程度	没有规定未达标如何处罚	企业必须达到法案要求，否则要受到严厉惩罚

《企业内部控制基本规范》为上市公司加强内部控制建设提供了权威的指引，是我国内部控制发展的一个里程碑，不仅有利于上市公司提高经营管理水平和风险管理能力，还有助于提高中国海外上市企业的整体形象。

本章小结

本章主要介绍了古今中外内部控制理论和实践的发展历程。在西方，内部控制的发展经历了内部牵制阶段、内部控制制度、内部控制结构、内部控制整体框架和基于企业风险管理整合框架的内部控制几个阶段。而《萨班斯法案》的302条款和404条款对内部控制实务提出了更高要求：302条款要求公司的首席执行官和首席财务官在提交定期财务公告的时候，提交一份个人签署的书面认证文件和一份对财务报告的真实性负责的声明；404 条款则是要求在提交定期财务报告之后，由公司出具一份内部控制评估报告。

我国于 2001 年颁布《内部会计控制基本规范》，2008 年五部委联合发布了《企业内部控制基本规范》，被称为中国版的《萨班斯法案》。该法案的颁布标志着适合我国的企业内部控制规范体系已基本建成。

重点名词

内部控制整体框架
《萨班斯法案》
企业内部控制基本规范
控制环境
风险评估
控制活动
信息与沟通
监控

本章重点与难点

1. 根据内部控制整体框架，内部控制的整体目标与五大要素
2. 《萨班斯法案》出台背景
3. 《萨班斯法案》中 302 条款与 404 条款的主要规定
4. 《企业内部控制基本规范》中的内部控制五要素

思考题

1. 西方内部控制理论的发展经历了哪几个阶段？
2. 内部牵制的含义是什么？内部牵制的职能有哪些？
3. COSO 是个什么组织？
4. 《萨班斯法案》的主要内容是什么？
5. 根据我国《企业内部控制基本规范》，内部控制包括哪几方面的内容？

案例讨论

巨人公司的内部控制分析

巨人集团演绎了中国“知识青年”冲浪市场经济最惨烈的悲喜剧和最为传奇的财富故事。掌门人史玉柱从一穷二白的创业青年，到《福布斯》排名大陆富豪第八位；在遭受几乎是毁灭性的失败后，又从负债2.5亿元之巨的全国“首负”，迅速崛起，成长为身家500亿元的内地新首富。以1997年为分界线，之前为老“巨人”，高开低走，盛极而衰；之后为新“巨人”，惊天逆转，涅槃重生。是宿命还是另有玄机？笔者认为，内部控制的严重缺陷是老“巨人”衰落的根本原因，而内部控制的保驾护航则是新“巨人”崛起的决定因素。

一、老“巨人”的衰落——内部控制分析

1989年8月，史玉柱用先打广告后付款的方式，将其研制的M－6401桌面排版印刷系统软件推向市场，赚到了经商生涯中的第一桶金，奠定了巨人集团创业的基石。1991年4月，珠海巨人新技术公司成立；1993年7月，巨人集团下属全资子公司38个，成为中国第二大民营高科技企业；1994年年初，号称中国第一高楼的巨人大厦一期工程动土，同年史玉柱当选为“中国改革风云人物”；但1997年年初，巨人大厦在只完成了相当于三层楼高的首层大堂后停工，各方债主纷纷上门，老“巨人”的资金链断裂，负债2.5亿元的史玉柱黯然离开。

（一）战略与经营目标确定

“巨人”是国内第一个明确提出“管理也是生产力”的现代企业，同时也是一家很有危机意识的企业。史玉柱曾冷静地指出老“巨人”集团存在创业激情基本消失、大锅饭机制、管理水平低下、产品和产业单一、开发市场能力停滞五大隐患。但“产品和产业单一”矫枉过正，变成了多线冒进。1994年8月，史玉柱提出走产业“多元化”的扩张之路，跳出电脑产业，将生物工程和房地产列为新的产业支柱。但他没有采取有效措施（如与外资合作、资产股权化、获得跨国公司的技术支撑等）稳定原有产业和已有项目，而是齐头并进、急于求成，在生物工程刚刚打开局面但尚未巩固的情况下，又贸然向房地产这一完全陌生的领域进军。拟建的巨人科技大厦设计也一变再变，从最初的18层一直涨到70层，投资预算也从2亿元涨到12亿元。从1994年2月大厦破土动工到1996年7月期间，老“巨人”未申请过一分钱的银行贷款，全凭自有资金和卖楼花的钱支撑，由于资金链难以为继，就将生物工程的流动资金抽出投入巨人大厦的建设，结果“多元化经营”变成了“多元化失败”。

（二）风险控制与监督

由于缺乏必要的财务危机意识和预警机制，老“巨人”的债务结构始终处在一种不合理的状态。在老“巨人”营销最辉煌的时期，每月市场回款可达 3 000 万～5 000 万元。以如此高额的营业额和流动额，完全可以陆续申请流动资金贷款，并逐渐转化为在建项目的分段抵押贷款。但史玉柱一向以零负债为荣，以不求银行为傲。一味指望用保健品的利润积累来盖大厦，这成了老“巨人”突发财务危机的致命原因。

与此同时，老“巨人”子公司的财务管理也不同程度地失控，坐支货款、资金流失严重。集团公司内各种违规违纪、挪用贪污事件层出不穷。其全资子公司康元公司，至 1996 年年底累计债务就已达 1 亿元，其中相当一部分是由于公司内部人员侵吞造成的。1996 年，脑黄金销售额为 5.6 亿元，但坏账就高达 3 亿多元。资金在各个环节被无情地吞噬，成为资金链断裂的导火索。

（三）信息与沟通

1995 年 2 月，老“巨人”以集中轰炸的方式，一次性推出电脑、保健品、药品三大系列的 30 个新品，其中主打的保健品一下就推出 12 个品种，几乎涵盖了所有的保健概念。但保健品是一种以功效诉求为主的消费品，广告只能起诱发购买的作用，要让消费者持续购买，必须依赖产品的效果。由于没弄清消费者的真正需求，虽然广告的知名度和关注度都有，但效果不佳。

在巨人的保健品中，有一种儿童开胃的“巨人吃饭香”产品，与当时畅销的“娃哈哈儿童营养液”类似。在一份广为散发的宣传册子中，巨人称“据说娃哈哈有激素，造成儿童早熟，产生许多现代儿童病”。娃哈哈就此向杭州市中级人民法院起诉巨人。1996 年 10 月，巨人答应庭外调解，向娃哈哈赔偿经济损失 200 万元。1997 年 1 月，在娃哈哈的一再坚持下，巨人不得不在杭州召开联合新闻发布会，公开向娃哈哈道歉。正是史玉柱缺乏沟通的个性，在关键时刻最终葬送了老“巨人”。在这一事件中，老“巨人”始终没有跟媒体、社会进行过认真、诚恳的对话，仅仅委派律师与债权人和记者周旋。于是种种流言迅速在媒体上被放大曝光，老“巨人”在公众和媒体心目中的形象轰然倒塌。

二、新“巨人”的崛起——内部控制分析

1997 年，史玉柱带领旧部研制“脑白金”，开始了负债重新创业。1999 年，成立上海健特（Gaint，巨人的音译）生物科技有限公司。2000 年，史玉柱悄悄还清了老“巨人”时期所欠的全部债务。2001 年，成立上海黄金搭档生物科技有限公司，当选为“CCTV 中国经济年度人物”。2003 年，购入民生银行 6.98 亿股流通股和华夏银行的 1.012 亿股流通股，并将脑白金和黄金搭档的知识产权及其营销网络 75% 的股权以 12.4 亿元卖给了四通电子。2004 年，成立上海征途网络科技有限公司，次年推出游戏

《征途》，成为全球第三款同时在线人数超过100万人的中文网络游戏。2006年，在开曼群岛注册巨人网络科技有限公司。2007年，更名为巨人网络集团后在纽约交易所挂牌上市，成为中国登陆美国的最大IPO民营企业，也是美国本土外最大IPO的IT企业。手握68.43%巨人股权的史玉柱，跃升为拥有500亿元身价的内地新“首富”。

（一）战略与经营目标确定

全面冒进的多元化战略方向失误让史玉柱意识到，投资产业需要慎重考虑三个条件：首先判断它是否为朝阳产业；其次是人才储备够不够；最后是资金够不够。因此，新“巨人”业务的发展强调安全，第一个项目做成功后，再考虑做第二个项目，一点点往前推进。在新的战略思想指导下，新“巨人”环环相扣地进入保健品、金融、IT行业，全面取得成功。

1998年，新“巨人”开始运作脑白金项目，把江阴作为东山再起的根据地。江阴市场打开以后，再把赚到的钱投入其他市场。通过滚动操作，1999年年底打开了全国市场，2000年成为保健品的状元，规模超过了鼎盛时期的老“巨人”。保健品营销的成功，使“巨人”得以重塑信用，并拥有了投资其他行业的财力。2003年新“巨人”投资3亿元买入银行的法人股，目前所持有的华夏银行、民生银行股权价值已经超过130亿元，而且随时可以变现。坐拥上百亿元的市值，新“巨人”完成了重返IT行业的资本积累。2004年，新“巨人”杀入网游业，开发的游戏《征途》在IT行业同类网络游戏中排名第一。2007年，新“巨人”在纽约交易所上市，公司市值达42亿美元。如今，新“巨人”作百年老店、专注于网络游戏主业的战略意图彰显无遗。

（二）风险控制与监督

新“巨人”最在乎的事情，就是公司的现金流和时刻保持财务健康（负债率维持在5%的标准上）。史玉柱锻造队伍执行力的第一步，就是从管理好现金流量开始的。“款到提货”是脑白金的市场销售原则，而且大小经销商一视同仁。货款是经销商与总部之间的事情，分公司绝不染指。每个销售经理的背后，附带多人信用担保。为了提高执行力，新“巨人”为脑白金建立了一个50人的纠察队伍，负责对分公司的检查。省级分公司也有纠察队查市级市场，市级纠察队再查县级市场。从而摆脱了一般保健品企业对于经销商的严重依赖。同时，新“巨人”倡导“有奖必有罚，奖罚必配套”的企业文化，每次开总结大会，一定是最佳和最差同时登台，最佳上台领奖金，最差下台领黄旗。对每一位经理，史玉柱不仅为他们提供了获得巨额奖金的可能，还给他们做不好就要接受大笔罚款的责任。在保健品行业，坏账10%可以算是优秀企业，20%也属正常，而脑白金10年来的销售额100多亿元，坏账金额是零。

（三）信息与沟通

专注地研究消费者，琢磨消费者的需求并满足消费者的需求，在此基础上打破陈规，自己琢磨规则、创造规则，特别是盯准中小城市及农村市场，是史玉柱坚持的营销理论。在脑白金上市前，史玉柱数次深入江阴的商场、农村，与潜在消费者进行交流。"江阴调查"得出的结论是很多老人想吃保健品，但不舍得买。于是，史玉柱推出了家喻户晓的广告"今年过节不收礼，收礼只收脑白金"，播放了10年，为新"巨人"带来了100多亿元的销售额。脑白金的一炮走红，并没有让史玉柱满足，他又力推维生素和矿物质的混合物类保健产品——"黄金搭档"。史玉柱为它准备的广告词，几乎和脑白金的一样俗气。但在成功的广告策略和成熟的营销模式推动下，黄金搭档也很快走红全国市场，成为了保健品市场上的常青树。

为了让玩家喜欢《征途》游戏，史玉柱先后和600名玩家进行深入交流，并以玩家的需求为原动力进行设计。他突破行业内陈旧的条条框框，在国内率先推出免费模式："让没钱的人免费玩，让有钱人开心玩，赚有钱人的钱。"由于中国市场是金字塔形的，塔尖部分是北京、上海、广州，往下是大中城市、小城市，塔基是广大的农村地区，市场越往下越大，于是，史玉柱把他农村包围城市的脑白金式营销复制过来，《征途》主推二、三级城市。鉴于广告虽可带来一级城市用户，却很难影响二、三级城市，史玉柱吩咐在各县招聘公司员工，负责游戏的地面宣传、推广和售后服务。目前，《征途》的营销网络代表已遍布全国，营销网络覆盖了11.65万家零售店，并保持了国内同类游戏中玩家流失率最低的纪录。

（资料来源：刘华."巨人"内部控制案例分析［J］. 财务与会计，2008（4）.）

讨论问题：

1. 老"巨人"公司为什么衰败？根源何在？
2. 新"巨人"公司为什么成功？有何启示？

第三章

内部控制理论框架

在本章中，你将学到

◇ 内部环境
◇ 控制活动
◇ 信息与沟通
◇ 职责分工
◇ 授权审批

引例

西安5亿元金融大案惊现贪污链①

《21世纪经济报道》2003年9月5日披露，曾经风光无限的周某原是中国建设银行西安市分行北大街道办事处主任、北大街支行行长，30岁时曾经被评为陕西省“十大杰出青年”。就是这个前途无量的青年伙同一直追随他的刘某四年作案金额近五亿元人民币！他们通过“高息揽存、账外循环”的作案方法“弄钱”。他们的作案手段从最初的窃取本行半成品空白存单，私盖印鉴，给储户出具“大头小尾”的存单骗取储户存款，到后来私刻公章，伪造金融凭证。其操作手法颇似地下钱庄，他们利用银行的信誉采用虚假存单吸收存款，但存款却不入银行账内，而是高息贷出去，从中获取不法收益。到其作案的最后一年竟发展到私刻储户印鉴或收入不入账的地步，还非法取得存款公司的印章印模，用伪造转账支票将款转出。周、刘作为国有银行的工作人员，其犯罪事实，被定为挪用公款和贪污罪，两人均被判处死刑，同案的其他人员也都受到相应

① 朱荣恩. 内部控制案例 [M]. 上海：复旦大学出版社，2005.

惩罚。

根据企业风险管理整合框架（ERM 框架），内部控制理论框架包括三个维度：第一维是企业的目标，第二维是全面风险管理要素，第三维是企业的各个层级。第一维企业的目标有四个，即战略目标、经营目标、报告目标和合规目标。第二维全面风险管理要素有八个，即内部环境、目标设定、事件识别、风险评估、风险对策、控制活动、信息和交流、监控。第三维企业的层级，包括整个企业、各职能部门、各条业务线及下属各子公司。ERM 三个维度的关系如下：全面风险管理的八个要素都是为企业的四个目标服务的；企业各个层级都要坚持同样的四个目标；每个层级都必须从以上八个方面进行风险管理。我国《企业内部控制基本规范》对内部控制的界定也采用了上述三维立体结构。目标维度已在第一章进行阐述，层级维度将在后面章节展开。本章主要内容为要素维度。

第一节 内部环境

一、诚信与道德价值观

（一）诚信与道德价值观的内容

企业的目标及目标实现的方式要基于该企业的优先选择、价值判断和管理层的经营风格。这些优先选择和价值判断反映出企业管理层的诚信及其信奉的道德价值观。内部控制是由人建立、执行和监督的，因此，内部控制的有效性不可能不受到人的诚信和道德价值观的影响。诚信和道德价值观是一个主体内部环境的关键要素，它影响着企业内部控制其他要素的设计、管理和监控。企业树立道德价值观通常很困难，因为需要考虑多个方面的利益。例如，管理层的价值观必须平衡企业、员工、供应商、客户、竞争者和公众的利益，平衡这些利益可能是复杂并令人沮丧的，因为利益通常是相互矛盾的。

（二）如何建立企业的诚信与道德价值观

职业道德是指从事一定职业劳动的人们，在特定的工作和劳动中以其内心信念和特殊社会手段来维系的，对善恶进行评价的心理意识、行为原则和行为规范的总和。它是人们在从事职业的过程中形成的一种内在的、非强制性的约束机制。管理层应该明确地向员工传达职业道德规范，并在自身的言谈和行动中不折不扣地表现出来。企业制定并执行全面的道德行为规范，可以防止不正当竞争、内幕交易等情况的发生。同时，使员工明确哪些行为是可以接受的，哪些是不可以接受的，当遇到不道德行为时自己应采取何种行动。企业可采取以下措施推行职业道德规范：

1. 建立高层管理人员的职业道德规范

企业应制定《高层管理人员职业道德规范》，并使其与国家的相关法律法规、公司章程、企业精神与宗旨、企业核心经营管理哲学等保持一致，成为公司对各层管理人员，特别是高层管理人员的主要道德准则。同时企业还应制定《高层管理人员职业道德建设制度》，将对高层管理人员职业道德规范的宣传作为职业道德建设的重要工作。企业最高负责人是公司职业道德的倡导者，应通过文件、讲话等适当方式把企业《高层管理人员职业道德规范》介绍给全体高级管理人员，并提出执行的希望和要求，要不失时机地在企业会议上对高层管理人员进行职业道德宣传，提出职业道德建设的期望。对高层管理人员进行培训时，企业的职业道德规范是必修内容。每年企业都要组织高层管理人员签订《职业道德规范确认书》，保存备案，作为考核的重要内容之一。

2. 建立员工职业道德规范

企业应制定《员工职业道德规范》，并使其与相关法律法规保持一致，成为适用于全体员工的职业道德规范。同时企业还应制定《员工职业道德建设制度》，将对员工职业道德规范的宣传作为公司职业道德建设的重要工作。企业最高负责人通过文件、讲话等适当方式，把企业《员工职业道德规范》介绍给全体员工并提出执行的希望和要求，并在各种会议中对员工进行职业道德规范教育。新员工的岗前培训以及对现有员工的在岗培训，职业道德规范都是必修内容。

3. 对员工遵守职业道德规范情况进行监督

企业人事部等相关部门根据企业管理层的授权，对员工遵守职业道德规范情况进行监督。若员工出现违反职业道德规范的行为时，除依照国家法律、上市监管地法规进行处理外，企业可根据相关文件规定对其进行处分直至解除劳动合同。

二、员工的胜任能力

（一）员工胜任能力的概念

胜任能力即胜任力。麦克莱兰研究小组用冰山模型从理论上对胜任力的定义加以说明。胜任力是指个人和公司绩效至关重要的、可辅导的、可观察的、可衡量的、以行为方式表现出来的组合，是知识、技能和品质的合成体。品质是指个人的特质，如天分、才智或理念，可以通过教授或学习来获取，同时也可以改善。技能指获取良好的岗位业绩所需要的技能，通常是通过不断重复的培训或其他相关的经验积累获得。知识是一个岗位所需要的基本知识，可以是一些专业技术或商业知识，也包括了那些通过学习和经验积累所得到的事实、信息和对事物的看法。这三者的关系是：品质作为较深层次的胜任力的要求，渗透在个体的日常行为中，影响着个体对事物的判断和行动的方式；知识则较直接地在日常行为中被表露出来；技能则介于其中。

管理层应明确规定每一特定工作所要完成的任务，所需要员工的能力水平，并且对构成能力水平的知识和技能有明确要求。正是基于对成本与效益相配原则的考虑，企业对每一份工作、每一个岗位的胜任能力有了明确的要求之后，才能相应地选拔人才、调配员工，做到“人尽其才，物尽其用”。这样既可以调动员工的工作热情、激发其进取精神、发挥其自身潜力，也可以充分利用企业人力资源，创造高效的工作环境、减少人工成本，从而促进企业的发展，创造更大的价值。

管理层应当以正式或非正式的岗位描述或其他方式，分析并定义各岗位的具体工作任务，明确员工完成任务所需要的知识和技能。这些必要的知识和技能水平可能取决于个人的智力、受过的培训和经验。在培养知识和技能水平需要考虑的诸多因素中，应特别注意考虑在完成一件具体工作时所需职业判断的性质和程度。

（二）胜任能力的测评方法

企业对“胜任力”的要求可以通过建立“胜任力模型”的方式来实现。胜任力模型是一系列符合胜任力定义要求的个人特制的结构化组合，它对胜任力的内容和评判胜任力水平高低的等级都有明确的描述和界定。换言之，胜任力模型是一整套针对特定组织、特定岗位的个人特质评价标准，它能为人力资源管理的各个领域提供基础和核心要求。

目前国内建立胜任力模型的方法主要有三种：归纳法、演绎法、限定选项法。

1. 归纳法

这是一种通过对特定员工群体中的个人特质的发掘和归纳形成胜任力模型的方法。归纳法中所运用的最主要的咨询工具当属“行为事件访谈”（Behavioral Event Interview, BEI）。BEI 的基本假设是每个岗位上的员工的工作方式不同带来的绩效也不同，通过研究员工间的差异可以发现高效者身上的特质。

在这些基本假设下，BEI 凭借高度结构化的访谈模式由熟练掌握相关访谈技术的咨询顾问详细了解被访者工作中的关键事件及其成功要素，收集其过去的行为和真实想法，从中发掘有价值的个人特质。通常 BEI 的对象同时包括业绩优秀的员工和业绩一般的员工，通过对访谈结果的比较分析，发现那些具备业绩区分能力的个人特质，并将其作为建立胜任力模型的素材。BEI 一般采取一对一的个别访谈形式，但也可以采取以小组形式进行的集体访谈（集体 BEI）。通过 BEI 获取大量的“原始素材”后，咨询顾问对这些信息进行细致的筛选、编码、分级等加工，并最终形成胜任力模型。

2. 演绎法

这是一种通过从企业使命、愿景、战略以及价值观中推导特定员工群体所需的核心胜任力的方法。胜任力模型作为对任职者的一套个人特质的要求，其终极目的是为了有益于愿景、战略等组织根本性目标的实现，并体现组织的核心价值观，这是演绎法的基本假设。演绎法的实质是一个逻辑推导过程，其基本步骤如下：

(1) 澄清组织愿景、使命、战略和核心价值观。

(2) 推导关键岗位角色和职责。

(3) 推导核心胜任力。

通常我们通过分组结构化集体访谈的方式来完成这个推导过程。分组访谈的对象既包括胜任力模型的直接针对人群，也包括其他了解情况的相关人员，这样做有利于保证推导逻辑的完整性和立场的正确性。结构化集体访谈的结果仍需经过筛选、分类、分级等专业处理的过程，以最终形成组织核心胜任力模型。

3. 限定选项法

这是胜任力模型建立的一种简便方法。通常由专业顾问根据对组织的初步了解，提出一组相当数量的胜任力项目，然后通过相关人员集体讨论的方式进行几轮的筛选和调整，最终确定一套胜任力项目作为胜任力模型。

上述三种方法在理论和实践上各有利弊，具体比较如表 3 – 1 所示。

表 3 – 1　三种构建胜任力模型方法的比较

	归纳法	演绎法	限定选项法
理论依据	充分	有（缺乏行为细节支持）	无（属于主观判断）
实际效用	高	较高	一般
模型建立周期	长	中等	短
模型建立成本	高	中等	低

归纳法具备充分的理论依据，对个人特质的研究切实而具体。研究发现，用纯粹的归纳法制定出来的胜任力模型，其应用效果最佳，即对员工的业绩区分的预测胜任力最强。但其不足之处在于 BEI 手段技术要求很高，其数据分析过程也相当复杂，由此导致较高的模型建立成本和较长的工作周期。此外，归纳法所建立的胜任力模型往往较难反映组织对未来的胜任力要求，因而比较适合组织发展处于较高水平的阶段。

演绎法强调胜任力与组织根本目标的关联，其推导逻辑明确而完整，且特别有利于发掘组织对未来的胜任力需求；但由于其缺乏翔实的行为细节作为依据，就不免要在相当程度上依赖于个人经验和认知水平等主观因素。

限定选项法几乎没有什么理论依据，咨询顾问所提供的胜任力选项依据也只是根据对组织及岗位情况的初步判断。因而这种方法的可靠程度和模型的实际效用都是令人置疑的。但其低廉的成本投入和极短的工作周期对于某些有特定应用意图的组织而言，无疑也是一种可供考虑的选择。

三、管理哲学和经营风格

管理层的管理哲学和经营风格会影响企业的管理方式，主要包括：(1) 对待和承担经营风险的方式；(2) 依靠文件化的政策、业绩指标以及报告体系等与关键经理人员沟通；(3) 对财务报告的态度和所采取的措施；(4) 对信息处理以及管理功能所持的态度；(5) 对现有可选择的会计准则和会计数值估计所持有的谨慎或冒进态度。

管理哲学与经营风格表现为管理者的各种偏好，它影响着企业的行为，影响着企业内部控制环境，进而影响着企业内部控制的效率和效果。企业制定的任何制度都不可能超越设立这些制度的主体，企业内部控制的有效性同样也无法超越创造、管理与监督制度的主体的管理哲学与经营风格。

管理层的管理哲学和经营风格，直接反映在他们对企业的管理方式和方法上。我们可以从以下几个方面来树立企业的管理哲学和经营风格。

1. 风险的接受程度

企业在接入新业务前，需要仔细评估自身能够承受多大的风险，以及企业是否经常介入具有高风险的业务或对风险的保有态度。对这些问题的回答，明确了企业对经营风险的接受程度。企业在应对风险时采取的措施包括以下几点：

(1) 企业实行资金集中管理。企业制定《资金管理办法》，规范资金的支出程序，提高资金使用效益，建立资金管理的约束和监督机制，明确各项资金的使用办法和授权程序。

(2) 企业实行债务集中管理。所有的长短期借款、内外资借款，都由企业集中管理，统一办理借款、还款手续。

(3) 企业对重大合同或需要由企业名义签订的合同实行统一授权、分级管理。

(4) 重大决策由总裁办公会听取相关部门或专家意见后，集体和议形成，报董事会审批。

2. 管理层对财务的态度

管理层对企业财务职能的态度，对选择会计准则的方式，能够反映出管理人员的管理哲学和经营风格。

(1) 财务管理。企业财务部具有财务管理和监督的职能，涉及诸多方面，如预算管理、资金管理、资产管理、债务管理、价格管理等。

(2) 会计政策选择。企业财务部应根据《会计法》、《企业会计准则》等相关规定和要求，选择适合本企业的财务会计制度，并根据政策和准则的变化及时修订。企业政策一经选定，应保持前后各期一致，不得随意改变。

(3) 资产安全管理。企业制定固定资产、资金、存货等各项资产的管理规定，同时注重对财务信息及知识产权的保护。

3. 人员的交流与更替

高级管理人员和各部门管理人员应经常交流与沟通，确保信息畅通。企业可通过定期召开会议、走访调研各部门来实现。企业应确保管理层和监督职能人员的稳定，严禁频繁更替，同时制定与企业相适应的离职程序，避免员工突然辞职对企业造成的伤害。

四、组织结构

(一) 组织结构的概念及其作用

所谓组织结构是在组织理论的指导下，经过组织设计，由组织要素相互联结而成的相对稳定的结构模式，是企业生存发展的基础和有力支撑。企业组织结构的建设是企业治理结构、企业管理组织结构、企业生产运作组织结构及企业间组织结构动态平衡的发展过程，并且各子系统之间相辅相成、相互适应。

有利于企业发展的组织结构没有固定的模式，但一般都具有偏平化、网络化、柔性化、虚拟化、多元化等特征。相关的组织结构包括确定权利与责任的关键界区，具体应考虑的几个方面如下：组织结构的合适性及其提供管理企业所需信息的沟通能力；各主管人员所负责任的适当性；按照主管人员所负担的责任，判断其是否具备足够的知识及丰富的经验；当环境改变时，企业配合改变其组织结构的程度；员工人数的充足程度。

任何企业要达成其整体目标，必须以一定的组织机构为基础。企业的组织机构提供了计划、执行、控制和监督活动的框架，确定了关键界区的权利和责任，确立了适当的沟通与协调渠道，保证了各级主管负责人具有履行职责相适应的知识、经验和能力。

(二) 建立组织结构的原则

对于一个企业而言，究竟哪一种类型是最好的组织结构，由公司的具体发展战略而定。但是，不论采用哪一种类型的组织结构，都要尽可能遵守以下原则，从而优化企业组织结构。

1. 精简高效原则

精简高效是组织结构设计的一个重要的原则，也是公司组织得以存在与发展的根本原因。这一原则可以表述为：在满足公司目标所决定的业务活动需要及统一指挥的前提下，力求减少公司的管理层次，精简公司的管理机构和人员，充分利用各部门的分工协调，充分发挥和提高管理层人员素质、充分调动各层员工积极性，以最少的机构、最少的人员完成公司管理的工作量，提高管理效率，更好地完成公司的经营目标。

2. 责、权、利一致原则

责、权、利一致原则是指每一职位承担的职责、拥有的权利和享有的利益必须相一致。权利是责任的基础，有了权利才有可能负起责任；责任又是权利的约束，权利所有者在运用权利时必须要考虑可能产生的后果，不至于滥用权利；利益的大小决定了管理者愿意接受责任和权利的程度。

3. 经营目标原则

经营目标原则就是公司组织结构的建立和工作的开展，都要围绕其经营目标进行，各个层级、部门的目标应与既定的公司目标有联系，同时又都有自己的分目标来支持公司总体目标的实现。

4. 管理幅度适当原则

管理幅度适当原则就是对各级主管人员有效的监督，其直接领导的下属人数要确定一个适当的限度。如果管理幅度过小，会导致机构臃肿，造成人力资源的浪费；管理幅度过大，会造成管理人员的工作过多，容易导致工作的失控。管理幅度与管理层次呈反比关系，管理幅度大，管理层次就减少；相反，管理幅度小，管理层次就增加。

5. 稳定与调整相结合原则

稳定与调整相结合原则就是组织结构及形式既要有相对的稳定性，不要经常变动，又要随公司内外部条件的变化而适当作出调整。一般而言，因“磨合期”的存在，企业的组织结构不宜经常变化，应该维持一种相对平衡的状态。但是，当外部条件和公司本身发展因素发生变化，内部运作效率已经低下，只有调整和变革现有的组织结构，才能给公司注入新的活力和效率。

（三）组织结构的构成内容

采取集权制还是分权制建立企业的组织结构，取决于企业的规模和经营性质，以及是否有助于信息的上传、下达和各业务活动间的传递。企业应按照《公司法》的要求，参照国际同类企业的通行做法，结合本企业实际情况，建立规范的法人治理结构。企业组织结构的设置遵循信息通畅、反应灵敏、适应企业的发展和市场变化的原则；企业应注重管理层及员工之间的沟通，建立相应的沟通和交流渠道，并确保员工获得与其责任和权限相关的信息。

企业应建立健全风险管理组织体系，主要包括规范的公司法人治理结构，风险管理职能部门、内部审计部门和法律事务部门以及其他有关职能部门、业务单位的组织领导机构及其职责。

1. 建立公司法人治理结构

公司法人治理结构是在经营权和所有权分离的基础上，有效处理企业各利益关系方之间关系的制度安排。建立有效的公司法人治理结构的宗旨是：在股东大会、董事会和经理层之间，合理配置权限，公平分配利益，明确各自职责，建立有效的激励、监督和制衡机制，从而实现公司的多元化目标。而内部控制是企业董事会及经理阶层为确保企业财产完全完整、提高会计信息质量、实现经营管理目标、完成受托责任而建立和实施的一个程序。

公司法人治理结构是促使内部控制有效运行，保证内部控制功能发挥的前提和基础，是实行内部控制的制度环境；而内部控制在公司法人治理结构中担当的是内部管理监控系统的角色，是有利于企业受托者实现企业经营管理目标，完成受托责任的一种手段。所以企业要加强公司法人治理结构的控制，这样有利于充分发挥各部门和个人的作用，调动单位的活力，实现内部控制所具有的全方位控制功能。

2. 行使董事会在内部控制和风险管理中的职责

董事会是风险管理工作的最高执行机构，向股东大会负责，主要履行以下职责：

（1）审议并向股东（大）会提交企业全面风险管理年度工作报告；

（2）确定企业风险管理总体目标、风险偏好、风险承受度，批准风险管理策略和重大风险管理解决方案；

（3）了解和掌握企业面临的各项重大风险及其风险管理现状，作出有效控制风险的决策；

（4）批准重大决策、重大风险、重大事件和重要业务流程的判断标准或判断机制；

（5）批准重大决策的风险评估报告；

（6）批准内部审计部门提交的风险管理监督评价审计报告；

（7）批准风险管理组织机构设置及其职责方案；

（8）批准风险管理措施，纠正和处理任何组织或个人超越风险管理制度的风险性行为；

（9）督导企业风险管理文化的培育；

（10）全面风险管理其他重大事项。

3. 建立风险管理委员会

具备条件的企业，可在董事会下设置风险管理委员会。该委员会成员中需有熟悉企业重要管理及业务流程的董事，以及具备风险管理监管知识或经验、具有一定法律知识的董事。主要履行的职责包括：

（1）提交全面风险管理年度报告；

（2）审议风险管理策略和重大风险管理解决方案；

（3）审议重大决策、重大风险、重大事件和重要业务流程的判断标准或判断机制，以及重大决策的风险评估报告；

（4）审议内部审计部门提交的风险管理监督评价审计综合报告；

（5）审议风险管理组织机构设置及其职责方案；

（6）办理董事会授权的有关全面风险管理的其他事项。

4. 行使总经理在内部控制和风险管理中的作用

企业总经理对全面风险管理工作的有效性向董事会负责。总经理或总经理委托的高级管理人员，负责主持全面风险管理的日常工作，负责组织拟定企业风险管理组织机构设置及其职责方案。企业应设立专职部门或确定相关职能部门履行全面风险管理的职责。该部门对总经理或其委托的高级管理人员负责，主要履行以下职责：

(1) 研究提出全面风险管理工作报告；研究提出跨职能部门的重大决策、重大风险、重大事件和重要业务流程的判断标准或判断机制；

(2) 研究提出跨职能部门的重大决策风险评估报告；

(3) 研究提出风险管理策略和跨职能部门的重大风险管理解决方案，并负责该方案的组织实施和对该风险的日常监控；

(4) 负责对全面风险管理有效性评估，研究提出全面风险管理的改进方案；

(5) 负责组织建立风险管理信息系统；

(6) 负责组织协调全面风险管理日常工作；

(7) 负责指导、监督有关职能部门、各业务单位以及全资、控股子企业开展全面风险管理工作；

(8) 办理风险管理其他有关工作。

5. 审计委员会在内部控制和风险管理中的职责

企业应在董事会下设立审计委员会，企业内部审计部门对审计委员会负责。内部审计部门在风险管理方面，主要负责研究提出全面风险管理监督评价体系，制定监督评价相关制度，开展监督与评价，出具监督评价审计报告。

6. 其他相关职能部门在内部控制和风险管理中的职责

企业其他职能部门及各业务单位在全面风险管理工作中，应接受风险管理职能部门和内部审计部门的组织、协调、指导和监督，这些部门主要履行以下职责：

(1) 执行风险管理基本流程；

(2) 研究并提出本职能部门或业务单位重大决策、重大风险、重大事件和重要业务流程的判断标准或判断机制；

(3) 研究并提出本职能部门或业务单位的重大决策风险评估报告；

(4) 做好本职能部门或业务单位建立风险管理信息系统的工作；

(5) 做好培育风险管理文化的有关工作；

(6) 建立、健全本职能部门或业务单位的风险管理内部控制子系统；

(7) 做好风险管理其他有关工作。

五、责任的分配与授权

对于组织内的全部活动要合理有效地分配职责和权限，并为执行任务和承担职责的组织成员特别是关键岗位的人员，提供和配备所需的资源，并确保他们的经验和知识与职责权限相匹配。要使所有员工了解他们的工作行为，职责担负形式和认可方式，与达成组织目标的联系。合理的权责分派关系到个人和团队在遭遇和解决问题时的主动性，也关系到员工所享有权利的上限。伴随着组织结构“扁平化”的发展趋势，增加授权无疑对员工胜任能力和受托责任赋予更高的要求。各个层面权利和责任的分配对企业风险管理的有效性有着重要影响。

根据企业的战略目标、经营职能和监管要求，设计适当的权责分配体系可以确保员工所承担的责任、所获得的信息与其职权相适应。

1. 企业制定《权责指引》，明确各部门、各岗位应承担的权利和责任，并随着企业的发展及时进行维护更新。

2. 企业根据运营目标、职能和监管要求，明确各部门的职责。

3. 企业在明确各部门职责的基础上，组织实施员工岗位职责的描述，将各部门职责分解到具体岗位。

4. 通过规范和完善岗位职责描述，明确各岗位在处理有关业务时所具有的权利。

5. 企业规定授权人有权对受托人履行授权的行为进行监督、检查，发现受托人有不当行为时，应及时给予批评纠正，情况严重时应撤销对其的授权。

6. 企业规范信息系统的授权，以确保相关人员获得信息系统的授权。

六、董事会与审计委员会

董事会和审计委员会，相对于管理层的独立性、其成员的经验和道德境界、其参与和监督企业活动的范围以及其行为的适当性、对管理层提出问题的深度和广度、与内外部审计师的关系实质等成为企业风险防范机制的基础。在董事会中，必须有足够数量的独立董事，他们不但要提供合理的建议、咨询和指导，而且还要对管理当局形成必要的牵制和制衡。

（一）董事会在内部环境中的地位与功能

COSO 报告把内部环境作为其他内部控制组成要素的基础，尤其把董事会对风险的态度和认识作为内部环境的首要内容，凸现出人特别是高层人员在内部控制中的重要地位。虽然从理论上说，对经营者的制约主要通过两种方式：一是以资本市场、产品市场及法规制度为主体的外部控制机制；二是以董事会为主体的内部控制机制，但理论和实践均已证明，外部控制机制和内部控制机制对于经营者的制约能力并不完全相同。相比之下，董事会是约束经营者日常行为、实现事前帕累托最优最合适的手段。

（二）董事会责任的相关规定

1. 我国内部控制规范对董事会责任的规定

《企业内部控制规范——基本规范（征求意见稿）》中重点对董事会责任作出新的要求，指出企业董事会应当充分认识自身对企业内部控制所承担的责任，加强对本企业内部控制建立和实施的指导和监督。

（1）董事长（或者法定代表人、代表企业行使职权的主要负责人，以下简称董事长）对本企业内部控制的建立健全和有效实施负责。

（2）经理（或者总裁、厂长，以下简称经理）根据法定职权、企业章程和董事会的授权，负责组织领导本企业内部控制的日常运行。

（3）总会计师（或者财务总监、分管财务会计工作的负责人，以下简称总会计师）在董事长和经理的领导下，主要负责与财务报告的真实可靠、资产的安全完整密切相关的内部控制的建立健全与有效执行。

（4）在董事会下设立审计委员会的企业，应当保证审计委员会成员具备良好的职业操守和专业胜任能力，审计委员会及其成员应当具有相应的独立性。审计委员会应当直接对董事会负责。上市公司的审计委员会主席一般应由独立董事担任，非上市公司的审计委员会主席应由独立于企业管理层的人员担任。

企业应当赋予审计委员会监督企业内部控制建立和实施的相应职权。审计委员会在企业内部控制建立和实施中承担的职责一般包括：

（1）审核企业内部控制及其实施情况，并向董事会作出报告；

（2）指导企业内部审计机构的工作，监督检查企业的内部审计制度及其实施情况；

（3）处理有关投诉与举报，督促企业建立畅通的投诉与举报途径；

（4）审核企业的财务报告及有关信息披露内容；

（5）负责内部审计与外部审计之间的沟通协调。

未设立审计委员会的企业，应当由董事会授权或者企业章程规定的有关机构承担上述职责。

2. 美国《萨班斯法案》对董事会责任的规定

（1）关于董事和高级经理的责任

① 上市公司所有定期报告（包括公司依照1934年《证券交易法》规定编制的会计报表）应附有公司CEO和CFO签署的承诺函。承诺函的内容包括：确保本公司定期报告所含会计报表及信息披露的适当性，保证此会计报表及信息披露在所有重大方面都公正地反映了公司的经营成果及财务状况；

② CEO和CFO必须返还由于其行为不当而获取的奖金、红利或权益性报酬。如在公司定期报告中发现因实质性违反监管法规而被要求重编会计报表时，公司的CEO/

CFO 应当将 12 个月内从公司收到的所有奖金、红利、其他形式的激励性报酬以及买卖本公司股票所得收益返还给公司；

③ 发行人不得向公司董事或高级经理提供个人贷款，其若有 10% 的股权变动必须在两个营业日内披露，并且在养老金计划管制期内，其持有的该公司股票不得进行交易或从中谋利等；

④ 如果公司 CEO/CFO 事先知道违规事项，但仍提交承诺函，最多可以判处 10 年监禁以及 100 万美元的罚款；对于故意作出虚假承诺的，最多可以被监禁 20 年并判处 500 万美元的罚款。

（2）关于董事会下设审计委员会的主要规定

① 发行人必须建立“完全独立”的审计委员会，为保证独立性，审计委员会必须完全由“独立董事”组成，独立董事不得是公司或者其子公司的关联人士，其中至少一人应是财务专家；

② 审计委员会以董事会下属委员会的身份，对聘用会计师事务所及其报酬事项，以及对其进行监督的事项负直接责任；会计师事务所在审计过程中遇到的重大事项必须及时报告审计委员会；

③ 为保证审计委员会能够及时发现公司的会计和审计问题，还需要建立一套处理举报或投诉的工作程序以及相应的监测系统、反应机制。

《萨班斯法案》的颁布实施弥补了美国现有公司治理结构的缺陷和监管体系上的漏洞，为监管机构查处财务欺诈提供了强有力的法律武器，使公司的激励机制与责任追究机制达成某种平衡。

第二节 风险评估

风险评估包括风险识别、风险评估和风险应对三个环节。

具体内容将在本书第十、十一、十二章介绍。

第三节 控制活动

一、职责分工

（一）内容

职责分工控制要求根据企业目标和职能任务，按照科学、精简、高效的原则，合理设置职能部门和工作岗位，明确各部门、各岗位的职责权限，形成各司其职、各负其责、便于考核、相互制约的工作机制。

企业组织机构有两个层面：一是法人的治理结构问题，涉及董事会、监事会、经理的设置及相关关系；二是管理部门设置及其关系，对财务管理来说，就是如何确定财务管理的广度和深度，由此产生集权管理和分级管理的组织模式。

企业在确定职责分工过程中，应当充分考虑不相容职务相互分离的制衡要求。所谓不相容职务是指如果由一名员工担任，既可以弄虚作假，又能够自己掩饰其作弊行为的职务。不相容职务通常包括：授权、批准、业务经办、会计记录、财产保管、稽核检查等。企业应当根据各项经济业务与事项的流程和特点，系统、完整地分析、梳理执行该经济业务与事项涉及的不相容职务，并结合岗位职责分工采取分离措施。有条件的企业，可以借助计算机信息技术系统，通过权限设定等方式自动实现不相容职务的相互分离。不相容责任主要有：

1. 授权批准职务与执行业务职务分离；
2. 业务经办职务与审核监督职务分离；
3. 业务经办职务与会计记录职务分离；
4. 财产保管职务与会计记录职务分离；
5. 业务经办职务与财产保管职务分离。

（二）实行职责分工控制的程序

建立健全职责分工控制，目前必须解决两个问题：

1. 设立管理控制机构

目前有些上市公司依据自身经营特点设立了审计委员会、价格委员会、报酬委员会等就是完善内部控制机制的有益尝试。机构设置因单位的经营特点和经营规模而异，很难找到一个通用模式。比如设立价格委员会的企业大都是规模很大、采用集中采购方式且采购价格变动较大的企业，这些企业设立价格委员会能够有效加强采购环节的价格监督与控制。再比如，对于规模大、技术含量高、高级知识分子人员云集、按劳取酬的企业，通过设立报酬委员会进行管理层持股及股票期权问题研究，能够提高报酬计划按劳取酬科学性、加强报酬计划执行中的透明度和监控力度。

2. 推行职务不兼容制度

（1）杜绝高层管理人员交叉任职。交叉任职主要体现在董事长和总经理为一人，董事会和总经理班子人员重叠。在上市公司中，这一状况虽有了较大的改变，但从公司制企业的总体上看，仍普遍存在。这种交叉任职的后果是董事会与总经理班子之间权责不清、制衡力度减弱。关键人员大权独揽，一人具有几乎无所不管的控制权，且常常集控制权、执行权和监督权于一身，并有较大的任意性。交叉任职违背了内部控制的基本原则，必然导致权责模糊，易于造成办事程序由一个人操纵的现象。事实上，资金调拨、资产处置、对外投资等方面出现问题的重要原因之一在于交叉任职，董事会缺乏独立性。因此，建立内部控制框架首先要在组织机构设置和人员配备方面做到董事长和总经理分设、董事会和总经理班子分设，避免人员重叠。

（2）杜绝会计人员和出纳人员交叉任职。1985 年我国颁布的第一部《中华人民共和国会计法》中，将“会计不能兼任出纳”这一原则用法律形式表述出来，这是财务管理中最重要也是最基本的原则。企业应当结合岗位特点和重要程度，明确财会等关键岗位员工轮岗的期限和有关要求，建立规范的岗位轮换制度。对关键岗位的员工，可以实行强制休假制度，并确保在最长不超过五年的时间内进行岗位轮换，防范并及时发现岗位职责履行过程中可能存在的重要风险，以强化职责分工控制的有效性。

二、授权审批控制

（一）什么是授权控制

授权控制要求企业根据职责分工，明确各部门、各岗位办理经济业务与事项的权限范围、审批程序和相应责任等内容。企业内部各级管理人员必须在授权范围内行使职权和承担责任，业务经办人员必须在授权范围内办理业务。

（二）授权批准方式

授权一般包括常规性授权和临时性授权。常规性授权是指企业在日常经营管理活动中按照既定的职责和程序进行的授权。企业可以根据常规性授权编制权限指引，并以适当形式予以公布，提高权限的透明度，加强对权限行使的监督和管理。临时性授权是指企业在特殊情况、特定条件下进行的应急性授权，比如重大的筹资行为、投资决策、资本支出和股票发行等。企业应当加强对临时性授权的管理，规范临时性授权的范围、权限、程序、责任和相关的记录措施。有条件的企业，可以采用远程办公等方式逐步减少临时性授权。

企业对于金额重大、重要性高、技术性强、影响范围广的经济业务与事项，应当实行集体决策审批或者联签制度，任何个人不得单独进行决策或者擅自改变集体决策意见。未经授权的部门和人员，不得办理企业各类经济业务与事项。

（三）授权控制体系

1. 确定授权批准的范围。企业的所有经营活动都应纳入其范围。

2. 划分授权批准的层次。企业应根据经济活动的重要性和金额大小确定不同的授权批准层次，从而保证各管理层有权亦有责。

3. 明确授权批准的责任。应当明确被授权者在履行权力时应对哪些方面负责，应避免责任不清、一旦出现问题又难辞其咎的情况发生。

4. 规范授权批准的程序。应规定每一类经济业务审批程序，以便按程序办理审批，避免越级审批、违规审批的情况发生。单位内部的各级管理层必须在授权范围内行使相应职权，经办人员也必须在授权范围内办理经济业务。

三、财产保护控制

财产保护控制要求企业限制未经授权的人员对财产直接接触和处置，采取财产记录、实物保管、定期盘点、账实核对、财产保险等措施，确保财产的安全完整。

1. 限制接近。限制接近是内部控制中一条重要的原则，是指对接近财产的限制。规定只有经过严格授权的人员才能接触财产，旨在划清责任、减少舞弊的发生。

（1）现金的限制接近。现金要与有关现金的记账人员相分离，其管理可限于指定的出纳人员范围之内，而且要对其实行保护措施，平时将现金放在保险箱并由出纳员保管钥匙。

（2）单据、证券以及易变现资产的限制。支票、汇票、发票、收据等非现金财产一般采用确保两个人同时接近资产的方式加以控制，可以在银行或信托公司租用保险柜存放应收票据和有价证券。

（3）存货的限制接近。对存货的保护可采取把存货放于仓库并由专职仓库保管人员看管的方式，安装监视系统及防火、防盗等安全措施。

2. 财产清查。财产清查是会计核算工作的重要制度，也是加强财产物资管理的一项重要制度。财产清查是通过定期或不定期、全面或部分地对各项财产物资进行实物盘点和对库存现金、银行存款、债权债务进行清查核对的一种制度。修订后的《会计法》规定，各单位在内部会计监督制度中应当明确“财产清查的范围、期限和组织程序”，即不仅要建立财产清查制度，而且要明确规定财产清查的范围、期限、组织程序。

（1）确定财产清查范围。清查范围包括存货、现金、票据、有价证券以及固定资产等财产。

（2）定期清查和抽查相结合。由于财产清查是进行账实、账款核对，检查其一致性，所以财产清查应该在每个会计年度财务会计报告之前进行一次全面清查，另外企业可以根据自身需要安排抽查。

（3）财产清查的程序。清查日期和范围都确定后，组织一个清查小组进行清点财产、核对账目、分析差异的形成原因并追查相关责任人的责任。

3. 财产保险。通过对资产投保增加实物受损后的补偿机会，从而保护实物的安全，如火灾险、盗窃险和责任险。

4. 财产记录监控。对企业要建立资产档案，资产增减变动应及时全面予以记录。加强财产所有权证的管理。

四、会计系统控制

(一)会计系统控制的意义

会计系统控制要求企业依据《中华人民共和国会计法》以及国家统一的会计制度，制定适合本企业的会计制度，明确会计凭证、会计账簿和财务报告以及相关信息披露的处理程序，规范会计政策的选用标准和审批程序，建立、完善会计档案保管和会计工作交接办法，实行会计人员岗位责任制，充分发挥会计的监督职能，确保企业财务报告真实、可靠和完整。

1. 会计系统控制通过不相容职务的分离可以防弊查错，保护企业资产的安全、完整。

2. 会计系统控制通过各项业务处理程序、各环节的职责分工、审批稽核手续、业务处理手续等过程，做到证证、账证、账账、账表、账实相符，促使各业务部门和人员建立有机的协作关系和制约关系，提高责任感和工作效率，从而确保会计信息的质量。会计系统控制为财务管理、会计管理和企业管理提供真实、准确、完整的会计信息。

(二)会计系统控制的方法

会计系统规定企业各项管理活动和经济业务的确认、归集、分析、分类、记录和编报的方法。健全、正确的文件与会计记录既是组织规划控制、授权批准控制的手段，又是企业保持工作效率、贯彻企业经营方针的基础。企业应对重要决策、重大交易和内部控制制度加以文件记录。会计系统控制内容主要有：

1. 选择适用的会计准则和相关会计制度。管理层应当选择适用的会计准则和相关的会计制度。就会计主体而言，民间非营利组织适合采用《民间非营利组织会计制度》；事业单位通常适用《事业单位会计制度》；而企业根据规模和行业性质，分别适合采用《企业会计准则》、《企业会计制度》、《金融企业会计制度》、《小企业会计制度》等。

2. 选择和运用恰当的会计政策。企业会计政策是指企业在会计确认、计量和报告中采用的原则、基础和会计处理方法。管理层应当根据企业的具体情况，选择和运用恰当的会计政策。

3. 根据企业具体情况，作出合理的会计估计。会计估计是指企业对其结果不确定的交易和事项以最近可利用的信息为基础所作出的判断。

4. 采用流程图的方式编制业务流程手册。业务流程图是由特定的符号组成，反映业务处理程序及部门之间相互关系的图表。它既是企业管理的有效工具，也是评价内部控制的重要手段。相关人员应充分理解企业的业务流程，清楚自己在整个业务流程中的地位。

5. 文件和凭证连续编号。企业对业务处理的文件记录和凭证应连续编制相应的号码，凡有条件的均应事先编号。文件和凭证编号便于业务查询，也可避免业务记录的重复或遗漏，并在一定程度上防范虚假舞弊行为的发生。如，企业应对各种合同进行分类编号，对支票和现金支付申请单以及物品出入库单事先编号。

6. 建立和完善会计档案保管工作。会计档案是指会计凭证、会计账簿和会计报表等会计核算专业材料，它是记录和反映经济业务的重要史料和证据。每年形成的会计档案，都应由财务会计部门按照归档的要求，负责整理立卷或装订成册。当年会计档案，在会计年度终了后，可暂由本单位财务会计部门保管一年。期满之后，原则上应由财务会计部门编造清册，移交本单位的档案部门保管。财务会计部门和经办人必须按期将应当归档的会计档案，全部移交档案部门，不得自行封包保存。

7. 建立会计岗位制度。一个企业通常可以根据实际需要设置会计主管、出纳、流动资产核算、固定资产核算、投资核算、存货核算、工资核算、成本核算、利润核算、往来核算、总账报表、稽核、综合分析等岗位。这些岗位可以一人一岗、一人多岗，也可以一岗多人。企业单位在建立会计人员岗位责任制时，应注意以下几个原则：

（1）要从实际出发，坚持精简的原则，切实做到事事有人管，人人有专责，办事有要求，工作有检查，保证会计工作有秩序地进行；

（2）要同本单位的经济（经营）责任制相联系，以责定权，责权明确，严格考核，有奖有惩；

（3）要从整体出发，发扬互助协作精神，紧密配合，共同做好工作。

五、内部报告控制

（一）内部报告控制的内涵与意义

报告是一种传达信息的方式，用以防止和减少风险，为管理层提供目标完成情况、预算状况及各种值得关注的问题等信息。企业建立报告制度可以强化各种行为和决策的责任。内部报告控制要求企业建立和完善内部报告制度，明确相关信息的收集、分析、报告和处理程序，及时提供业务活动中的重要信息，全面反映经济活动情况，增强内部管理的时效性和针对性。内部报告方式通常包括例行报告、实时报告、专题报告、综合报告等。

（二）内部报告体系的构成

内部报告体系的建立应体现部门或员工的管理责任，应符合“例外管理”的要求，报告的形式和内容要简明易懂，并要统筹规划，避免重复。内部报告要根据管理层次设计报告频率和内容的详简程度。一般来说，对于企业高层而言，报告时间间隔较长，内容须从重、从简；对于基层和业务层而言，报告时间间隔短，内容应详细、全面。

常用的内部报告有：(1) 资金分析报告，包括资金日报、借款还款进度表、贷款担保抵押表、银行账户及印鉴管理表、资金调度表等。(2) 经营分析报告。(3) 费用分析报告。(4) 资产分析报告。(5) 投资分析报告。(6) 财务分析报告等。管理者通过定期查看内部报告各报表数据是否相互勾稽，财务比率是否合理，能及时发现异常现象，从而加强控制。

六、经营分析控制

要求企业综合运用生产、购销、投资、财务等方面的信息，利用比较分析、比率分析、因素分析、趋势分析等方法，定期对企业经营管理活动进行分析，发现存在的问题，查找原因，并提出改进意见和应对措施。

经营分析控制的方法有以下几种：

1. 比较法。这是报表分析最基本、最普遍使用的方法。它可用于本公司历史数据的比较，找出变动趋势；它也可用于与本行业的其他上市公司进行比较，看公司在本行业中的竞争力；它还可用于与本行业的总体指标比较，看公司在本行业中的地位，如将企业的销售收入与行业的总销售额比较，可以看出企业占有多大的市场份额。

2. 比率法。通过财务报表中的大量数据可以计算出很多有意义的比率，对这些比率进行分析可以了解企业经营管理各方面的情况。常用的财务比率有如下几种：

(1) 反映企业变现能力的比率有流动比率和速动比率。流动比率是流动资产与流动负债之比。该比率过低容易产生短期偿债风险；过高则说明企业资金运营政策过于保守，或者企业存在存货积压，产品市场前景暗淡。但合理的流动比率在不同行业中的差别很大，所以最好与行业的平均水平比较。速动比率是从流动资产中剔除了存货后与流动负债的比值，能较好地衡量公司的短期偿债能力。

(2) 反映企业资产运营效率比率有总资产周转率、存货周转率、应收账款周转率等。资产的周转率愈高，利用相同的资产在一年内给公司带来的收益愈多。

(3) 反映财务杠杆效应的比率主要是资产负债率。资产负债率高是高风险的财务结构，在每股收益相同的情况下，股东往往要求更高的回报，故股价较低。但这也并非绝对，规模较大的公司因为有良好的信用，并且可以以较低的成本借入较多的资金，在资产负债率较高的情况下也是比较安全的，故对股价不会有太多的负面影响。

(4) 反映企业盈利能力的指标主要有销售毛利率、销售净利率、资产净利率与净资产收益率。在分析企业盈利能力时，应当排除证券买卖等非正常项目、已经或将要停止的营业项目、重大事故或法律更改等引起的特别项目、会计准则和财务制度变更带来的累计影响项目，因为这些项目往往是不可持续的。

3. 因素分析法。因素分析法又称连环替代法，它用来计算几个相互联系的因素对综合财务指标影响的程度。通过这种计算，可以衡量各因素项目对综合指标影响程度的大小。如前面比率法中提到的最重要的比率——净资产收益率，它可分解成销售净利率、资产周转率与权益乘数的乘积；通过两年的分解后数据对比，可以找出影响企业净资产收益率增减变化的主要因素，通过对这一因素的进一步持续性分析，还可以预测企业下一年度的盈利状况。

七、绩效考评控制

（一）绩效考评控制及其意义

绩效考评控制要求企业科学设置业绩考核指标体系，对照预算指标、盈利水平、投资回报率、安全生产目标等方面的业绩指标，对各部门和员工当期业绩进行考核和评价，兑现奖惩，强化对各部门和员工的激励与约束。

绩效考评制度是实现企业内部公平的必要条件。激励中的一个重要因素是个人对报酬结构是否觉得公平。亚当斯（Adams）的公平理论认为，个人会主观地将他的投入（包括诸如努力、经济、教育等许多因素）同别人相比来评价是否得到公平或公正的报酬。企业要解决公平问题，依赖的就是绩效考评制度。优秀的绩效考评制度，可以有效地甄别出雇员对企业的贡献，并予以相应的激励，从根源上解决不公正，使得雇员能够积极、充分地发挥主人翁的作用，履行自己的义务和责任。在其通过努力获得自身效用最大化的同时，也使企业获得了效用最大化。这是双赢的局面，雇员与企业之间的双赢，上司与下属之间的双赢。它是建立在双赢的博弈基础上的“利益共同体”。

（二）绩效考评的方法

目前，国内许多企业认识到绩效考评的重要性，积极学习和借鉴国外先进的绩效考评理论和方法，如引入目标管理、360 度绩效反馈等考核方法。应将这些考核方法与我国文化背景结合起来，从企业的实际情况出发，努力探索科学、合理和完善的绩效考评体系，包括考核的目的、原则、程序和方法，这样才能提高绩效管理的成效，造就能征善战的人才队伍，使企业在激烈的市场竞争中赢得长期发展优势。

1. 360 度反馈体系

最近的一项调查显示，入选《财富》的 1 000 家企业中，超过 90% 的企业已将 360 度反馈评价体系的某些部分运用于职业发展和绩效中。如 IBM、摩托罗拉、诺基亚、福特、迪斯尼、西屋、麦当劳、美国联邦银行等。360 度反馈体系的目的在于通过获得和使用高质量的反馈信息，支持与鼓励员工不断改进与提高自己的工作能力、工作行为和效绩，以使组织最终达到管理或发展的目的。

360 度反馈也称全景式反馈或多元评价，是一个组织或企业中，各个级别了解和熟悉被评价对象的人员（如直接上级、同事及下属等），以及与其经常打交道的内部顾客和外部顾客，对其绩效、重要的工作能力和特定的工作行为和技巧等提供客观、真实的反馈信息，帮助其找出组织及个人在这些方面的优势与发展需求的过程。

2. 目标管理体系

早在40年前，著名管理学家彼得·德鲁克就在他的《管理实践》一书中提出了目标管理这一思想。它的精要之处就在于提供了一种将组织的整体目标转化为组织单位和每个成员目标的有效方式。最初，目标管理这一思想只是应用于企业管理中的计划工作中。后来，也成了绩效的一种有效手段，是对管理人员和专门职业人员进行绩效的首选方法。

这种方法把员工是否达到由员工和管理人员共同制定的目标作为依据。具体是指员工与其上司协商制定个人目标（如生产成本、销售收入、质量标准、利润等），然后以这些目标作为对员工考评的基础。目标管理考评体系的整个过程实际上是一个循环系统，即从企业共同目标，到部门特定目标，最后到个人目标。经验研究表明，这一方法有助于改进工作效率，而且还能够使公司的管理当局根据迅速变化的竞争环境对员工进行及时的引导。

3. 关键绩效指标评价法

关键绩效指标（Key Performance Indicator，KPI）是通过对组织内部某一流程的输入端、输出端的关键参数进行设置、取样、计算、分析，衡量流程绩效的一种目标式量化管理指标，是把企业的战略目标分解为可运作目标的工具，是企业建立完善的绩效体系的基础，是管理中“计划－执行－评价”中不可分割的“评价”部分，是反映个体与组织关键绩效贡献的评价依据和指标。

关键绩效指标是用于被评价者绩效的定量化或定性化的标准体系。定量的关键绩效指标可以通过数据来体现，定性的关键绩效指标则需通过对行为的描述来体现。

关键绩效指标体现绩效中对组织目标增值部分。这就是说，关键绩效指标是连接个体绩效与组织目标的一个桥梁。关键绩效指标是针对组织目标起到增值作用的工作来设定的，基于这样的绩效评价，就可以保证真正对组织有贡献的行为受到鼓励。

4. 图尺度评价法

图尺度评价法是最简单也是运用最普遍的工作绩效评价技术之一。它是通过列举出一些绩效构成要素（如“工作质量”、“工作数量”）和工作绩效等级（如“优、良、中、差、劣”），在进行工作绩效评价时，首先针对每一位员工从每一项评价要素中找出最符合其绩效状况的分数，然后将其得到的所有分值进行加总，即得到最终的工作绩效评价结果。

当然，许多企业还不仅仅停留在对一般性工作绩效因素（如“工作质量”和“工作数量”）的评价上，他们还把作为评价标准的工作职责进行进一步分解。一般职责标准都是从工作说明书中选取出来的，并根据其职责不同的重要性（以百分比的形式）反映出来的。在图尺度评价表中一般还会在每项评价因素后留一个空白地，这是留给评价人作一般性说明的，在进行一些一般性绩效评价时是非常有用的。

5. 平衡记分卡评价法

平衡记分卡的核心思想是通过财务、客户、内部经营过程、学习与成长四个指标之间相互驱动的因果关系，展现组织的战略轨迹，实现绩效测评-绩效改进以及战略实施-战略修正的目标。平衡记分卡的绩效测评评价指标既包含财务指标，同时又包含客户满意度、内部经营程序、组织的学习与成长等非财务指标，并由这些处在因果关系链上的非财务指标与财务指标共同作为公司“未来财务绩效的驱动器”。这些财务与非财务的测评指标都来源于企业的战略，是对企业战略自上而下进行分解的结果。这样，在战略与目标之间就形成了一个双向的形成与改进循环。

平衡记分卡不仅为企业提供了一种创新的绩效测评系统框架，同时也为企业的战略管理与绩效测评之间建立系统的联系提供了思路与方法，使绩效测评体系成为企业战略管理的组成部分。但是，平衡记分卡也有缺陷，一是没有提出支持集团战略与集团下属各业务单位战略之间实现动态调整的理论框架；二是无法解决一个战略业务单位内部个人绩效测评的问题。

6. 行为锚定等级评价法

行为锚定等级评价法是近年来日益得到重视的一种绩效方法。这种方法结合了关键事件法和评分表法的主要要素，考评者按某一序数值尺度对各项指标打分。不过，评分项目是某人从事某项职务的具体行为事例，而不是一般的个人行为描述。

行为锚定等级评价法侧重于具体而可衡量的工作行为，它将职务的关键要素分解为若干绩效因素，然后为第一绩效因素确定有效果或无效果行为的一些具体实例。其结果可以形成诸如“预测”、“计划”、“实施”、“解决眼前问题”、“贯彻执行命令”以及“处理紧急情况”等的行为描述。举例来说，对于“按资历对加班任务作公平分配”以及“告诉工人们如果有问题随时可以来和他谈”这类的叙述，一位经理对其属下的基层监督人员可以用5分制尺度中的0分（几乎从不）或者4分（几乎总是）作出评价。

预算是对企业整体资源的一种预先的数量化安排，是内部控制的重要手段。现代企业不能没有预算，内部控制也离不开预算控制。具体内容详见本书第四章第一节。

第四节 信息与沟通

一、什么是信息系统

（一）信息的定义

信息是指信息系统辨识、衡量、处理及报告的标的，来源于企业内部或外部，包括获取的行业、经济、监控信息以及内部生产经营管理、财务等方面的信息。企业应准确识别、全面收集、不断完善获取信息的机制，随时掌握市场、竞争对手、行业变化等动态，及时、有效地传达给相关负责人员，使其有足够的信息处理经营业务、对变化作出迅速反应。

来源于企业外部及内部的信息，与多个企业目标相关，包括财务及非财务的。内部信息主要包括会计信息、生产经营信息、资本运作信息、人员变动信息、技术创新信息、综合管理信息等。企业可以通过会计资料、经营管理资料、调查研究报告、会议记录纪要、专项信息反馈、内部报刊网络等渠道和方式获取所需的内部信息。外部信息主要包括政策法规信息、经济形势信息、监管要求信息、市场竞争信息、行业动态信息、客户信用信息、社会文化信息、科技进步信息等。企业可以通过立法监管部门、社会中介机构、行业协会组织、业务往来单位、市场调查研究、外部来信来访、新闻传播媒体等渠道和方式获取所需的外部信息。

（二）信息系统的定义

广义来说，信息系统（Information System）是指能够完成对信息收集、组织、存储、加工、传递和控制等职能的系统，其目的是为一个组织机构提供信息服务以支持管理决策活动。从这个意义上说，信息系统是人工构成或是自然形成的加工信息的系统。

从狭义的角度，信息系统可以理解为计算机系统，是基于计算机技术、通信技术和软件技术，且融合各种现代管理理论、现代管理方法以及多级管理人员为一体，对所有形态（包括原始数据、已分析的数据、知识和专家经验）和所有形式（文字、视频和声音）的信息进行收集、组织、存储、处理和显示，最终为某个组织整体的管理与决策服务的一个人机结合的信息处理系统。输入的数据和信息经过加工处理，能实现输出一定功能的有用的新信息，也就是实现了系统的目标。

从信息系统定义的外延看，信息系统早在计算机问世前就已经存在，但由于计算机的广泛使用以及不可替代的巨大作用，在很多场合，所谓的信息系统是指以计算机为核心进行信息处理的人－机系统。

二、信息系统控制标准

COBIT 是 Controlled Objectives for Information and Related Technology 的缩写，即信息及相关技术的控制目标，2000 年 7 月由国际电脑稽核协会所属的信息系统审计与控制基金会修订完成。COBIT 是 ISACA 制订的面向过程的信息系统审计和评价的标准。对信息化建设成果的评价，按照系统属性可以划分为若干方面，如：对最终成果评价、对建设过程评价、对系统架构评价等。

COBIT 是一个基于 IT 治理概念的、面向 IT 建设过程的 IT 治理实现指南和审计标准。COBIT 的目标是为信息系统审计提供公认的信息安全和控制评价标准，它将信息系统的作业过程划分为规划和组织、获得和建设、交付和运行、监督四个阶段，各阶段共包括 34 个具体步骤（如表 3－2 所示）。建立电子商务系统的内部控制程序和政策应以 COBIT 框架的 34 项作业步骤作为控制流程主线，针对各步骤的作业内容、控制目标和固有风险，选择 COSO 报告中的相应控制要素及控制要点构成本环节的相应控制政策。COBIT 将 IT 过程、IT 资源及信息与企业的策略与目标联系起来，形成一个三维的体系结构。其中，IT 准则维集中反映了企业的战略目标，主要从质量、成本、时间、资源利用率、系统效率、保密性、完整性、可用性等方面来保证信息的安全性、可靠性、有效性；IT 资源维主要包括以信息、应用系统、设施及人在内的相关信息的资源，这是 IT 治理过程的主要对象；IT 过程维则是在 IT 准则的指导下，对信息及相关资源进行规划与处理，从信息技术的规划与组织、获取与实施、交付与支持、监督与评估等四个方面确定了 34 个信息技术处理过程（见表 3－2），每个处理过程还包括更加详细的控制目标和审计方针以对 IT 处理过程进行评估。

表 3－2　　COBIT 的四个控制域的 34 个处理过程

规划与组织	获取与实施	交付与支持	监　控
定义 IT 战略规划	确定自动化的解决方案	定义并管理服务水平	过程监控
定义信息体系结构	获取并维护应用程序软件	管理第三方的服务	评价内部控制的适当性
确定技术方向	获取并维护技术基础设施	管理性能与容量	获取独立保证
定义 IT 组织与关系	程序开发与维护	确保服务的连续性	提供独立的审计
管理 IT 投资	程序安装与鉴定	确保系统安全	
传达管理目标和方向	更新管理	确定并分配成本	

续表

规划与组织	获取与实施	交付与支持	监 控
人力资源管理		教育并培训客户	
确保与外部需求一致		信息技术咨询	
风险评估		配置管理	
项目管理		处理问题和突发事件	
		数据管理	
质量管理		设施管理	
		运营管理	

COBIT 模型是企业战略目标和信息技术战略目标的桥梁，使信息技术目标和企业战略目标之间实现互动。COBIT 考虑了企业自身的战略规划，对业务环境和企业总的业务战略进行分析定位，并将战略规划所产生的目标、政策、行动计划作为信息技术的关键环境，由此确定 IT 准则。在 IT 准则指导下，利用控制目标模型，分别从规划与组织、获取与实施、交付与支持、监督与评价等过程来控制和管理信息资源，在信息系统管理和控制的同时，引入审计指南，从而保证 IT 资源管理的安全性、可靠性和有效性。

三、沟通

充分的内部沟通对于企业控制环境、控制作业、风险评估等各方面都起着至关重要的作用，企业所采取的沟通方式要能够达到顺畅沟通的目的，使员工们了解自己应承担的责任、应实现的目标以及这些目标对企业的影响。有效的信息沟通需要合理考虑来自不同部门和岗位、不同渠道的相关信息，并进行合理筛选和相互核对。企业应当采取互联网络、电子邮件、电话传真、信息快报、例行会议、专题报告、调查研究、员工手册、教育培训、内部刊物等多种方式，实现所需的内部信息、外部信息在企业内部准确、及时传递和共享，确保董事会、管理层和企业员工之间有效沟通。

良好的内部控制，不但要有适当的内部沟通，外部沟通也是必不可少的。企业有责任建立良好的外部沟通渠道，对外部有关方面的建议、投诉和收到的其他信息进行记录，并及时予以处理、反馈。有效的外部沟通既可以扩大企业的影响力，还可以获得很多有效内部控制的重要信息。外部沟通应当重点关注以下方面：

1. 与投资者和债权人的沟通。企业应当根据《中华人民共和国公司法》、《中华人民共和国证券法》等法律法规和企业章程的规定，通过股东大会、投资者会议、定向信息报告等方式，及时向投资者报告企业的战略规划、经营方针、投融资计划、年度预算、经营成果、财务状况、利润分配方案以及重大担保、合并分立、资产重组等方面的信息，听取投资者的意见和要求，妥善处理企业与投资者之间的关系。

2. 与客户、供应商的沟通。企业可以通过客户座谈会、走访客户等多种形式，定期听取客户对消费偏好、销售政策、产品质量、售后服务、货款结算等方面的意见和建议，收集客户需求和客户的意见，妥善解决可能存在的控制不当问题；企业可以通过供需见面会、订货会、业务洽谈会等多种形式与供应商就供货渠道、产品质量、技术性能、交易价格、信用政策、结算方式等问题进行沟通，及时发现可能存在的控制不当问题。

3. 与监管机构的沟通。企业应当及时向监管机构了解监管政策和监管要求及其变化，并相应完善自身的管理制度；同时，认真了解自身存在的问题，积极反映诉求和建议，努力加强与监管机构的协调。

4. 与中介机构的沟通。企业应当定期与外部审计师进行会晤，听取外部审计师有关财务报表审计、内部控制等方面的建议，以保证内部控制的有效运行以及双方工作的协调。企业可以根据法定要求和实际需要，聘请律师参与有关重大业务、项目和法律纠纷的处理，并保持与律师的有效沟通。

本章小结

根据企业风险管理整合框架（ERM 框架），全面风险管理要素有八个，即内部环境、目标设定、事件识别、风险评估、风险对策、控制活动、信息和交流、监控。本章主要介绍了内部控制要素中的内部环境、控制活动、信息与沟通要素。

内部环境要素包括诚信与道德价值观、员工的胜任能力、管理哲学和经营风格、组织结构、责任的分配与授权、董事会与审计委员会等方面的内容。

控制活动包括职责分工、授权审批控制、财产保护控制、会计系统控制、内部报告控制、经营分析控制、绩效考评控制。

最后，充分的内部沟通对于企业控制环境、控制作业、风险评估等各方面都起着至关重要的作用。

重点名词

内部环境
风险评估
控制活动
职责分工
授权审批
信息沟通

本章重点与难点

1. 内部环境包括的要素
2. 控制活动包括的要素
3. 信息与沟通的作用

思考题

1. 如何理解管理哲学和经营风格在内部控制中的作用？
2. 员工胜任能力的测评方法有哪些？
3. 董事会在内部环境中有什么功能？
4. 不相容的责任有哪些？
5. 财产保护控制的方法有哪些？

案例讨论

雷曼兄弟的破产

成立于158年前的雷曼兄弟一直被视为华尔街上最成功的投行之一。1994年独立上市时，它的利润只有7 500万美元，但2003年至2007年的5年间，其利润累计达到160亿美元。从1996年至2005年，它每年的股价增长达到29%，比高盛、摩根士丹利的股市表现更好。然而，这样一个华尔街的金融巨头，在2008年9月15日，在向政府求援、收购计划均未果的情况下却不得不提出破产申请。

2008 年 10 月发布的一份针对雷曼倒闭的分析报告中将其倒闭原因概述为雷曼兄弟的风险是伴随着 2002 年到 2007 年间全球资本市场流动性过大及美国房地产市场的泡沫而形成的。在这个过程中，雷曼进入和发展房地产市场过快，发行房产抵押等债券失去控制，而又对巨大的系统性风险没有采取必要的措施。直至破产保护前，雷曼兄弟的现金储备仍保持正常，其现金流也是 4 个投资银行中最高的，与股本金的比率高达 5 倍；另外，2008 年上半年，雷曼兄弟的杠杆比率降到 24 倍，投资风险应该不会大于竞争对手。结果短短几个月的时间，雷曼兄弟就震撼人心的倒下了，这其中的原因是复杂的，有金融衍生工具使用不当，监管缺失等。而从内部控制的角度分析其破产的原因有以下几点：

1. 控制环境。有 158 年历史的雷曼兄弟公司的破产，一个重要的原因就是董事会没有发挥其真正的作用，重要决策由一个人决定。美国投资银行内部不设监事会，其董事会还兼有审计监督的职能。雷曼兄弟也是如此，企业的董事长查德·富尔德兼任企业的董事长和 CEO。而引发本轮危机的房屋次贷产品，从最初的房屋抵押贷款到最后的 CDO 等衍生产品，中间经过借贷、打包、信用增持、评级、销售等繁杂阶段，整个过程设计有数十个不同机构参与，信息不对称的问题非常突出。雷曼兄弟对高级管理人员采用高工资、高奖金的办法作为短期激励，同时普遍运用股票期权等多种金融工具来强化中长期激励，此种奖金激励方式极大地助长了高管层的道德风险，为追求高额奖金和红利，无视审慎性要求，盲目创新业务。

2. 风险评估。由于雷曼兄弟转变传统投资银行经营范围，进入多角色的跨界经营模式，而且由于过高的经理人激励政策，促使各分、子公司大量操作风险业务，使得风险提高，导致在市场风险加大时资产结构的调节难度大大增加，并且由于一直增加的杠杆率使其在“双高”风险下运作，风险难以度量，再者由于风险度量工具 VAR 的失效；另一方面，雷曼兄弟过分依赖其内在模型，而风险管理部门最重大的失误是过于依赖产品模型本身，而没有对输入模型的原始数据（违约概率及相关度）进行重新审核，错误的原始数据也使得模型产生了不切实际的结果。

3. 控制活动。雷曼公司在使用创新金融工具过程中缺乏有效的内部控制，出现大量授权审批不规范的现象，多数内部控制制度流于形式，并未得到有效实施。雷曼的资产结构其实早已隐藏着巨大风险，它是全球最大的（美国抵押支持债券 MBS）承销商，其资产也主要是按揭贷款及与按揭贷款相关的债券，早就偏离了传统业务，并将杠杆机制用到了极致。雷曼多次收购房贷公司实现业务上的扩张，成为华尔街在次贷危机以前打包发行房贷债券最多的银行。公司的高管以及风险管理委员会应该提早进行防范，应拒绝在原有基础上把风险再扩大，但事实上，企业并没有采取任何措施，而是继续肆意地使用杠杆，享受高收益带来的快感。

4. 信息与沟通。雷曼兄弟自身拥有很大一部分难以出售的债券，即持有过多不良资产。与普通债券不同，这些债权并没有一个流通的市场去确定它们的合理价值，投行便以市场上交易的类似产品作为参照物，或者用自己的模型对其进行估价。由于不同的金融机构对类似产品的估价会因所用模型的不同、输入变量的差别而相差悬殊，这无疑加大了企业的风险，为了获取巨大的眼前利益，公司可能会利用估值技术的差别追求自身利益最大化。雷曼兄弟与市场信息不对称，高估自身的价值，在急需出售资产补充资本金时与投资者讨价还价，延误自救时机，直到破产前，公司对其持有的 MBS 以每美元 85% 的额度进行账面减值，但市场却不认为资产值这个价钱。

5. 监控。雷曼兄弟的 9 个董事中有 8 个是外部董事，在公司管理层的监督约束中起着重要作用。公司的董事会下设审计委员会、薪酬委员会、提名委员会，这些委员会一方面协助董事会行使决策与监督，另一方面也对公司内部管理的改善起着很重要的作用。然而在此次危机中这些监控机构似乎都失效了，公司内部的监控机构也没有事先实施正确的风险评价和进行必要的风险防范。

（资料来源：毛盼盼，黄会英．论我国企业内部控制的改进——基于雷曼兄弟破产分析［J］．企业技术开发，2010（3）．）

讨论问题：

1. 为什么雷曼兄弟公司会破产倒闭？根本原因是什么？

2. 联系雷曼兄弟公司案，从内部控制与风险管理角度对我们有何启示？

第四章 内部控制的其他支持系统建设

在本章中，你将学到

◇ 全面预算管理
◇ 信息管理系统
◇ 人力资源开发
◇ 内部审计监督

引例

山东华乐集团全面预算的编制①

山东华乐集团自1988年开始探索实行全面预算管理模式，当年实现利税240万元，比1987年增长了60%。1989年，企业开始全面推行全面预算管理模式，当年实现利税550万元，比1988年翻了一番。在以后的全面预算管理实践中，华乐集团不断总结全面预算管理模式的运行经验，并逐步完善，集团的经济效益一直保持稳步增长，销售收入、平均利税连年以34%、40%的幅度稳步递增，1999年创出了利税700万元的全国领先水平。

第一节 实施全面预算管理

一、全面预算管理的内涵与意义

目前，内部控制结构已不仅仅满足于传统意义上的查弊纠错和保护资产安全，其目

① 潘爱香，高晨．全面预算管理：整合“四流”，创造“一流”[M]．杭州：浙江人民出版社，2001.

标已延伸到提高效率和效益、保证管理政策和目标的实现。为此，全面预算管理已成为内部控制的重要方式。全面预算管理要求企业加强预算编制、执行、分析、考核等各环节的管理，明确预算项目，建立预算标准，规范预算的编制、审定、下达和执行程序，及时分析和控制预算差异，并采取改进措施，确保预算的执行。

企业全面预算管理是国内外大中型企业普遍采用的一种现代控制机制，是企业内部控制的重要组成部分。预算管理是企业管理的核心原则，有效的全面预算管理可以提高经济效益，是现代化企业财务管理科学化、规范化的主要标志之一。全面预算管理是解决现代企业制度下，出资者、经营者与各部门及职工之间委托—代理问题的有效途径，是规范三者关系的制约手段；全面预算管理在保护财产的安全完整方面是高效的。企业要确保资产安全完整，仅仅依靠单一的资产管理法规和制度显然不够，必须辅之以预算手段。

全面预算管理有利于优胜劣汰机制、激励约束机制的运行。任何一个预算管理松懈的企业必然难寻降本增效之源，难以摆脱低效率、高成本的困扰。全面预算管理分为两个层次，即预算编制控制和预算执行控制。

二、全面预算管理体系

完整的全面预算管理体系是包括预算编制、预算执行和预算考评三个环节在内的控制系统。

（一）预算编制控制

1. 选择预算管理模式

作为实现企业战略目标的手段，预算管理的重点必然要体现战略的要求。不同的战略规划决定企业选择不同的预算管理模式，进一步决定企业选择不同的预算编制切入点、程序和方法。

（1）以资本预算为核心的预算管理模式

该预算管理模式适用于处于初创期的企业，其预算管理重点为：谨慎进行投资概算；利用财务决策技术进行资本支出的项目评价；项目投资总额预算和各期现金流出总额预算；融资预算；以预算为标准对实际购建过程进行监控与管理；对照资本预算，评价资本支出项目的实际支出效果。

（2）以销售预算为核心的预算管理模式

该预算管理模式适用于步入成长期的企业。预算管理的重点是借助预算机制与管理形式来促进营销战略的全面落实，以取得企业可持续的竞争优势。以销售预算为核心的预算管理模式，能够为企业实施营销战略提供全方位的管理支持。

（3）以成本预算为核心的管理模式

该预算管理模式适用于市场成熟期的企业和大型企业集团的成本中心。以成本预算为核心的预算编制核心思想为：以期望收益为依据、以市场价格为已知变量来规划企业总预算成本；以总预算成本即目标成本为基础，分解到涉及成本发生的所有责任单位，形成约束各责任主体的分预算成本。

（4）以现金流量为核心的预算管理模式

该预算管理模式适用于市场衰退期的企业，其预算管理重点总是关注：企业及各部门、子公司现金的来源；企业现金支出的途径；现金流入、流出的具体时点；在某一时点上可用的现金余额；如何从外部筹措所需资金；控制不合理的现金支出，防止现金流量的滥用。

2. 明确预算编制程序

预算编制程序有自上而下式、自下而上式和上下结合式三种方式。

（1）自上而下式

所谓自上而下式，是指集团公司总部根据战略管理需要，制定全面而详细的预算，各部门或子公司只是预算执行主体，所有管理权力集中在总部。自上而下式适用于集权制管理的企业和生产、经营单一的企业。

（2）自下而上式

所谓自下而上式，是指各部门和子公司负责编制、上报预算，总部对预算负有最终审批权，预算管理的主动性在于基层单位，总部主要起到管理中心的作用。自下而上式适用于分权制管理的企业。

（3）上下结合式

上下结合式，博采上述两式之长，在预算编制过程中，经历了自上而下和自下而上的往复。上下结合式既体现了管理层的意志，反映了企业战略发展要求，又考虑了基层单位的实际情况。这一方式的关键在于上与下如何结合、对接点如何确定的问题。

3. 选择预算编制方法

预算编制的具体方法视不同部门、不同单位的性质和费用形态而定。通常有三种方法：

（1）传统预算法。即在上年度的预算基础上，考虑本年度预计变动因素而编制的预算。这种方法简单、便于理解，但缺乏灵活性，适用于业务量平稳、变动幅度不大的企业。

（2）弹性预算法。以正常情况为基准，考虑相关范围内几个变化水平的预算方案。这种方法灵活，例如销售量在某月变化时可以根据变化幅度选择预算体系。

（3）零基预算。这种编制方法不考虑上期情况，而根据现状分析，每次编制预算都从零开始。这种方法合理、效益高，但编制过程繁琐耗时，适合研发部门使用。

（二）预算执行控制

1. 全面预算管理主体

企业应建立严密的预算监控机构，即全面预算管理主体，以保证全方位的全面预算管理。而预算系统具有的全面性和系统性以及成本、能力等因素的制约，使得企业难以通过设置一个专门的预算监控机构来承担全面预算管理的重任，因此有效的控制方式应该是自我控制和管理控制相结合。这就决定了预算组织机构即为预算的控制主体。与预算组织机构相对应，全面预算管理也是分三个层次展开的。

第一层次是预算管理委员会。预算管理委员会是全面预算管理的领导机构，自然应作为最高级别的控制主体承担其监控职责。

第二层次是预算管理机构。预算管理机构对企业预算执行情况进行日常监督和控制，收集预算执行信息，形成分析报告。一般由财务总监负责。财务部的地位决定其理应成为预算监控中心和预算信息反馈中心。

第三层次是各责任中心。各责任中心既是预算的执行者，又是预算执行的监控者。各责任中心包括所有基层预算人员在各自职权范围内，以预算指标作为生产经营行为的标准，如果超越预算，要向上级责任中心申请报批。各责任中心的专职预算员记录任务实际完成情况，同预算指标比较，进行自我分析，上报上级管理人员采取相应措施。

2. 全面预算管理流程

（1）预算指标的分解与下达。年度预算经过董事会批准后，需要分解为月度预算，有条件的企业，还可以分解到天，以保证预算的有效执行。企业将分解后的预算指标下达给各责任中心，以此作为对责任主体的硬约束。

（2）业务执行。各预算责任部门以预算指标作为业务活动的标准，本月无法完成的预算可以留转下月执行，但要单独列示。各预算责任部门应指定专职或兼职预算管理员，登记预算台账，形成预算执行统计记录，并定期与财务部门核对。

（3）业务审批。业务审批要素包括审批权限、审批依据和审批责任。对于预算业务申请，首先要划分预算内和预算外支出。如果属于预算内支出，则限额内实行责任人审批制，限额外由主管业务副总经理及以上人员审批。预算外支出需要提交预算委员会审议。

（4）财务审核。财务部门对各级业务部门的日常业务进行财务监督和审核。财务审核的重点是财务支出，尤其是成本支出和资本性支出。对于预算限额外支出，业务副总经理审批通过后，财务总监还要检查审批程序是否合规、合法，并签署意见。

3. 预算信息反馈

预算信息反馈是指预算指标执行情况的报告制度，包括预算责任报告体系和预算报告例会制度。

(1) 预算责任报告

预算责任报告是对预算执行情况进行汇总和比较分析的正式报告，是全面预算管理的有机组成部分。预算责任报告坚持“谁执行谁编制”的原则，各预算责任部门负责编制责任报告，财务部门将其汇总后，上报预算管理委员会。不同责任中心的责任范围不同，预算报告的具体项目也有所差别，但一般都包含以下四项内容，即预算数、实际数、差异额和预算完成率或差异率。

(2) 预算报告例会制度

预算报告例会制度是指公司应定期召开预算例会，汇报预算的完成情况以及执行过程中需要解决的问题。例会召开的时间根据企业的实际状况和需求而定。通常企业会在月末、季末和年末召开预算例会。为了提高效率，预算例会可以结合业务例会进行。

(三) 预算考评控制

预算考评以责任中心为考评主体，以预算指标为依据，定期比较预算执行结果与预算指标的差异，分析差异形成的原因，据以评价责任中心的工作业绩，并按照奖罚制度对各预算责任人进行考核与激励。

预算考评是对企业各级责任主体预算执行情况的考核和评价。从预算考评的方式看，可以分为动态考评和综合考评；从预算考评的内容和性质看，又可分为过程监控和结果评价。预算考评一般分两个阶段进行，即预算执行过程的动态考评和预算期末的综合考评。

1. 预算执行中的动态考评

在预算执行过程中开展预算考评，能够及时获得各级责任主体预算执行情况的信息，通过差异分析，及时纠正行为偏差，督促其落实预算任务。预算差异分析包括四个步骤：首先，确定差异分析对象和差异分析方法，一般针对金额较大、性质特殊的差异进行分析，具体分析项目视企业情况而定。其次，收集企业内部和外部资料，计算差异数额。然后，进行差异分析。确定差异原因是差异分析的重点。在此，关键是确定责任的“可控与否”。最后，根据差异分析结果，考虑可能采取的应对措施。

2. 预算期末的综合考评

在预算期末，对全面预算管理一年的运行进行总结和综合评价，为下一次准确地编制和有效地运行预算积累经验。预算期末考评应与企业的绩效考核和激励机制结合起来，分为高级经理、责任中心和基层员工等多个考核层次，并据此进行相应的奖励与惩罚。

预算考评通常采用定性考核和定量考核相结合、财务指标和非财务指标相结合的方式。既然预算考评是对预算目标实现和预算责任履行情况的考核，考核指标自然应与预算目标和责任指标相对应。定量考核就是对各责任主体预算责任指标和预算目标的实际执行情况进行差异分析，根据分析结果决定奖惩措施。定量考核侧重于结果评估和数量考核。定性考核则是对在全面预算管理实施过程中表现优异和突出的部门和个人进行奖励，偏重于行为评估。

财务指标在预算考核中占据主导地位，但是财务指标的局限性也是显而易见的，它过多关注过去的经营业绩而忽视未来的发展，评价指标注重企业内部而忽视外部市场竞争，片面分析管理者容易误导经营行为。因此，在预算考评中很有必要引入非财务指标，它更加注重企业的未来成长、战略发展和外部市场，促使经营者加强内部管理和员工的培训，加大市场开拓力度。

第二节　建立信息管理系统

一、信息技术控制及其意义

信息系统控制要求企业结合实际情况和计算机信息技术应用程度，建立与本企业经营管理业务相适应的信息化控制流程，提高业务处理效率，减少和消除人为操纵因素，同时加强对计算机信息系统开发与维护、访问与变更、数据输入与输出、文件储存与保管、网络安全等方面的控制，保证信息系统安全、有效运用。

信息系统通常运用到企业经营的各个方面，许多企业建立并不断更新基于网络的整个企业范围内的信息系统，系统的复杂性和整合性在不断延展。然而，信息系统的发展虽然加强了企业在整体层次上对业绩的计量和监控能力，提高了提交分析性信息的能力，但是，在战略和经营层次上对信息系统的依赖性势必为企业风险管理带来新的问题——信息安全故障及网络犯罪等。

随着电子信息技术的发展，企业利用计算机从事经营管理越来越普遍，尤其是会计电算化和电子商务的发展对信息的安全性提出更严格的要求，为此，加强电算化的控制势在必行。信息系统的控制可分为一般控制及应用控制。

二、信息系统的一般控制

信息系统的一般控制有助于确保系统持续、适当的运行，主要包括以下几方面内容：信息系统的控制环境；系统的购买、开发和实施；系统的变更及维护；系统的安全管理；系统的操作及运行。下面我们分别进行说明。

（一）信息系统的控制环境

控制环境是内部控制的基础，是有效实施内部控制的保障，直接影响着企业信息系统内部控制的贯彻执行。信息系统的控制环境包括企业信息技术的战略规划、信息系统管理人员素质、用户的培训教育等。为了能够建立一个良好的控制环境，企业应从以下几点着手：

1. 根据业务需求，制定信息技术战略规划，并以此为基础开展信息系统建设工作；

2. 完善汇报审查机制，加强信息系统内部控制工作，明确岗位职责，加强培训；

3. 注重信息分类、数据及系统责任人认定，完善信息应用的制度建设，完善信息技术风险评估工作、监控工作及信息服务工作。

（二）信息系统的购买、开发和实施

企业应制定一个流程，用于规范新系统的购买、开发和实施，以保证新系统项目的启动适合企业发展，系统功能、系统质量符合企业业务和内部控制的需要；同时还要加强培训，保证员工能够正确、高效的实用该系统。这方面的工作主要有：

1. 企业应对信息系统项目建立完善的项目管理文档，明确项目的目标、范围、计划、人员需求、组织构架及项目参与各方的职责；

2. 建立完善的审批程序用以管理系统的购买、开发和实施；

3. 加强对外部购买和自行开发的信息系统的质量控制；

4. 数据转化及上线；

5. 文档记录及培训。

（三）系统的变更及维护

企业在不断发展变化，信息系统也应随着企业的变化而不断更新。企业对于系统的变更及维护做好如下几个方面的工作：① 系统的日常维护；② 应对变更；③ 通过测试实施质量控制；④ 制定系统变更上线计划；⑤ 文档记录及培训。

（四）系统的安全管理

系统的安全管理是要保证企业信息的完整性，具体包括以下六个方面：

1. 企业应设置信息安全管理机构，以保证信息的完整；

2. 企业应制定完整、全面的信息安全管理政策和程序，加强对员工安全意识的教育和培训；

3. 加强数据接触安全管理；

4. 加强操作系统安全管理；

5. 加强网络安全管理；

6. 加强物理安全管理。

（五）系统的操作及运行

信息技术部门派专人执行日常系统的维护，对出现的问题进行调查、分析和解决，并妥善记录。

三、信息系统的应用控制

信息系统的应用控制主要关注数据的获取和处理的完整性、准确性以及授权的有效性。为了能够达到以上目标，企业应采取以下措施：

(一) 职责分离

内部控制的关键就在于不相容职务的分离，职责分离的基本要求就是业务活动的批准、记录、经办尽可能做到相互独立，在信息系统的管理中，尤为重要。据美国Compliance Week 2005年1月11日的报道，在2004年美国证券交易委员会（简称SEC）上登记的上市公司最典型的问题之一就是职责分离（Segregation of Duties，SoD）。根据业界最新的统计，截止到2005年4月份，在所有报告的实质性漏洞（Material Weakness）中，SoD一项就占了5%以上，因此必须对与财务报告相关的关键应用系统的用户进行合理的管理，以实现用户的授权适当和合理分工。

(二) 人工控制

人工控制最首要的一点就是有效授权和职责分离，系统使用人员根据控制程序、各项规章制度判断业务活动的合理性、合法性和有效性，保证录入系统的交易活动或修改数据都经过授权；其次是对系统应用人员的培训，使他们能够熟练、准确、有效的使用系统。

(三) 自动控制

信息系统通过对数据类型的校验、重复输入校验、系统匹配等方式对应用系统的输入、处理和输出进行有效控制。

(四) 数据保密

在使用信息系统过程中，企业可根据员工所承担的责任，分配其登陆查阅相关信息的权限。

四、《萨班斯-奥克斯利法案》关于信息系统控制的规定

《萨班斯-奥克斯利法案》404条款对信息系统控制作出了严格的规定。法案指出，信息系统控制主要包括信息系统总体控制（General Computer Control，简称GCC）、应用系统控制（Application Control，简称AC）和电子表格控制三部分。

(一) 信息系统总体控制

信息系统总体控制指的是内部控制中对信息系统相关部分的控制，它保证由信息系统支持的流程控制是可靠的，生成的数据和报告是可信的。信息系统总体控制涵盖了IT管理和运营所涉及的几个方面：

1. 控制环境：包括信息技术组织、人力资源管理、信息沟通、风险评估、监控等。

2. 信息安全：包括信息安全组织、逻辑安全、物理安全、网络安全、病毒防护、第三方管理、事件响应等。

3. 项目建设管理：包括方法论、立项审批、项目启动、需求分析、项目设计、系统开发实施、系统测试、数据移植、用户培训、文档管理、验收和上线后审阅、商业软硬件外购等。

4. 系统变更：包括日常变更、紧急变更等。

5. 信息系统日常运作：包括机房环境控制、日常监控、批处理作业调度管理、数据备份与恢复、问题管理等。

6. 最终用户操作：包括最终用户作安全制度、电子表格管理等。

（二）应用系统控制

应用系统控制指的是业务流程中内嵌的信息系统相关控制，信息系统应用的潜在风险直接影响业务流程中的信息控制目标：

1. 完整性：所有的交易都经过处理，且只处理一次；不允许数据的重复录入和处理；例外情况的发现和解决。

2. 准确性：所有的数据（包括金额和账户）是正确和合理的；例外情况被及时发现以保证交易被记录在正确的会计期间。

3. 有效性：交易被适当授权；系统不接受虚假交易；异常情况被发现和处理。

4. 接触控制：未经授权，不得对系统或数据进行修改；数据保密性；物理设备的保护。

上市公司内部可能应用各类信息系统，进行应用系统控制之前，首先应对公司应用的信息系统进行判断，界定是否属于与财务报告相关的关键应用系统，判定原则包括：

1. 该应用系统是否用于进行有关重要交易事项的生成、授权、记录、处理或报告；

2. 该系统是否生成关键的表单和数据供财务部门使用，直接作为记账依据或生成财务报表；

3. 该系统是否生成关键的表单和数据为其他作为记账依据或生成财务报表的系统使用；

4. 对应用系统的依赖程度，即是否有来自系统的计算结果，应用系统中是否存在对相应的计算、检查、核对过程的控制；

5. 上述应用控制是否是唯一依赖的控制措施，是否存在手工控制可以达到控制目标，弥补风险。

符合以上判断条件的与财务报告相关的关键应用系统应按照应用系统控制进行控制，控制分为五类，即访问控制、职责分离、输入控制、处理控制和输出控制。其中应用系统的用户权限管理和职责分离，是内部控制的重要组成部分，也是法案404条款要求的重点之一。

（三）电子表格控制

目前电子表格在上市公司的生产运营、信息管理、数据分析、财务核算与报告各个环节广泛运用。电子表格中的公式、宏及表间链接等功能增加了电子表格计算的复杂程度，同时也增加了电子表格数据完整性及计算准确性的风险。SOX 法案 404 条款中的一个重点就是关注在编制和维护电子表格过程中的相关控制。即使相对简单的电子表格计算的一个偏差，也可能会对财务报告及披露产生重大错报的风险。内嵌在电子表格中的宏或其他功能的偏差，可能会严重影响电子表格中数据的准确性。公司需要对电子表格实施的控制是否能支持重大会计事项及披露进行谨慎的评估。

在 SOX 法案中需要评价的电子表格是指由用户程序（如 Excel、Access、Lotus 等）编制的各种支持财务报告及披露的电子表格或文本文件，包括直接或间接作为财务记账依据的电子表格、用于财务相关信息核对的电子表格以及支持财务信息披露的电子表格，通常包括财务部门编制及使用的电子表格以及由其他业务部门传递至财务部门供其作为会计核算及报告披露依据的电子表格。

对电子表格的控制包括开发控制、变更控制、版本控制、存取控制、输入控制、安全控制、存储归档控制、备份控制、文档记录、权限控制和逻辑检查。

第三节　进行人力资源开发

一、人力资源政策及其在内部控制中的意义

人力资源政策是影响企业内部环境的关键因素。内部控制是由员工来执行的，而员工又要受到内部控制的管理，因此企业员工既是控制的主体又是控制的客体。控制与被控制是一对矛盾，要使被控制者服从控制者的意志，达到控制的目的，必须依靠科学、规范、公平、公开、公正、人性化的人力资源管理。唯有如此，才能调动整体团队的积极性、主动性和创造性。因此，COSO 报告认为，人是控制环境中一个最活跃的控制因素。

保证组织内所有成员具有一定水准的诚信、道德观和能力的人力资源政策，是内部控制有效的关键因素之一。财政部发布的《企业内部控制应用指引——人力资源》（简称《人力资源内控指引》）中指出，科学的人力资源制度，应对人力资源规划与实施、激励与约束、离职等作出明确规定。内部控制中的人力资源政策至少应当包括以下内容：

1. 员工的选择和聘用；

2. 用人制度，包括员工培训和职业规划；

3. 轮岗制度，尤其是财会等关键岗位员工的轮岗制衡要求；

4. 离职规定，对掌握重要商业秘密或核心技术等关键岗位员工离岗的限制性规定。

5. 考核制度，包括激励与约束、晋升与奖惩。

二、如何制定人力资源政策

一个系统的人力资源管理体系应该是以人力资源规划为指引，以职位分析为基础，以关键岗位为重点，贯穿选（招聘）、育（开发）、用（考评和薪酬）、留（职业发展）和员工关系的具备内在统一和匹配性的体系，并以IT（HRMS）的方式予以固化。企业应当将职业道德素养和专业胜任能力作为选拔和聘用员工的重要标准，并适当关注应聘者的价值取向和行为特征是否与本企业的企业文化和内部控制的有关要求相适应；企业应当重视并加强员工培训，制定科学、合理的培训计划，提高培训的针对性和实效性，不断提升员工的道德素养和业务素质；企业应当建立和完善针对各层级员工的激励约束机制，通过制定合理的目标、建立明确的标准、执行严格的考核和落实配套的奖惩，促进员工责、权、利的有机统一和企业内部控制的有效执行。

从多年的人力资源管理实践中发现人力资源政策的制定有规律可以遵循，即从分层、分类、分等、分阶段和人性化这五个维度来考虑制定政策。

1. 分层是在制定政策中要考虑到不同层级的人员差别，如高层、中层和基层人员的政策是不同的。

2. 分类是在制定政策中要考虑到不同类别的人员差别，如技术、市场、生产等类别人员的政策是不同的。

3. 分等是在制定政策中要考虑到既要鼓励员工从低向高发展，更要鼓励大多数员工在本岗位深化，政策中要能体现鼓励脚踏实地、岗位内深化的含义，同时使得我们的管理更加精细化。

4. 分阶段指的是不同时期的人力资源管理重点是不同的，人力资源政策要能够因时而变，因势而变，与时俱进，建立与不同时期的战略相匹配的人力资源政策。

5. 人性化指的是在政策中要能体现出人性化，因为人力资源最能和其他资源相区别的就是人性化，但需注意在政策中可以体现人性化，但不能用人情解释政策。

三、员工选聘控制

内部控制是由所有员工具体实施的，良好的员工素质是保证内部控制有效运行的基础。而科学、规范的招聘制度是保证员工素质的首要环节。我国许多企业缺乏规范的人事制度，任人唯亲、排斥异己、一人得道、鸡犬升天现象普遍存在，由此导致企业经营失败的案例不胜枚举。反观成功企业，严格的选人用人制度保证了企业的持续健康发展。例如，微软在招募人才时坚持“百里挑一，优中选优”的原则，宁缺毋滥，严把“入门”关，即在雇用之前就对应聘者进行严格评估，因为解雇少数表现不好的员工会影响其他员工的士气。目前微软成为拥有世界上最多、最优秀软件开发员的公司。

《人力资源内控指引》中规定，企业在选拔高级管理人员和聘用中层以下员工时应注意以下两点：其一，遵循德才兼备的原则，重点关注选聘对象的价值取向和责任意识。其二，根据已经制定的能力框架，以岗选人，确保选聘人员能够胜任岗位职责要求。

根据《人力资源内控指引》，企业在制定员工招聘制度时，首先进行合理的岗位设置，编写岗位说明书，说明岗位的职责、权限和任务，任职人员应具备的知识和技能。人力资源部门在选择和任命员工时，应按照用人标准对应聘人员进行严格审查，在招聘中应坚持公平、公开、择优录取、全面考察的原则，选拔兼具优秀道德素养和专业素质的人员。符合内部控制要求的人员应具备以下素质：①

1. 道德品质

内部控制的一个重要目的是防错纠弊，在其实施过程中，所有参与人员应当遵守职业道德，公正地对生产经营过程的各个环节进行控制、评价和监督，依据规章制度采取必要的措施纠正错误。

2. 专业技能

良好的内部控制需要以员工良好的专业技能为基础，员工都应具备完成具体岗位工作的能力。例如，生产人员应遵循专业技术标准，管理人员应当掌握管理制度和方法，财务人员应当对内部审计的内容、方法、步骤等有全面的了解等。

3. 协作精神

内部控制活动的完成往往需要不同部门的配合，各部门人员应当具有良好的协作精神，包括树立全局观念、增强服务意识、具备组织能力等。

4. 沟通能力

内部控制是一项需要与被控制对象进行交流的工作，在进行检查和监督的过程中，参与人员应当进行有效的沟通，全面、深入地了解情况，并客观评价各项工作。

四、员工培训

培训在人力资源管理中起到非常重要的作用。在知识经济时代，学习成为每个人终

① 王世定．企业内部控制制度设计［M］．北京：企业管理出版社，2001．

身的事业。

（一）培训的意义

首先，通过培训员工可以获得企业对于自身岗位要求的各种信息，包括清楚企业期望自己承担哪些责任，达到哪些目标，应具备何种知识和技能，如何完成分配的任务。其次，培训可以加深员工对企业的了解，产生认同感。对于新晋员工而言，这一点尤为重要。只有通过培训，员工才能获知企业的理念、企业文化、企业价值体系。第三，培训是推行管理制度的重要途径。通过培训，员工可以明确企业的经营目标、战略规划和各项规章制度，这样有利于制度的有效贯彻。例如，企业在构建内部控制过程中，必须依靠培训使员工了解内部控制的基本要求、基本程序和流程、基本制度和方法。第四，培训可以提高员工专业技能，使之胜任所在岗位。这一点最为重要。在当今的经济环境中，竞争日益激烈。新产品、新技术、新材料层出不穷。这就要求员工不断更新和充实新知识和新技能。为了适应这种变化，企业需要对员工进行经常性的教育培训，使他们适应变化的环境。

（二）培训制度

规范的员工培训制度包括培训目标、培训对象、培训方式、培训内容和培训经费。

1. 培训目标

培训目标是企业通过培训所要达到的目的，往往根据实际需要来具体确定。例如，新员工的培训目标是使其了解企业的总体情况，岗位职责以及任职的技能。常见的培训目标包括：学习新技术、新工艺；熟悉和掌握先进的管理理论和方法；为晋升做准备等。

2. 培训对象

培训对象应该与培训目标相适应。例如，当培训目标是选拔高级管理者时，培训对象应是具备发展潜力的管理人员。另外，从某种意义上讲，培训属于企业的一种福利，因为培训有利于员工个人发展。对于某些培训项目，企业应对培训对象的条件加以界定，这样能够形成对员工的激励作用。

3. 培训方式

培训方式根据不同分类标准有多种形式。根据实施主体不同，分为企业内部培训和参加外部培训；根据时间不同分为短期培训和长期培训；根据在岗情况不同分为在岗培训和脱岗培训。培训方式的选择要考虑培训的目的、培训对象和培训要求，还要受到成本效益原则的制约。

4. 培训内容

培训目标和培训对象决定了培训内容。例如，针对基层财务人员的培训内容主要包括最新会计准则、成本核算、内部控制规范等，而财务主管的培训内容除了最新的会计法律法规外，还应涵盖公司治理、风险管理与内部控制、价值管理等决策管理知识。

5. 培训经费

培训经费是制约培训效果的一个重要因素，也是内控建设中成本效益原则的体现。企业应根据总体发展规划制定员工发展计划，据此确定员工培训预算。至于每个具体培训项目经费预算则需要结合培训目标、培训方式以及市场情况综合确定。

五、员工绩效考核

绩效考核是定期考察和评价个人或部门工作业绩的一种制度。好的绩效考核制度能够起到鼓励先进、鞭策落后的目的，但是一旦有失公允就会挫伤员工的积极性。在内部控制中，制定一种科学有效的绩效评价制度对于人力资源管理至关重要。在绩效考评中应遵循以下原则：①

1. 公开透明原则

公开透明原则就是要求最大限度消除考核者和被考核者之间对考核的神秘感。因此，考核方法、考核标准、考核程序、考核责任、考核结果，都应当公开，要使员工对考核产生信任感。

2. 客观考评原则

要求考核者根据明确规定的考核标准，针对客观评价资料进行评价，用事实说话，切忌主观武断或带个人感情色彩。另外，绩效考评要做到把被考评者的绩效与既定的绩效标准作比较，而不是在人与人之间作比较。因此，考评体系的设计、考核标准的建立、考核资料的来源的确定是保证考核客观、公正的要点。

3. 与工作相关原则

绩效考核的标准，一般以岗位责任说明书与职务规范为依据，不宜将与工作无关的因素纳入考核范围，更不应涉及个人隐私。在现实生活中，往往不区分考核内容是否与工作有直接联系，结果将许多有关个人问题的判断掺进考核的结论中，造成不当的影响。

4. 注重反馈原则

在考核结束后，应当将考核的结果，如考核得分、考核等级、考核评语等，反馈给被考核者本人，并进行面谈讨论，否则就起不到考核的真正作用。在反馈的同时应当将被考核者的成绩和存在的不足以及今后努力的方向的参考意见，告诉被考核者。要充分肯定成绩，鼓励继续提高，不断进步。由于员工的绩效受到主客观因素的影响，因此，

① 龚杰，方时雄．企业内部控制——理论、方法与案例［M］．杭州：浙江大学出版社，2006：99．

在绩效考核反馈过程中，除需要听取被考核者的自我评价外，还应当听取其对企业的意见和建议。对企业确实存在的问题应当承认，并加以解决，以达到员工和企业之间的相互信任。

5. 差别与公平原则

差别原则要求考核结果的等级之间应当有明显的界线，针对不同的考核结果，在待遇上应当有明显的差别，使考核具有激励作用。但需要注意的是防止出现“鞭打快牛”现象。即绩效好的员工反而获得低回报，或者因为绩效好，下期对其提出难以达到的更高要求。这些不公平的做法往往会挫伤员工的积极性。

6. 可行性与实用性原则

绩效考核体系的可行性应当考虑：① 绩效目标的可实现性，不要把根本达不到的目标强加于人；② 与考核相关的信息来源，既要考虑信息的易取性，也要考虑信息取得的成本；③ 预测在考核过程中可能发生的问题、困难和障碍，准备应变措施。

绩效考核体系的实用性应当考虑：① 考核的手段是否有助于组织目标的实现；② 考核的方法和手段是否与相应的岗位以及考核的目的相适应。

7. 参与原则

绩效考核体系的设计，需要广大员工的积极参与。从心理学角度看，人们对自己参与设计的东西，认同度往往比较高，而对自己未参与的，同时又与自己的利益密切相关的东西往往抱着一种审视、评判、批评甚至抵制的态度。所以需要尽可能吸收员工参加，以激发员工参与考评的积极性。

第四节　加强内部审计监督

根据监督控制的内容和频率的不同，监督控制分为持续性监督检查和个别评估。在实践中，一般由内部审计部门承担监督职责。企业对在监督检查过程中发现的内部控制缺陷，应当采取适当的形式及时进行报告。

一、持续性监督检查

持续性监督检查是指企业对建立和实施内部控制的整体情况所进行的连续的、全面的、系统的、动态的监督检查。持续监控是在及时地基础下执行，对环境的改变做出动态的反应，它存在于单位管理活动之中，能较快地辨识问题。持续监控的程度越大，其有效性就越高，则企业所需的个别评估就越少。为了能有效地开展持续监督，企业应采取以下方法：

1. 维护、变更、监督和考评控制活动

企业应对内部控制的体系进行维护，规范标准变更、监督及考评等控制活动，以保证内部控制体系有效运行。

2. 获得内部控制执行的证据

获得内部控制执行的证据是指企业员工在实施日常生产经营活动时，取得必要的证据证明内部控制系统发挥功能的程度。主要包括以下几方面内容：① 企业管理层搜集汇总各部门的信息及出现的问题，监督各方面的工作进展；② 相关职能部门进行自我检查、监督，确保内部控制体系的有效运行，对发现的问题进行记录并提出解决方案，通过修改管理文件完善内部控制系统；内部控制部门监督、检查相关单位内部控制体系的运行情况。

3. 内外信息印证

内外信息印证是指来自外部相关方的信息，支持内部产生的结果或反映出内部的问题，主要包括以下两个方面：来自监管部门的信息，企业通过接受监管部门的监督，汇总、分析监管反馈信息，制定整改措施；来自客户的信息，企业通过各种方式与客户沟通，搜集客户信息，制定整改措施并监督执行。

4. 会计记录与实物资产的核对

企业应定期将会计记录的数据与实物资产进行比较，做到账实相符。

5. 内外部审计建议的反馈

内外部审计建议的反馈是指企业对内外部审计师定期提供的加强风险管理建议所做出的反馈。审计师在关键风险和相对应的控制活动上提出的潜在缺陷和建议，企业应做出积极的响应，根据实际情况做出整改方案，并监督该方案的执行。

6. 管理层对内部控制执行的监督

管理层应通过各种方式了解内部控制的执行情况及控制缺陷的反馈情况，主要有以下几种渠道：审计委员会接收、保留及处理各种投诉及举报，并保证其保密性；管理层在培训、会议上了解内部控制的执行情况；管理层认真审核员工提出的各项合理建议，并不断完善建议机制；监督管理部门定期组织专项检查和调研，对出现的问题提出整改建议。

7. 定期考核员工

企业制定《员工职业道德规范》、《高层管理人员职业道德规范》等相关文件，并以书面形式下发，管理人员应定期考核员工是否真正理解并遵守这些规范，监督管理部门协同人力资源部，根据高层管理者的授权监督员工对职业道德规范的执行情况。

8. 内部审计活动的有效性

企业应制定内部审计规范，明确审计的范围、责任和计划，并以此为基础合理配置审计人员，且要求他们遵守企业职业道德规范及内部审计规范；审计部门应具有适当的地位并有足够的资源履行其职责；审计部门根据授权可以参加有关经营及财务管理的决策会议，对管理中存在的薄弱环节、违反国家法律法规的行为、内部控制管理漏洞向管理层及时提出整改意见。

二、个别评估

个别评估，又称专项监督检查，是指企业对内部控制建立与实施的某一方面或者某些方面进行的不定期的、有针对性的监督检查。

尽管持续监控程序可提供内部控制其他要素是否有效的信息，但企业有时需要直接检查内部控制制度，这种做法也有利于考核持续监督程序是否一直有效。对于专项监控，需要遵循以下程序：

1. 选定监控主体

通常采用自我评估的方式，评估主体根据国家法律法规要求和企业授权，采取适当的程序和方法，对内部控制的建立与实施情况进行评估，形成检查结论并出具书面检查报告，再由管理层对各个部门的评估结果进行考核。内部审计部门是进行内部控制评估的主要力量，董事会所属审计委员会或子公司或分部管理层辅以帮助，同时也可以借助外部审计的力量。评估主体应当加强队伍职业道德建设和业务能力建设，不断提高监督检查工作的质量和效率，树立并增强监督检查的权威性。

2. 确定监控的范围及频率

企业内部控制的范围和频率各不相同，取决于风险的重大性以及对企业经营管理的影响性。对于个别评估来讲，在选定评估主体后，应在内部控制系统中选择适当的部分进行评估，其范围、覆盖的深度和频率应满足企业内部控制需要。

企业应制定内部控制体系验收检查方案及标准，并逐步开展涵盖内部控制体系框架所有内容的验收测试工作，检查内部控制体系运行的有效性。

内部控制管理部门每年对重要的会计科目、披露事项、重要业务流程进行更新和确认，定期组织相关部门对关键控制管理文件进行修改完善。

3. 选择监控方法

常用的评估方法包括核对清单、调查问卷和流程图技术等，也有些企业将风险管理作为标杆，重点将风险管理构成要素在企业间进行比较。企业应派专人负责评估工作，制定评估程序，选择适合的方式进行评估。

4. 开展监控过程

评估内部控制制度本身就是一个过程，评估者必须了解涉及每个内部控制制度的组成要素，了解制度的实际运行情况与原设计有何不同，各种变更是否适当；进而比较设计与执行之间的差距，并确认控制制度对已定目标的达成是否能够提供合理保证。

(1) 组织测试人员开展测试前的培训，了解内部控制制度的构成要素、测试程序、测试的方式和方法，以保证测试工作顺畅、有效；

(2) 测试人员通过现场调查及符合性测试等方法，评估单位内部控制体系的运行情况；

(3) 测试人员将测试结果进行记录，编制测试结果报告及缺陷报告。

(4) 文档记录。

三、如何提高内部审计质量

内部审计质量的内涵包括：审计活动的效率，即是否按照审计计划及时、充分地完成了审计工作；审计过程的规范性，即审计过程中是否严格遵循了审计活动的规范，是否保持了审计的独立性和客观性；审计建议的可行性，即提出的审计建议是否具有可操作性；审计活动的增值性，即审计活动是否真正能够为企业增加价值，这也是审计质量的核心要素。保证和提高内部审计质量的关键是要做到以下几点：

1. 加强内部审计的组织保证。建立科学的组织架构、清晰的业务和行政报告关系，保证内部审计部门的独立性。确立内审部门在组织中的地位，取得公司最高管理层的支持是确保内部审计工作顺利、高效、优质开展的基本前提。建立《内部审计章程》等规范文件，明确内部审计的职权范围及其对组织的价值。

2. 不断提高内部审计人员素质。内审工作的目标最终要通过一个个内审人员的工作来实现，因此，内审人员自身的素质也是影响内部审计质量的一个基本要素。除了要熟练掌握内部审计的方法、技能、工具外，内审人员需要具备的关键素质还包括：良好的人际沟通技能、敏锐的风险意识、良好的自我学习能力、良好的整合能力等。提高审计人员的素质，重点是要做好人员的甄选、培训和绩效考核三项工作。

3. 认真做好审计前的准备工作。充分的审计准备可以避免审计过程中方向的偏差或者重大的影响审计效率和效果的意外情况。详细的审计计划为审计活动提供明确的时间进度目标，保证开展审计项目所需的各项资源，同时也是评估审计工作开展质量的依据之一。

4. 注意审计方法、技术、工具的合理运用。正确的审计方法、技术和适当的工具的运用，可以帮助审计人员用最短的时间和最少的资源投入达成审计目标。审计测试技术是对审计质量影响最大的因素之一，测试目标的选择、测试抽样的确定、测试结果的分析以及测试结论等方面出现失当，都会直接导致测试的失效。

5. 强化审计规范和工作底稿管理。通过建立详细的内部审计标准和内部审计指引，规范内部审计人员的工作行为，保证审计过程中的独立性和客观性。对审计过程的每一步骤，都要求有完整的工作底稿。主要的工作底稿包括审计项目计划、访谈记录、审阅过的文件资料清单、审计程序指引、测试方案及结果、审计发现与建议、审计报告（中期）等。所有审计工作底稿都要按照统一的规则编号，建立索引，以备查核和引用。

6. 做好审计报告。审计报告包括阶段性的报告和最终审计报告。审计报告的目的是向管理层或者被审计单位呈现审计成果、解释审计发现、提出审计建议。审计报告是内部审计工作价值的体现和展示。因此，审计报告做得好坏，很大程度上影响到整个审计项目的质量。

7. 充分沟通。内部审计过程是一个审计人员与被审计单位的互动过程，充分的沟通对保证和提高审计质量至关重要。这些沟通包括审计准备阶段的沟通（内容包括审计范围、方式、目的、意义等）、审计过程中的沟通（内容涵盖对流程、制度、风险和控制活动的理解等）以及审计发现和建议的沟通（内容涉及对审计结果的确认、解释、可行性探讨等）。

8. 内部审计质量评估制度化。保证和提高内部审计质量的最后一点就是建立内部审计质量评估制度，使内部审计质量管理制度化。

本章小结

本章主要介绍了内部控制的其他支持系统建设，包括全面预算管理、建立信息管理系统、进行人力资源开发、加强内部审计监督。企业全面预算管理是国内外大中型企业所普遍采用的一种现代控制机制，是企业内部控制的重要组成部分，全面预算管理有利于优胜劣汰机制、激励约束机制的运行。信息系统控制要求企业结合实际情况和计算机信息技术应用程度，建立与本企业经营管理业务相适应的信息化控制流程，提高业务处理效率，减少和消除人为操纵因素。人力资源政策是影响企业内部环境的关键因素。内部控制是由员工来执行的，而员工又要受到内部控制的管理，因此提高员工的素质是内部控制有效的一个保证。最后要对内部控制的实施进行监督。

重点名词

全面预算管理

信息管理系统

人力资源开发

内部审计监督

本章重点与难点

1. 全面预算管理的涵义与意义
2. 《萨班斯－奥克斯利法案》关于信息系统控制的规定
3. 内部控制要求人员应具备的素质
4. 人力资源政策的制定

思考题

1. 全面预算管理有什么意义？
2. 信息系统的一般控制和应用控制包括哪些内容？
3. 员工绩效考核的原则是什么？
4. 如何提高内部审计质量？
5. 员工培训的意义是什么？

案例讨论

法国兴业银行危机

2008年1月下旬，历史悠久的法国兴业银行（下称法兴银行或法兴）被31岁的权证市场交易员凯维埃尔（Jerome Kerviel）拖入丑闻的阴影中。在长达两年多的时间内，凯维埃尔以欺诈手段从事期货买卖，违规头寸高达500亿欧元，至1月23日被平仓，导致这家国有金融机构损失64亿欧元。

2008年1月24日，法兴银行总稽核部受集团执行委员会委托，开始对凯维埃尔的欺诈交易行为展开内部调查。力图从丑闻和损失中逆转劣势的法兴银行，在这次以“绿色使命”命名的内部行动中，共调查了全球股权衍生工具部门与固定受益、货币和大宗商品业务部门315名员工，并对他们所持仓位进行检查，以确定凯维埃尔之举的个别性，将损失精确化，同时也对自身的风险控制流程和执行进行重新审视。

4个月后，一份《“绿色使命”总结报告》出炉。其中对凯维埃尔欺诈行为过程的还原，暴露了一再出现的管控漏洞和虚弱的风险控制执行力。对于“法兴”而言，报告的结论足以令其庆幸，因为欺诈行为并未蔓延，并最终得到了较妥善的处理。但观察者的目光则落于凯维埃尔事件的另一面。

凯维埃尔的真实交易头寸于2007年7月31日扭亏为盈，11月20日，他靠违规头寸盈利15亿欧元并成功保持长达两个月。假如他落袋为安并及时改变投资方向，或者市场继续按他的预期发展，今天盈利有可能已超过30亿、60亿欧元！如果事实如此，“滥权”和“欺诈”可能被人们抛诸脑后，凯维埃尔将成为法兰西的英雄，成为继巴菲特、索罗斯、罗杰斯、彼得·林奇之后又一颗冉冉升起的金融巨星。

然而，假如凯维埃尔盈利，必定有另外的“法兴”在世界的其他角落为他的违规头寸埋单。衍生品市场都是“零和游戏”，金融交易只能转移财富却不能创造财富。诚如凯维埃尔对检察官让·克洛德·马林提供的证词——“其他交易员也以相似的方式操作，并超越了他们的交易额度”。凯维埃尔既非始作俑者也非终结者。谁能保证这种心存侥幸的冒险不会蛊惑人心？或今后再也不会发生？或现在已经通过自查和监管而全部清仓呢？

在“凯维埃尔事件”中，一再出现的监管空白或许正表明，金融机构风险防范思维已到了更新的时候了。

盈亏天平颠覆机构风控能力

创建于拿破仑时代、经历了两次世界大战并最终成为法国商界支柱之一的法兴银行，一直以全球风险监控最出色著称。尤其在股权衍生品方面，该银行连续五年被《风险》杂志评为第一或第二。而全球知名的英国《银行家》杂志，更授予法兴银行2007年度股权衍生品最佳奖。法兴银行长期扮演世界衍生品交易的领导者角色，是全球另类投资（包括保本基金）领域最大的提供商，被金融界公认为防范风险的典范。

正是基于长期形成的相当完善的内部风险监控体系，交易员凯维埃尔的欺诈行为其实早就有迹可寻。

从2006年6月到2008年1月，法兴银行的大多数风控系统自动针对凯维埃尔的各种交易75次拉响报警，其中2006年5次，2007年高达67次，随着交易量的膨胀，警报日趋频繁，平均每月超过5次。这75次警报分别出自包括运营、股权衍生品、柜台交易、中央系统管理等28个部门的11种风险控制系统，其中由运营部门和衍生品交易部门发出的警报最多，高达35次。

这11种风控系统几乎是法兴银行后台监控系统的全部，涉及经纪、交易、流量、传输、授权、收益数据分析、市场风险等各个流程和环节。

“绿色使命”调查最终认定其中38次警报与欺诈有直接联系，25次有间接关系。可惜，之前的预警都石沉大海。尤其不可思议的是2007年5月，一个负责监控交易和流量的系统发现，某个星期六有一笔交易居然没有交易对手和经纪人的姓名。直到2008年1月连续三次警报的最后1次——当法兴银行因次贷危机被迫收紧对一家大银行客户的贷款时，才发现凯维埃尔曾盗用该银行客户的账户，做过至少1次最多8次虚拟交易，造成30亿欧元亏损。于是法兴银行与对方进行核查。谁知当天核查部门就收到该银行客户的电子邮件，称该项虚拟交易是“真实”的。法兴银行核查部门立即展开紧急调查，骗局才终于败露。

与其指责风险控制系统的漏洞，不如感叹老牌金融机构风险控制执行力的孱弱。凯维埃尔的许多交易看似套利，实为单边投机的交易，且交易金额高达500亿欧元，这些无任何相应实质交易的伪造数据都记录在法兴银行的系统中，风控人员却仅仅关注了净持仓，而没有仔细研判双向持仓；只关注了总头寸，而没有关注每个交易员的边际头寸……

然而，最要害的原因正如凯维埃尔所供述，是自己以前高达15亿欧元的盈利业绩令上司对其违规行为视若无睹——

“我不相信上级主管没有意识到我的交易金额，小额资金不可能取得如此巨大的利润……日常交易中，一个交易员根本无法用正常的投资规模赚那么多钱。这让我相信，只要我能盈利，我的上司就会对我的交易手段和交易金额睁一只眼闭一只眼。”

可惜这一原因，却不幸被调查报告“忽视”。这类“忽视”恐怕也是所有“完美”的调查报告所共有的现象。

实际上，金融机构无不为交易员盈利设立诱人的奖励和提成比例——凯维埃尔案发时仍念念不忘30万欧元的年终大奖，此外还有晋级和提升。虽然这些激励机制完全无可厚非，但奖惩不对称，事实上也潜在起到鼓励铤而走险的作用。

而且，在利益驱动的机制下，交易员在机构业务中实权日益膨胀。随着金融机构对政府监管部门和交易所的渗透，交易员们依靠手中的客户权益和交易筹码，对期货交易所、监管者甚至外国政府拥有强大的影响力，所在机构的高层管理往往被他们推到一个“边缘化”的境地。因为机构需要他们来保持市场份额，故而不知不觉受交易员左右，变得越来越容易受制于短期机会而非长期稳定性的影响。

以明星交易员为主体的管理运营模式正面临巨大考验。历次金融丑闻事件，大多演绎了“交易员—明星—魔鬼”的三段式过程。

2008年1月26日，凯维埃尔向巴黎警方投案自首。

法兴银行将全部责任归咎到凯维埃尔身上，两名律师则坚称凯维埃尔没有任何不诚实举动，没私吞一分钱。凯维埃尔经过48小时审讯即被保释。巴黎检控方提出的欺诈罪名也遭到法官拒绝，最终仅以违反信托约定、伪造和使用伪造文件、盗用他人电脑账户密码的罪名起诉。检察官在1月28日的新闻发布会上说，凯维埃尔只不过是想证明自己的价值，“他真的相信可以成功，而且大家都将认可他的金融天赋”。

一夜之间，凯维埃尔又从魔鬼变成另类“英雄”——他为了追求公司利益和实现个人价值而千方百计顽强拼搏——如果成功，可以一飞冲天名利双收；如果失败，也因为纯洁的动机而受到法律的宽恕。

这极富讽刺意义，也从侧面证明，经过无数次交易风险的洗礼，制度漏洞在一定程度上已经不再成为当今防范风险的关键。归根结底，是整个市场经营理念中的盈亏天平暗中影响着金融机构的风险控制能力，主宰着制度执行的实际效果。这也部分解释了为什么近年来超级机构一再成为风险之源。

机构的严重风险事件也折射出金融市场中不同投资者价值观体系的偏差。

投资者是金融市场的主体，而机构投资者又是衍生品交易的主力军团。据统计，在全球最大的期货交易所 CME，仅投资银行就占了买方 51%、卖方 38% 的交易比例。可以说，机构投资者尤其是投资银行的交易行为，对金融市场的稳定运行举足轻重。

2007 年 11 月和 2008 年 2 月初，当欧洲最大的期货交易所 Eurex 提出法兴银行存在异常交易头寸的警告时，银行只回应说在针对交易所的要求进行技术调整，对凯维埃尔欺诈的蛛丝马迹却轻轻抹去。到底是交易员为了功成名就铤而走险，还是金融巨头们为了追求资本利益最大化而姑息养奸?

其实早在 1 月初，违规交易已在法兴初现端倪，银行董事会面对数额巨大的交易头寸，首先考虑的是如何既保住银行的信誉，又将损失降到最低。

1 月 9 日，银行监事会成员罗伯特·戴伊抛售了市值约 8 570 万欧元的法兴银行股票。1 月 10 日，与戴伊有关联的两家基金抛售了市值约 960 万欧元的法兴银行股票。当时该股价格约为 95 欧元。

1 月 19 日，当凯维埃尔终于承认其越权行为后，法兴银行紧急成立了独立调查小组。1 月 20 日星期日，查明该项欺诈交易的账面金额高达 500 亿欧元。董事会主席丹尼尔·波顿立即报告了中央银行和法国金融管理局秘书长，随后于当晚 6 时 30 分召开董事会，决定对外公布推迟至完成全部平仓操作之后。

1 月 23 日傍晚，全部违规头寸 500 亿欧元在其挂牌的东京、纽约和巴黎三地通过取消或对冲完成平仓，包括在 Eurostoxx、DAX、FTSE 指数期货的交易头寸，占市场交易总规模的 8% 左右。

直到 1 月 24 日，欺诈行为已在股市中传播，法兴银行在正常经营面临挑战时，才不得不向公众披露震惊全球的丑闻的部分细节，并请求停牌。当天法兴股价大幅下挫，收报 3 年多来的最低点 71.05 欧元。接着花旗银行将法兴股价预期从之前的 130 美元降至 65 美元，并由“买入”降为“卖出”级，拖累法国股市连续两天大跌。上述 3 指数均出现 2001 年以来最大跌幅，全球股市均未能幸免。

按业内人士的观点，董事会主席丹尼尔·波顿临危不乱、果断从容的应急举措堪称典范。巴林银行由于风险发生后没有采取应急措施，招致灭顶之灾；而“法兴”银行董事会在事件发生后冷静处置、及时斩仓，把损失降到最低，使公司不致破产。但130位小股东及几家公司客户却联名对法兴封锁消息、剥夺公众知情权和董事内幕交易抛售股票等行为提出控诉，法国总统萨科齐也暗示法兴集团的最高管理者应该引咎辞职。不过银行发言人却辩称，该董事抛售股票是在该行知悉丑闻的“很久之前”。

此外，值得追问的是，1月20日知情的央行和法国金融管理局等监管机构，对于延迟披露是否应当负责?

在这里，面对同样的法律法规，投资银行、监管机构和深受其害的广大投资者，其价值观已形成严重对立。法规制度曾经是滴水不漏，而现在人为的越轨证明它们形同虚设。

（资料来源：国信证券网 www. guosen. com. cn，2009－10－15）

讨论问题：

1. 法国兴业银行内部控制存在什么缺陷?
2. 金融机构进行衍生品交易的风险何在？如何进行风险管理?

第五章

内部控制系统的设计

在本章中，你将学到

◇ 内部控制设计的原则

◇ 内部控制设计的方法

引例

冒用公司印鉴盗走 1 200 万元巨款①

江西赣能股份有限公司 2001 年度第六次临时董事会于 2011 年 12 月 11 召开，与会人员一致审议通过同意公司对工商银行江西省分行昌北支行提起民事诉讼的决定。公司在工商银行江西省分行昌北支行存款计人民币 1 200 万元被人冒用公司印鉴全部盗走，公司发现后已报公安部门，请求立案侦查。公司董事会在听取相关情况汇报后认为，虽然该案涉及刑事犯罪，但存款行未能保障公司存款安全，对存款被人冒用印鉴盗走存在过错，对此负有不可推卸的责任，为维护公司合法权益不受损失，公司决定对工商银行江西省分行昌北支行提起民事诉讼，要求工商银行江西省分行昌北支行返还公司在该行存款本金人民币 1 200 万元及其利息。

第一节　内部控制设计的原则

企业在设计内部控制过程中，应当遵循以下基本原则：

① 朱荣恩．内部控制案例［M］．上海：复旦大学出版社，2005.

一、合法性原则

合法性原则指企业在设计内部控制制度时，必须符合国家有关法律法规和政府有关监管部门的监管要求。合法性是企业从事经营、创造价值、实现内部控制目标的前提，是一种约束性条件。合法性原则要求：在构建内部控制制度时，企业既要遵循一般法律法规，如公司法、税法、合同法、会计法、企业会计准则、内部会计控制规范；又要根据自身行业性质和特点，遵循行业内部控制规范，如上市公司治理准则、证券投资基金管理公司内部控制指导意见、商业银行内部控制指引等等。

二、适应性原则

内部控制制度必须符合管理者的要求，对其经营管理有用，这是适用性原则的要求。各种控制制度是管理者的控制工具，要确实可行，它既要考虑到国家的要求，更要考虑到单位经营的特点与内外环境的实际情况。由于各企业的营运目标、具体任务、规模大小、人员结构、技术设备等都不相同，内部控制的设计要因地制宜。

内部控制应当合理体现企业经营规模、业务范围、业务特点、风险状况以及所处具体环境等方面的要求，并随着企业外部环境的变化、经营业务的调整、管理要求的提高等不断改进和完善。

三、全面性原则

企业风险管理控制系统，必须包括控制环境、目标设定、风险识别、风险评估、风险应对、控制活动、信息与沟通、监督八项要素，并覆盖各项业务和部门。各项控制要素、各业务循环或部门的子控制系统，必须有机构成为企业内部控制的整体架构才能发挥应有的效用。这就要求各子系统的具体控制目标，必须服从于整体控制系统的一般目标。

全面性原则要求：在层次上，内部控制应当涵盖企业董事会、管理层和全体员工；在对象上，应当覆盖企业各项业务和管理活动；在流程上，应当渗透到决策、执行、监督、反馈等各个环节，避免内部控制出现空白和漏洞。

四、相互牵制原则

相互牵制原则是指一项完整的经济业务活动，必须分配给具有互相制约关系的两个或两个以上的职位分别完成。相互牵制原则包括横向和纵向两个方面：(1) 在横向关系上，至少要由彼此独立的两个部门或人员办理，以使该部门或人员的工作接受另一个部门或人员的检查和制约；(2) 在纵向关系上，至少要经过互不隶属的两个或两个以上的岗位和环节，以使下级受上级监督，上级受下级牵制。互相牵制的理论根据是在相互牵制的关系下，几个人发生同一错弊而不被发现的概率等于每个人发生该项错弊的概率的连乘积，因而远远低于单个人独立完成某项任务或工作出现错弊的概率。常见的需要分离的职责主要有：授权、执行、记录、保管和核对。

五、协调性原则

协调性原则是指在各项经营管理活动中，各部门或人员必须相互配合，各岗位和各环节都应协调同步，各项业务程序和办理手续需要紧密衔接，避免扯皮和脱节现象，减少矛盾和内耗，以保证经营管理活动的连续性和有效性。协调配合原则是对相互牵制原则的深化和补充，是为了避免一味强调互相牵制带来的负面影响。贯彻这一原则，尤其要避免只注重牵制错弊而不顾办事效率的机械做法，而要做到既相互牵制又相互协调，从而在保证质量提高效率的前提下完成经营任务。

六、有效性原则

内部控制应当能够为内部控制目标的实现提供合理保证。企业全体员工应当自觉维护内部控制的有效执行。内部控制建立和实施过程中存在的问题应当能够得到及时地纠正和处理。

有效性原则包括两层含义：（1）各种内部控制制度包括最高决策层所制定的业务规章和发布的指令，必须符合国家和监管部门的规章，必须具有高度的权威性，必须真正落到实处，成为所有员工严格遵守的行动指南；（2）执行内控制度不能存在任何例外，任何八（包括董事长、总经理）不得拥有超越制度或违反规章的权力。

七、成本效益原则

成本效益原则是指为进行控制而花费的成本与缺乏控制时所遭受的损失比较，当控制的效益大于成本时，则该项控制措施才是可行的，否则就是不可行的。控制成本包括便于归属计量的直接成本和不便于归属计量的间接成本，控制效益包括短期效益、长期效益、企业自身效益和社会效益等。在实际中，有些工作的效益是难以用金额表示的，但执行该控制有利于企业各项控制目标的实现，如员工职业操守的培养、经济项目的审核程序、信息的反馈等等。

贯彻成本效益原则，要求企业力争以最小的控制成本取得最大的控制效果。因此，在构建内部控制制度时，应根据企业经营业务的特点、规模的大小、具体的管理情况，既要考虑控制设计成本、执行成本和修订成本，又要考虑企业整体效率和效益的提高，既要把企业的各项经济活动全面置于经济监控之中，又要对经营管理的重要方面、重要环节实行重点控制，力争以最小的控制成本取得最大的控制效果。

八、授权控制原则

授权控制原则是指企业单位应该根据各岗位业务性质和人员要求，相应地赋予作业任务和职责权限，规定操作规程和处理手续，明确纪律规则和检查标准，以使职、责、权、利相统一。授权控制原则在实际工作中以岗位工作程式化的方式来体现，要求做到事事有人管，人人有专职，办事有标准，工作有检查，以此定奖罚，以增加每个人的事业心和责任感，提高工作质量和效率。

九、可容性原则

可容性原则是指内部控制制度不仅要体现公认的管理原则，能够被外部环境所接受；同时还要体现一致性原则，即企业内部同类业务在不同部门、不同年度的处理要保持一致；更重要的是内部控制制度的基本构架要保留相当的弹性，具有可容性。企业内的制度会因外部经济环境的变化和内部业务流程的改变而进行适时修正，但不能经常改变其基本框架，因此，在最初制定制度时要留有充分的余地，适应未来的修订和补充。

十、独立性原则

独立性原则是指内部控制的检查、评价部门必须独立于内部控制的建立和执行部门，直接的操作人员和直接的控制人员必须适当分开，并向不同的管理人员报告工作；在存在管理人员职责交叉的情况下，要为负责控制的人员提供可以直接向最高管理层报告的渠道。

十一、预防为主原则

内部控制制度的总体性质是属于预防性控制，同时包含部分事后查处性控制。建立内部控制制度，主要是预防经营单位发生无效率或违法行为。既要保证单位各项业务活动有序进行，还要避免在运行中发生浪费、舞弊或混乱所带来的经济损失，它是一种事前控制手段。如组织控制、人事控制、程序控制等等。当然，有些问题是无法预防的，因此内部控制制度需要辅以一些事后控制措施。事后控制从某种意义上说是检验预防控制效果的一种方式，如内部稽核、内部审计等。事后控制所需要耗费的资源要远远大于事前控制。因此，内部控制制度的制定应以预防为主、以查处性控制为辅，这样既可以防范于未然，又可以减少实施控制时的耗费，有利于提高控制的效率和效益。

十二、电子信息技术基础原则

业务运行通过信息系统的反应和衔接，可以极大提高运营的效率。电子信息系统能够在很短的时间内进行更大范围的核查，极大提高内部控制的效率。充分运用电子信息技术控制方法原则，要求有条件的企业最好建立这样一种电子信息平台，能够把各种业务的处理集中到该平台上，通过程序设计来实现控制，就如同建立企业的企业资源计划系统——ERP 系统。

第二节　内部控制设计的方法

具体的内部控制设计要结合企业的具体情况，以内部控制的规范为指导来进行。下面介绍五种经常采用的设计方法。

一、组织系统图设计

组织系统图主要描述企业内部各阶层的组织机构，显示每一个职位在企业中的地位及其上下隶属与纵横的关系。现代企业组织庞大、部门众多、层次不一、关系复杂，只有以组织系统图的方法描述出来，才能使人一目了然。图 5－1 是一张完整的企业组织结构图。

二、职责划分设计

一个企业有很多业务和部门，各个部门的职责应予详细及明确划分，使每一事项的发生都有部门负责办理，而且要做到不重复、无遗漏。如果一项业务需要有两个以上部门共同完成时，对各部门应负责任的范围也应该有明确的规定。下面以图5－1中的部门为例，说明对岗位职责的内控设计。

1. 市场部的职责

（1）实现企业销售目标；

（2）制定和实施销售计划；

（3）销售管理，销售政策的制定与施行；

（4）市场调研与市场预测；

（5）策划；

（6）销售工作的监察与评估。

2. 技术服务部的职责

（1）拟定企业年度技术支持、技术服务工作的开展计划，并组织协调计划的分解和落实；

（2）负责企业技术支持系统的建立和完善；

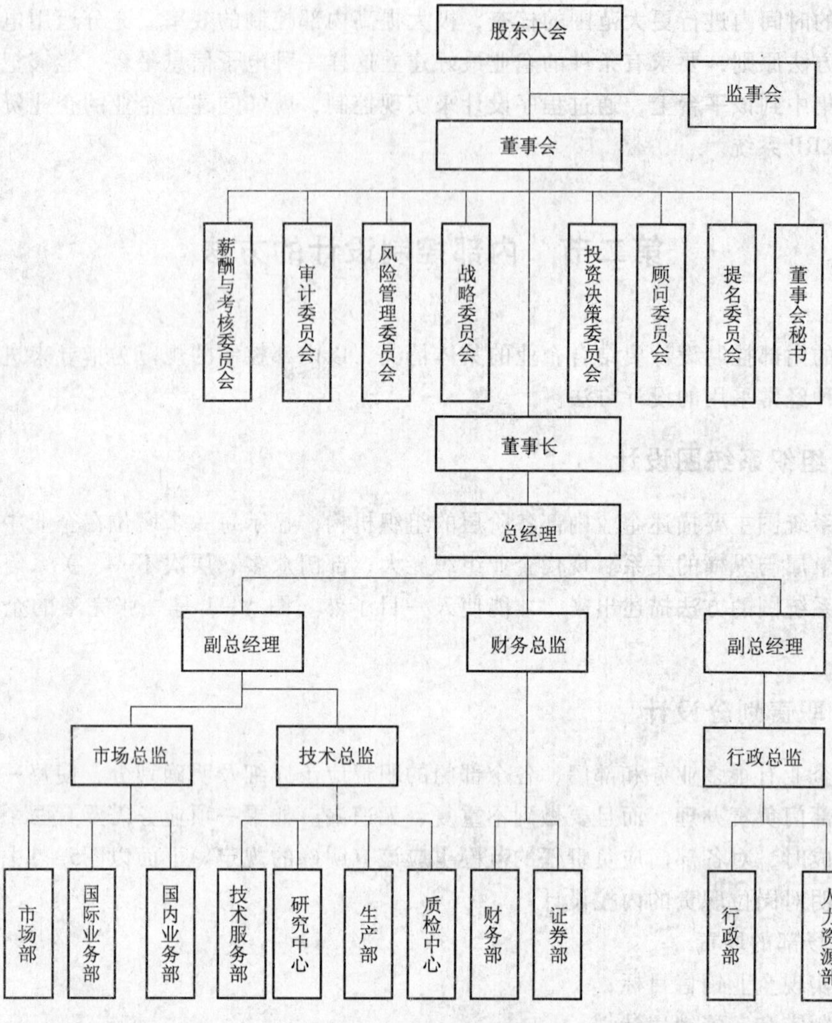

图5－1 企业组织结构图

（3）搜集国家、地区及行业的相关技术标准、规定，并负责在企业内宣传和推广；

（4）负责企业范围内技术问题的汇总分析，拟定解决方案，并组织、协调各部门；

（5）面向企业其他部门提供技术咨询、技术支持和服务，并接受一定范围内的技术投诉；

（6）负责对企业技术服务体系人员的指导、考核和监督；

（7）对企业内其他员工进行技术培训及指导；

（8）负责解答客户的相关技术问题。

3. 人力资源部的职责

(1) 编写并组织实施企业的人力资源规划，制定企业的人力资源管理制度；

(2) 有效开发与合理配置企业的人力资源；

(3) 负责公司企业文化建设的规划，并组织贯彻实施；

(4) 参与对企业管理人员的考核与管理；

(5) 审核、办理机关员工出差任务单；

(6) 拟定并审核企业的人员招聘计划，并负责组织员工的招聘和培训工作；

(7) 审核企业的定员编制、工资总额、经营管理者的薪酬分配；

(8) 负责拟订企业的岗位设置、人员编制及工资分配方案；

(9) 负责员工培训费用的计划与监控；

(10) 检查人力资源规划和有关制度的贯彻落实情况；

(11) 办理企业员工人事关系的转移，职称评定及因公出国人员的审批手续；

(12) 负责企业员工的工资发放、社会保险的缴费、劳动合同的签续定和人事档案的管理工作。

4. 财务部的职责

(1) 严格遵守国家财务工作规定和公司规章制度，认真履行工作职责；

(2) 组织编制公司年、季度成本、利润、资金、费用等有关的财务指标计划。定期检查、监督、考核计划的执行情况，结合经营实际，及时调整和控制计划的实施；

(3) 负责制定公司财务、会计核算管理制度；

(4) 负责按规定进行成本核算，定期编制年、季、月各种财务会计报表，搞好年度会计决算工作；

(5) 负责编写财务分析及经济活动分析报告；

(6) 负责固定资产及专项基金的管理；

(7) 负责流动资金的管理；

(8) 负责对公司低值易耗品盘点核对；

(9) 负责公司产品成本的核算工作，制定规范的成本核算方法，正确分摊成本费用；

(10) 负责公司资金缴、拨，按时上交税款；

(11) 负责公司财务审计和会计稽核工作；

(12) 负责进销物资货款把关。

三、工作说明书设计

工作说明书是描述工作性质的文件，是职工工作的说明。其表示方法是将单位的每一个工作职位，编制一份详细的说明，用来反映担任该职位的人应该履行的职责。工作岗位说明书应包括：岗位名称、岗位要求、工作内容、薪酬标准、工作条件等等。表5-1是财务总监岗位的工作说明书。

表5-1　财务总监工作说明书

职位名称	财务总监（CFO）	职位代码		所属部门	
职　　系		职等职级		直属上级	企业总经理
薪金标准		填写日期		核 准 人	

职位概要：

主持企业财务战略的制定、财务管理及内部控制工作，筹集企业运营所需资金，完成企业财务计划。

工作内容：

1. 利用财务核算与会计管理原理为企业经营决策提供依据，协助总经理制定企业战略，并主持企业财务战略规划的制定；
2. 建立和完善财务部门，建立科学、系统符合企业实际情况的财务核算体系和财务监控体系，进行有效的内部控制；
3. 制定企业资金运营计划，监督资金管理报告和预、决算；
4. 负责制定企业的利润计划、资本投资、财务规划、销售前景、开支预算及成本标准；
5. 对企业投资活动所需要的资金筹措方式进行成本计算，并提供最为经济的酬资方式；
6. 筹集企业运营所需资金，保证企业战略发展的资金需求，审批企业重大资金流向；
7. 主持对重大投资项目和经营活动的风险评估和财务风险控制；
8. 协调企业同银行、工商、税务等政府部门的关系，维护企业利益；
9. 参与企业重要事项的分析和决策，为企业的生产经营、业务发展及对外投资等事项提供财务方面的分析和决策依据；
10. 审核财务报表，提交财务管理工作报告；
11. 监督企业遵守国家财经法令、纪律，以及董事会决议；
12. 完成总经理临时交办的其他任务。

任职资格：

教育背景：

◆ 会计、财务或相关专业大学本科以上学历。

培训经历：

◆ 接受过管理学、战略管理、组织变革管理、人力资源管理、经济法、企业产品的基本知识等方面的培训。

续表

经　验： ◆ 8年以上跨国企业或大型企业集团财务管理工作经验。 技能技巧： ◆ 具有较全面的财会专业理论知识、现代企业管理知识，熟悉财经法律法规和制度； ◆ 熟悉国家和地方各项与企业业务相关的财税、金融、经济政策及行业管理办法； ◆ 熟悉财务相关法律法规和投资、进出口贸易、企业财务制度及流程； ◆ 参与过较大投资项目的分析、论证和决策； ◆ 熟悉税法政策、营运分析、成本控制及成本核算； ◆ 具有丰富的财务管理、资金筹划、融资及资本运作经验； ◆ 具有良好的口头及书面表达能力。 态　度： ◆ 工作细致、严谨，并具有战略前瞻性思维； ◆ 具有较强的判断和决策能力、人际沟通和协调能力、计划与执行能力； ◆ 遵纪守法、遵章守则、奉公廉洁、忠于职守、作风正派、胸怀整体； ◆ 具有较强的工作热情和责任感。
工作条件： 工作场所：办公室。 环境状况：舒适。 危 险 性：基本无危险。
工作联系对象： 报告对象：副总经理。 监督对象：财务部、证券部经理、副经理、会计、出纳等。 对外接触人员：税务部门、金融部门及各级上级主管部门和各种类型的公司客户。

四、方针和程序手册设计

方针和程序手册主要是指以书面形式来表达管理当局的指令及同类业务的处理方法，也可以说是以书面形式详细描绘业务处理的方针与程序。下面以销售和收款业务为例，说明如何设计方针和程序手册。

1. 企业接受订单，同时编制销售计划

销售部门承接客户订单，根据订单和生产计划、库存等情况，编制产品销售计划，并经部门领导审核签字，该计划传递给企业负责人审定批准。

2. 编制、审定销售实施方案和信用政策

销售部门根据经过审定的销售计划和产品生产、库存、销售情况及企业有关产品价格管理等规定，提出销售产品的品种、规格型号、数量、价格、货款支付方式等具体销售实施方案。对拟采用赊销方式的客户，信用管理部门要对其进行信用审核，重大赊销方案需要报总经理审批。

3. 签订销售合同

法律部门、财会部门根据本部门职责对销售合同进行审核，企业负责人、总会计师依据审核部门的意见审定销售合同，并按内部授权交由授权人员签订。销售部门将签订的合同分别送交财会、仓储等部门。若销售合同需要变更或提前终止时，应报企业负责人、总会计师同意。

4. 组织销售与收款

销售部门根据已签销售合同、销售订单向仓储部门传送发货通知单，仓储部门组织发货。财务部门向销售部门开具收款通知单。采用赊销方式销售的产品，销售部门及其主管人员应负责货款的按时回收。

5. 开发票及记账

财会部门依据销售合同、核准的发货单等相关单据开出销售发票，并加盖印章。财会部门据此编制、录入相应会计凭证，经复核后过账。

6. 销售折让及退货处理

销售部门受理客户提出的折让或退货申请，根据折让或退货理由组织相关部门检查、核实，提出处理意见，交由企业领导及总会计师审定，并将审核意见分别传递给财会部门及仓储部门。仓储部门审核退货通知单后，将退回货物验收入库，财会部门审核销售折让通知单、退货通知单及退货产品入库单，编制、录入折让或退货会计凭证，经复核后过账。

7. 盘点对账

销售、财会、仓储等部门定期对产品销售及存货情况等进行对账和实物盘点，核实产品库存，对差异情况应及时查明原因并处理。财会部门应及时对赊销货款进行清结，未按合同结清的，及时通知销售部门采取措施。期末，财会部门应对应收账款进行账龄分析，合理计提坏账准备，并提出催收措施及建议，报企业负责人及总会计师审核同意后实施。

8. 关闭合同

合同执行完毕，销售部门应对合同执行情况进行清理、关闭，并建立客户信用档案。

五、业务流程图设计

业务流程图是利用图解形式描述各经营环节业务处理程序的一种图式。它显示了凭证和记录资料的产生、传递、处理、保存及其相互关系，从而直观地表达内部控制的实际情况。对于无法在图中表示的问题，可用简要的文字进行说明，作为流程图附件。图5-2是产品销售业务流程图。

所谓流程，是指企业经营过程的一个阶段，由若干项作业组成，而作业由若干项任务组成。在典型的制造业中，其经营过程由研究开发、设计、制造、营销、配送和售后服务等项流程。每项流程，如制造流程，包括材料入库、材料存储、材料搬运、加工、半成品搬运、加工、成品入库存储、成品包装发运等项作业。每项作业，如材料入库，包括卸载、验收、盘点、移动、摆放、记录等项任务。特别重要的是，任务是由组织成员经由授权完成的，授权和责任在这里可以体现出来。任务还可以细分为若干步骤。在流程设计中，就是要遵循着这种相对的“流程→作业→任务→步骤”四个因素之间的依次关系进行。

流程设计所要解决的是如何干的问题，即既定的治理主体、内部单位和岗位如何完成各自的功能作业。只有企业把流程理顺，才能更有效地完成任务。按照内部控制的观点，任何业务的处理必须经过申请、授权、批准、执行、记录、检查等控制程序，而这些程序都应经过不同部门或人员去完成，任何一个人不能独揽业务处理的全过程。衡量一个企业业务流程控制是否有效，主要在于考核其是否实施了严密的内部牵制，而它的前提条件是要有完善的流程设计。因此，内部控制制度要注重流程设计，以防止混乱及错弊的发生。

（一）业务流程图设计标准

每个流程的设计要符合一定的标准，以便在企业内部达成一致，有利于内部控制的实施。下面，我们就简要介绍一下流程设计的基本顺序及标准。

第一步，编制流程目录。流程目录可分为几级，编制规则为：一级流程·二级流程·三级流程……企业可根据实际需要选择流程级数。新增的一级流程或二级流程，添加在原有流程目录的最后，并顺延编号。

第二步，选定流程图的符号。本书流程图描述全部采用纵向垂直方式，自上而下表示流程发展的时间或逻辑顺序，职能带区设置为纵向。流程图的命名规则为：子流程编号+子流程名称，当一个流程图需要多页才能绘制完成时，则以-1、-2……区分。流程图符号是流程图的语言，它由一系列几何图形符号组成。目前，我们还没有全国统一的流程图符号，世界各国的流程图符号也不一致。本着简易、形象和公识的原则，本书采用了如图5-3所示的一套符号。

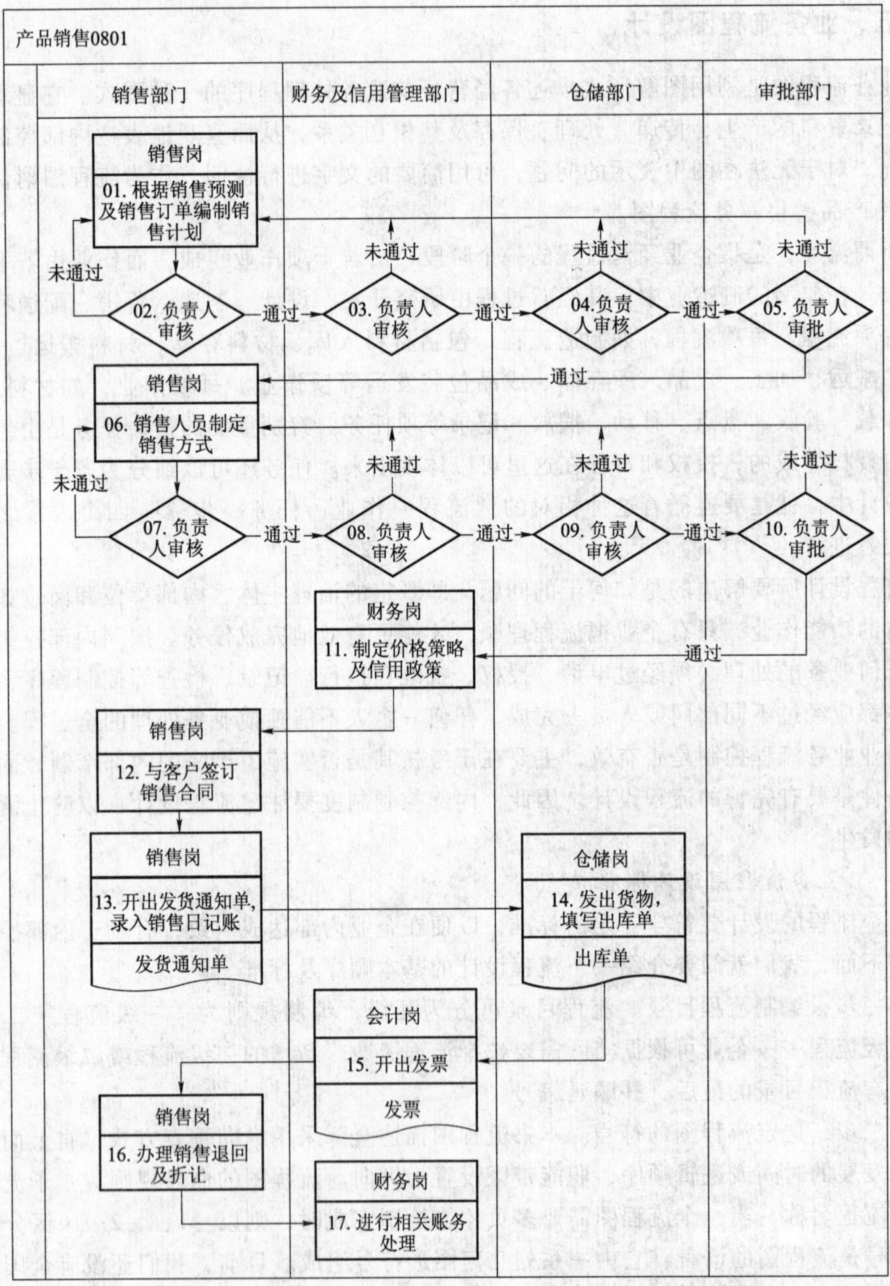

图 5-2 产品销售业务流程图

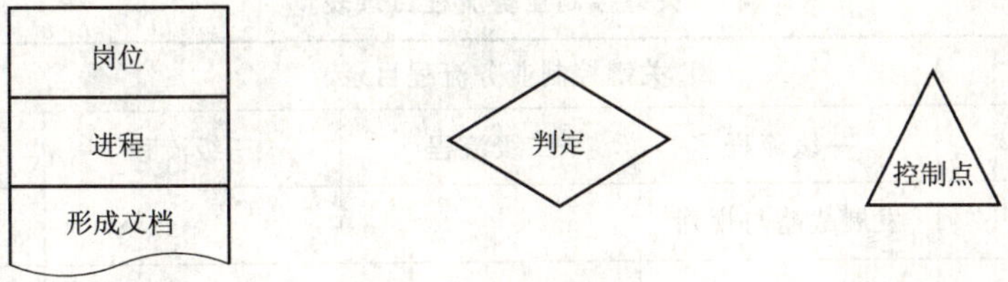

图5－3　流程图符号

在步骤内容描述中，负责人员应尽量细化到岗位，企业也可以根据实际情况进行调整。步骤描述格式为“步骤编号（从01开始）＋文字描述”；如果多个步骤同时开始，并且内容相同或类似，可以出现重复的步骤编号；如果出现多个文件或表单，无需使用多个文档符号，只需在一个文档符号中顺序填列即可，但是每个文档名称前需要加编号；在判断框后如果出现两个以上分支流程，编号规则为：从左边的分支流程开始，对其中的每个步骤按顺序编号，然后对第二个分支流程中的每个步骤按顺序编号，依此类推；文字描述体现岗位人员实行的动作和结果。

判断框至少有两个出处：通过、未通过；是、否；如果判断框的内容是审批、审核等，则内容描述和编号规则与步骤的内容描述和编号规则相同。

若一个步骤中出现多个风险控制点，应该在一个图形框中体现，无需增加图形框；控制点的描述格式为：“x. xM，x. xM”或“x. xA，x. xA”，“M”表示人工控制，“A”表示自动控制。

第三步，编制风险控制文档。鉴于在流程图中难以显示各控制点的控制措施，应另行编制文字说明表，以配合对流程图的理解。该文字说明表应主要反映各控制点的控制措施以及对应的控制目标。

以上流程图的绘制标准并不是一成不变的，企业可根据自身的实际需要，选择合适的流程图符号、模版。最重要的一点是，企业需要统一自己所采用的符号，并使员工理解控制流程，达到绘制流程图的最终目的。

（二）业务流程目录

企业在划分业务流程时，遵循从下至上、逐层汇总的原则，即从业务流程的最低级作业层开始编制流程图，较低层级的流程图汇总形成上一层级的流程图，直至形成一级流程图。确定最低级作业层的标准是：在一张流程图中能够清晰地显示业务处理涉及的部门、关键控制点以及相关文档。将所有业务流程汇总后即形成业务流程目录。下表是标准的关键控制业务流程目录。

表5-2 关键控制业务流程目录表

关键控制业务流程目录				
流程编号	一级流程	二级流程	三级流程	四级流程
RCM01	发展战略与规划			
RCM01.01		战略管理		
RCM01.01.01			战略制定	
RCM01.01.02			战略可行性分析	
RCM01.01.02.01				企业内部环境分析
RCM01.01.02.02				外部环境分析
RCM01.01.03			战略分解	
RCM01.01.04			战略执行	
RCM01.02		规划		
RCM01.02.01			中长期规划	
RCM01.02.02			年度计划	
RCM01.02.03			年度生产经营计划	
RCM02	会计控制			
RCM02.01		会计手册的制定与维护		
RCM02.02		会计业务处理		
RCM02.02.01			原始凭证填写与审核	
RCM02.02.02			结算	
RCM02.02.03			复核	
RCM02.02.04			记账	
RCM02.02.05			核对	
RCM02.03		内部审计		

续表

关键控制业务流程目录

流程编号	一级流程	二级流程	三级流程	四级流程
RCM02.03.01			审计系统管理	
RCM02.03.01.01				审计规划
RCM02.03.01.02				审计资料管理
RCM02.03.02			审计实施	
RCM02.03.02.01				审计准备
RCM02.03.02.02				现场实施
RCM02.03.02.03				审计报告
RCM02.03.02.04				审计费用结算
RCM03	人力资源管理			
RCM04	技术发展			
RCM05	采购与付款			
RCM06	生产过程			
RCM07	存货管理			
RCM08	销售与收款			
RCM09	预算管理			
RCM10	货币资金管理			
RCM11	资产管理			
RCM12	合同与纠纷			
RCM13	健康、安全、环保			
RCM14	信息管理			
RCM15	投资管理			
RCM16	筹资管理			
RCM17	财务报告编制			

本章小结

本章主要介绍了内部控制设计应遵循的原则和内部控制设计的方法。

企业在设计内部控制过程中，应当遵循以下基本原则：合法性原则、适应性原则、全面性原则、相互牵制原则、协调性原则、有效性原则、成本效益原则、授权控制原则、可容性原则、预防性原则、独立性原则、电子信息技术基础原则。

内部控制设计的方法包括组织系统图设计、职责划分设计、工作说明书设计、方针和程序手册设计。

重点名词

相互牵制原则

成本效益原则

授权控制原则

本章重点与难点

1. 内部控制设计的原则
2. 内部控制设计的方法

思考题

1. 什么是相互牵制原则？
2. 什么是成本效益原则？
3. 什么是授权控制原则？
4. 内部控制设计的方法有哪些？
5. 举例说明各职能部门的职责是什么？

案例讨论

中国网通的内部控制体系

（一）控制环境要素：控制要点按照控制环境包括的七个要素确定控制要点

- 控制环境
  - 职业道德
    - 道德准则的制定和传达
    - 定期检查对道德规范的遵守情况
    - 针对违反道德规范的情况采取适当措施
  - 管理理念经营风格
    - 管理层设置的经营目标切合实际
    - 管理层制定恰当的激励制度
    - 管理层对内部控制进行关注，并对缺陷进行纠正
    - 管理层发挥财务职能的管控作用
  - 员工胜任能力
    - 管理人员具备必要的知识与能力和所需的管理背景
    - 公司员工具备必要的能力并接受必要的培训，与其所分配工作的业务性质及复杂性相匹配
  - 董事会及下属委员会
    - 规模、人员的组成、资历与公司性质相符
    - 董事会及下属委员会对公司实施有效管控
  - 组织结构
    - 组织结构与公司规模、业务类型及所在地理位置相适应
    - 建立有效的汇报机制
  - 适当的职权与职责分配
    - 分支机构的授权管理被有效地检查与监督
    - 交易层面上存在恰当的授权批准政策和程序
    - 职责分配体系清晰，且不相容岗位分离
  - 人力资源政策与措施
    - 建立完善的人力资源政策、标准和程序
    - 人力资源政策、标准和程序定期更新
    - 存在书面的岗位说明书并定期更新
    - 建立工作业绩的定期评估机制
    - 对管理层和关键岗位员工经过甄选，并进行背景调查

（二）风险评估要素控制要点

1. 建立公司层面战略目标（包括经营目标、财务报告目标和遵循性目标）、战略规划（包括IT战略规划）及相应的业务计划。在确定过程中通过预算咨询会方式，获得管理层及公司员工对公司目标的反馈信息。

2. 通过编制3～5年规划和按年滚动调整方式，保持公司战略计划与战略目标的一致性。并通过预算调整程序，保持业务计划、预算目标与公司战略及经营环境的一致性。

3. 管理层对内部风险因素，如舞弊因素、信息系统、财务（融资风险）、员工关系（包括薪酬在行业竞争性）等建立职责并进行适当的分析报告。

4. 在日常管理活动通过非正式的风险评估程序，如生产经营综合分析形式，对公司面临风险因素的重要性程序及发生的可能性进行分析。

5. 建立生产经营综合分析制度，管理层通过季度综合分析、月度综合分析和专题分析等生产经营分析会对公司生产经营状况、财务状况、预算执行情况、网络能力、计划建设、人力资源等方面进行综合分析。生产经营综合分析由财务部牵头，市场经营部、网络运维部、计划建设部、人力资源部等部门配合共同完成，为各级管理层决策提供支持，同时，对公司年度目标和经营计划的执行情况进行评估与更新。

（三）控制活动要素控制要点

1. 通过办公会议或公司领导专题办公会研究制定公司发展战略、发展规划、年度计划及其他重大决策，各部门根据公司业务活动的特点和风险评估的结果，制定必要的政策和程序。

2. 制定明确的部门职责，对各单位的考核实行月度工作分析、季度考核和年度考核相结合的方式，不断完善绩效考核机制。

3. 对各种业务活动和运营情况制定监督、检查、分析评价和通报机制，对重要事项按照“统一归口、分工负责、协调配合”的原则规定承办、督办要求。同时通过公司自检、定期上报和公司不定期抽查等方式，对执行情况定期进行通报，并纳入公司的考核体系。

4. 制定业务稽核管理办法，建立业务稽核管理体系，定期对资源、业务量、营收业务、计费业务、账务业务进行稽核，对差错和问题及时纠正。

5. 建立财务会计信息披露制度，要求按照集团公司统一的编制基础、编制依据、编制原则和编制方法编报财务会计报告，保障财务报告的真实性、完整性和及时性。

6. 组织人员对年度财务报告和中期财务报告进行审核，根据审核结果对各单位年度和半年度财务决算进行考评。

7. 制定信息系统的政策与程序，关注信息安全、计算机操作、变更管理、程序开发实施与维护等，企业信息化部制定包括信息安全、计算机操作、变更管理、程序开发实施与维护等方面的政策和程序，定期审阅和更新这些政策制度，并以下发文件方式传达至员工。

8. 建立敏感数据安全风险定期评估的政策与程序，各业务部门评估敏感数据的安全风险，并据此合理确立数据分类标准（包括安全等级）及其安全维护规范。系统管理员必须定期对客户数据和重要网络服务数据进行数据备份。

9. 制定针对不同应用系统、数据库和操作系统的系统权限和访问控制的计算机网络维护规程，并定期复核，以保证各种数据的保密性、准确性、完整性和安全性。

10. 法律事务部门建立法律法规文件库，设立政策法规专栏，内容包括最新法律、基本法律、工作动态、法制信息、电信法规，并定期更新，及时向管理层和员工宣告。

11. 建立法律遵循事项监督制度，对公司重大决策、合同签订、内部交易、销售实务及可疑活动等方面进行检查、监督。

（四）信息与沟通要素控制要点

1. 制定全面预算管理制度，在公司内上下级之间、同一级的各职能部门之间建立顺畅的沟通协调机制。

2. 建立生产经营综合分析制度，并召开月度和季度的生产经营分析会，对公司经营计划和预算的执行情况进行评估，并对目标实际执行中出现的偏差采取应对措施。

3. 公司通过传真电报、通知等文件下发形式或办公系统，将公司相关的政策和程序传达至各个业务分部和各职能部门。

4. 制定员工岗位说明书或指导手册，对岗位职责及任职资格作出说明。

5. 公司建立员工的投诉举报热线、电子邮箱等沟通渠道。

6. 管理层应建立有效的与外部关系方的信息沟通渠道。公司可以通过国家部委和外部监管方的文件、期刊、中介机构、互联网、广播、电视、公司采购及销售部门收集的市场和价格信息、外部来信来访、参加行业会议、座谈交流等渠道获取外部信息，并使这些信息在公司与客户、供应商、监管者等外部环境之间有效地传递。

7. 明确规定客户投诉处理程序，建立与客户开放的和有效的沟通渠道和投诉处理机制；明确规定供应商投诉处理程序，建立与供应商开放的和有效的沟通渠道和投诉处理机制。

8. 成立企业信息化领导小组或专业部门作为企业信息化工作的领导机构，负责企业信息化工作的统筹安排、协调及重大决策。

9. 制定档案归档及管理制度，对文件材料（包括电子文档）的归档责任、归档办法和质量要求作出明确规定，对档案的收集整理、查阅、借阅和密级档案查阅办法作出明确要求。

10. 成立保密委员会或专业部门，负责文件保密、计算机网络保密和保密技术的管理等工作。

（五）监控要素控制要点

1. 各个业务部门将生产经营数据与财务数据核对，如财务部在每月结算时进行发票核对、稽核计费系统与财务部门核对、网运部建立统计台账与会计账核对等。

2. 财务部在编制会计报告前，核对账证、账账、账表是否一致，对差异情况进行调整，对非正常原因的账表不符进行警告或通报。

3. 各业务部门将生产经营数据与外部关系方数据进行核对，如业务部门与外部结算方核对、市场部进行网间结算的核对、财务部跟关联方核对关联交易和关联往来、财务部与供应商在年终函证对账。

4. 制定书面的实物资产管理制度，对资产、记录及文档进行接触限制。

5. 通过下发年度、半年度财务会计报告的编报制度，要求各部门进行全面资产清查和债权债务核实。

6. 制定有关实物盘点的流程及政策。相关部门负责对实物资产的记录、保护和定期核对。如采购与物流中心对存货、账销案存等实物资产建立备查簿，定期盘点；财务部对银行存款、现金日清月结，定期对账。

7. 通过生产经营分析会的形式对生产经营活动进行综合分析，分析生产经营中出现的问题，下发经营分析通报；或者通过召开总经理办公会议和公司领导专题办公会议制定内部管理体制，听取下级单位的汇报，讨论决策重要事项。

8. 通过组织内部流程质量审核，评价流程体系的适宜性、充分性和有效性，并对不适宜的部分进行调整。

9. 通过效能监察等工作，检查各部门落实企业内部制度和实施管理活动的情况，发现问题，提出整改意见或建议，纠正违规违纪行为。

10. 内部审计及独立第三方检查时保持其独立性与客观性，如实施审计派驻制，集团公司审计部向下派驻审计分部、大区审计处、室。各级审计机构受上级机构与驻地单位双重领导，业务以上级审计机构领导为主，分部人员任命由驻地公司推荐人选，报审计部批准认可。大区审计处人员任命由驻地公司聘任。其他人员的任命由驻地单位推荐，审计分部同意，驻地单位聘任管理。

11. 执行质量保证制度并实施检查程序，保证审计工作的质量，包括工作底稿编制审核、审计报告审核、内部检查及客户调查等方式；建立重要事项报告制度，明确各级机构的报告渠道和报告方式；管理层每年对公司内部控制进行审核，对公司内部控制的重大缺陷进行分析并提出改进措施。

（资料来源：叶陈刚，翟健勇．公司内部控制体系探析——来自中国网通的案例[J]．财会通讯，2008（4）.）

讨论问题：

1. 中国网通公司如何优化内部控制环境？

2. 中国网通公司内部控制体系有什么特点？

第六章

内部控制信息的评价与披露

在本章中，你将学到

◇ 内部控制信息披露的形式
◇ 内部控制信息披露的内容
◇ 内部控制评价的概念
◇ 内部控制评价的作用
◇ 内部控制评价的理论基础
◇ 内部控制自我评价的涵义和方法
◇ 内部控制社会评价的内容和标准

引例

安达信为安然公司出具失实的内部控制评价报告①

安然公司，总部设在休斯敦，经营电力和天然气、能源和商品运输以及为全球客户提供财务和风险管理服务等，其中能源交易量居全美之首，2000 年营业额达 1 010 亿美元，总资产为620 亿美元，业务遍及 40 多个国家和地区，员工超过 2 万名，是美国最大的能源公司，也是美国最大的能源商品和服务公司之一。

2001 年 10 月 16 日，安然公司突然宣布，该公司第三季度亏损 6.38 亿美元，净资产因受外部合伙关系影响减少 12 亿美元。安然股价随之迅速下跌。11 月 18 日美国华尔街日报披露，安然公司财务主管与一些关联安然公司的资产和股票有牵涉，并从中获

① 黄世忠．会计数字游戏——美国十大财务舞弊案例剖析［M］．北京：中国财政经济出版社，2003.

利数百万美元。10 月 22 日，安然公司承认，SEC 的质询已升格为正式调查。11 月 8 日，安然公司向 SEC 递交文件，修改过去 5 年的财务状况申明，宣布 1997 年以来通过非法手段虚报利润 5.86 亿美元，并未将内部巨额债务和损失如实报告。11 月 21 日又宣布，延期偿还 6.9 亿美元的债务。

安然公司自 1985 年成立以来，其财务报表一直由安达信审计。1997—2000 年出具的审计报告均为无保留意见。2000 年度，安达信为安然公司出具了两份报告，一份是无保留意见加解释性说明段（对会计政策变更的说明）的审计报告，另一份是对安然公司管理当局声称其内部控制能够合理保证其财务报表可靠性予以认可的评价报告。

第一节　内部控制信息披露的形式和内容

一、内部控制信息披露的涵义

由于内部控制的重要作用和投资者了解公司内部控制状况的内在需求，因此内部控制信息披露应运而生。内部控制信息披露建立在董事会和管理当局对内部控制评价的基础上，为了了解内部控制的设计是否适当、执行是否有效，企业管理当局定期对本单位内部控制设计和执行进行评估。

二、内部控制信息披露的形式

内部控制信息披露形式主要涉及单独披露还是随财务报告一并披露，由谁披露，以及强制披露还是自愿披露三个问题。

（一）是否单独披露

内部控制信息披露，可以单独提供，也可以包含在其他载体中，例如管理层讨论、董事会报告等。同其他信息一并披露，其优点在于信息使用者在阅读财务报告、董事会报告的同时了解内部控制相关信息，也便于使用者的理解，提高他们的工作效率，同时，降低了企业提供此类信息的成本。其缺点在于弱化了内部控制信息在企业信息披露体系中的作用。单独披露与此恰恰相反。它可以大大提高人们对内部控制的关注。

根据我国《企业内部控制评价指引》简称《内部评价指引》，上市公司须采取单独披露的形式，而对其他非上市公司没有强制性规定。

（二）由谁披露

在单独披露方式下，涉及由谁提供内部控制相关信息的问题。目前，我国采取企业管理当局和注册会计师共同披露的方式。

《企业内部控制评价指引》规定，企业董事会和管理层应对企业内部控制有效性进行评价，形成评价结论，出具评价报告。由此可见，企业必须定期进行内部控制的自我评价。《企业内部控制基本规范》（简称《内控规范》）在总则中明确指出，上市公司应委托会计师事务所对企业内部控制的有效性进行审计，出具审计报告。《企业内部控制审计指引》也指出，会计师事务所接受委托，对特定基准日内部控制设计与运行的有效性进行审计。

表 6-1　　我国内部控制评价信息披露

披露主体	披露方式	企业类型	
		上市公司	非上市公司
企业管理当局	对外披露	管理层声明和内部控制评价报告 招股说明书、定期报告	有特殊需要时对特定主体披露
	对内披露	内部报告	内部报告
注册会计师	对外披露	内部控制鉴证报告	受企业委托对特定主体披露内部控制鉴证报告
	对内披露	管理建议书	管理建议书

三、内部控制信息披露内容

如前所述，我国对内部控制评价的信息披露采取共同披露。企业当局对内部控制进行综合评价后，形成内部控制自我评估报告。注册会计师的评估则形成内部控制评价报告（相关内容在第四节进行阐述）。本节阐述主要针对内部控制自我评估报告。

对内部控制进行综合评价后，评价人员需要对内部控制的评价结果进行记录，与管理人员进行沟通，核对数据，确认事实，征求意见，提出进一步加强和完善内部控制的措施，形成评价报告，并将其传达给管理者。

《内控评价指引》规定，在内部控制评价过程中，应该对内部控制缺陷分为设计缺陷和运行缺陷，并分别加以分析。

根据内部控制缺陷影响整体目标实现的严重程度，可将内部控制缺陷分为一般缺陷、重要缺陷和重大缺陷；企业结合年末控制缺陷的整改结果，编制年度内部控制评价报告。企业应当定期对内部控制整体有效性进行评价，出具评价报告，并向董事会、监事会和管理层报告内部控制设计与运行环节存在的主要问题以及将要采取的整改措施。

评价人员编制的评价报告应包括以下内容：（1）企业内部控制制度设计和执行的基本情况，从合法性、完整性、合理性和有效性四个方面加以说明。从整体上对企业内部控制制度进行基本概括，使阅读者对企业有一个基本的了解。（2）指出企业内部控制中存在的重大缺陷。将发现的内部控制缺陷加以归类说明，指出重点问题、关键问题，并说明这些问题会给企业带来的影响。（3）提出企业改进内部控制的建议。评价人员应当就所提出的内部控制中的缺陷，根据其产生的不同原因及相关情况，提出合理的具有建设性和操作性的意见。

第二节 内部控制评价理论

一、内部控制评价概念

内部控制评价是通过评价主体对企业现有的内部控制系统的设计和执行的健全性和有效性进行审查、测试、分析和评价的活动。内部控制系统是由识别和分析风险、制定控制政策和方法、监督和评价、持续改进组成的闭合循环，因此，内部控制评价是内部控制的有机组成部分，也是必不可少的环节。通过内部控制评价，可以发现企业内部控制的缺陷和薄弱环节，便于企业有针对性地提出改进意见和建议，从而不断改进和完善内部控制系统。

内部控制评价伴随着内部控制理论和实务的发展而不断完善。在内部控制的不同发展阶段，内部控制评价的内涵、侧重点、技术方法都有所不同。

二、内部控制评价的作用

美国的安然、世通、雷曼兄弟，中国的中国航油公司、长虹电器公司，都制定了内部控制制度，然而却无一例外地没有发挥作用，没能真正成为企业的“防火墙”。这使人们不由地反思内部控制的执行和评价问题。因此，世界各国监管当局越来越重视内部控制评价的规范，内部控制评价在实务中也得到广泛推广。

（一）内部控制评价是提升企业内部控制效果的根本保证

内部控制评价是对内部控制的设计和运行效果的全面检查。首先，进行内部控制评价需要了解内部控制各要素的详细构成，在此基础上，针对每个要素，进一步了解其实施结果。其次，根据了解记录的情况展开分析评价。通过分析现有内部控制系统，可以发现内部控制制度能够在多大程度上保证控制目标的实现，关键控制点的选择是否契合企业经营业务的实际状况；通过与理想控制模式的比较，明确现行控制与理想模式的差距，分析差距原因及可能造成的后果。通过对内部控制实施结果的记录和分析，可以发现内部控制运行的薄弱环节，准确定位内部控制责任区和责任人。从这个意义上看，内部控制评价是对企业机体中内部控制系统的一次"健康体检"，通过"体检"，可以充分了解内部控制系统自身的健康状况以及病症所在，"对症下药"，有的放矢地改进，才能够真正改善企业内部控制的效率和效果。

（二）内部控制评价是实现内部控制自我完善的主要途径

任何好的管理制度都必须与特定企业的经营业务相适应，内部控制制度同样如此。从管理层次来看，内部控制制度分为公司层次和业务层次，其中业务层次的内控制度是针对经常性业务设置的。当企业经营模式发生改变，内控制度就需要适时调整以适应企业新的发展需要。因此，内部控制本质上是动态的、系统的过程。通过定期或不定期的内部控制评价，可以及时发现内部控制制度的缺陷，不断完善，改善内部管理，从而提升企业价值。

（三）内部控制评价是提高管理当局内部控制水平的压力机制

任何信息只要公开就会产生一定的压力，因为信息公开就意味着接受公众的监督，能够在某种程度上敦促被监督者不断改进工作，提高工作成效。这就是所谓的压力传递机制。它在内部控制评价中同样存在。内部控制评价后相关信息被公开披露，包括投资人、债权人、监管机构在内的利益相关者，将据此判断公司内部控制是否得到有效的执行，并进一步分析管理当局所提供的财务报告在多大程度上可靠、公司的资产是否能确保安全和完整、公司的经营目标能否实现，从而对管理当局的绩效进行综合评价。而且内部控制评价越规范，利益相关者越关注内部控制信息，对管理者的监督力度就越大。

（四）内部控制评价是促进内部审计职能发挥的基础

前面已谈到，内部审计既是对内部控制的再控制，又是其有机组成部分，同时又有独立的理论和方法体系。两者之间相互重叠的内容主要体现为内部控制评价。内部控制评价和内部审计是相互依赖、相互促进的关系。借助内部控制评价结果，可以了解内控系统的薄弱环节和高风险领域，更准确地确定审计的范围、审计的重点和采用的审计方法，从而提高审计效率；健全的内部控制制度还可以保证审计测试的质量，在审计测试中，无论是符合性测试还是实质性测试都存在抽样误差，如果被审计单位内部控制制度健全，则抽出样本的代表性就强，审计结论风险就小；反之，则抽样测试所得出的审计结论可能会有较大的风险。

三、内部控制评价理论基础

内部控制是一个整合系统，它通过某种制度安排将企业内部各种资源，包括资金、人员、信息、文化等融合在一起，形成真正的生产能力；内部控制是一种控制机制，通过分析、计划、执行和评价反馈将各要素耦合在一起，使之朝着企业既定的目标努力；内部控制是一个信息系统，从识别经营中的关键风险点、制定风险控制策略到评价控制效率和效果，并反馈给相关人员，体现了信息的获取、加工和处理、传递的过程。控制论、信息论和系统论恰好为内部控制评价的建立提供了理论上的支持。内部控制评价系统作为内部控制的子系统，其建立和发展理所当然受到上述理论的影响。

（一）控制论与内部控制评价

控制论是研究复杂动态系统控制调节规律的科学。根据控制论的观点，一切控制系统所共有的基本特性是信息的交换和反馈过程，利用这些特征可以达到对系统的认识、分析和控制的目的。在控制论基础上发展起来的经济控制论，以研究系统和经济过程如何发挥其功能、如何控制经济过程为目的，着重探讨由各种耦合元素组成的系统的调节和控制的一般规律。根据 COSO 报告，内部控制是一个由企业的董事会、管理层和其他员工共同参与的，应用于企业战略制定和企业内部各个层次和部门的，用于识别可能对企业造成潜在影响的事项并在其风险偏好范围内管理风险的，为企业目标的实现提供合理保证的过程。从控制论的角度分析，内部控制着眼于企业内各具体组织的内部经营管理过程，每个单位发挥它们应有的管理功能，并在管理过程中实现自我调节和自我控制，最终使企业向着既定目标努力。控制在很大程度上使管理工作成为一个闭环系统。

在内部控制系统中，股东作为最终控制主体，董事会、管理层和其他员工及其相互之间的信息、资金、设备、文化等要素耦合在一起。该要素集合具体表现为两个层级，即公司层级和业务层级。在这两个层级中，控制可以是从事具体作业的人员在工作过程中的自我控制，也可以是作业人员的上级管理对作业人员的间接控制。随着企业规模的不断扩大，以及管理层级与管理幅度的增加，间接控制将成为最主要的控制形式，内部控制评价是最有效的间接控制形式之一。控制论对内部控制评价的影响表现为：内部控制系统是管理控制系统的有机组成部分；内部控制评价系统的设计以清晰的战略目标为前提；内部控制评价系统必须与企业的组织结构相联系；内部控制评价必须采用适合不同评价对象的信息；内部控制评价标准必须客观合理；找出关键内部控制评价指标；发现偏差以后必须及时采取行动，予以纠正。

（二）信息论与内部控制评价

信息论产生于 20 世纪 60 年代，由信号传递理论与信息系统论组成。根据信息传递理论，内部控制评价有助于提高信息的可信程度，促进有效的决策。美国《萨奥法案》正是这一思路的体现。《萨班斯法案》的 103 条款要求，注册会计师对公司财务报告内部控制出具鉴证报告；404 条款则要求，管理当局分别提供内部控制报告以及内部控制评价报告。投资人可以利用内部控制评价报告披露的关于内部控制健全性和有效性的信息，分析财务报告的真实性和可靠性，进而作出正确的投资决策。根据信息系统论，形形色色的财务舞弊案件，其实质都是企业对外传递低劣和虚假信息。信息系统论认为，内部控制评价是以委托代理理论为基础，对于委托受托各方提供的信息，通过信息输入、信息加工、信息输出三个阶段，最终达到能够提供一个客观公正的信息系统的目的。

（三）系统论与内部控制评价

系统是相互关联、相互制约、相互作用的若干要素组成的具有特定功能的有机整体。系统论研究系统、要素、环境三者的相互关系和变动的规律。系统论认为，应该全面地、而不是局部地看问题；动态地、发展地、而不是静止地看问题；全方位地、而不是孤立地看问题；灵活地、而不是呆板地看问题。内部控制具有四个目标、八大要素和两个层次。根据系统论，这三者之间存在着一定逻辑关系：四类目标是组织努力的方向；八大构成要素是为实现这些目标所必需的条件；两个层次则是实现目标的途径。具体说，公司为了实现既定的四个目标，应该在公司和业务两个层次按照八个方面加以控制。而且，内部控制不是一种静态的制度，而是一个不断发现问题、解决问题的循环往复的动态过程。内部控制评价系统是内部控制大系统中的子系统，其不同要素之间也是有机地联系在一起的。一个有效的内部控制评价系统包括评价目标、评价主体、评价客体、评价指标、评价标准、评价方法和评价报告等构成要素。

第三节　内部控制自我评价

1987年，加拿大海湾公司首次提出“内部控制自我评价”（Control Self Appriasal, CSA），一种崭新的企业内部控制评价方法出现了。这种评估方式满足了管理者将内部控制评估作为有效管理手段的要求，由传统的审计人员检查单据、实施符合性测试程序为导向，转化为在审计人员指引下由管理部门和员工共同研讨，体现了一种新的内部控制思想，即内部控制系统是企业所有成员的事情。CSA带来了内部控制系统评价的革命，其理念得到了国际内部审计委员会等理论界及实务界的赞许和推广，目前这种方法在美国、加拿大及欧洲得到广泛运用，是西方发达国家公司内部控制评价的一个新趋势。

一、内部控制自我评价的涵义与特征

（一）内部控制自我评价的涵义

国际内部审计师协会（IIA）认为，内部控制自我评价（CSA）是检查和评价内部控制的效率和效果的流程，其目的是为实现企业的目标提供一定程序的合理保证。内部

控制自我评价（CSA），简单来说，就是企业定期或不定期地对其内部控制系统进行评价，评价内部控制的有效性及其实施的效率效果，以期更好地实现内部控制的目标。内部控制自我评价是用来评价企业关键经营目标、围绕该目标实现的风险和为管理该风险而设计的内部控制的一套新兴的审计技术方法体系。

（二）内部控制自我评价的特征

1996 年国际内部审计师协会在研究报告中总结了 CSA 的三个基本特征：关注业务的过程和控制的成效；由管理部门和职员共同进行；用结构化的方法开展自我评估。内部控制自我评价的核心理念在于“参与了风险评估的过程并进行了全过程的控制的人才有能力对控制作出有效评价”。内部控制自我评价（CSA）实施的普遍方法是内部审计人员与被评价单位管理人员组成一个小组，管理人员在内部审计人员的帮助下，对本部门内部控制的恰当性和有效性进行评价，然后根据评价和集体讨论提出改进建议并出具报告，由管理者实施。

CSA 是一种自发的自我评估程序，它把传统的只由内部审计人员从事内部控制评价转由公司各部门参与作业的人员亲自评估，帮助他们认识到内部控制评价不只是内部审计工作的责任，也不仅仅是管理层关心的问题，相反，应该是组织所有成员的事。这种评价程序使组织成员了解哪里存在缺陷以及可能导致的后果，然后让他们自己采取行动改进这种状况，而不是等内部审计人员站出来指出问题。实施内部控制自我评价的方法对于一个组织加强管理，提高劳动生产率，改进内部审计程序和业务经营程序，控制风险都有着积极的作用。

二、内部控制自我评价的结构

完整的内部控制自我评价结构包括以下几个方面：

1. 前期计划和前期审计工作。

2. 组织人们在同一时间或同一地点开会，甚至包括有利于交流和活动的座位安排（如 U 字形会议桌）和会议设施，参加人员是管理者——直接涉及检查中的具体问题的管理人员和其他职员，他们对这些问题最了解，对于适当的程序控制的实施具有重要作用。

3. 结构化的议事日程以使参加人员检查过程的风险和控制。通常这些议事日程都要拟定良好的框架或模型以确保参加者发现所有的问题。模型可集中于控制和风险上，也可集中于该项目的理论问题上。

4. 可以有选择地聘用一位书记员对各阶段的现场工作进行记录以及处理电子投票的技术问题，以使参加人员可以不记名地发表自己的感想。

5. 报告和实施行动计划。因为被审计者要对自己的风险和控制活动进行评估，所以也经常用到让过程的负责人填制调查表的方式。但是这种方法不如把人们集中起来，开会讨论风险和控制问题更具创新性。然而，为研究起见，内部控制自我评价指的是研讨会方法或更为便利的方法。其他的方法是指以调查为基础的自我评估（区别的目的在于界定研究的主题，而不是肯定或批评一种方法）。

三、内部控制自我评价的主要方法

（一）主要方法

内部控制自我评价主要采取研讨会法、问卷调查法和管理层分析法三种方法。

1. 研讨会法

研讨会法是一种从代表组织不同层次尤其是风险薄弱环节的工作组中收集内部控制信息，召集尽可能多的业务人员共同分享信息、讨论问题的方法。研讨会法不同于一般的会议，它本身不进行任何决策，只提供评价及改进意见。研讨会在有经验的引导师（Facilitator，通常由对内部控制有一定认识的内部审计人员担任）的引导下，对内部控制、风险等进行评价并提出改进意见。引导师应接受过有关内控制度设计和一般的简约化技能（Facilitation Techniques）的训练，他并不参与讨论或对讨论的具体内容表示肯定或否定态度，其角色是引导工作坊的人员围绕工作目标、内部控制和风险等问题作出讨论。引导师只为参与者提供内部控制、风险管理等概念，确定 CSA 的讨论方法，确保参与者均能自由地发表意见。研讨会一般没有高级管理人员参与，避免参与者因为有高级人员在场而怯于发表意见。

2. 问卷调查法

是一种用于只需简单回答为“是/否”或者“有/无”的调查工具。业务流程的具体操作者使用调查结果去评估他们的控制结构。

3. 管理层分析法

管理层分析法是任何不使用上述两种方法的方法。通过该方法，管理层可生成一种业务流程的全员研究。CSA 专家（可能是内部审计师）将研究结果与其他经理和关键人物收集的信息结合起来。

一项国际内部审计师协会（IIA）基金资助的研究表明，大部分组织选择研讨会法执行 CSA。IIA 建议执行一项组织分析来决定如何有效地接受和支持参会者实事求是的发言。如果组织文化属支持性的，IIA 推荐采用研讨会法。如果组织文化不属于支持性的，那么调查问卷的回复和管理层对内控制度分析能够强化控制环境。

（二）研讨会法的工作形式

在研讨会法中，内部审计人员与被评价单位管理人员组成评价工作小组，管理人员在引导员（通常为内部审计人员）的帮助下，对企业或本部门内部控制的恰当性和有效性进行评价，然后根据评价和集体讨论来提出改进建议，出具评价报告，并由管理者实施。根据评价工作小组对内部控制评价的范围和具体内容性质，研讨会分为基于控制、流程、风险和目标的四种基本形式。

1. 基于控制的研讨会形式

该形式研讨会重点关注内部控制的实际运行状况，即内部控制执行的有效性。CSA专家从高级管理层的视角决定内部控制的目标、技术和运用的程序与方法。通过研讨会，企业管理层可以了解内控制度的实际运行情况，进而与内控制度设计预期达到的运行效果进行比较分析，确定差异，寻求改进措施。

2. 基于风险的研讨会形式

该形式研讨会重点关注风险识别和风险管理。该形式研讨会容易为正确行动识别出显著的剩余风险，也较其他方法更易做出全面的自我评估。该形式研讨会一般遵循以下步骤：首先分析在设定目标中存在哪些风险，然后再探讨利用什么内部控制来管理这些风险，最后分析内部控制运行后的重大剩余风险。例如，销售与收款业务控制目标之一是减少应收账款坏账率，研讨会重点讨论相关风险，即存在什么情况使目标无法达到。在此基础上，制定相应的内部控制程序。然后，研讨会进一步分析在控制程序执行后应收账款仍无法回收的可能性，即显著的剩余风险。

3. 基于流程的研讨会形式

该形式研讨会重点检查所选择过程内的执行活动情况。该研讨会的意图是评价、更新或改进选择过程。除确定评估目标外，专家也决定哪些流程能在研讨会召开之前很好地满足关键经营目标实现的需要。该研讨会形式具有比基于控制的研讨会形式更加宽广的分析幅度，能够使流程再造的努力或团队积极的质量行动更加有效。

4. 基于目标的研讨会形式

该形式研讨会重点关注完成目标任务的最优途径的选择方面。目标是否由专家决定不得而知，但来自工作团队的显著投入却是最主要的。研讨会的目的是确定是否选择了最佳的内控技术，是否这些技术在可接受的剩余风险水平下得到有效的运行。

在实践中，企业往往同时使用一种以上的形式组合。

内部控制自我评价（CSA）普遍使用引导会议法。上述四种形式，各有其关注重点，企业可根据实际情况进行选择。以目标为基础可以突出评价目的，通过确定目标使评价工作更具有现实指导意义，评价的结果也能较好的运用于企业经营管理中。因此，为满足企业经营管理的需要，企业开展内部控制自我评价（CSA）时，目标基础形式是较好的选择。大多数情况下，研讨会由内部审计人员或高层管理者充当引导者，主持召开一系列的研讨会来完成的。通常包括计划、预备工作、单独的研讨会、系列的联席会议、报告和行为方案的实施等一系列过程。

第一步，计划。CSA 要求参与的组织成员理解内部控制的重要性，掌握一定的内部控制知识，明确自己在活动中的角色，这些必要的知识可由企业的内部审计部门提供，为 CSA 的开展奠定坚实的基础。

第二步，预备工作。预备工作主要是要使参与者熟知企业目标及内部控制的目标，包括企业的规章制度和管理层预定的发展方向与战略。然后，参与者按照制度要求、发展方向与战略，对企业的内部控制实际情况进行调查并形成个人意见。

第三步，研讨会与系列的联席会议。参与者形成个人意见后，通过会议的形式，发表自己的意见，对企业的内部控制系统进行评价。在实际操作中，研讨会通常采用匿名的形式进行，这样可以鼓励参与者尽量发表自己的真实意见，才能发现问题并解决问题。

第四步，报告和提供方案。经过多次研讨会后，作为主要的负责机构，内部审计部门要对研讨会的内容进行综述，描述被评价部门的情况，而参与研讨会的管理者要负责对发现的弱点起草解决方案。

第四节 内部控制社会评价

内部控制社会评价是外部主体对企业内部控制健全性和有效性作出的评价。在实践中，一般是注册会计师根据相关监管规定，对上市公司的内部控制系统进行评价，并对其结果信息披露。2010 年财政部发布《企业内部控制审计指引》，以指导注册会计师对内部控制的评价业务。

一、内部控制评价的性质

注册会计师的业务分为鉴证与非鉴证两类。鉴证业务是指注册会计师受托对由经营者所负责的经营业务书面认定的可靠性提供书面结论所执行的一种业务，包括审计、审核、审阅、执行商定程序等。非鉴证业务包括税务服务、管理咨询、会计服务等。

我国发布的《企业内部控制审计指引》（简称《内控审计指引》）所称内部控制审计，是指会计师事务所接受委托，对特定基准日内部控制设计与运行的有效性进行审计。按照指引的要求，在实施审计工作的基础上对内部控制的有效性发表审计意见，是注册会计师的责任。《内控审计指引》界定的企业内部控制鉴证，实际上是由注册会计师执行的内部控制评价。

二、内部控制评价的内容和标准

（一）内部控制评价的内容

《内控审计指引》要求，注册会计师对财务报告内部控制的有效性发表审计意见，并对内部控制审计过程中注意到的非财务报告内部控制的重大缺陷，在内部控制审计报告中增加“非财务报告内部控制重大缺陷描述段”予以披露。

由此可见，注册会计师执行的企业内部控制审计范围主要关注与财务报告相关的内部控制，同时兼顾整体的内部控制。之所以如此规定，一方面是由于注册会计师专业水平的限制，缺乏内部控制的知识和技能。同时，对财务报告以外的整体内部控制进行鉴证是一项较为庞大的工程，在某种程度上属于咨询范畴，而咨询业务应该由企业选择进行，通过法律法规的形式加以规范有失妥当。另一方面，由于实践中将财务报告相关的内部控制清晰地划分出来并非易事，而且注册会计师需要将内部控制有效性的鉴证与其对管理层的内部控制评价报告的鉴证统一起来。

（二）内部控制评价的标准

对内部控制评价，必须依据内部控制标准和内部控制评价执业标准。内部控制标准是指导企业设计和实施相关内部控制的基本依据，是注册会计师据以评价企业内部控制是否完善的基本依据。注册会计师执行对企业内部控制进行的业务，必须具有相应的执业规范，否则，注册会计师执行该类业务将无所适从。

我国财政部于2008年和2010年发布的《企业内部控制基本规范》、《企业内部控制应用指引》、《企业内部控制审计指引》分别提供了内部控制标准和内部控制执业标准，具体如图6-1所示。

2002年7月，美国国会通过的《萨班斯-奥克斯法案》首次对财务报告内部控制有效性提出了明确要求。内部控制评价同上市公司财务报告及其审计一样成为法定事项。该法案的103条款、302条款和404条款分别对财务报告内部控制评价作出规定。

1. 103条款规定，注册会计师需要对管理层财务报告内部控制自我评估进行审核，评价公司的内部控制政策和程序是否包括详细程度合理的记录，以准确公允地反映公司的资产交易和处置情况；内部控制是否合理保证公司对发生的交易活动进行了必要的记录，以满足财务报告编制符合公认会计原则的要求；是否合理保证公司的管理层和董事会对公司的收支活动进行了合理授权。

2. 302条款规定，公司首席执行官和首席财务官应当对所提交的年度或季度报告签署书面证明，担保所在公司财务报告的真实性以及保证公司拥有完善的内部控制系统，能够及时发现并阻止公司欺诈及其他不当行为。

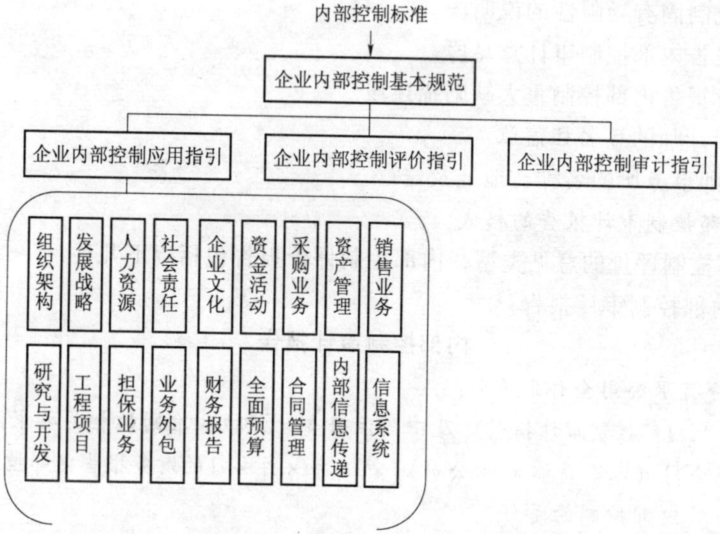

图 6-1 我国内部控制规范体系

3. 404 条款规定，所有除投资公司以外的企业在其年报中都必须包括：(1) 管理层建立和维护适当内部控制结构和财务报告程序的责任报告；(2) 管理层就公司内部控制结构和财务报告程序的有效性在该财政年度终了出具的评价。(3) 注册会计师已就 (2) 中提到的管理层评价出具了鉴证报告。

三、内部控制评价的信息披露

根据《内控审计指引》规定，内部控制缺陷按其成因分为设计缺陷和运行缺陷，按其影响程度分为重大缺陷、重要缺陷和一般缺陷。

注册会计师应当评价其识别的各项内部控制缺陷的严重程度，以确定这些缺陷单独或组合起来，是否构成重大缺陷。注册会计师在完成内部控制审计工作后，应当出具内部控制审计报告。

(一) 评价报告的内容

标准内部控制审计报告应当包括下列要素：

1. 标题。

2. 收件人。

3. 引言段。

4. 企业对内部控制的责任段。

5. 注册会计师的责任段。

6. 内部控制固有局限性的说明段。
7. 财务报告内部控制审计意见段。
8. 非财务报告内部控制重大缺陷描述段。
9. 注册会计师的签名和盖章。
10. 会计师事务所的名称、地址及盖章。

（二）内部控制审计报告的格式

按照内部控制评价的意见类型，内部控制评价报告包括以下几种：

1. 标准内部控制审计报告

内部控制审计报告

× ×股份有限公司全体股东：

按照《企业内部控制审计指引》及中国注册会计师执业准则的相关要求，我们审计了× ×股份有限公司（以下简称× ×公司）× ×年×月×日的财务报告内部控制的有效性。

一、企业对内部控制的责任

按照《企业内部控制基本规范》、《企业内部控制应用指引》、《企业内部控制评价指引》的规定，建立健全和有效实施内部控制，并评价其有效性是企业董事会的责任。

二、注册会计师的责任

我们的责任是在实施审计工作的基础上，对财务报告内部控制的有效性发表审计意见，并对注意到的非财务报告内部控制的重大缺陷进行披露。

三、内部控制的固有局限性

内部控制具有固有局限性，存在不能防止和发现错报的可能性。此外，由于情况的变化可能导致内部控制变得不恰当，或对控制政策和程序遵循的程度降低，根据内部控制审计结果推测未来内部控制的有效性具有一定的风险。

四、财务报告内部控制审计意见

我们认为，× ×公司按照《企业内部控制基本规范》和相关规定在所有重大方面保持了有效的财务报告内部控制。

五、非财务报告内部控制的重大缺陷

在内部控制审计过程中，我们注意到× ×公司的非财务报告内部控制存在重大缺陷[描述该缺陷的性质及其对实现相关控制目标的影响程度]。由于存在上述重大缺陷，我们提醒本报告使用者注意相关风险。需要指出的是，我们并不对× ×公司的非财务报告内部控制发表意见或提供保证。本段内容不影响对财务报告内部控制有效性发表的审计意见。

× ×会计师事务所　　中国注册会计师：× × ×（签名并盖章）

（盖章）　　中国注册会计师：× × ×（签名并盖章）

中国× ×市　　× ×年×月×日

2. 带强调事项段的无保留意见内部控制审计报告

内部控制审计报告

× ×股份有限公司全体股东：

按照《企业内部控制审计指引》及中国注册会计师执业准则的相关要求，我们审计了× ×股份有限公司（以下简称× ×公司）× ×年×月×日的财务报告内部控制的有效性。

[“一、企业对内部控制的责任”至“五、非财务报告内部控制的重大缺陷”参见标准内部控制审计报告相关段落表述。]

六、强调事项

我们提醒内部控制审计报告使用者关注，（描述强调事项的性质及其对内部控制的重大影响）。本段内容不影响已对财务报告内部控制发表的审计意见。

× ×会计师事务所　　　　　　　中国注册会计师：× × ×（签名并盖章）

（盖章）　　　　　　　　　　　中国注册会计师：× × ×（签名并盖章）

中国× ×市　　　　　　　　　　　　　　　　　× ×年×月×日

3. 否定意见内部控制审计报告

内部控制审计报告

× ×股份有限公司全体股东：

按照《企业内部控制审计指引》及中国注册会计师执业准则的相关要求，我们审计了× ×股份有限公司（以下简称× ×公司）× ×年×月×日的财务报告内部控制的有效性。

[“一、企业对内部控制的责任”至“三、内部控制的固有局限参见标准内部控制审计报告相关段落表述。”]

四、导致否定意见的事项

重大缺陷，是指一个或多个控制缺陷的组合，可能导致企业严重偏离控制目标。

[指出注册会计师已识别出的重大缺陷，并说明重大缺陷的性质及其对财务报告内部控制的影响程度。]

有效的内部控制能够为财务报告及相关信息的真实完整提供合理保证，而上述重大缺陷使× ×公司内部控制失去这一功能。

五、财务报告内部控制审计意见

我们认为，由于存在上述重大缺陷及其对实现控制目标的影响，× ×公司未能按照《企业内部控制基本规范》和相关规定在所有重大方面保持有效的财务报告内部控制。

六、非财务报告内部控制的重大缺陷

[参见标准内部控制审计报告相关段落表述。]

× ×会计师事务所　　　　　　中国注册会计师：× × ×（签名并盖章）

（盖章）　　　　　　中国注册会计师：× × ×（签名并盖章）

中国× ×市　　　　　　× ×年×月×日

4. 无法表示意见内部控制审计报告

内部控制审计报告

× ×股份有限公司全体股东：

我们接受委托，对× ×股份有限公司（以下简称× ×公司）× ×年×月×日的财务报告内部控制进行审计。

[删除注册会计师的责任段，“一、企业对内部控制的责任”和“二、内部控制的固有局限性”参见标准内部控制审计报告相关段落表述。]

三、导致无法表示意见的事项

[描述审计范围受到限制的具体情况。]

四、财务报告内部控制审计意见

由于审计范围受到上述限制，我们未能实施必要的审计程序以获取发表意见所需的充分、适当证据，因此，我们无法对× ×公司财务报告内部控制的有效性发表意见。

五、识别的财务报告内部控制重大缺陷（如在审计范围受到限制前，执行有限程序未能识别出重大缺陷，则应删除本段）

重大缺陷，是指一个或多个控制缺陷的组合，可能导致企业严重偏离控制目标。

尽管我们无法对× ×公司财务报告内部控制的有效性发表意见，但在我们实施的有限程序的过程中，发现了以下重大缺陷：

[指出注册会计师已识别出的重大缺陷，并说明重大缺陷的性质及其对财务报告内部控制的影响程度。]

有效的内部控制能够为财务报告及相关信息的真实完整提供合理保证，而上述重大缺陷使× ×公司内部控制失去这一功能。

六、非财务报告内部控制的重大缺陷

[参见标准内部控制审计报告相关段落表述。]

× ×会计师事务所　　　　　　中国注册会计师：× × ×（签名并盖章）

（盖章）　　　　　　中国注册会计师：× × ×（签名并盖章）

中国× ×市　　　　　　× ×年×月×日

本章小结

本章主要介绍了内部控制信息披露的形式和内容、内部控制评价理论、内部控制自我评价和内部控制社会评价。

内部控制信息披露的形式主要包括是否单独披露、由谁披露、自愿披露还是强制性披露。我国对内部控制评价的信息披露采取共同披露。企业当局对内部控制进行综合评价后，形成内部控制自我评估报告。注册会计师的评估则形成内部控制评价报告。披露内容包括：企业内部控制制度设计和执行的基本情况，指出企业内部控制中存在的重大缺陷，提出企业改进内部控制的建议，评价人员应当就所提出的内部控制中的缺陷，根据其产生的不同原因及相关情况，提出合理的具有建设性和操作性的意见。

内部控制评价，是通过评价主体对企业现有的内部控制系统的设计和执行的健全性和有效性进行审查、测试、分析和评价的活动。注册会计师应当评价其识别的各项内部控制缺陷的严重程度，以确定这些缺陷单独或组合起来，是否构成重大缺陷。注册会计师在完成内部控制审计工作后，应当出具内部控制审计报告。

重点名词

内部控制信息披露

内部控制评价

内部控制自我评价

内部控制社会评价

本章重点与难点

1. 内部控制信息披露的形式
2. 内部控制信息披露的内容
3. 内部控制评价的作用
4. 内部控制自我评价的方法
5. 内部控制社会评价的内容和标准

思考题

1. 内部控制信息披露的形式有哪几种?
2. 内部控制信息披露的内容有哪些?
3. 内部控制评价的理论基础是什么?
4. 内部控制自我评价的涵义和特征是什么?
5. 内部控制的评价意见包括哪几种?

案例讨论

德勤发布《2010年中国上市公司内部控制调查》
——内控人才缺乏导致信息披露延误

德勤发布的《2010年中国上市公司内部控制调查》显示，过去3年，中国上市企业在内部控制体系的执行和评价等方面均持续取得长足进步。上市企业仍面临相关专业人才储备不足、缺乏内控相关的信息系统等挑战。面对紧迫的内部控制报告披露时间，企业应早做准备，才能赶上规定的披露时间。

上市公司内控持续进步

自2007起，德勤每年进行与中国企业内部控制发展状况有关的调查。今年的调查访问了215家中国上市企业，根据调查报告，受访企业普遍认为《内控配套指引》会为其带来积极正面的影响。

按照监管当局制定的实施时间表，境内外同时上市的公司需于2011年1月1日起首先实施配套指引，而实施范围会于2012年1月1日起扩大至在上海证券交易所和深圳证券交易所主板上市的公司。

调查报告指出，在指引有明确披露的要求下，企业都会立刻或计划披露内部控制自我评价报告和由会计师事务所出具的内部控制审计意见。同时，大部分企业均积极回应监管要求，开展相关工作并确定内部控制工作的重点。

内控专业人才储备不足

不过，德勤中国企业风险管理服务合伙人杨莹表示，“虽然企业采取多方面措施执行披露的要求，但约有70%的企业仍认为配套指引中规定的报告披露时间十分紧迫，这是由于建立健全内部控制必须符合全面性和重要性原则，并且对于内部控制自我评价过程中发现的内部控制缺陷，企业需要一定的时间进行整改。我们建议企业应早作准备，明确内部控制体系建设的时间表，确定内控体系建设的团队，有必要时引入专业机构的协助，才能赶上规定的披露时间。”

然而，当评估建设内部控制体系的问题时，大多数企业认为其内控专业人才储备不足。其次为缺乏与内部控制相关的信息系统和内部控制制度不健全或设计存在缺陷。大多数企业更认为风险识别与评估尚待加强、内控环境的建设存在不足，或未能持续监控其内控的薄弱点。

（资料来源：解放牛网 www. jfdaily. com/，2010－08－07）

讨论问题：

1. 中国上市公司内部控制普遍存在哪些问题？
2. 怎样改进中国企业的内部控制？

第七章

内部控制行为的监督

在本章中，你将学到

◇ 内部审计的定义
◇ 内部审计的模式
◇ 内部审计的活动
◇ 美国对内部控制的监管体系
◇ 我国对内部控制的监管体系

引例

内部审计发现的巨额财务舞弊——美国世界通信公司案例①

世界通信公司成立于1983年，总部设在密西西比州的克林顿市，20世纪90年代曾经是美国“新经济”的明星企业。

2002年6月25日，世纪通信向媒体宣布，内部审计发现，2001年度以及2002年第一节度，世界通信虚增利润38.52亿元。此消息一出，给早已是风声鹤唳的华尔街市场又一沉重的打击，世界通信的股价跌至0.06美分。许多美国媒体将世界通信的英文缩写“WorldCom”改为“World-Con”（世界骗局）。

监督控制是指企业对其内部控制的健全性、合理性和有效性进行监督检查与评估，形成书面检查报告并作出相应处理的过程。企业应当利用信息与沟通情况，提高监督检查工作的针对性和时效性；同时，通过实施监督检查，不断提高信息与沟通的质量和

① 黄世忠. 会计数字游戏——美国十大财务舞弊案例剖析［M］. 北京：中国财政经济出版社，2003.

效率。

根据监督控制主体的不同，监督控制分为内部监督和外部监督。内部监督一般由内部审计部门实施。内部审计对在监督检查过程中发现的内部控制缺陷，应当采取适当的形式及时进行报告。外部监督来自于政府部门和注册会计师的审计。

第一节 内部控制的内部监督

一、内部审计的定义

国际内部审计师协会（IIA，1999）把内部审计定义为：内部审计是一种独立、客观的保证与咨询活动，它的目的是为机构增加价值并提高机构的运作效率。它采取系统化、规范化的方法来对风险管理、控制及治理程序进行评价，提高它们的效率，从而帮助实现机构目标。根据 IIA 的定义，内部审计的概念包括以下几个含义：

1. 内部审计的目标。IIA 第一次明确提出了内部审计的目的之一是为机构增加价值，明确了内部审计是一种增值活动，赋予了内部审计更强的生命力。

2. 内部审计的性质。内部审计的性质不再仅仅是“独立的评价活动”，而是“独立、客观地保证和咨询活动”。IIA 在肯定检查和评价的基础上又强调了内部审计也要提供建议等咨询服务，以便更好地实现其提高效率、增加价值的目标。

3. 内部审计的范围。IIA 的定义对审计的范围不再使用“经营活动”的提法，而是将其改为“风险管理、（内部）控制和治理程序”。具体内容包括：检查财务和经营信息的可靠性和完整性并作出报告；要确定对本组织经营活动和报告有关政策、计划、程序、法律和条例的遵循情况；要评价资源利用的经济性和有效性；对组织内部控制制度的有效性进行评价；评价和改善风险控制的有效性和充分性；针对组织所遇到的挑战通过咨询活动来增加组织的价值。

我国内部审计协会对内部审计的定义（2003 年）：内部审计是指组织内部的一种独立客观的监督和评价活动，它通过审查和评价经营活动及内部控制的适当性、合法性和有效性来促进组织目标的实现。该定义很大程度上借鉴了 IIA 的定义。

本书对内部审计定义如下：企业内部审计是企业内部的一种独立的、客观的监督、评价和咨询活动，它的目的是发现并预防错误和舞弊，提高企业的运作效率，为企业增加价值。它采取系统化、规范化的方法对企业的内部控制、风险管理进行检查和评价，并提供建议等咨询，来提高它们的效率，从而帮助实现企业的目标。与外部审计相比，企业内部审计具有相对独立性、内向服务性、范围广泛性和形式灵活性的特点。

二、内部审计模式

公司内部审计部门的隶属关系大体上可分为三种类型：监事会领导模式、董事会领导模式和总经理领导模式。

1. 监事会领导模式：内部审计部门直接由监事会领导，在监事会领导下对公司财务情况和董事、经理的经济行为和经济责任进行审计。这种组织模式的好处在于壮大了监事会的力量，监事会可以利用内部审计部门的工作更好地履行监督职能。但是由于监事不能兼任公司的经营管理职务，没有经营管理权，而内部审计的主要任务是通过审计促进企业改善经营管理，提高经济效益，因此这种模式最大的不足是内部审计不能直接服务于经营决策，难以实现其主要任务和目的。

2. 董事会领导模式：内部审计部门直接由董事会领导，在董事会领导下对公司经营情况、计划执行情况以及经理职责履行情况进行审计。由于其领导层次较少，地位超脱，相对独立性和权威性最强，有利于董事会对公司政策方针的把握。不足之处在于董事会领导模式势必削弱公司经营的直接领导人和直接责任人（即总经理）对公司经营情况的监督。

3. 总经理领导模式：内部审计部门直接由总经理领导，在总经理领导下对公司整体经营情况和内部控制制度执行情况进行审计。有学者认为总经理领导模式难以对公司财务和总经理的经济责任进行独立的监督与评价。笔者认为对公司财务情况和总经理经济责任的监督和评价是董事会和监事会的职责所在，而并非应由内部审计部门完成。总经理就公司的整体情况对董事会和股东会负责，总经理应当了解公司发生的每一项业务，限于公司经济活动的复杂性和总经理个人精力和能力的有限性，仅仅依靠个人的力量，总经理难以对公司经营全过程实行监督，而内部审计部门作为总经理职能的延伸对公司整体经营情况发挥监督评价作用是很合理的。

作为对董事会监督职能的补充，英美国家公司董事会普遍下设审计委员会，审计委员会为董事会的控制与监督职能服务。内部审计部门接受审计委员会的职能监督，通过审计委员会从而不受限制地接触董事会。从公司整体组织架构而言，审计委员会的地位高于内部审计部门，并对其形成监督。笔者认为，建立审计委员会下的内部审计部门顺应现代企业发展的要求，是最佳的一种模式，内部审计部门必须接受审计委员会的职能监督，通过审计委员会的监督不断提高工作质量和工作效率。内部审计部门在业务上向审计委员会负责并向其报告工作。

三、内部审计的活动①

内部审计的活动可以归纳为以下几类：

（一）风险分析

企业需要系统的过程来识别风险，从而控制不利结果的出现。比如，在产品进入市场之前进行市场调查、客户分析、新产品的成本分析，判断新产品是否能满足市场需要的风险；评价高管层基调建设基本信息情况；分析公司治理风险等。审计人员不可能对每一事项进行审查，风险分析可以帮助审计人员判断哪些领域应该优先审计。

（二）信息系统的安全和可靠性测试

企业的大部分信息都保存在计算机系统里，也有一部分信息打印存档。许多企业的经营系统已经与企业资源规划系统（ERP）紧密结合起来，要求经常测试计算机信息系统。内部审计人员利用各种技术执行信息安全性测试，确保信息系统的安全和可靠性。

（三）控制有效性测试

一个独立的客观的内部审计部门通过对风险管理过程、内部控制和经营有效性的独立评估来帮助管理层。内部审计人员通常也对控制文件的有效性进行测试，这些控制文件可以为内部控制的质量提供保证。内部审计人员关注业务流程是否有效执行，也关注银行存款余额调节或订购单处理是否合理等。

（四）经营审计

经营审计是对企业经济活动效率、效果和经济性所做的评估。经营审计不局限于符合会计记录，其目的在于评估业务活动的质量和效率，识别改进的机会以及改进意见。审计人员、管理人员和审计委员会将经营审计目标建立在风险分析与企业发展机会联系的基础上，风险越高，所接受的审计就越多。例如，审计人员发现分支机构有较高的坏账率，则要检查控制环节以确定其是否存在缺陷。

（五）符合性审计

符合性审计是一种针对经营活动和会计处理是否与管理政策以及相关法律法规相一致的审计，例如法律法规的符合性、公司政策的符合性、经营目标实现的符合性审计等。符合性审计可以改善经营效率并为企业遵守相关法律法规提供保证，能够增加企业的价值。

（六）内部审计报告

在现场审计结束后，审计部门应于企业管理层一起讨论审计结论，研究审计人员是否忽略了某些重要的审计领域，对审计意见是否存在误解。管理层可能会提出一些改进

---

① 程新生．企业内部控制［M］．北京：高等教育出版社，2008．

意见，这些改进意见应当包含在审计报告中。内部审计报告的去向有两个：

1. 向管理当局报告

向管理当局提交的报告应包括所有的审计活动，包括质量保证、人力资源开发资讯、准备向审计委员会提交的内容，以及与管理当局的沟通结果等。给管理当局的报告应该在审计委员会的会议之前完成，以便对相关内容进行再处理。

2. 向审计委员会报告

内部审计的角色之一就是帮助审计委员会实现其监督职能，向其提供审计信息，包括内部控制测试报告、重要事项的总结、审计部门的现状等。内部审计人员通过以下三种方式来实施这一功能：检查财务报告内部控制的质量，提供相关信息；在重大会计问题上提供独立意见；对经营效率以及经营活动是否遵守了管理方针提供反馈信息。

第二节　内部控制的社会监督

一、美国的内部控制监管体系

（一）监管规范制定主体

美国具有权威性的 COSO 报告是由美国注册会计师协会（AICPA）、内部审计师协会（IIA）、财务经理协会（FEI）、美国会计学会（AAA）和管理会计学会（IMA）等多个专业团体发起组织的 COSO 委员会（发起组织委员会，Committee of Sponsoring Organizations of the Treadway Commission）提出的。美国 COSO 委员会是非官方的职业自律组织，所形成的内部控制规范是职业界的自我管理和自我规范，是一种自律性的标准。尽管安然事件后由 SEC 依据 SOX 法案成立的 PCAOB 开始在监管中体现官方的作用，但仍然以自律为主。

（二）监管规范框架比较

美国涉及内部控制的监管规范框架包括三个层次：联邦层次的法律、行政法层次的规范及行业自律层次的制度。

（三）监管主体

20 世纪 90 年代以前，美国关于内部控制制度的研究分散于不同的组织机构，如美国注册会计师协会、内部审计师协会、财务经理协会等。从 1991 年开始，由一个独立的机构 COSO 委员会专门进行内部控制方面的研究。2002 年开始，PCAOB 成立专门负责内部控制规范的制定以及对内部控制建立和评价执行状况的监管与处罚。PCAOB 由 SEC 监管，增强了监管主体的权威性。例如，美国 SEC 由国会授权，拥有较大的处罚权力。只要有足够的理由，SEC可以通过法庭程序，从法院获得禁止令，终止注册表的效力，公司因此不得发行股票。

（四）监管内容

美国内部控制的监管着眼于保护投资者的利益，监管重点在于内部控制合理保证财务报告可靠性作用的发挥，主要关注管理层和审计师职责的履行情况。PCAOB是民间非营利组织，由2002年颁布的《萨班斯-奥克斯利法案》（SOX法案）创立的，其职责是在公开、公正和独立的审计报告编制过程中对公众公司审计师进行监管，以保护投资者的利益并进一步保护公众利益。而SEC对证券市场中的关键参与者进行监管，主要关注促进与市场相关的重要信息的披露、保证公平交易并保护投资者免遭欺诈。SEC发挥效力的关键是其实施机制的权威性。尽管SEC是美国证券市场的主要监管者，但它仍与其他许多机构保持密切联系，共同进行监管，包括国会、其他政府部门和机构、自律组织（如证券交易所）、各州证券监管机构以及私营部门。

二、我国的内部控制监管体系

（一）监管规范制定者

我国2006年以前，参与内部控制规范制定的主要是财政部、中国证券监督管理委员会（简称证监会）和中国注册会计师协会（简称中注协）以及中国银行业监督管理委员会、中国保险监督委员会等，以官方为主；2006年7月我国财政部以财会［2006］11号发布了《财政部关于成立企业内部控制标准委员会的通知》，企业内部控制标准委员会成立，委员会委员组成包括了财政部、证监会、国资委（国务院国有资产监督委员会）、银监会、中注协、保监会、审计署以及证券交易所、企业和学校的人员，为建立健全我国企业内部控制标准体系提供政策指导和咨询服务。但仍然是自律和他律双重作用，以他律（官方）为主。

（二）监管主体

国资委管国有大中型企业；证监会管上市公司的信息披露；财政部管全国所有企业的财务与会计工作，并负责会计准则与制度的制定；审计署管全国的审计工作，并负责审计准则的制定；银监会和保监会负责其行业内企业的内部控制建立和评价的监管。许多企业分属多个监管部门管理，一方面加大了监管部门的工作量，另一方面也造成了多头监管，削弱了监管的权威性，令企业无所适从。

（三）监管内容

我国相关监管主体监管重点是管制欺诈行为，即通过加强内部控制建设，防止和消除信息虚假披露行为和欺诈行为。2008年6月28日出台的《企业内部控制基本规范》开始着眼于社会公众利益，即提高企业经营管理水平和风险防范能力，促进企业可持续发展，维护社会主义市场经济秩序和社会公众利益。但真正将监管重点落实到保护投资者利益还有很长一段路要走，目前，证监会的监管主要集中于加强对上市公司的外部约束和内部管理；而有关注册会计师内部控制评价职责的执行情况的监管，目前主要依靠中国注册会计师协会的检查监督。

（四）监管效果

从执法效率看，张宗新对中国证券市场的执法效率进行了实证研究。其研究重点主要是根据市场的违规行为来检验中国市场监管的效率，以 1994 ~ 2006 年的统计数据为样本。从其研究的结果看，在监管的公告日前后，上市公司的股价出现了大概 10% 左右的下滑，这就是说市场对这个反映比较明显，处罚以后整个股价也出现了下降。但是警告和批评的效果则明显不同，上市公司得到了监管部门的警告或者批评以后，其股价不但没有下跌，反而出现了上涨（相对于市场大盘指数而言）。这就说明了在中国上市公司的声誉价格是非常低的，也就是说，处罚给上市公司并没有带来负的价格影响。同时，我国长期以来的执法形式比较单一，现金罚款和警告是最主要的执法形式，且罚款金额往往过低，违规成本过低无法起到警示违法者的作用。这一点从证监会统计数据中可得到验证，2006 年全年做出 35 项行政处罚决定，累计处罚 154 人，市场禁入 56 人；2006 年 10 月依据“查审分离”的经验成立了证监会行政处罚委员会，2007 年 11 月成立了中国证监会稽查总队。到 2008 年 10 月底，证监会共做出 43 项行政处罚决定和 23 项市场禁入决定。对 34 家机构进行了行政处罚，其中 17 家是上市公司、7 家会计师事务所、4 家期货公司和 6 家证券公司。对机构没收违法所得 15 317.06 万元，罚款 14 665.96 万元；对 202 人给予警告处罚，对 198 人给予罚款 13 567.76 万元，没收违法所得 12 879.42 万元，吊销 13 人的证券从业资格证书，取消 2 人基金从业资格，对 45 人实施了市场禁入，其中 16 人被实施终身市场禁入。这些统计数据比 2007 年有较大幅度的增长。上述数据的增长，虽然表明中国证监会执法力度加大，但同时更表明目前的执法效率不高，执法效果不明显。

本章小结

对内部控制的监督包括内部监督和外部监督。内部监督主要以内部审计的形式开展。企业内部审计是企业内部的一种独立的、客观的监督、评价和咨询活动，它的目的是发现并预防错误和舞弊，提高企业的运作效率，为企业增加价值。内部审计的活动包括风险分析、信息系统的安全和可靠性测试、控制有效性测试、经营审计、符合性审计、内部审计报告。

在外部监督方面，美国涉及内部控制的监管规范框架包括三个层次：联邦层次的法律、行政法层次的规范及行业自律层次的制度。我国相关监管主体监管重点是管制欺诈行为，即通过加强内部控制建设，防止和消除信息虚假披露行为和欺诈行为。

重点名词

内部审计
内部审计模式
内部控制的社会监督

本章重点与难点

1. 内部审计的模式
2. 内部审计的活动
3. 美国对内部控制的监管体系
4. 我国的内部控制监管体系

思考题

1. 内部审计的模式有哪几种？
2. 内部审计的活动有哪些？
3. 美国监管体系中内部控制的监管主体是谁？
4. 我国监管体系中内部控制的监管主体是谁？

案例讨论

联想集团做实检查监督的案例

（一）控制环境方面主要包括以下几点：

1. 管理层高度重视。联想集团拥有严格的执行文化，是企业领导层长期一贯坚持的结果。如在联想发展早期，财务借款报销制度相比当时国内一般企业严格得多，几近“苛刻”，很多员工以制度不符合实际情况为由不执行制度，一些中高层干部也理解甚至默许。当时的公司总裁明确提出了“有制度按制度执行；没有制度本着对公司有益的原则执行；有制度但制度不合理，向制度的责任部门提出改进建议，但制度修订前仍要按制度执行”的行为准则，身体力行，并对高管层严格要求。因此统一了认识，不但维护了公司制度的严肃性，还促进了企业管理制度化建设的不断完善。制度的严肃性和权威性是检查监督进行的前提条件，具备这个条件检查监督才“有据可查”。

2. 内部控制责任层层落实。各级管理人员兼有保证所负责业务内部控制有效的职责，部门负责人因而有较强的动力对其下属部门或人员内部控制职责履行情况实施检查监督。每项制度或流程都有其负责人，负责流程的有效执行和改进，这一点对横跨多个部门的流程尤其重要。明确的责任分解为检查监督提供了有效发挥作用的环境。检查出问题后找不到明确的责任部门或责任人将极大削弱其应有作用，是检查监督者面临的最大困难。

3. 公司设有专业内控部门，独立于内审业务，负责公司内部控制体系的规划和推进(内审部门的责任是独立审计评价)。各业务单元和部门设有专职或兼职的内控岗位，辅助部门负责人健全内部控制，接受部门负责人考核。部门内控岗位业务上接受公司内部控制的专门训练，在其辅助下，业务部门负责人不仅有能力而且也能履行好自身内部控制职责。

4. 有奖有罚的激励机制。在联想集团，一个问题暴露出来后，一方面，及时解决问题，并找出其产生的根本原因，从流程或机制上改进已成为日常工作要求，而这一过程相关人员也将根据责任履行情况有奖有罚。几种典型的情形有：违规而造成公司损失者将受到相应处罚；如一项制度或流程执行方面存在严重问题而其负责人未及时采取应对措施，该负责人将会得到处罚；员工违规或未充分履行职责时，其直接上级甚至更高层上级也将因监管责任而接受调查。另一方面，公司鼓励员工发现问题、纠正问题、改进流程。发现自身问题并及时改正，如未给公司造成损失将免于处罚；对发现流程漏洞并主动跟踪解决的员工，将根据为公司带来的利益而进行激励。如某管理一具体专项营销资源的员工，在收到合作经营商的资源申请时，意识到该申请类别与另一部门管理的资源项目接近，于是主动与该部门沟通联系，结果发现该部门已向经销商发放了营销资源，为公司挽回了损失，该员工还主动建立了跨部门的横向联系机制，从流程上杜绝了类似问题的再发生。

（二）信息沟通方面

1. 公司比较注重收集来自销售商、供应商等合作伙伴的意见反馈，并专门成立客户关系部，主动了解客户对公司各方面的意见，受理客户投诉，在提高客户满意度、打击员工商业贿赂方面取得了不少成绩。

2. 公司对内设立员工意见箱。这是一个建立在公司办公系统平台上的数据库管理系统，员工可以在线署名或匿名反映公司存在的各种问题，提出自己的看法和建议。员工意见箱由一个专门的公司级部门管理，根据意见涉及内容确定具体的落实部门。意见或建议的处理方案及处理进程在系统中实时更新，可以随时在线查询。员工可对意见或建议的最终处理结果作出评价。员工意见的处理情况是部门考核的一个依据，而公司对提出有价值意见或建议的员工也有奖励。

3. 建立逐级通报制度、反腐大会。对于违规、违纪问题，公司将根据问题的性质在不同范围内进行通报，对产生问题的员工进行处罚，同时警示其他员工。偶尔发现员工收受贿赂等舞弊案件，公司会召集全员反腐动员大会，并邀请司法人员到会宣讲相关法律。

（三）多层次的检查监督活动

在联想集团，检查监督和管理是紧密结合在一起的。公司管理层深刻认识到检查监督对于发现隐藏问题、改进工作的价值。如一项新的流程只有包括了检查监督环节才被认为是完整的、闭环的，才可能被审批通过。而自上而下，管理层对使用公司资源部门的要求是资源使用有规范、规范执行有检查，力求做到“该花的一分不能少花，不该花的一分不能多花”的效益最大化。

1. 制度或流程的负责人检查监督。控制活动在设计时就考虑检查监督的要求。每一项制度或流程都有明确的责任部门和责任人，对制度的执行和改进负责。制度或流程未有效执行或不合理情形未及时更新，责任人及部门负责人将可能被追究。而检查过程中发现有违规现象，公司人力资源部将按相关规定进行通报处罚。

2. 内部审计。内部审计对内部控制有着独立评价的关键作用，必须要敢查、会查，才能发挥出其独立评价作用。在联想，内审部门被要求必须要审计出问题，因为最高管理层认为，“审计不出问题就是审计部有问题”。

3. 控制自我评估。由于各级部门负责人同时对业务范围内的内部控制有效性负责，因而有动力开展控制自我评估，公司也有鼓励，自查出问题的从轻或免于处罚。

联想集团 2003 年在全公司范围内进行了一次系统的控制自我评估。首先公司内控部门制定并发布公司内部控制标准，而后要求公司各部门对照标准开展控制自我评估，重点是拥有较大财务资源支配权的部门和岗位。公司内控部门联合内审部门进行组织、协调，提供具体的方法指导，内审部门对部门的评估结果进行抽审，以对部门形成监督。通过控制自我评估检查出很多内部控制的薄弱环节，公司内部控制体系得到全面加强，各级管理层和关键岗位员工得到内部控制从意识到方法的系统培训。而这一轮控制自我评估也使公司内部控制体系上升到一个新的运行台阶。联想做实内部控制检查监督的方法非常丰富，以上仅选取认为对其他企业有较大参考价值的部分介绍。当然，联想的内部控制体系还有很多有待进一步改进，特别是 2005 年收购 IBM 全球 PC 业务后，已由一家本土经营企业转变为全球范围内经营的国际化公司，无论是外部环境还是企业内部环境、经营模式、业务流程都发生着巨大转变，如何应对由此产生的诸多新风险，及时调整、改进和加强现有内部控制体系，在未来几年内对公司都是一个巨大挑战。但从目前看，这两支走到一起的优秀团队在文化上有着很多相通之处，新联想依然是一家重视内部控制体系建设的公司，而检查监督这一关键要素正在公司分布于全球的各部门实实在在地发挥着作用。

（资料来源：吴志华，程六满．有效内部控制关键因素分析——兼议联想集团做实检查监督案例［J］．财会通讯，2008（4）．）

讨论问题：

1. 联想集团在内部监督中有哪些成功之处？

2. 联想集团在内部控制方面做了哪些有效工作？

第八章

风险与风险管理的基本概念

在本章中，你将学到

◇ 风险的含义和构成
◇ 风险的分类
◇ 风险管理的概念
◇ 风险管理的过程
◇ 风险管理的局限性

引例

管家绊倒东家：中国企业风险管理警示录①

2010年9月28日，国美控制权大战落幕。除取消增发授权得以通过之外，黄光裕提出的其他动议均没有获得通过，陈晓亦将继续留任。在中国越来越多的民营企业从家族企业向公众企业转型的特殊历史时期，国美之争折射出来的种种问题都值得商业界反思。

有人说，这给民营企业家们上了一课，告诉他们职业经理人猛于虎也；也有人说，这给职业经理人上了一课，为公司着想还是为老板着想需要谨慎选择；更有人说，这给中国目前的公司治理制度上了一课，没有从公司的规章制度上保证公司的各方利益，想建成百年基业的商业帝国终不过是纸上谈兵。

对于大多数中国企业而言，国美战争谁胜谁负已经变得不十分重要了，而从国美战争中汲取更多的风险管理教训，防止自身企业发生法律风险，可能才是最重要的。

“国美战争”其实是国美法律风险集中爆发的体现，而这种风险具有一定的普遍

① 资料来源：根据媒体相关报道整理

性，因为中国很多企业都存在相应的公司治理法律风险，只不过爆发程度和形式不一样罢了。黄光裕有句自创名言，那就是“一件事只要有三分把握，我就去做”，并且一度被奉为商界“经典”，中国很多企业家都存有这种心态，这其实是对风险的漠视，是一种“赌博”的心态。在这种心态下，会有成功的概率，但更有失败的概率，并且一旦失败将是非常惨烈的，类似黄光裕、李途纯等众多企业家倒下就是最好例证，以至于中国福布斯排行榜甚至快成为“落马榜”了。

中国企业法律风险管理普遍不到位，一是由于中国企业仅仅重视“利润”和“价值”，而轻视风险管理，只有到风险爆发时才想起找律师，律师也就成为他们的“救火队员”；二是由于法律风险管理是“法”、“商”结合的边缘课题，唯有对“法律”和“管理”都充分了解，才可能彻底“洞悉”法律风险，才能够提供良好的法律风险管理服务，而这样的专业人员并不多。上述原因导致中国企业频频遭遇法律风险。

企业法律风险是客观存在的，也是无法回避的，企业唯有对风险进行有效识别、评估、防范和治理，才能够达到相对彻底管理风险的目的。一个成功的企业，往往要经历质量管理、利润管理、价值管理、风险管理四个阶段，而风险管理是企业管理的最高境界。一个风险管理良好的企业，一方面可以减少损失、降低成本和避免纠纷，另一方面也可以提高效率，增加企业美誉度，强化企业凝聚力，提升企业价值。尤其是当企业发展到一定程度时，应该是通过管理风险来创造企业价值的。因此，如何控制风险是企业必须掌握的管理技术。“知己知彼，百战不殆”，要战胜风险，首先就要对风险的含义、特征、构成、分类等进行全面的分析，并且了解风险管理的一般过程。

第一节　风险的含义与构成

一、风险的定义

风险是什么？最简单的定义是：“风险是发生财务损失的可能性”。发生损失的可能性越大，风险越大。这个定义主要强调风险可能带来的损失。在对风险进行深入分析以后人们发现，风险不仅可以带来超出预期的损失，也可能带来超过预期的收益。于是，出现了一个更正式的定义：“风险就是预期结果的不确定性”。某个事情或某项经营活动在无法准确估计其收益和损失时，这种不确定性所带来预期结果的波动就是风险。风险不仅包括负面效应的不确定性，还包括正面效应的不确定性。到目前为止，对风险的定义国内学术界众说纷纭，尚未形成一个大家一致认同的界定。一般来说，有如下几种观点：

1. 狭义说

早期研究风险的学者从风险的负面效应来考察风险，将风险定义为：“发生损失的可能性”。这样强调了风险的两个特征：第一，风险的结果是负面的，即某一事项或者经营活动给企业带来损失。第二，损失的发生是一种可能性，即概率介于0和1之间。概率为0的无损失和概率为1的确定损失都不是风险。这种定义可以称之为狭义的风险定义。

2. 广义说

之后有学者将风险可能产生的正面效应也考虑进来，认为风险带来的可能是收益，也可能是损失，但到底是哪种结果及正负效应的程度是不确定的。这种风险定义将与风险伴随的机会也考虑进来，较之前的狭义风险更具全面性，可称之为广义的风险定义。

3. 客观说

随着概率理论与统计学的发展，有学者又用统计学的理念来定义风险。主要有两种观点：其一认为风险是实际结果与预期结果的偏离程度，类似于统计学中的标准差的概念；另一种将风险定义为实际结果偏离预期结果的概率。这两者都强调的是风险的客观性，认为运用统计手段和历史数据是可以对风险发生的概率进行描述的。

4. 主观说

与客观说对应，有学者提出风险不仅具有客观性，同时具有主观性。一方面，人们对客观事物的认知过程本身就存在一定偏差，而对于不确定性的认知偏差程度更大，受心理因素的影响更多。另一方面，“一千个读者，就有一千个哈姆雷特”，不同的人对相同的事物会有不同的判断，因此对于风险的认识和判断也会见仁见智，由各人的知识、经验、能力、状态等因素的差异产生判断的差异。所以，风险不仅由客观因素产生，也会受主观的因素干扰。

二、风险的特性

风险具有客观性、普遍性、损失性和可变性四种特征。

1. 风险具有客观性

风险是不以企业的意志为转移，独立于企业意志之外的客观存在。企业只能采取风险管理办法降低风险发生的频率和损失幅度，但不能彻底消除风险。

2. 风险具有普遍性

在现代社会，风险无处不在、无时不有。随着经济和科学技术的发展，还会不断产生新的风险，且风险事故造成的损失也越来越大。

3. 风险具有损失性

只要风险存在，就一定有发生损失的可能性。风险的存在，不仅会造成人员的伤亡，而且会导致生产力的破坏、社会财富的损失和经济价值的减少，因此才使得个体或企业寻求应对风险的方法。

4. 风险具有可变性

风险的可变性是指在一定条件下风险具有转化的可能性。世界上任何事物都是相互联系的，而任何事物都处于运动和变化之中，这些运动和变化必然会引起风险的变化。

三、风险的构成

风险的构成即风险的要素。一般认为，风险由风险因素、风险事故和损失构成，这三个要素的共同作用和影响，决定了风险的存在、发展和发生。

1. 风险因素

风险因素是指引起或增加风险发生的机会或扩大损失程度的原因和条件，它是导致风险发生的潜在原因。风险因素的存在只是风险事故发生的先决条件，并不一定导致风险事故的发生；而风险事故的发生，必定有相应的风险因素存在。用数学语言来说，风险因素是风险事故发生的必要条件。

风险因素一般可以分为物质风险因素、道德风险因素和心理风险因素。

物质风险因素是指有形的，并能直接影响事物物理功能变化的因素，即某一标的本身所具有的足以引起或增加风险发生的机会和损失幅度的客观原因。例如汽车的制动系统质量不高，轮胎摩擦系数过低，安全气囊数量不足，启动不及时等等都属于车祸的实质性风险因素，前两个因素增加了发生车祸的概率，第三个因素在发生车祸的时候会造成损失加剧。

道德风险因素是指与人的道德品质有关的无形因素，即由于个人的不良企图和恶意行为促使风险事故发生和损失扩大的原因或条件。如贪污、造假、盗窃等。这些不道德的行为必然促使风险发生的频率增加和损失幅度的扩大。

心理风险因素是指与人的心理状态有关的无形的因素，即由于人的疏忽大意和侥幸心理，以致增加风险事故发生的概率和损失幅度的因素。例如，企业或个人由于投保财产保险，就放松了对财物的保护，购买了车险之后放松了驾车时的警惕等。

上述风险因素中，由于道德风险因素和心理风险因素都是无形的，都与个人自身行为方式相联系，而在实践中又难以界定，所以通常将两者统称为人为因素。这样风险因素就被分为两类：物质性因素和人为因素。通俗地讲，就是“天灾”和“人祸”。

2. 风险事故

风险事故是造成生命财产损害的偶发事件，通常是显性的、外露的，是人们看得见、摸得着的风险事件。例如火灾、车祸、盗窃等。风险事故意味着风险的可能性转化为现实性，并直接导致损失的发生。

3. 损失

损失是指非计划、非故意和非预期的经济价值减少或人身伤害。与其他的造成经济价值减少的行为相区别，这里强调“非计划、非故意和非预期”，这是风险损失独有的特征。比如固定资产折旧，或者捐赠这样的行为都会导致经济价值的减少，但这不是损失，因为它们是有计划的、故意的和预期的。

损失又分为直接损失和间接损失。直接损失是风险事故本身直接造成的有形的、实质性的损失，比如厂方失火造成建筑物、机器、原料等的损失。间接损失是由于直接损失而引起的损失，包括利润的减少和后果损失等，例如厂方失火后停产造成的收入损失，为了修复厂方和机器而发生的额外费用损失等等。

第二节　风险的分类和应对态度

一、风险的分类

对风险分类一方面可以加深我们对风险的了解，另一方面可以针对不同的风险实施不同的管理措施，提高风险管理的适用性。风险的分类方法比较多，依据不同的标准以及针对不同的领域，可以产生不同的划分方式。本书只集中介绍与企业风险管理结合紧密的几种分类方式，如图 8－1 所示。

- 风险
  - 根据风险来源划分
    - 外部风险
    - 内部风险
  - 根据经营活动划分
    - 财务风险
    - 市场风险
    - ……
  - 根据是否可以分散化
    - 系统风险
    - 非系统风险

图 8－1　风险的分类

1. 根据风险的来源划分

根据风险的来源，大致可以将风险分为外部风险和内部风险。继续划分，就可以衍生出许多具体的类别，如下表所示。这种具体的划分方式在风险管理中具有很大的实用性，方便企业进行风险识别。

表 8-1 风险分类

外部风险				
经济风险	法律风险	社会风险	科技风险	自然风险
➢ 经济形势 ➢ 产业政策 ➢ 资源供给 ➢ 利率调整 ➢ 汇率变动 ➢ 融资环境 ➢ 市场竞争	➢ 法律法规 ➢ 监管要求	➢ 文化传统 ➢ 社会信用 ➢ 教育基础 ➢ 消费者行为	➢ 技术进步 ➢ 工艺改进 ➢ 电子商务	➢ 自然灾害 ➢ 环境状况
内部风险				
人员风险	管理风险	经营风险	技术风险	安全环保风险
➢ 高管操守 ➢ 员工能力 ➢ 团队精神 ➢ 人才流动	➢ 经营方式 ➢ 资产管理 ➢ 业务流程 ➢ 财务报告 ➢ 信息披露	➢ 财务状况 ➢ 盈利情况 ➢ 现金流量	➢ 研究开发 ➢ 技术投入 ➢ 信息技术运用	➢ 营运安全 ➢ 员工健康 ➢ 环境污染

2. 根据经营活动划分

根据企业经营活动的模块，可以将风险按照各部门的运作来归类，分为人力资源风险、财务风险、市场风险、审计风险、信息披露风险等。这种分类方法有利于企业各部门针对自身实际情况进行风险识别和评估。

人力资源风险与前一种分类中的人员风险基本一致，主要包含以下几个方面：企业高层管理人员及核心岗位人员的道德水平和职业操守；企业员工对工作的胜任能力；员工团队合作的状况及企业文化环境；人才的流动对企业经营活动的冲击等等。

财务风险主要包含四个方面的内容：（1）筹资风险，即企业由于借入资金而增加的收益的不确定性和偿债能力丧失的可能性；（2）投资风险，即企业投资于项目或证券的收益偏离其目标的可能性；（3）信用风险，即交易对方在账款到期时不予支付的风险；（4）收益分配风险，即公司在分配实现的净利润时，存在分配给投资者或者留存企业内部这两种此消彼长的方式，这种分配的选择和权衡可能会对企业未来的经营活动产生一定的不利影响。

市场风险主要指企业面对的产品市场和要素市场上，供需状况和价格的变化给企业经营活动带来的不确定性。企业需要管理的主要市场风险是利率风险、汇率风险、商品价格风险和股票价格风险。

审计风险。财务报表是企业经营活动的记录和反映，对于财务报表的审计相当于对企业经营活动的最后一道把关和审查，而这道把关的过程本身也是有风险的，即审计风险。对于审计风险，中国注册会计师协会的定义为："所谓审计风险是指会计报表存在重大错误或漏报，而注册会计师审计后发表不恰当审计意见的可能性。"

信息披露风险是企业在信息披露过程中因操作不当而给企业带来不利影响的可能性。比如应当披露的信息没有披露，或者应当保密的信息反而传播出去，这样的事件对于企业的声誉会产生极大的损害。对于上市公司，信息披露与股价息息相关，不当的信息流传更容易使公司的股价大幅震荡。

案例

安然事件：各种风险的综合爆发

安然公司在2001年宣告破产之前，身上都笼罩着一层层的金色光环：作为世界最大的能源交易商，安然在2000年的总收入高达1 010亿美元，名列《财富》杂志"美国500强"的第七名；掌控着美国20%的电能和天然气交易，是华尔街竞相追捧的宠儿；安然股票是所有的证券评级机构都强力推荐的绩优股，股价高达70多美元并且仍然呈上升之势。公司营运业务覆盖全球40个国家和地区，共有雇员2.1万人，资产额高达620亿美元。

2001年年初，一家有着良好声誉的短期投资机构老板吉姆·切欧斯公开对安然的盈利模式表示了怀疑。他指出，虽然安然的业务看起来很辉煌，但实际上赚不到什么钱，也没有人能够说清安然是怎么赚钱的。据他分析，安然的盈利率在2000年为5%，到了2001年初就降到2%以下，对于投资者来说，投资回报率仅有7%左右。切欧斯还注意到有些文件涉及了安然背后的合伙公司，这些公司和安然有着说不清的幕后交易。作为安然的首席执行官，斯基林一直在抛出手中的安然股票——而他不断宣称安然的股票会从当时的70美元升至126美元。而且按照美国法律规定，公司董事会成员如果没有离开董事会，就不能抛出手中持有的公司股票。

也许正是这一点引发了人们对安然的怀疑，并开始真正追究安然的盈利情况和现金流向。到了8月中旬，人们对于安然的疑问越来越多，并最终导致了股价下跌。8月9日，安然股价已经从年初的80美元左右跌到了42美元。10月16日，安然发表2001年第二季度财报，宣布公司亏损总计达到6.18亿美元，即每股亏损1.11美元。同时首次透露因首席财务官安德鲁·法斯托与合伙公司经营不当，公司股东资产缩水12亿美元。

10月22日，美国证券交易委员会瞄上安然，要求公司自动提交某些交易的细节内容。并最终于10月31日开始对安然及其合伙公司进行正式调查。11月1日，安然抵押了公司部分资产，获得J. P摩根和所罗门史密斯巴尼的10亿美元信贷额度担保，但美林和标普公司仍然再次调低了对安然的评级。11月8日，安然被迫承认做了假账，虚报数字让人瞠目结舌：自1997年以来，安然虚报盈利共计近6亿美元。11月9日，迪诺基公司宣布准备用80亿美元收购安然，并承担130亿美元的债务。当天午盘安然股价下挫0.16美元。11月28日，标准普尔将安然债务评级调低至“垃圾债券”级。11月30日，安然股价跌至0.26美元，市值由峰值时的800亿美元跌至2亿美元。12月2日，安然正式向破产法院申请破产保护，破产清单中所列资产高达498亿美元，成为当时美国历史上最大的破产企业。

安然从辉煌走向破产的主要原因有五：其一是违规经营，滥用金融衍生工具进行能源信用交易。这种发展其兴也勃，其衰也速。为筹资，安然公司创造了新的金融衍生工具，即具有期货性质的能源交易合约，包括石油衍生性商品、利率交换契约以及信用状等。其总额达330亿美元。安然公司除了运用这些金融工具进行能源产品的金融化运作以外，还大量运用金融互换协议进行套期保值。金融创新本无可厚非，但必须服务于本业，且套期保值蕴含着极大的金融风险，赢则暴利，亏则巨损。这种潜在的筹资风险导致的偿债能力丧失是安然破产的直接原因。其二是盲目扩张，举巨债以求大发展，试图以尽可能少的资金控制尽可能多的企业，从而产生最大化的财务协同效益。20世纪90年代，安然利用美国放松能源市场管制的机会，进入能源交易市场，并将业务延伸至国外，先后投资75亿美元兴建印度的达博尔电站项目和英国的埃瑟军—克斯水处理项目，均惨遭失败。投资风险加剧了安然的亏损。其三，安然的高层对于公司运营中出现的问题非常了解，但长期以来熟视无睹甚至有意隐瞒。包括首席执行官斯基林在内的许多董事会成员一方面鼓吹股价还将继续上升，一方面却在秘密抛售公司股票。而公司的14名监事会成员有7名与安然关系特殊，要么正在与安然进行交易，要么供职于安然支持的非营利机构，对安然的种种劣迹睁一只眼闭一只眼。在破产前的十个月内，安然还因为股票价格超过预期目标而向董事及高级管理人员发放了3.2亿美元的红利。这样的管理层缺乏基本的诚信和对企业的忠诚，危机来临，只求自保，这构成了安然的人力资源风险。其四，股票价格的骤然下跌导致安然市值从800亿美元跌至2亿美元将安然逼上了申请破产保护的绝境，这是股票价格风险对企业造成的巨大影响。其五，长期以来负责安然财务报表审计业务的安达信会计师事务所丧失了审计的独立性、客观性和公正性，协同造假，虚报利润、隐瞒巨额债务，巨大的审计风险和信息披露风险导致了安然和安达信的同时灭亡。

（资料来源：根据媒体相关报道整理）

3. 根据是否可以分散划分

根据风险是否可以分散化从而将风险分为系统风险和非系统风险。

现代投资学认为，造成股价波动有两大原因：一是与整个股市有关的系统风险，二是与企业有关的非系统风险。系统风险是整个股票市场本身所固有的风险，它是指由于某种因素使市场上所有的股票都出现价格变动的现象，它在不同程度上影响所有股票的收益。例如经济政策的变化、有关法规的颁布。股票的系统风险主要有股市价格风险、利率风险、购买力风险和政策风险等。20 世纪 30 年代美国经济大萧条时期，整个股市一落千丈，1986 年经济回升时，整个股市扶摇直上，就是系统风险的典型反映。

非系统风险也叫公司特有风险，是指某一企业或行业特有的风险，它影响个别股票的收益。一个公司的股票不但受市场、国民经济和消费者信心的影响，同时还受到所在行业和这个公司特有因素的影响。例如产品市场占有率、管理水平、技术开发、竞争对手、成本费用等。换句话说，即使整个市场风平浪静，这个公司的股票价格也会因这种非系统风险而波动。对于非系统风险，在实务中主要考虑企业经营风险和财务风险。一般来说，系统风险对投资者来说是无法通过技术操作避免的风险，所以是不可分散风险，而非系统风险则可以通过科学合理的投资组合得以规避。

二、应对风险的态度

经济学将人们对待风险的态度分为三种：风险厌恶、风险中性、风险偏好。

如果投资者当前的投资选择有：

选择 1：无风险投资，期末有确定性收益 10 万元。

选择 2：风险性投资，期末有 50% 的概率获得 20 万元收益，有 50% 的概率什么都得不到。

两种选择的期望收益是相等的，都是 10 万元。若投资者选择了 1，则叫作风险厌恶。若两选择对投资者来讲没有差异，则叫做风险中性。若投资者选择了 2，则叫作风险偏好。

大多数人都会选择 1，即是风险厌恶者，因为如果现实生活中的人是理性的，他所拥有的财富的边际效用是递减的，即随着财富的增加，等额财富带来的边际效用会越来越小。当“理性经济人”在金融市场上进行投资时，可以直观地认定是“稳健、保守”的，是厌恶风险的。经济学中的“理性经济人”在金融经济学中就是“风险厌恶型”的投资者，对这样的投资者而言，在未来预期财富额等值的情况下，无风险财富的效用显然要大于风险性财富的效用。

第三节 风险管理的概念与过程

一、风险管理的概念

我们对风险进行详细的分析，并了解了人们对风险的态度后，下一步就是对风险进行管理。

关于风险管理的概念，目前还没有一个较为统一的定义。在风险管理的研究过程中，不同时代的学者们由于研究的出发点、侧重点不同，因而对风险管理的定义也不同。

早期比较有影响的风险管理定义是由美国学者威廉姆斯和汉斯作出的，1964 年在他们的著作《风险管理和保险》中指出：

“风险管理是通过对风险的识别、衡量和控制，以最小的成本，使风险损失达到最低程度的管理方法”。

另外一个著名的定义是 1998 年由美国学者斯凯伯给出的，在其著作《国际风险与保险》中给出了这样的定义：

“风险管理是指各个经济单位通过对风险的识别、估测、评价和处理，以最小的成本获得最大安全保障的一种管理活动”。

2004 年，美国著名的 COSO 机构发布了《企业风险管理——整合框架》的报告，其中对风险管理给出了一个较为全面的定义：

“企业风险管理是一个过程，它由一个主体的董事会、管理当局和其他人员实施，应用于战略制定并贯穿于企业之中，旨在识别可能会影响主体的潜在事项，管理风险以使其在该主体的风险容量之内，并为主体目标的实现提供合理保证。”

综合以上定义，我们可以得出风险管理的几个原则：

1. 风险管理不是一个静态的制度，而是一个动态的循环的过程，贯穿于企业的整个经营活动之中，渗透于每一个员工的思想和行动之中，风险管理是每一个员工的工作。

2. 风险管理的目的是将风险程度和风险损失降低到企业可以承受的范围之内，为企业提供安全保障，提高管理的质量和水平。

3. 风险管理所针对的风险不仅仅是只会带来损失的纯粹风险，也包括损失和收益并存的机会风险。

4. 风险管理的过程也要遵循成本效益原则，力争用最小的成本来达到降低风险的目标。

企业风险管理的功能是识别可能对公司运作产生影响的潜在事件，通过制定应对风险的策略，将不可避免的风险降至最低水平，最小化损失。风险管理会占用公司一部分资源，所以降低了运用于其他投资活动的资源的数量，所以风险管理要考虑机会成本的问题，理想的风险管理期望用最少的资源去防范和化解最大的风险危机，但现实中风险管理更为复杂，而且风险管理的效果也不明显，常常被其他活动所掩盖。所以一旦有突发事件给企业造成不可挽回的损失，企业才会意识到自身风险管理的重要性。

二、风险管理的过程

企业风险管理的过程分为四个部分：目标设定、风险识别、风险分析、风险应对。四个步骤循环相接，形成一个完整的、动态的、循环的风险管理过程，如图 8－2 所示。

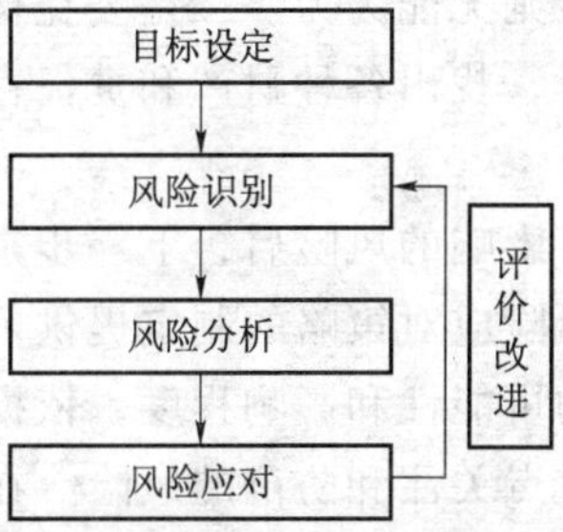

图 8－2　风险管理过程

1. 目标设定

这一步骤是风险管理的开端，是风险识别、风险分析和风险应对的前提。在这一阶段一定要明确企业希望风险管理来做什么，达到什么样的目的，以及为此要付出多少代价。风险管理与企业的经营活动是相辅相成、紧密联系的，同样，风险管理的目标也是与企业经营的目标紧密结合的。可以说，风险管理的目标是在风险层上为企业的经营目标服务的，通过控制风险来帮助企业实现股东价值最大化这一根本的目标。因此，要在企业经营目标的基础上，确定企业的整体风险承受能力，并在具体业务层次上确定各自的可接受风险水平。

2. 风险识别

这一阶段在风险管理工作中承前启后，位于“咽喉”位置，是风险管理中非常重要的一个环节。风险识别从企业所面临的内部和外部环境中，寻找影响企业经营目标的、容易引起风险事故和损失的风险因素。在进行风险识别时，往往根据风险类别，结合企业情况一项一项地具体研究，争取做到算无遗策。在风险识别阶段，重要的是全面，即尽可能地寻找和发现影响企业目标的所有风险因素，贵多不贵精。所以，管理层要充分了解企业所面临的风险。风险管理中最大的问题是没有认识到潜在的障碍威胁。

风险识别方法很多，常见的方法有生产流程分析法、财务报表分析法和保险调查法。生产流程分析法是对企业整个生产经营过程进行全面分析，对其中各个环节逐项分析可能遭遇的风险，找出各种潜在的风险因素。生产流程分析法可分为风险列举法和流程图法。风险列举法指风险管理部门根据本企业的生产流程，列举出各个生产环节的所有风险。流程图法指企业风险管理部门将整个企业生产过程一切环节系统化、顺序化，制成流程图，从而便于发现企业面临的风险。财务表格分析法是通过对企业的资产负债表、损益表、营业报告书及其他有关资料进行分析，从而识别和发现企业现有的财产、责任等面临的风险。采用保险调查法进行风险识别可以利用两种形式：一是根据保险公司或者专门保险刊物的保险险种一览表，选择适合本企业需要的险种。这种方法仅对可保风险进行识别，对不可保风险则无能为力。二是委托保险人或者保险咨询服务机构对本企业的风险管理进行调查设计，找出各种财产和责任存在的风险。①

3. 风险分析

识别出对企业的各个层级有影响的风险后，下一步是对各种风险因素可能带来的风险影响程度进行充分评估，为风险应对策略的制定提供依据。风险分析的重点是确定各种风险因素所引起的风险发生的可能性和影响程度，依据这两个维度的标准，将风险进行排序和分级，确定企业应当重点关注和防范的风险。在风险分析阶段，存在着许多种评估的定性和定量方法，如何选择或者建立正确的方法来对风险进行准确的评估，是企业风险管理中的关键问题。当风险本身无法量化时，或者量化评估所要求的充足可靠的数据实际不可获得或数据获得和分析不符合成本效益原则时，管理者通常会采用定性的分析技术。定量的分析技术更加精确，一般用于复杂多变的活动，作为定性分析的补充。一个企业不需要在每个业务部门都使用同样的评估技术，而对评估技术的选择应反映出对精确性的需要和该业务部门的文化。在任何情况下，该业务部门所使用的评估技术应有利于在整个企业范围内对风险的评估。

用以评估风险影响的常见的定性方法是制作风险评估系图。风险评估系图识别某一风险是否会对企业产生重大影响，并将此结论与风险发生的可能性联系起来。这种方法能够为确定业务风险的优先次序提供框架。如图 8－3 所示，与影响较小且发生可能性较低的风险（图中点 A）相比，具有重大影响且发生可能性较高的风险（图中点 B）更加值得关注。

---

① 郭延安．风险管理［M］．北京：清华大学出版社．

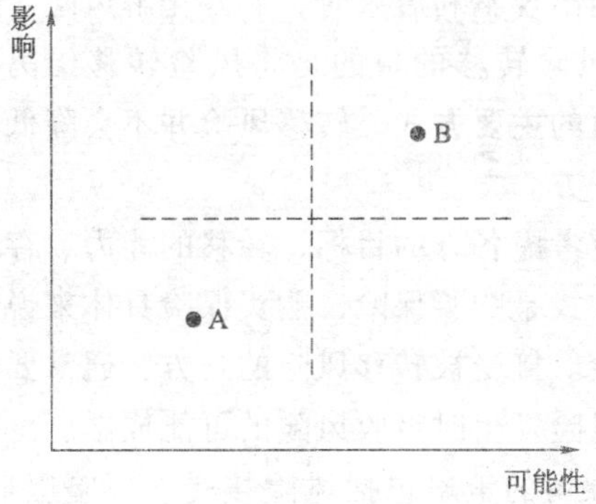

图 8-3　风险评估系图

此外，还有大量的工具可用来确定风险对企业的影响，比如情景设计、敏感分析、决策树、计算机模拟、软件包和对现有数据的分析。

（1）情景设计。通常借助企业内部的讨论，形成关于未来情况的各种可能的看法。

（2）敏感性分析。该分析从改变可能影响分析结果的不同因素的数值入手，估计结果对这些变量的变动的敏感程度。

（3）决策树。常用于目标管理中，以证实每个阶段存在的不确定性，根据每种结果出现的可能性及包含的现金流量，评估项目的期望值。

（4）计算机模拟。利用概率分布，并重复运行，为某项目识别可能的情景和结果。

（5）软件包。旨在协助风险识别和分析程序。

（6）对现有数据的分析。对现有数据作出分析能够有效地掌握过去风险的影响。

4. 风险应对

在风险识别和分析的基础上，针对不同的风险，结合企业的风险管理目标和风险承受能力，制定风险应对策略和应对方法。一般而言，风险应对策略分为四种类型：风险降低、风险消除、风险转移和风险保留。风险应对方法有两大类：其一是改变风险的措施，另一类是风险发生后进行补偿的措施。在确定风险应对策略和应对方法之后，通过对决策和计划的实施和执行，来达到降低风险的目的。然后，对实施风险管理措施之后仍然存在的剩余风险，要进行评估并采取相应的应对措施。

（1）风险降低。"风险降低"的风险应对策略，也称风险缓解。不同的实际情况适用不同的风险降低方法。常用的一种形式是风险分散，即通过分散的形式来降低风险，比如在多种股票而非单一股票上投资。不愿将"所有鸡蛋放在一个篮子里"的企业会采用风险分散策略。

（2）风险消除。风险消除策略包括风险规避、风险化解、风险排斥和风险终止。

采用风险消除的目的是预期出现不利后果时，一并化解风险。

（3）风险转移。采用风险转移的目的是将风险转移给另一家企业、公司或机构。合同及财务协议是转移风险的主要方式。转移风险并不会降低其造成损失可能的严重程度，只是从一方转嫁给另一方。

转移风险时，管理层应考虑各方的目标、转移的能力、存在风险的情景以及成本效益。其中一种转移风险的方式是购买保险，购买保险具体来说就是企业向非关联的第三方付款，让其代为承担风险。接受被转移风险的一方，通常要收取保费。要权衡的关键是所支付的保费是否低于风险发生时吸收风险的可能成本。

（4）风险保留。风险保留的策略包括风险接受、风险吸收和风险容忍。采取风险保留的策略，或者是因为比较经济，或者是因为没有其他备选方法（比如降低、消除和转移方法）。采用风险保留时，管理层需考虑所有的方案，并确定已对所有可能的消除、降低或转移方法进行分析，没有其他备选方案。此外，商业环境不是一成不变的，因此，企业在短期内可能出现新的备选方案，比如保险合同、外包或开发其他市场。通过定期风险复核控制风险情景并清楚何时应作出决策，这是非常重要的。要确保不会与备选措施失之交臂。如果已经作出了保留风险的决策，那么管理层应对付诸实施的影响及风险发生的可能性十分清楚。

此外，必须强调，风险管理是一个动态的、循环的过程。在风险应对办法实施之后，还应该对风险管理的效果进行评价，对整个过程进行改进，借助风险管理信息系统等信息化手段，将风险管理贯彻在企业的经营活动中，循环执行。“唯一不变的就是变化本身”，企业所面临的外部和内部环境时刻都在变化。因此，风险管理不是一个一劳永逸的制度设计，而是一种与企业经营活动一样的管理过程，是手段而非目的。

对风险管理的效果的评价可以参考成本收益原则，也就是将在风险管理过程中为了降低风险所付出的代价，与风险管理措施所降低的风险损失进行比较，计算如下效益比率：

$$\text{效益比率}=\frac{\text{风险管理措施所降低的风险损失}}{\text{实施风险管理措施所付出的直接成本和机会成本}}$$

如果该比率的值小于1，那么这样的风险管理方案是失败的。有效的风险管理方案应当使该比率大于1，并且比率越大，该方案的经济性越强，效率越高。

三、风险管理的局限性

尽管风险管理为企业起到了保驾护航的作用，可以帮助管理者实现企业目标，但进行风险管理的时候，必须认识到风险管理也是有局限性的。无论企业风险管理设计得如何完善、运行得如何有效，它并不能完全消除风险，只是能够降低风险和减少风险所带来的损失。这就是风险管理的局限性，其产生的原因在于：

1. 成本。对风险进行管理是有成本的，要耗费企业的人力、物力和财力。风险管理的设计必须反映企业资源稀缺的现实，而风险管理的收益必须对应风险管理的成本，风险管理必然会遵循成本收益原则。这样，就不可能也没必要对所有的风险都进行深入分析，企业也不能把所有的风险都降低到一个严格的标准。因此，进行风险管理后必定会有部分剩余风险存在。

2. 主观性。风险是客观存在的，但是对风险的评估是主观的。对风险的分析和评估是对未来的判断，其基础是人们的知识和经验，主观性很强。另外，风险分析量化的工具和方法也是建立在主观估计的基础上的。主观性的存在使得对风险进行精确评估不太现实。另外，风险评估还可能发生人为干扰，如简单失误或错误所造成的故障随时可能发生，两个或两个以上的人串通可以规避控制，并且管理层能凌驾于企业风险管理决策之上。这些局限性使得董事会和管理层不可能绝对保证实现企业的目标。

以上可见，风险管理不是万能的，也是有一定局限的。但是，决不能因此否认风险管理，风险管理是不可替代的。

本章小结

本章是企业风险管理的原理篇，对于我们学习企业风险管理技术起基础性的作用。本章的学习，首先应从了解风险的含义和构成入手。不同学者对风险有不同的定义，通过了解四种不同观点，让我们对风险的内涵有比较全面的认识。从风险的定义中可以发现，风险具有普遍性、损失性等特征。风险由三个基本因素：风险因素、风险事故和损失构成，这三者简单地说就是原因、过程和结果的关系。

其次，我们要了解风险的分类和对风险的态度。现代社会生活极其复杂，企业面临着各种各样的风险，从不同的层面上可以将风险分为不同的种类。按风险来源划分，可以分为外部风险和内部风险；按企业经营活动划分，可以分为人力资源风险、财务风险、市场风险、审计风险、信息披露风险等；按是否可以分散划分，可以分为可分散风险和不可分散风险。风险的分类不固定也不唯一，企业可以根据自身业务特点和生产需要划分不同的种类。一般认为，对风险的态度可以分为风险厌恶、风险中性和风险偏好。如果经济学中的“理性人”假设成立，则投资者大多数都是风险厌恶的。

再次，对风险有了全面了解的基础上，我们引入风险管理的概念，风险管理是一个动态持续的过程，这个过程中伴随着成本和收益的权衡。此外，风险管理不单是企业行政管理层的角色，所有的雇员均对监察和维持内部控制负有一定的责任，所以风险管理是企业内每个人的责任。风险管理的四个主要程序是：目标设定、风险识别、风险分析和风险应对。风险管理程序要求识别和了解企业面临的各种风险，以评估风险的成本、影响及发生的可能性，并针对出现的风险制定应对办法，制定文件记录程序以描述发生的情况及实施的纠正举措。

最后，我们应该了解风险管理的局限性。风险管理不是万能的，良好的风险管理只能降低企业面临的风险而不能杜绝风险。风险管理面临着成本效益的权衡和人自身不可避免的主观失误，这些形成了风险管理的固有缺陷。

重点名词

风险

风险管理

本章重点与难点

1. 风险与风险管理概念的理解
2. 企业风险按经营活动划分的种类及具体表现
3. 风险管理的过程
4. 风险管理的局限性

思考题

1. 企业风险管理与内部控制有何联系？
2. 为什么说风险管理是企业内每一个人的责任？
3. 有哪些风险分析和评价的方法？
4. 造成风险管理固有局限性的原因是什么？

案例讨论

三鹿集团败于风险管理失控

2008年12月25日，河北省石家庄市政府举行新闻发布会，通报三鹿集团股份有限公司破产案处理情况。三鹿牌婴幼儿配方奶粉重大食品安全事故发生后，三鹿集团于2008年9月12日全面停产。截止到2008年10月31日财务审计和资产评估，三鹿集团资产总额为15.61亿元，总负债17.62亿元，净资产-2.01亿元，12月19日三鹿集团又借款9.02亿元付给全国奶协，用于支付患病婴幼儿的治疗和赔偿费用。此时，三鹿集团净资产为-11.03亿元（不包括2008年10月31日后企业新发生的各种费用），已经严重资不抵债。

至此，经中国品牌资产评价中心评定，价值高达149.07亿元的三鹿品牌资产灰飞烟灭。

反思三鹿毒奶粉事件，我们不难发现，造成三鹿悲剧的三聚氰胺只是个导火索，而事件背后的运营风险管理失控才是真正的罪魁祸首。

（一）醉心于规模扩张，高层管理人员风险意识淡薄

对于乳业而言，要实现产能的扩张，就要实现奶源的控制。为了不丧失奶源的控制，三鹿在有些时候接受了质量低下的原奶。据了解，三鹿集团在石家庄收奶时对原奶要求比其他企业低。

另外，三鹿集团大打价格战以提高销售额，以挤压没有话语权的产业链前端环节利润。尽管三鹿的销售额从2005年的74.53亿元激增到2007年的103亿元，但是三鹿从未将公司与上游环节进行有效的利益捆绑，因此，上游企业要想保住利润，就必然会牺牲奶源质量。

（二）企业快速增长，管理存在巨大风险

作为与人们生活饮食息息相关的乳制品企业，本应加强奶源建设，充分保证原奶质量，然而在实际执行中，三鹿仍将大部分资源聚焦到了保证原奶供应上。三鹿集团“奶牛+农户”饲养管理模式在执行中存在重大风险。乳业在原奶及原料的采购上主要有四种模式，分别是牧场模式（集中饲养百头以上奶牛统一采奶运送）、奶牛养殖小区模式（由小区业主提供场地，奶农在小区内各自喂养自己的奶牛，由小区统一采奶配送）、挤奶厅模式（由奶农各自散养奶牛，到挤奶厅统一采奶运送）、交叉模式（是前面三种方式交叉）。三鹿的散户奶源比例占到一半，且形式多样，要实现对数百个奶站在原奶生产、收购、运输环节实时监控已是不可能的任务，只能依靠最后一关的严格检查，加强对蛋白质等指标的检测，但如此一来，滋生了层出不穷的作弊手段。但是三鹿集团的反舞弊却监管不力。企业负责奶源收购的工作人员往往被奶站“搞”定了，这样就形成了行业“潜规则”。不合格的奶制品就在商业腐败中流向市场。

另外，三鹿集团对贴牌生产的合作企业监控不严，产品质量风险巨大。贴牌生产能迅速带来规模的扩张，可也给三鹿产品质量控制带来了风险。至少在个别贴牌企

业的管理上，三鹿的管理并不严格。

（三）危机处理不当导致风险失控

2007年底，三鹿已经先后接到农村偏远地区反映，称食用三鹿婴幼儿奶粉后，婴儿出现尿液中有颗粒现象。到2008年6月中旬，又收到婴幼儿患肾结石去医院治疗的信息。于是三鹿于7月24日将16个样品委托河北出入境检验检疫技术中心进行检测，并在8月1日得到了令人胆寒的结果。与此同时，三鹿并没有对奶粉问题进行公开，而其原奶事业部、销售部、传媒部各自分工，试图通过奶源检查、产品调换、加大品牌广告投放和宣传软文，将“三鹿”、“肾结石”的关联封杀于无形。

2008年7月29日，三鹿集团向各地代理商发送了《婴幼儿尿结晶和肾结石问题的解释》，要求各终端以天气过热、饮水过多、脂肪摄取过多、蛋白质过量等理由安抚消费者。

而对于经销商，三鹿集团也同样采取了糊弄的手法，对经销商隐瞒事实而造成了不可挽回的局面。从2008年7月10日到8月底的几轮回收过程中，三鹿集团从未向经销商公开产品质量问题，而是以更换包装和新标识进行促销为理由，导致经销商响应者寥寥无几。正是召回的迟缓与隐瞒真相耽搁了大量时间。大规模调货引起了部分经销商对产品质量的极大怀疑，可销售代表拍着胸脯说，质量绝对没有问题。在2008年8月18日，一份传达给经销商的标注为“重要、精确、紧急”的《通知》中，三鹿严令各地终端货架与仓库在8月23日前将产品调换完毕，但仍未说明换货原因。调货效果依然不佳，毒奶粉仍在流通。

三鹿集团的外资股东新西兰恒天然在2008年8月2日得知情况后，要求三鹿在最短时间内召回市场上销售的受污染奶粉，并立即向中国政府有关部门报告。三鹿以秘密方式缓慢从市场上换货的方式引起了恒天然的极大不满。恒天然将此事上报新西兰总理海伦·克拉克，克拉克于9月8日绕过河北省政府直接将消息通知中国中央政府。

另外，三鹿集团缺乏足够的协调应对危机的能力。在危机发生后，面对外界的质疑和媒体的一再质问，仍不将真实情况公布，引发了媒体的继续深挖曝光和曝光后消费者对其不可恢复的消费信心，最终导致了品牌的轰然倒塌。

（资料来源：根据媒体相关报道整理）

讨论问题：

1. 什么原因导致三鹿集团的破产？

2. 试用风险管理的基本原理对三鹿事件进行简单分析。

第九章

企业风险管理的组织

在本章中，你将学到

◇ 风险管理的影响因素
◇ 风险管理方法
◇ 风险管理的组织
◇ 风险管理委员会的运行流程

引例

香港百富勤公司的倒闭[①]

百富勤原来只是一家有3亿港元资本金的本地小型投资银行，由于业务进展迅速，短短10年间，它就发展成了一家拥有240亿港元资产的跨国金融集团，成为亚洲除日本外的最大投资银行。

可是，这个金融奇迹却在金融风暴冲击下，在短短一年内入不敷出，1999年1月宣布破产。消息传出的当天，香港恒生指数下挫8.7%。

香港政府在调查百富勤的报告中表示，没有证据显示百富勤倒闭涉及任何欺诈行为，它倒闭的原因主要是由于缺乏有效的风险管理、内控体制和完善的财会报告系统。

百富勤虽然设立了信贷委员会和风险管理部门，但却未能制衡业务部门强大的权力，特别是在经济不景气的时候，追求业绩的目标完全盖过了防范风险的意识，这种脆弱的企业风险管理文化，最终使百富勤的股东和员工付出了沉重的代价。

---

① 资料来源：根据媒体相关报道整理

第一节 风险管理的影响因素与组织

一、风险管理的影响因素

影响企业风险管理的因素有很多，有客观方面的因素，比如行业的因素，主观方面的因素，比如组织及管理者的因素、组织内部的沟通因素等。还有些因素因风险而异，企业面临的风险多种多样，具体问题需具体分析。

行业因素，是对企业所处行业的发展趋势、目前形态和存在的主要问题进行分析，确保企业的竞争优势、制定中长期的发展方向和竞争策略。若所处行业本身存在较大的风险或者无任何竞争优势，企业就应考虑适时的退出策略；若所处行业竞争非常激烈，本企业又具备竞争优势应采取适当的措施分散风险，并通过加强技术力量，努力降低成本或实现产品多元化等办法来增强竞争力。

组织因素，比如管理层的风险偏好程度，组织自身抗风险的能力。是对企业组织机构的效率、企业内部组织机构与企业目标之间的适应性、企业组织机构与外部环境之间的适应性、管理制度的合理性等因素进行综合分析。

沟通因素，相关人员的信息传递的及时性、准确性以及有效性，以便于针对问题迅速做出恰当的反应，将风险控制在影响范围较小的阶段。

二、风险管理的组织

健全的风险管理组织是实现企业风险管理目标的组织保障。由于企业内外部环境的不同，不同企业的风险管理组织也应有所不同。企业应当从自身实际出发，建立有效的风险管理组织。

设立专门的风险管理机构对于加强风险管理、降低风险损失、促进企业内部风险管理的信息沟通具有重要的意义。实施风险管理的组织，对于风险管理的成败有重要影响。现代西方企业风险管理的流行做法是在董事会之下设置风险管理委员会，并在企业中设立独立于业务部门的风险管理机构专门负责企业风险管理事宜。

国务院国有资产监督管理委员会于 2006 年 6 月 6 日发布的《中央企业全面风险管理指引》明确规定："企业应建立健全风险管理组织体系，主要包括规范的公司法人治理结构，风险管理职能部门、内部审计部门和法律事务部门以及其他有关职能部门、业务单位的组织领导机构及其职责。"我国国务院国资委发布的《中央企业全面风险管理指引》也规定，具备条件的企业，董事会可下设风险管理委员会。目前，许多商业银行和其他金融机构均设立了专门的风险管理委员会以及资产负债风险管理、信贷风险管理等委员会。

第二节　风险管理委员会及其运行流程

根据国情和公司文化的不同，风险管理业务的归属也会相应变化。有的公司倾向于将风险管理业务分散于各个部门之中，有的公司倾向于将风险管理业务集中于独立的部门。经验表明，设立独立的风险管理机构——风险管理委员会，由专职人员负责风险管理可以节约风险管理成本。

一、风险管理委员会工作模式

一般来讲，风险管理委员会是企业中风险管理实施的主要负责部门。风险管理实施的时候，一个常用的模式是“几上几下”：

（1）由风险管理委员会牵头和推动，由各个职能部门和业务单元对其面临的风险因素进行自我识别和评估，将结果上传至风险管理委员会。

（2）风险管理委员会综合各部门的因素，进行整体考虑和分析，补充各部门遗漏的风险和企业整体的风险，并据此制定风险应对策略、建立风险管理流程，将应对措施落实到各部门的业务流程中。然后将此结果传递给各职能部门。

（3）各职能部门得到应对策略和流程控制指导后，结合部门实际，将风险管理流程融入到业务流程中，落实风险管理的措施。并且对风险管理的效果进行评估，将评估结果反映给风险管理委员会。

（4）风险管理委员会对各部门实施的结果进行评价，据此对各责任人进行考核，然后根据实施的效果对风险管理进行改进，再将制定的改进措施传递到各部门，如此不断循环。

二、风险管理委员会机构设置与成员素质要求

风险管理的运行需要企业全体员工的认同和参与。因此，风险管理委员会应当在企业组织中处于一个较高的层次，并赋予适当考核权力，才有利于其开展工作。通常风险管理委员会设置在董事会下，直接对董事会负责，委员会委员为公司的董事或高管。

风险管理委员会对建立和发展公司的风险管理体系负有整体责任，对其组成人员的素质要求比较高。具体包括：

（1）责任感。风险管理责任重大，在某种程度上类似于人体的健康。平时没有什

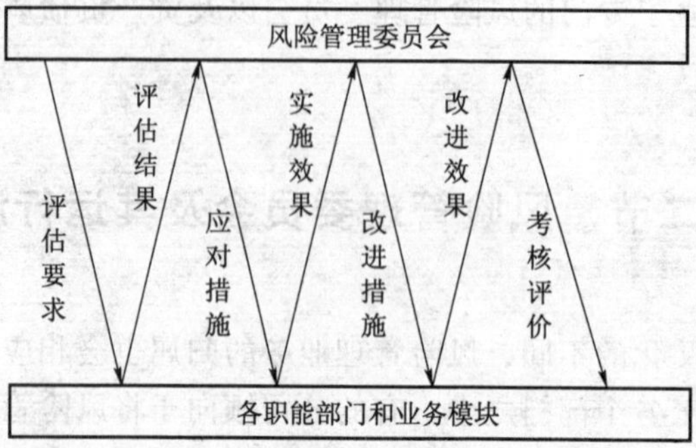

图 9－1　风险管理的运行

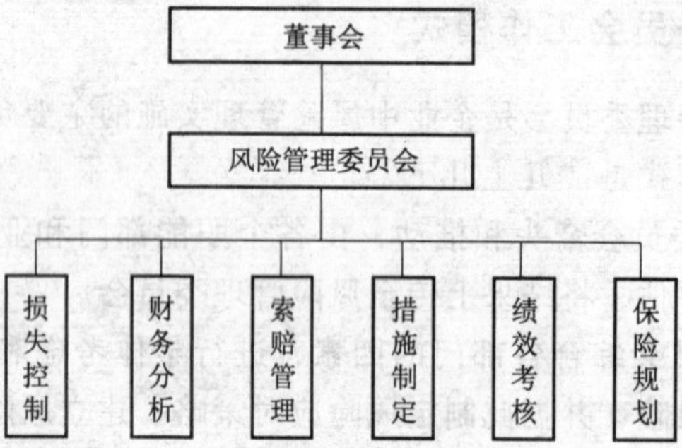

图 9－2　风险管理委员会的组织结构

么特别的体现，好像没有产生什么业绩，而一旦出现问题，就有可能是致命的危险。风险管理人员的工作关乎企业命运，因而责任感是对任职人员素质的第一要求。

(2) 懂得风险和风险管理。风险管理者要有敏锐的眼光和面向未来的观念，能够对即将发生的风险进行识别，并且能够恰当地衡量分析风险，据此提出解决办法和控制措施。

(3) 富有专长和工作经验。对企业商业模式和业务流程的了解是进行风险识别的基础。风险管理者应该在公司中具有丰富的工作经验，熟知企业的内外环境和工作流程。

(4) 沟通能力。风险识别离不开企业工作人员的配合，而且风险管理措施也需要企业所有工作人员来落实和执行。风险识别的调查、风险措施的传达、风险理念的灌输、实施效果的考核等，都需要风险管理人员与各部门工作人员的沟通和交流来实现，因此，良好的沟通能力在这一过程中不可或缺。

三、风险管理委员会职责与权力

（一）风险管理委员会的职责

风险管理委员会的职责主要有七个方面，分别为：

1. 识别并营造风险管理的内部环境。内部环境是风险管理的基础要素。COSO 的《企业风险管理框架》提出的风险管理八要素的第一个要素就是内部环境。内部环境包括风险管理哲学、风险偏好、风险文化、组织结构、职业操守、价值观、管理哲学、经营风格、人力资源等方面。风险管理委员会应识别、分析企业的内部环境，并致力于内部环境的营造，将环境塑造为有利于风险管理的氛围。

2. 引导企业文化建设，加入风险理念。风险管理过程包含着许多与企业各职能部门的沟通和互动，包括前期的收集信息、中期的措施实施以及后期的评价考核等。一个有效的风险管理体系离不开公司内部纵向和横向的沟通，甚至需要与公司外部关系人进行沟通。风险管理的每个环节，都深受企业文化的影响。不言而喻，开放、合作的企业氛围与办公室政治的企业氛围相比较，前者风险管理的开展条件与后者比有巨大的优势。

企业员工对风险的重视程度直接影响着风险管理的实施及效果。毕竟风险管理不只是风险委员会的工作，而是全部职能部门和员工都要参与的管理活动。要通过对企业文化建设的引导，使员工真正理解风险管理的重要性，明确风险管理的目标，最终要达到“管理风险是每个人的工作”这一理念被公司大多数员工所认同。

因此，塑造良好的公司文化氛围，在公司文化中植入风险理念，可以为风险管理的开展打下坚实的基础。协助企业文化的建立，并加入风险导向，这也是风险管理委员会的职责所在。

3. 建立风险管理制度，制定并明确风险负责人的职责。风险管理不应仅仅是风险管理委员会的职责，而应是企业每一个员工的工作。风险管理涉及企业的方方面面：资金和资产保全部门、高级管理层、运营人员、法律顾问、内部审计部门等。因此，在风险管理过程中，各部门的协同合作尤为重要。风险管理委员会要通过制度建设，促成这种沟通和协作，最终使其变为企业文化的一部分。

此外，要制定并明确每个风险险管理参与人员的职责，通过责任制和考核体系来调动员工参与风险管理的积极性，降低推行的阻力。

4. 合理分配风险管理资源，为风险管理过程提供保障。根据风险管理的实施活动，合理分配企业资源，确保风险管理的资金和人员到位。同时，要合理规划时间安排，将时间进度与工作强度和难度匹配，避免出现为了短时间赶工期而不得不牺牲工作质量的无奈情况。

5. 制定风险管理措施，将风险控制在可接受的水平之内；建立风险管理流程，将风险管理活动整合到企业的经营业务流程之中。风险管理的流程和活动应该与企业的经营业务活动形成一个有机的整体，而不是作为日常工作的附属流程。特别是风险应对中的内部控制措施，控制运营风险的产生，则更是公司业务流程中不可或缺的一部分。

6. 监督风险管理的具体实施，并进行考核和评价，形成透明有效的监督机制和信息反馈机制。风险管理进行的过程本身存在不确定性，也就存在风险。对这部分风险的控制就要靠对风险管理的监督来完成。监督的目的是为了确保风险管理过程高质量地完成，防止偏差的发生。

在风险管理的各个阶段都容易出现偏差。例如在风险识别阶段，可能出现与职能部门的沟通不足、风险因素的识别不全面；风险识别人员经验不足，对风险管理不熟悉；会前准备不充分，致使会议效果打折；会议组织不力，部分参会人员无法出席等等偏差。

通过对风险管理的监督、考核和评价，保证风险管理落到实处，真正为企业创造价值。此外，还要建立信息反馈机制，形成风险管理报告，建立信息系统和数据库，使得管理层能够及时了解风险管理实施的过程和效果，并据此进行评估和改进。

对以下问题的回答，可以对风险管理体系的监督和评估提供一个初步的指引：

➢ 公司高管层是否赞成风险管理理念，并明确支持？
➢ 公司高管是否起到风险管理的推动作用？
➢ 企业文化和管理风格是否有利于风险管理的推行，或者至少不构成障碍？
➢ 是否跟公司员工进行过风险管理理念的沟通？
➢ 公司员工是否认同风险管理理念？
➢ 信息的上传下达及反馈是否准确、通畅？
➢ 风险管理与公司目标是否联系紧密？
➢ 风险管理活动是否融入了公司的日常经营管理活动中？
➢ 公司的业务流程组成中是否存在有效的风险控制流程？
➢ 风险管理是否恰当地授权给各职能部门？
➢ 风险管理的责任是否落实到人？
➢ 来源于各方面的风险是否都被识别？
➢ 对风险因素的分析是否准确？
➢ 对识别出的各种风险是否制定了应对措施？
➢ 风险评估活动是否经常进行？
➢ 风险管理确定的应对策略和措施是否被员工理解并执行？
➢ 风险管理体系和流程是否透明？

➢ 风险管理的工作绩效是否已经纳入员工的考核体系中？

7. 定义一致的风险语言，并在公司内推广使用。风险管理的运行过程，实质上相当于对公司的策略、流程、人力资源、知识、技术等的重组和整合。在此过程中，涉及方方面面的沟通和协作。每个人对事物的理解和认识是不同的，并且各个职能部门的员工在考虑风险的含义时，自然会从本部门的知识和经验出发来理解。这样，沟通不畅、交流错误就有可能发生。交流错误带来的损失有可能是企业所不能承受的，而且也本不应该承受的。因此，需要一种通用的、一致的风险语言来支持沟通，保证交流的准确通畅，促进交流和决策。风险语言的统一，为风险管理提供了交流和沟通的平台，是风险管理过程中的基础要素。

对风险语言的统一工作，第一步是风险管理委员会对风险管理过程中所涉及的术语、关键词等进行定义和统一，明确各种要素的范围及所指，避免理解差异。然后，在对员工进行风险管理教育和培训的过程中，将风险语言的教育融入其中，使员工理解并使用统一的风险语言。

在风险管理中，需要定义的风险语言主要是风险分类中，各大类及各细节风险的定义词汇。

（二）风险管理委员会的权力

任何工作岗位的设置，都应做到责任和权力的统一。风险管理委员会责任重大，必须赋予其相应的权力，它能够有效地调动公司上下的资源和人力，才能保证风险管理工作的顺利实施。

风险管理委员会的权力主要分为两部分：调动资源的权力和人事考核的权利。

1. 调动资源，指风险管理委员会能够有一定的预算资金可以调用，用来支持风险管理的实施。

2. 人事考核，指风险管理委员会在风险管理的过程中，能够对实施风险管理措施的相关部门工作人员进行考核，并据此进行一定程度的奖惩和激励。

四、风险评估与控制计划

风险评估与控制计划由风险管理委员会制定，是进行风险管理工作的基础。一般来讲，计划中需要明确以下几个要素：

➢ 需要进行哪些工作事项？

➢ 各工作事项又可分为哪些更小的事项？

➢ 各工作事项的目的？

➢ 各工作事项的起止时间？

➢ 由谁来进行该项工作？

➢ 该项工作的预算？

➢ 工作结束后的考核如何进行？

此外，风险评估与控制计划中还需要定义所需的工作文档格式和沟通方式，定义统一的风险语言，以利于各部门之间的有效沟通。

五、风险管理委员会工作条例实例

某公司董事会风险管理委员会实施细则

第一章 总 则

第一条 为了完善公司治理结构、加强内部控制、提高公司对风险的控制能力和水平，根据《中华人民共和国公司法》、《中华人民共和国证券法》、《上市公司治理准则》及其他有关规定，本公司董事会特设立风险管理委员会，并制定本实施细则。

第二条 风险管理委员会是实施风险管理的专门工作机构，对董事会直接负责。

第二章 人员组成

第三条 风险管理委员会由四至六名董事及公司高管组成，并设立委员会主任一名。

第四条 风险管理委员会委员由董事长提名，通过董事会多数董事选举同意后决定其任免。

第五条 风险管理委员会委员的任期与董事会任期一致。委员任期结束后，经过再次选举仍然当选的可以连任。在任期内如果有委员不再担任公司董事职务，自动失去委员资格，并由董事会重新选举补充委员。

第三章 职责权限

第六条 风险管理委员会的主要职责是：

（一）引导企业文化建设，将风险理念加入公司文化，落实到员工的培训中。

（二）与各部门沟通，建立风险管理制度，制定并明确各风险负责人的职责。

（三）审议公司业务流程和具体项目，提出决策建议。

（四）建立风险管理流程，并将其整合到公司业务流程之中。

（五）定期分析、识别企业各方面的风险，进行评估并给出控制建议，将结果汇报给董事会。

（六）监督风险管理的具体实施，并进行考核和评价，形成透明有效的监督机制和信息反馈机制。

（七）董事会授权的其他事宜。

第七条　风险管理委员会对董事会负责，委员会的决策建议和报告提交董事会审议决定。

第四章　议事程序

第八条　公司相关业务及各部门负责人应当协助风险管理委员会的工作，并提供有关的书面材料：

（一）监管部门的相关规定

（二）部门风险状况报告

（三）部门风险管理和内部控制措施

（四）公司资产质量分析报告

（五）部门业务具体流程

（六）其他相关材料

第九条　遇有突发风险事件，应及时报告风险管理委员会成员，并通告董事、监事及其他相关人员。

第十条　风险管理委员会定期召开会议，进行讨论，并将相关风险评估结果及实施情况书面报告给董事会。

第五章　议事规则

第十一条　风险管理委员会会议定期召开，或者由董事长、委员会主任根据需要召开。会议召开前至少提前两天通知全体委员，确保至少三分之二的委员出席会议。会议由委员会主任主持，委员会主任不能出席时可委托其他委员主持。

第十二条　风险管理委员会会议应由三分之二以上的委员出席方可举行。每名委员有一票的表决权。会议决议必须经过半数以上的委员通过，同时应在决议书后附上投反对票委员的意见。

第十三条　风险管理委员会会议的表决方式为投票表决，并在决议书上签字。临时会议或紧急事项也可以采取通讯表决的方式。

第十四条　公司总经理和董事会秘书出席风险管理委员会会议，必要时可邀请非委员董事、监事以及其他高级管理人员列席会议。

第十五条　必要时，风险管理委员会可借助外脑，聘请外界管理咨询机构、中介机构等为其决策提供专业意见，费用由公司支付。

第十六条　风险管理委员会会议通过的议案必须遵守法律、有关法规和公司章程的规定。

第十七条　风险管理委员会会议应当保留会议记录，出席会议的委员在每次会议记录上签名确认。会议记录由公司董事会秘书保存。

第十八条 风险管理委员会会议通过的议案及其表决结果，应以书面形式呈报公司董事会。

第十九条 出席风险管理委员会会议的人员负有保密义务和责任，不得擅自对外披露、传播相关信息。

第六章 附 则

第二十条 本实施细则自董事会决议通过之日起实行。

第二十一条 本实施细则未尽事宜或与本实施细则生效后颁布的法律、法规、行政规章和公司章程的规定相冲突的，以法律、法规、行政规章和公司章程的规定为准。

第二十二条 本实施细则解释权归公司董事会。

某企业安全保卫委员会工作条例

一、企业安全保卫工作领导委员会

主 任：企业经理

副主任：主管领导

委 员：各部门经理、租户代表

二、企业安全保卫综合治理领导小组

组 长：主管领导

副组长：安保部经理

组 员：办公室主任、物业部经理、人事部经理、财务部经理、企业主管领导、外聘保安队长、租户安全主管人员等

三、企业安全保卫工作委员会职责与任务

（一）建立健全各项治安保卫工作制度，完善内部防范机制，加强治安保卫工作的管理，预防违法犯罪和治安灾害事故的发生，为企业创造一个良好的内部治安环境。

（二）落实“治安保卫责任制”，实行目标管理，将责任层层分解，落实到每个职能部门、基层单位和员工个人身上。实行逐级负责制，做到任务明确、职责清楚、责任落实、定期考核、奖优罚劣。

（三）对员工进行经常性的安全和遵纪守法教育，增强安全和法制观念，加强思想政治工作，采取有效措施，调解、疏导、处理内部纠纷，防止矛盾激化。

（四）查破一般案件，协助公安机关侦破重大案件。

（五）加强对现金、票证，图书和易燃易爆、剧毒等物品的管理，完善治安防范措施，配备必要的技术预防装置。

（六）按照市政府的有关规定，确定本单位的要害部门和重点部位，严格落实各项安全措施。

（七）组织安全检查，及时发现和消除治安隐患。凡单位有条件排除的隐患要及时排除；对暂时难以解决的治安隐患，在采取临时安全措施的同时，逐级向上反映解决。

（八）保护刑事、治安案件和治安灾害事故现场，抢救受伤人员和物资，及时向公安机关和上级部门报告，并积极协助公安机关侦破、处理。

（九）按照市政府暂住人口管理的规定，做好外来人口的管理工作。严格登记办证制度，认真做好审查工作，落实"谁用工、谁留住、谁负责"的治安承包责任制。

（十）积极参加所在地区组织的社会治安综合治理工作。

四、企业安全保卫工作要求

（一）安全保卫工作要坚决执行党的领导、群众路线，贯彻"预防为主，确保重点，打击敌人，保障安全"的方针和"谁主管，谁负责"的原则。

（二）建立健全保卫组织。根据需要设置保卫机构，配备专职或兼职保卫人员。

（三）实行"治安保卫责任制"，落实治安综合治理。

（四）预防治安灾害事故，应当以防火、防爆炸为重点，加强防护措施，消除事故隐患。

（五）治安保卫工作，必须作为单位管理的一项重要内容，层层落实，与工作、经营同计划，同部署，同检查，同总结，同批评，严格考核，奖优罚劣。

（六）对公安机关指出的隐患和提出的改进建议，要在规定期限内解决，并将结果报告公安机关。

五、企业安全保卫工作任务区分

（一）各部门、单位要按业务工作及所属管理范围建立相应的安全工作制度，企业负责下达各部门、各单位的安全保卫责任区，严格执行"谁主管、谁负责"的原则，逐级、逐岗位、逐人明确安全工作责任。责任不清的直接主管负责。

（二）各部门、单位所属区域，不论属公共部分还是自管部分，发生安全问题，均由所属部门、单位负责（除物业管理明确承担的以外）。

（三）企业每年与所属部门、单位签订《安全保卫目标管理责任书》，并监督检查落实情况。各部门、单位必须在此基础上，与所属部门和人员签订《安全保卫目标管理责任书》。将管理目标值量化分解到岗位、人员。

（四）企业各部门、单位按职责分工，对所属人员财务、物品的安全负有相应的管理、检查责任。

六、企业安全保卫工作制度

（一）值班制度：设24小时领导值班制度，全权处理企业所属各单位、部门经营活动中发生的治安问题，并负责组织指挥应急状态下各种处置方案的实施。

（二）检查制度：由“综合治理领导小组”组织，每季度对企业下属部门、单位进行一次全面安全检查和一次抽查。

（三）例会制度：企业由“综合治理领导小组”结合每季度定期检查，召开一次例会。重要活动及特殊要求由企业“综合治理领导小组”主任或副主任随时召开例会。

（四）汇报制度：每月各部门、单位向企业“委员会”以书面形式汇报一次安全工作情况。

（五）请示制度：企业下属各部门、单位，在工作、经营中凡涉及安全保卫问题的，必须先请示后行动。请示未正式批复前，不得随意行动，否则后果自负。

（六）奖罚制度：各部门、单位全年完成“安全保卫目标管理责任书”要求的，由企业“委员会”报请董事会给予表彰，企业“委员会”给予物质奖励；由于单位没有做好安全保卫工作而发生刑事、治安案件和火灾、火情、火警的，取消部门、单位年终评奖，并扣减利润提成的1% -5%，造成重大损失的还要追究刑事责任。

七、企业防火安全工作职责与任务

（一）认真执行消防法规和消防技术规范，按照领导机关和消防部门的要求，制定和落实防火安全制度和措施。做到各部门、各单位、各岗位熟知防火安全责任和要求。

（二）对员工进行防火安全宣传，定期进行防火知识教育和灭火技术训练，开展群众性的防火安全竞赛活动。

（三）做好员工岗前防火安全培训，尤其是重点岗位、要害部位、关键岗位，必须经过岗前防火安全培训，考试合格后方能上岗。

（四）重点防火部位，必须有严格的防火安全制度和安全措施，制定灭火方案，建立防火档案，并设专人负责防火安全工作。

（五）经常进行防火安全检查，及时制止、纠正违法和违章行为，防止和消除火险隐患。对暂时难以消除的火险隐患，必须采取应急措施，确保安全。

（六）加强干部值班，建立夜间值班、巡逻制度。值班人员应责任心强，并具备一定的防火、报警、灭火知识，及时发现、处理不安全因素。

（七）建立防火安全组织，制定灭火方案，定期组织灭火演习。发生火灾应立即报警，组织扑救，抢救人员、物资，并保护火灾现场，协助公安消防机关做好事故查处工作。

（八）单位借租房屋和场地三个月以上，须经单位领导批准，保卫部门备案。应与租用单位签订防火安全责任书，明确各自的防火责任，并将责任书上报委员会。

（九）建立防火安全责任制的考核、奖励制度，奖优罚劣。

八、企业防火安全工作要求

（一）消防工作实行“预防为主，防消结合”的方针。每个部门、单位和个人都必须遵守消防法规，做好消防工作。

（二）各部门、单位实行防火安全责任制度，确定一名主要领导人为防火安全负责人，全面负责消防安全工作。

（三）各单位应当根据防火、灭火的需要，配置相应种类、数量的消防器材、设备和设施，并指定有关人员负责保养、维护和管理，保证完好和应有的使用效能。

（四）任何单位和个人都有责任维护消防设施，不准损坏和擅自挪用消防设备、器材，不准埋压和圈占消防水源，不准占用防火间距、堵塞消防通道。

（五）各单位应建立义务消防队。义务消防队应当定期进行教育训练，熟练掌握防火、灭火知识和消防器材使用方法，做到能防火检查和扑救火灾。

（六）任何人发现火灾都有义务迅速报警，单位应迅速组织力量，扑救火灾、抢救生命和物资。参加救火的单位和个人都必须服从总指挥的统一指挥。

附：配置轻便消防器材的部位要求：

（一）餐厅、观众厅、舞台等公共活动场所。

（二）各楼层服务台、电梯前室、走廊。

（三）配电室、消防控制室、计算机房、发电机房、图书室和厨房。

（四）车库、可燃物品库房等重要部位。

九、企业重点、要害部位及安全保卫工作要求

（一）企业重点、要害部位：

贵宾厅、贵宾电梯、剧场贵宾包座、剧场前区贵宾席、硅控室、配电室、企业财务部、计算机机房、库房和宿舍。

（二）安全保卫工作要求：

1. 确定重点、要害部位，履行审批手续。由保卫部填写《要害审定书》，报请本单位主管领导审定，并向公安机关备案。

2. 制定重点、要害部位防火、防盗窃、防破坏的安全保卫制度和措施，并纳入岗位责任制。

3. 重点、要害部位的工作由政治可靠、作风正派、忠于职守、技术胜任的人担任，并对安全承担责任。

4. 企业必须经常对重点、要害部位进行安全检查，对安全隐患，要及时解决或采取临时安全措施。

5. 对易发生重大火灾、爆炸事故的部位，必须制定切实可行的应急方案，从组织上和物质上做好安全防范工作。

6. 各单位必须建立要害部位安全保卫档案，要害部位安全保卫档案统一由保卫部管理。

十、库房防火安全管理规定

（一）库房防火安全实行岗位责任制，谁主管谁负责。

（二）库房应采用防爆型照明设备，并按规范安装。禁止私自拉临时线路，不准超负荷用电，保险装置应灵敏有效。

（三）库房内严禁吸烟，禁止动用明火、使用电炉等电热器具。

（四）库房内应按照国家有关消防技术规范，设置、配备消防器材，并经常维护、检查、保养，保证完好有效。

（五）经常对电源、火源、易燃易爆物品进行安全检查，消除火险隐患。

（六）库房保管员应熟悉保管业务知识、防火安全制度，掌握消防器材的操作使用和维护保养办法。

（七）非管理人员不得进入库房。库房内不准住人和存放私人物品。

（八）库房保管员每日下班时要进行安全检查，关闭电源，确无问题后方可离开。

十一、对施工人员的管理

（一）外来施工的单位，必须统一由工程部接洽管理，并签订《施工安全协议书》，在保安部接受安全教育后方能施工。

（二）施工人员一律佩戴保安部配发的临时工作证，从指定的门出入，进出要自觉接受保安人员的检查。货物一律凭部门或工程部负责人签发的出门证明放行（私人物品除外）。凡有证不戴、无证进出、使用他人或过期证件者均给予处罚。

（三）施工人员要注意仪表仪容，不得赤脚，不准穿背心、拖鞋进入企业，如搬运大件器械，要通知保安部门并按指定通道通行。

（四）施工人员必须执行企业有关施工规定，不得擅自进入客房和办公室及其他与施工无关的区域，不得使用客用设施，未经批准不得使用员工福利设施（洗澡、用餐等）。

（五）施工单位及人员要严格执行企业消防和动火、用电、使用易燃物品的规定，动用明火必须由工程部同意，保安部门开动火证。动火人员要有电气焊许可证。

（六）施工单位应对所属人员妥善管理，如给企业造成损害，保安部门应与其单位及时交涉，报请企业领导处理，同时要求对方赔偿经济损失。

十二、企业经理治安保卫责任制

（一）企业经理是企业的最高行政领导，对企业内的安全保卫工作负有全面领导责任。

（二）认真贯彻有关安全工作的方针、政策、规定和指示，将安全保卫工作纳入工作议事日程，与经营管理工作同计划、同部署、同检查、同总结、同评比，并做到奖优罚劣。

（三）加强对保卫组织的建设的领导，使之适应实际工作的需要，发挥保安部门的职能作用。

（四）领导企业治安保卫责任制的贯彻落实，并按规定审批奖惩。

十三、企业治安保卫主管责任制

（一）在企业经理领导下，具体组织领导企业的安全保卫工作，并负有主要领导责任。

（二）贯彻执行有关安全保卫工作的方针、政策、法律、法令和规定，以及公安机关、上级主管部门的要求、指示，并监督、检查落实情况。

（三）坚持预防为主的方针，加强治安防范工作，维护内部治安秩序，保卫企业财产和员工、顾客的人身安全。

（四）负责健全和完善各种规章制度，组织实施治安保卫责任制，签订所属各部门、单位《安全保卫工作目标管理责任书》，督促、检查、考核治安责任制的逐级贯彻执行情况。

（五）经常开展以防火、防盗、防破坏、防治安灾害为主要内容的“四防”活动，进行安全检查，整改治安灾害隐患，改善消防条件，完善消防设施。

（六）总结治安保卫工作，审查、推广典型经验，组织评选先进单位和个人，处置责任案件和责任事故，定期向公安监督机关汇报工作情况。

（七）对发生的各种治安案件和重大治安事故及时上报，并组织保护现场，积极配合公安保卫机关侦破和查处。

十四、各部门主任、单位经理治安保卫责任制

（一）认真贯彻执行企业治安保卫责任制，摆正安全与经营、业务的关系，不违章指挥，切实做到经营、业务工作与安全保卫工作同计划、同部署、同检查、同评比，并在保证安全的条件下进行工作。

（二）加强对钥匙、现金、票证、易燃易爆、有毒、放射性物品及刀具的管理，建立相应措施和制度，责任落实到人。

（三）签订《安全保卫目标责任书》，并严格执行各条款，加强对易发案部位的管理，做到职责明确、责任到人。减少一般治安、刑事案件，杜绝一般火灾和重大治安、刑事案件的发生。

（四）凡因部门经理未向本部门人员宣传并贯彻安全保卫责任制和上级有关方针、政策、指示而造成事故者，除追究肇事者的责任外，也要追究部门领导的责任，视情节轻重批评教育、行政处罚或纪律处分。

（五）每季度研究一次安全保卫工作，针对存在的问题，采取果断措施，难以解决的问题应及时向企业主管领导汇报，提出改进意见，同时采取安全防范措施，保证安全。

（六）要经常开展以“四防”为主要内容的活动，进行安全大检查，发现漏洞和安全隐患及时整改。一旦发生刑事、治安案件和各种事故必须及时上报，保护好现场，积极配合保卫部门查处，做好善后抢救工作，查明原因，堵塞漏洞，加强防范措施。

（七）安全保卫责任制是部门经营管理责任制的重要内容之一。对在安全保卫工作中做出成绩的员工，应给予表彰和奖励。

十五、各单位治安保卫主管责任制

（一）贯彻执行各项安全保卫工作法规和有关指示、要求，落实本单位“治安保卫责任制”，组织领导本单位安全保卫工作并负全责。

（二）建立健全本单位安全工作各项规章制度，制定各种客观安全措施和特殊情况下安全保卫方案、紧急状态下工作预案。

（三）组织签订本单位《安全保卫目标管理责任书》并检查落实。

（四）经常进行安全检查，及时纠正违章、违纪现象，发现安全问题和隐患，要及时整改，确保安全。

（五）对员工经常进行“四防”宣传教育，普及安全知识，增强安全观念和法制观念，提高员工遵纪守法的自觉性。做好新员工、临时工上岗前安全培训。

（六）组织和领导所属保安人员、专职消防员和义务消防组织开展工作。加强管理训练，不断提高人员素质、职业技能和工作能力，努力做好本职工作。

（七）定期组织防火安全训练，使专职人员和全体员工掌握消防器材的使用方法，适时组织灭火演练。

（八）管理和维护消防设施、设备、器材，根据规定和需要，组织配置、检查和更换，使其处于良好状态，保证应有的使用效能。

（九）监督落实治安保卫工作责任制，总结安全工作。对上级机关提出的问题按规定时限加以解决，定期向上级机关报告安全工作情况。

（十）调查治安事故，保护事故现场，协助机关调查处理。

十六、领班、员工治安保卫责任制

（一）领班对本班（组）的安全保卫工作负全责。

（二）严格遵守国家的法律、法令和企业各项规章制度，不扰乱企业工作、经营秩序和社会治安。

（三）严格执行“四防”安全制度、规定及安全操作规程，对存在的不安全因素应及时排除，对权限范围以外的不安全因素除及时采取措施外，还应立即向领导汇报并提出改进意见。

（四）领班要坚持执行每日班后检查制度，同本班（组）员工共同做到下班关闭门窗、切断电源、及时消除易燃物，认真做好本岗位防火、防盗、防治安灾害事故等预防工作。

（五）对自己使用的更衣箱、更衣柜等，必须锁好，严禁存放贵重物品和大量现金，领班每日检查，如违反本制度造成丢失的，保安部只协助查找，不立案处理。

（六）严格执行消防、交通安全管理制度，不擅自使用和破坏消防设施和器材。

（七）坚决同违法犯罪行为和不良倾向作斗争，积极协助公安、保安部门揭发、检举犯罪和违法行为，不包庇坏人。

十七、财务人员治安保卫责任制

（一）财务部门要严格按银行规定，每天核对库存现金，不得超过规定金额。

（二）去银行取、送巨款，必须有专车，两人以上办理，中途不得停留办其他事项。

（三）出纳人员应严格执行国家现金管理制度，支票使用时方可加盖公章和会计印章，严禁事先盖章备用，妥善保管印章。

（四）要加强对现金、票证的保管，现金、票证必须放入保险柜，保险柜的使用要定人、定措施，钥匙要保管好，不得放在办公桌内。

（五）财务部门的门窗要安全牢固，一旦发生门窗被撬要立即报案，保护好现场，任何人不得进出，积极配合公安、保安部门查处。

（六）严格执行《安全保卫工作目标管理责任书》，凡因财会人员忽视安全保卫工作而发生案件的，视其情节给予批评教育、纪律处分，直至追究刑事责任。

案例

风险管理委员会形同虚设的前车之鉴：中航油

曾经的辉煌

中国航油（新加坡）成立于1993年，由中央直属大型国企中国航空油料控股公司控股，总部和注册地均位于新加坡。公司成立之初经营十分困难，一度濒临破产，后在总裁陈久霖的带领下，一举扭亏为盈，从单一的进口航油采购业务逐步扩展到国际石油贸易业务，并于2001年在新加坡交易所主板上市，成为中国首家利用海外自有资产在国外上市的中资企业。

经过一系列扩张运作后，公司已成功从一个贸易型企业发展成工贸结合的实体企业，实力大为增加。短短几年间，其净资产增长了700多倍，股价也是一路上扬，市值增长了4倍，一时成为资本市场的明星。

公司几乎垄断中国进口航油业务，同时还向下游整合，对相关的运营设施、基础设施和下游企业进行投资。通过一系列的海外收购活动，中国航油的市场区域已扩大到东盟、远东和美国等地。

2003年，《求是》杂志曾发表调查报告，盛赞中国航油是中国企业“走出去”战略棋盘上的过河尖兵。报告称，公司的成功并无特殊的背景和机遇，完全是靠自己艰苦奋斗取得的。同时，国资委也表示，中国航油是国有企业走出国门、实施跨国经营的一个成功典范。

公司的成功经营为其赢来了一连串声誉，新加坡国立大学将其作为MBA的教学案例；2002年公司被新交所评为“最具透明度的上市公司”奖，并且是唯一入选的中资公司；公司总裁陈久霖被《世界经济论坛》评选为“亚洲经济新领袖”。

关键词：期权、OTC、借钱赌博

中国航油（新加坡）股份有限公司是用借来的钱，在OTC（场外交易）市场上卖出石油期权而遭来灭顶之灾的。这里的关键词有三个：期权、OTC市场和借钱。

中航油卖出的期权，就是一项合约，赋予买方以特定价格买入一定数量航空煤油的权利。为此，买方支付一定的费用，即权利金。卖方中航油则收取权利金。显然，在这中间，买方的风险是有限的，顶多就是期权作废，损失权利金；但作为卖方，中航油的风险极大，因为期权结算时，高于限价的部分都要中航油承担。这实际上就是豪赌油价下跌，并且这次赌博的收益和风险完全不对等。收益只是有限的权力金，而风险在理论上来说却是没有限度的。

对于这一期权头寸，是着实令人费解的。首先，中航油的定位是向国内航空公司供应航空煤油，因此，中航油应在石油市场上做多，这样才与其实物头寸一致，达到套期保值的目的。但事实是，由于卖出限价期权，中航油实际上在做空。其次，即使看跌油价，需要做空，也可以选择买入看跌期权这种方式，风险有限——最多亏损期权费，而收益无限——跌的越多收益越大，何苦反其道而行之，选择收益有限而风险无限的方式呢？

另一个关键词——OTC市场，也意味着风险。有别于在交易所进行的场内交易，OTC场外交易的风险更高，而其好处是灵活，买卖双方可以自行洽谈条件。

更要命的是，这些高风险交易的资金，其风险程度也很高。中航油年报透露，2003

年7月18日，公司与十家国际银行签署了1.6亿美元银团贷款协议。而这就是中航油进行石油衍生品交易的资金主力。

用借来的钱，在高风险的OTC市场，进行高风险的期权交易，中航油简直将游戏玩到了极限，稍有闪失，资金链接不上，便会导致崩盘。果然，前期国际油价的猛涨，不仅引爆危机，而且，令亏损达到5.5亿美元之巨。

违规入场

中国一些大型国有企业从20世纪80年代后期开始在国际期货市场上闯荡，90年代前期曾相继爆出巨亏丑闻。1994年年底，中国证监会等国家有关部门曾发出联合通知，严禁国有企业从事境外期货交易。不过，1997年赴新的陈久霖并没有受到这种"严禁"的束缚，也从未认真审视同行们的前车覆辙。

至90年代末，他领军的中航油（新加坡）已进入石油期货市场，也曾多有盈利。2001年11月中航油（新加坡）上市，招股书上已经将石油衍生品交易列为业务之一。在2002年的年报显示，中航油（新加坡）凭投机交易获得相当盈利。2003年4月，中航油（新加坡）的母公司中海油集团也成为第二批国家批准有资格进入境外期货交易的企业。

2003年下半年开始，中航油（新加坡）进入石油期权交易市场。除了对冲日常业务的风险外，公司也从事投机性的交易活动。到年底，公司的盘位是空头200万桶，而且赚了钱。其实，公司当时已明显违背《国有企业境外期货套期保值业务管理办法》中对投机交易的禁止规定，涉身险地，从事投机性交易。

然而，陈久霖对此事看得很平常。

"身在海外并且受新加坡法律管辖。"陈久霖觉得公司做投机生意是合法的。据了解，在中航油（新加坡），该项期权交易由交易员Gerard Rigby和Abdallah Kharma操盘，两人分别在市场上有14及18年经验，均为资深外籍交易员。陈久霖后来不止一次地告诉熟人说，两名操盘手进入期权市场他事先并不知情，事后也并没有要求报告。"亏损了才报告。他们这样做是允许的，也可以理解，他们都有业务指标。"

亏损第一阶段：580万美元

亏损在2004年一季度显现。由于Gerard Rigby和Abdallah Kharma在头三个月继续卖空，而石油价格一路上涨，到3月28日，如果当时进行结算，公司已经出现580万美元账面亏损。这是一个不小的数目。

此时正是中航油（新加坡）年度财务报告公布的前夜，公司更处于股价持续攀升的火热局面。据知情人回忆，陈久霖当天召开了两名交易员和七人风险管理委员会成员参加的会议，讨论解决方案，但久议难决。次日，风险管理委员会主任Cindy Chong和交易员Gerard Rigby本人前往陈久霖办公室，提出了展期的方案。陈久霖接受了这一建言。于是，在期权交易中的盘位大增。于是，中航油决定延期交割合约，同时增加仓位，寄希望于油价能回跌。

两天之后，中航油（新加坡）宣布了2003年年报，全年盈利3289万美元，股价冲至1.76新元高位。

亏损第二阶段：3 000万美元

然而，油价没有停止上涨的步伐。二季度，油价再升，到2004年6月时，中航油账面亏损增至3000万美元左右，公司因而决定再将期权延后到2005年和2006年交割，并再次增仓。

这一回，在又一次风险控制委员会的会议中，有人担心"会不会搞大"了。据一位知情人回忆，当时大部分人仍觉得可以展期持仓，而陈久霖再次显示出"魄力"，同意把所购期权的到期时间全部后挪至2005年和2006年，在新价位继续卖空。这种做法已远远超过《管理办法》中只允许炒12个月的上限，交易量被进一步放大。

亏损第三阶段：1.8亿美元

到2004年10月，油价创新高。中航油持有的期权总交易量已达到5 200万桶之巨，超过公司每年实际进口量三倍以上，公司账面亏损再度大增已达1.8亿美元，公司现金全部耗尽。

10月10日，面对严重资金周转问题的中航油，首次向母公司呈报交易和账面亏损。账面亏损高达1.8亿美元，另外，已支付8 000万美元的额外保证金。

母公司注血，扩大黑洞

10月20日，母公司中国航空油料集团配售15%的股票，将所得一亿多美元资金贷款给中航油，但此时已回天乏术。

市场油价继续攀升。集团公司派出高层人员前往新加坡现场了解情况并指示运作。10月26日，中航油（新加坡）在期权交易中最大的对手日本三井能源风险管理公司正式发出违约函，催缴保证金。在此后的两天中，中航油（新加坡）因无法追加部分合约保证金被迫在WTI轻油55.43美元的历史高价位上实行部分斩仓，账面亏损第一次转为实际亏损1.32亿美元。至11月8日，公司再度被逼斩仓，又亏损一亿美元。

纵到此时，中航油（新加坡）既未索性斩仓止损，亦未披露真实情况。11月12日，中航油（新加坡）在新加坡公布第三季度财务状况，仍然自称："公司仍然确信2004年的盈利将超过2003年，从而达到历史新高。"

国资委壮士断腕

面对越来越难以把握的局面，中国航油集团管理层着手向主管机关请示。据《财经》杂志了解，国资委作为中央国有资产的总管家，曾经对中国航油集团有意救助的想法进行研究，其间一度给予认可，据称向外管局申请了数亿美元的保证金额度。后来又进一步统一意见，否定了最初想法，认为不应对单个企业违规操作招致的风险进行无原则救助，由企业自己对自己的行为负责。国资委还阻止了国内另一家国有企业试图先出资后入股，“救助中航油（新加坡）挺过难关”的非常规做法。一度经批准的数亿美元保证金也始终没有汇出。中航油（新加坡）的资金链最后终于断裂。

尽管国资委已经给出明确意见，中国航油集团高层还在救与不救之间徘徊，而可以相对减少损失的斩仓时机继续被错过。至11月25日，高调的三季度财报公布后13天，中航油（新加坡）的实际亏损已经达到3.81亿美元。相比1.45亿的净资产已经技术性破产。

直至此时，中航油（新加坡）仍未正式公告真相，7 000多小投资者仍蒙在鼓中，但机构投资者中的先知先觉者亦不乏其人。中航油（新加坡）的股价一直在下跌，至11月27日周五收市，中航油（新加坡）的股价已跌至0.965新元。比一个月前向公司配股时跌了四成。

11月29日，周一，中航油（新加坡）申请停牌。翌日，公司正式向市场公告已平仓合约累计亏损约3.9亿美元，而未平仓合约潜在亏损约1.6亿美元，并向法院申请债务重组。市场大哗。

风险管理制度并非缺位，而是让位于人性的弱点

中航油（新加坡）爆仓之后，很多人怀疑公司内部根本就没有风险控制体系。其实，体系在形式上一直存在。公司聘请国际知名会计师事务所安永会计师事务所编制了《风险管理手册》，设有专门的风险控制员及软件监控系统，还规定了严格的预警和止损制度。公司内部也有风险管理委员会，由七人组成，包括四名专职人员，一名运作部主任，一名财务部主任和一名财务经理，均为新加坡公司员工。根据安永的设计，风险控制的基本结构是从交易员→风险管理委员会→内审部交叉检查→CEO（总裁）→董事会，层层上报。每名交易员亏损20万美元时，交易员要向风险管理委员会汇报；亏损达37.5万美元时，向CEO汇报；亏损50万美元时，必须斩仓。

显然，中航油引以为傲的风险管理和内控制度，在关键时刻根本没有发挥作用。中航油规定，每位交易员损失20万美元以上的交易要提交公司风险管理委员会评估；累计损失超过35万美元的交易必须得到总裁同意才能继续；任何将导致50万美元以上损失的交易将自动平仓。中航油共有10位交易员，也就是说，损失上限是500万美元，这与5.5亿美元的数字极不相称。不知道这是由于交易员隐瞒了交易及其亏损的规模，还是管理层低估了期权隐含的巨大风险，或是希望有朝一日能挽回损失。

此外，根据国家有关规定，只有经批准的少数国企能够从事境外期货套期保值业

务，但是，几千万桶的仓位，显然已经远远超出套期保值的需要，而几乎都是在投机，这一点，公司在其公告中承认了。不知道，是否因为中航油是注册在新加坡的公司，所以不必受上述规定的约束。

（资料来源：根据媒体公开报道整理）

本章小结

本章主要介绍了风险管理的影响因素、方法与组织。风险管理受到组织的特点以及管理者自身等因素的影响。根据管理者对风险的厌恶与偏好程度不同，管理方法分别有风险规避、风险控制、风险保留、风险转移、风险利用。

其次，健全的风险管理组织是实现企业风险管理目标的组织保障。有些企业设立独立的风险管理机构——风险管理委员会，由专职人员负责风险管理。

重点名词

风险规避
风险控制
风险保留
风险转移
风险利用
风险管理委员会

本章重点与难点

1. 风险管理方法
2. 风险管理委员会的运行流程、职责与权力

思考题

1. 风险管理的影响因素有哪些？如何理解这些因素对风险管理的影响？
2. 风险管理委员会的职责和权力分别有哪些？

案例讨论

花旗银行98亿美元巨亏警示中国银行业

2008年1月15日，美国第一大银行花旗集团（Citigroup Inc.）发布了第四季度财报和2007年年报，受累于近180亿美元的次贷相关资产冲减，该行在去年第四季度巨亏98.3亿美元，为花旗有史以来最大的单季亏损，也超过了此前市场最悲观的预期。花旗遭遇这次罕见亏损，主要源于次贷损失和国内消费信贷影响两个方面。虽然中国银行业受美国次级贷款债券危机影响不大，但是，花期集团巨亏有警示作用。

花旗集团的第四季度财报显示，2007年第四季度，花旗集团实现营业收入72亿美元，下降70%；实现净利润-98亿美元，合每股收益-1.99美元。这一数据远低于之前市场预期的平均值-1.01美元，盈利表现也大幅低于预期。

花旗表示，遭遇这次罕见亏损，主要源于次贷损失和国内消费信贷影响两个方面。在第四季度，受直接投资次贷相关风险暴露影响，花旗宣布录入181亿美元的税前损失计提，包括四季度计提了143亿美元的高信用等级资产支持债券CDO，和29亿美元的借贷和结构性产品。

发布财报当日，花旗在纽约交易所的股价下挫-7.3%，收于26.94美元，从近一年来最高的55.55美元下跌了51.5%，几乎达到近几年的最低点。1月16日，受花旗公布巨亏98亿美元的影响，亚太股市集体暴跌。

一、花旗的巨额亏损源于次贷损失和消费信贷损失

花旗集团第四季度的糟糕表现主要归咎于两大因素：一是次贷相关投资的损失计提，二是在美国消费信贷业务上的损失大幅增加。

1. 次贷损失方面冲减总额或达到210亿美元

在次贷风暴中出问题的是，把次贷等资产打包而成的债务抵押债券（Collateralized Debt Dbligation debtobligation，CDO），以及用CDO作抵押品发行的商业票据。花旗的业绩报告显示，拨备的181亿美元来自定息债券市场部门，包括143亿美元的高信用等级资产支持债券CDO，和29亿美元的借贷和结构性产品。

截至2007年9月底，花旗有关CDO的数额是546亿美元，第四季减值181亿美元，比例达到33.2%，因此到2007年底，花旗的CDO规模降为373亿美元。不过，美国Tavakoli Structured Finance Inc的总裁Janet Tavakoli表示，花旗可能需要再减值33亿美元。JanetTavakoli认为CDO的市场价格比较低，花旗的资产冲减并没有完全反映当前的市场价格。如果用市场价格来计算，花旗的冲减总额应达到210亿美元左右。

花旗的首席财务官 GaryCrittenden 对此表示，花旗已经进行了适当的冲减，花旗使用了各种模型来对债券进行估价。并且考虑了各地住房市场之间的差异，以及参考了其他跟踪次级债的指数。

其实，去年底次贷风暴越演越烈的时候，已经有投资者和监管部门开始调查投资银行以及对冲基金所持有资产的定价问题。由于 CDO 交易比较少，所以缺乏可靠的市场价格资讯。金融会计标准协会（Financial Accounting Standard Board）要求必须以公平价格来计算出资产的"退出价格"（Exit Price），而非"进入价格"（Enter Price）。"退出价格"是指出售资产的市场价格，而目前投行和对冲基金普遍使用其内部设计的数学公式推算的价格。

2. 在国内消费信贷方面，负资产按揭或高达 754 亿美元

在国内消费信贷方面，花旗产生了 41 亿美元的损失，主要包括 6.9 亿美元的高等级信贷净损失和 33.1 亿美元的净贷款损失准备。

信贷损失的增加，主要包括一次住房按揭和二次住房按揭的违约率增长，以及未保护的个人贷款、信用卡和汽车贷款等方面的损失。

目前花旗的一次楼按和二次楼按的信贷规模一共 2 144 亿美元。业绩报告上的 LTV 指标（loantovalueratio，指楼按对楼宇价值的比率）显示，花旗按揭有很大的比例已经暴露于风险之中，楼价下跌将对银行产生很大影响。香港的银行在贷款时 LTV 以 70% 为标准，而美国这方面的标准比较高。

根据花旗官方发布的业绩简报（Fourth Quarter 2007 Earnings Review），在花旗的楼按组合中，一次楼按共有 1514 亿美元，其中 LTV 小于 80% 的楼按 1074.94 亿美元，占一次楼按的 71%；LTV 在 80% ~90% 之间的 136.26 亿美元，占一次楼按的 9%；而 LTV 等于或超过 90% 的楼按 302.8 亿美元，占花旗一次楼按的 20%。

一次楼按 29% 的部分处于危险状态，即楼价下跌 20%，这部分资产都会变成负资产按揭。高盛在 1 月 15 日发布的一份研究报告预计，美国楼价将由高峰至低点会跌 20% 至 25%。按照这种估算，花旗持有的一次负资产按揭可能将在 439.06 亿美元以上。

花旗的报告也显示，其二次楼按共 630 亿美元，其中 LTV 小于 80% 的楼按 315 亿美元，占二次楼按的 50%；LTV 在 80% ~90% 之间的 100.8 亿美元，占二次楼按的 16%；而 LTV 等于或超过 90% 的楼按 214.2 亿美元，占二次楼按的 34%，比例也相当高。按照高盛对于楼价未来走势的估计，花旗二次楼按变成负资产按揭的比例将超过 50%，即至少有 315 亿美元二次楼按贷款超过抵押房屋的价值。

两项相加，一次、二次楼按可能变为负资产按揭的规模高达 754 亿美元。

如果经济陷入衰退，随着消费者无力偿还信用卡和汽车贷款，花旗和其他银行可能

需要计入更多亏损，因此，花旗在第四财季计提74亿美元潜在贷款损失准备金可能远远不足。

二、花旗巨亏对中国银行业的警示

从根本说，次级抵押贷款危机是花旗银行亏损的总导火索。而次级贷款危机之所以爆发，一方面是美国住房贷款公司放宽贷款条件，金融衍生品链条太长，持续加息，使借款人负担加重，还贷困难；另一方面是美国住房市场出现不景气，住房价格下降，使贷款公司住房价格持续上涨的预期落空。这两个信息一旦传递到市场，出现次贷危机是必然的。虽然中国银行业受美国次级贷款债券危机影响不大，但是，花期集团巨亏有警示作用。

1. 花旗巨亏对我国银行业的警示

首先，房价经过几年非理性暴涨后，已经出现回落甚至拐点。在暴涨阶段，买涨不买跌的心理使许多人投入了买房行列，银行按揭贷款大举跟进，每年都呈两位数增长。大量在房价高位跟进的贷款，一旦房价出现回落，信贷风险很快就会暴露出来。

其次，从2006年下半年开始，我国已经持续加息，房贷族经济负担越来越重，一旦收入出现变故，必然还款困难，导致贷款风险。

最后，以美国为主体的国际经济形势不容乐观，美国经济已经出现衰退迹象，对我国以出口拉动型为主的经济肯定会造成一定影响，并波及资本市场，商业银行应该对此有所警惕。

2. 我国商业银行应采取的应对措施

（1）加强对现有的房贷业务的合规开展

首先，要密切关注和研究国内外经济形势变化，对国内房地产市场特别是住房价格变化要高度关注，以便及时采取对策，确保不发生严重金融风险。并且在准确判断房地产市场走势后，提前采取措施避免房价回落的不利影响。

其次，必须坚决执行国家宏观调控政策，从严从紧发放住房按揭贷款，特别是对于两套以上住房信贷需求必须实行最为严格的政策，坚决杜绝对投资、投机发放住房贷款。对已经发放的贷款要进行一次风险状况的全面摸底调查。

第三，要严格保证首期付款政策的执行，杜绝零首付，并采取严格的贷前检查，杜绝虚假按揭。

（2）商业银行要积极探索房贷证券化

美国次贷危机的发生，不是由于房贷证券化，而是在金融机制设计方面没有做到有效地防范风险，一些本来不符合放贷资格的人拿到了银行的贷款，我们不能因噎废食，把房贷证券化视为不好的方向。

从全球来讲，2008年是经济动荡的一年，虽然我国某些金融市场，例如房地产市场，目前看起来不错，但金融风险是存在的，也是在释放的过程中。我们应该吸取美国的教训，积极开展房贷业务证券化，但在金融产品创新的过程中不宜走得过远和过于复杂。银行在房贷证券化和其他金融产品的创新方面要树立长远的战略，不能跟风操作。

（3）加强风险管理

尽管近几年我国商业银行在房贷方面获得了较大的利益，但目前我国银行基本没有专门的部门和人来做风险管理方面的事情，这是我们需要注意和改变的。

同时，商业银行需要加强风险管理与控制能力。加强对金融风险的内部监管和外部监管，内部监管更多的是针对产品设计、员工行为等；外部监管更多的是针对银行的风险收益状况，偿付能力和整个的宏观经济，两者要互相配合，不能彼此替代。

（资料来源：花旗银行98亿美元巨亏警示中国银行业，银行联合信息网，www.unbank.info，2008－03－21）

讨论问题：

1. 为什么花旗银行出现巨额亏损？其原因何在？
2. 花旗银行巨额亏损对我国银行业有什么启示？

第十章

企业风险管理的目标设定与风险识别

在本章中，你将学到

◇ 企业经营层面的目标
◇ 风险层面的目标
◇ 风险识别工具
◇ 风险识别方法

引例

丰田深陷“召回门”[1]

2010年2月9日，丰田汽车再次宣布将在日本国内召回22.3万辆混合动力车，至此丰田因油门踏板隐患和制动系统问题在全球范围内召回超过850万辆汽车。这将是丰田创立70年来一个“划时代”的严重事件。

日本专业人士分析，日本汽车频繁发生的大规模召回事故，正在殃及“日本制造”的形象。2008年日本丰田汽车首次超过通用，成为全球最大汽车企业，这对于整个日本制造业来说，不啻为一种骄傲。但随后更多的麻烦也像膨胀的销售数字一般接踵而至，质量危机在一定程度上直接导致企业业绩下滑。

由于丰田公司强调全球扩张，产品开发过程被削弱了，成为业界共识。《华尔街日报》分析认为，在衰退和通缩形势下，近几年日本企业不顾一切地削减成本，是导致投诉激增的一个原因。

---

① 资料来源：根据媒体相关报道整理

而日本汽车厂商在上世纪70年代，针对零部件供应商的管理体系革命，则是希望供应商不断提高质量、降低成本、缩短交货时间，而这种建立在主机厂“精益生产”方式基础上的“紧密的供应商管理体系”，在达到一定极致之后，暴露出不可避免的劣势。千方百计削减成本、提高全球竞争力的日本企业，却在“无意中”拉低了日本制造业的整体质量。

目标设定是风险评估与控制的第一个环节，是风险识别、风险分析和风险应对的前提。风险管理是为企业经营提供服务的，在进行企业风险评估与控制的时候，需要根据企业的经营活动目标来制定风险管理目标。因此，在目标设定阶段，需要明确两个层次的目标：企业经营活动层目标和风险层目标。

风险识别则是要在风险事故和损失发生之前，在企业所处的内部和外部环境中，寻找引起风险的各种风险因素。应当说，风险识别是企业风险管理中最为关键，同时也是最为困难的一环。说它关键，因为它处于风险管理过程的“咽喉”位置，向前对应着企业目标和风险管理目标，向后是风险分析和应对的基础，只有先“发现敌人”，才能“消灭敌人”。说它困难，因为它是一项复杂的系统工程。从横向来讲，企业所面临的风险是多方面的，既可能来自企业内政建设也可能来自外部环境威胁，既受宏观经济环境的影响也摆脱不了行业周期的波动，既要担心产品市场的波动也要防范原材料供应的变化等等。如何对来自各方面的风险进行充分识别，并且不遗漏重要的风险因素，这本身就是一项挑战。此外，还要从全局的高度，将全部风险综合起来考虑，这就对风险管理人员的素质和经验提出了更高的要求。从纵向来说，企业在发展，市场在变化，各种风险也不会一成不变。今天识别出的风险，到了明天可能就会完全不同。

第一节　企业经营活动层目标

企业经营活动层目标共分为四类：战略目标、经营目标、报告目标、合规目标。

战略目标立足于公司的使命，是具备高度的、长远的目标，反映了公司的定位特征以及为股东创造价值的观念取向。

其他三个目标——经营目标、报告目标、合规目标——统称为相关目标，它们更加细化，将战略目标落实到各个业务部门，使公司各个单元认识战略目标的构成要素。相关目标是战略目标的具体化表现，通过完成相关目标促使战略目标的达成。三个相关目标中，报告目标和合规目标往往是企业可以控制的，而经营目标的实现则容易受到不可控因素的影响。

一、战略目标

企业的战略目标，实质上就是基于企业目前在环境中的位置分析，提出企业将要达到的位置。

(一) 波特五作用力模型

五作用力模型是进行产业结构分析的有力工具，一个产业内部的竞争状态取决于五种基本的竞争作用力，这些力量汇集起来决定了该产业的最终利润潜力。这五种竞争作用力分别是：进入威胁、替代威胁、买方砍价能力、供方砍价能力和现有竞争对手的竞争。

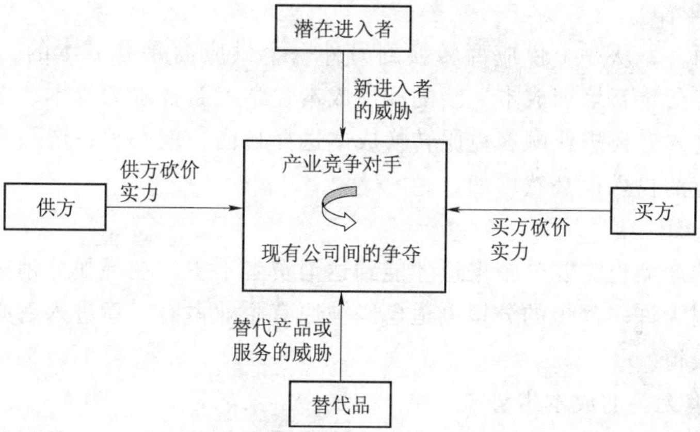

图 10－1 波特竞争战略模型

以上五种作用力共同决定了一个产业的利润性质，即它是暴利行业还是微利行业。经济学中将其称为垄断市场和完全竞争市场，现在又出现了新的名词将其称为蓝海和红海。通过对五种竞争压力来源的深入分析，企业就可以认清所处产业的性质以及自己在产业中的定位，明确自己的强项和弱项，从而制定正确的竞争战略，抗击五种竞争力。

1. 进入威胁

经济学理论中，在完全竞争的情况下，如果某一行业的利润率高，那必然会吸引新的竞争对手进入，最终激烈的竞争将把经济利润压为零。而现实中许多暴利行业还是一直存在的，其原因就是存在进入壁垒，使得市场无法呈现完全竞争的状态。除进入壁垒外，新进入者还要面对原有企业的防守和报复措施。

进入壁垒主要有以下几种：

(1) 规模经济

大规模生产的经济性集中表现为单位产品的成本随着产量的增加而降低。面对规模经济的产业，新进入者只有两个选择：要么斥巨资投入以大规模生产从而承担巨大的风险；要么以小规模生产试水从而承担成本过高的劣势。

（2）产品歧异

产品歧异是指原有企业由于产品特色、服务质量、广告宣传积累等获得的商誉以及顾客忠诚度。新进入者只有通过重新投资打造一个新的品牌来争夺顾客忠诚度，这无疑使初始阶段非常容易亏损。

（3）资本需求

有些产业需要大量的投资，尤其是高风险、不可回收的前期投资，如广告、研发等等。资本的高门槛本身就拦截了一大部分潜在进入者。

（4）转换成本

对于顾客而言，从一个供应商转换到另外一个供应商是有成本的，这就是转换成本。其中包括雇员重新培训成本、新的配件成本、学习新技术的成本、中断老关系的心理成本等。新进入者要想让顾客克服转换成本选择自己，就必须在产品和服务方面有重大的改进，相应的投入也必然增加。

（5）获得分销渠道

新进入者的产品也需要分销渠道才能到达消费者手中，在寻找分销渠道的过程中也会遇到壁垒。因为许多理想的分销渠道已经被原有企业占有，新进入者必须付出更多的成本才能挤进渠道。

（6）与规模无关的成本劣势

除了规模外，原有企业在其他方面也有许多成本优势，如专有的产品技术、原材料来源优势、地点优势、政府补贴、学习曲线以及无法模仿和复制的经验等。

（7）政府政策

有些产业，政府会限制甚至封锁新企业的进入，比如通过许可证、行业政策等等。此外，对污染标准、产品的安全性、食品的健康性的检验标准也对部分新进入者构成壁垒。

2. 替代威胁

替代品的存在为该产业所有企业产品的价格设置了上限，从而压制了该产业的利润水平。替代品的威胁往往不只针对一个企业，而是对整个产业都有影响。较大的替代品具有这样的特征：（1）它们有更好的性价比从而比原产业产品有优势；（2）替代的产品其行业利润率高。

3. 买方砍价能力

买方往往会压低价格，要求更高的产品质量，索取更多的服务，并且从多个企业彼此竞争的状态中获利。这样的行为模式也压低了产业的利润。买方砍价实力在下面的情况中往往较强：

（1）相对于卖方的销售量，购买是大批量的、集中的。

（2）买方购买的产品占据其自身成本或购买数额的很大部分，这使得买方为了压价不惜耗费大量精力。

（3）买方购买的产品是标准的、非歧异的，因此有多个供应商可以选择。

（4）买方的转换成本低。

（5）买方的利润水平低。

（6）买方采取了后向整合或部分后向整合。

（7）购买的产品对买方自身产品和服务的质量没有重大影响。

（8）买方掌握了充分的信息，包括需求、市场价格、成本等方面。

4. 供方砍价能力

供方企业可以提价、降低其供应的产品或服务的质量，从而对产业中的企业造成压力。具备下述特点的供方往往具有较强的砍价实力：

（1）供方产业垄断程度高，由少数几个公司支配。

（2）供方的替代品少。

（3）该产业并非供方的主要客户，在供方的销售比重中份额不大。

（4）供方产品是该产业的主要投入品。

（5）供方产品歧异化，或者已经建立起转换成本。

（6）供方采取了前向整合。

5. 现有竞争对手的竞争

产业内企业竞争的激烈程度集中反映了该产业的性质。竞争往往以人们熟悉的形式展开，如价格战、广告战、推出新产品等。当一个产业具有如下特征时，其业内竞争往往比较激烈：

（1）存在众多的或势均力敌的竞争对手，这样秩序不容易建立，容易陷入价格战的泥沼。

（2）产业增长缓慢，扩张有限，因而竞争的目的是瓜分有限的市场份额。

（3）存在高额的固定成本或库存成本，逼迫企业加大销售量才能赢利。

（4）产品歧异或者转换成本欠缺，顾客忠诚度低。

（5）竞争对手形形色色，多角化和多元化强。

（6）在产业中立足对于某企业具有高额战略利益，因而它将不计代价地占领市场份额。

（7）产业的退出壁垒大。退出壁垒包括：专用性资产、退出的固定成本、内部战略联系、感情障碍和政府及社会约束。

（二）战略选择

波特在提出上述五作用力模型的同时，也总结了三种提供成功机会的基本战略：成本领先战略（Overall cost leadership）、差异化战略（Differentiation）和目标集聚战略（Focus）。

1. 成本领先战略

成本领先战略要求企业建立起具备规模的生产设施，组织具备规模经济的大批量生产，在经验的基础上全力降低成本，控制研发、服务、营销、广告、管理等各方面的费用，以达到成本优势。具有成本优势的企业在市场上处于“进可攻、退可守”的不败之地。

采用成本领先战略的风险在于维持这一地位的沉重负担，因此对于许多风险极为敏感：

（1）技术进步的风险。技术上的变化有可能使公司原有的生产技术和规模不具优势。

（2）新进入者的风险。新进入者有可能采用全新的设备和技术进行大规模生产，以此拉低单件成本。

（3）市场风险。公司的注意力集中在成本上，因而忽视了市场的变化，没有及时跟进。

（4）品牌风险。低成本战略在塑造品牌上存在先天的劣势。

2. 差异化战略

差异化战略就是将企业的产品或服务标新立异，在某方面形成独特性，例如品牌形象、技术特点、外观独特、客户服务、营销网络等。具有独特性的方面越多，公司的差异化战略就越成功。差异化战略的实质是造成了某种程度的垄断，避开了竞争，因而可以为企业带来不同程度的超额利润。

实行差异化战略也面临一系列的风险：

（1）低成本的竞争对手其产品价格与本企业差距过大，以至于差异化带来的好处不足以弥补价格上的差距，无法笼络顾客。

（2）顾客对差异化的需求下降。

（3）竞争对手的模仿使得差异化不再显著。

3. 目标集聚战略

目标集聚战略就是公司集中资源主攻某个特定的顾客群、某个细分产品或者某个地区市场。围绕这一特定的目标，公司全力以更高的效率和更好的效果为其提供产品和服务，或是实现差异化，或是实现低成本，也可能二者兼有。最终公司在这一狭窄的市场上获得优势地位。

目标集聚战略的风险有：

(1) 采用成本领先战略的对手，其价格与目标集聚的企业差距过大，使得目标市场的优势被价格的差距所抵消。

(2) 目标市场对产品和服务的需求的差异化变小，与整体市场趋同。

(3) 竞争对手也使用目标集聚战略，并成功地从本公司的目标市场中划出一块比对手更具优势的细分市场。

二、经营目标

经营目标具体可分为绩效目标、利润目标、资产安全目标等。

绩效目标，例如提高产品质量，使产品合格率上升到98%；开辟二线城市市场，使公司产品进入省会及各中型城市；在目标市场消费者中将品牌知名度提高10%等。

利润目标，例如设定今年完成利润7 000万；比去年利润增长20%等。

资产安全目标有些类似于"守成"的目标，例如实现金融资产的保值增值；确保厂房、仓库、原材料及半成品等实物资产不受火灾等灾害的损毁、不因盗窃等蒙受损失。

经营目标要反映两个"E"——Effective 和 Efficient——工作有效和有效率。经营目标的设定可以采用外推的方法，即依据历史业绩和增长速度外推得到本期的目标。在确定经营目标的时候，要注重立足实际、着眼市场，整合公司内外资源。

1. 立足实际。根据公司的现实情况，脚踏实地，制定合适的目标。目标制定得太高和太低都起不到激励的作用，反而对企业有害。好高骛远，目标制定得太高，基本不可能实现，对企业尤其有害。此种情况下，如果公司上层利用薪酬等手段，极力压迫员工去实现这一"不可能完成的任务"，这时候公司员工就很容易出现抵触心理，站在公司目标的对立面上。反之，如果目标制定得过低，太容易实现，也失去了制定目标的价值和作用。员工轻松地完成了目标之后，就容易出现守成的心理，不再积极进取，只等着拿年终奖了。好的目标应当是高标准的，同时通过积极的努力又可以完成。

2. 着眼市场。市场是变化的，但在不断地变化中会出现一定的潮流和趋势。能否准确地认清并抓住这种潮流和趋势，这就是企业将市场变化转变为机会还是风险的区别所在。在企业发展的不同阶段，对潮流和趋势的把握和利用也是不同的。

(1) 第一阶段，在发展的初期，刚进入市场的企业往往缺乏经验，未必能够准确地识别市场的走向，因而往往采用被动地模仿策略，即模仿和跟随同行业企业的做法，知其然而不知其所以然。

(2) 第二阶段，等到企业有了一定时间和经验的积累，对该市场的认识加深，对消费者行为模式也有了一定的掌握，这时就应该能够从细微的变化中感知潮流的来临，提前部署，借着趋势的东风扩大生产和规模。

(3) 第三阶段，企业发展壮大之后，在行业中居于领跑者的方阵，对市场有了一定的话语权，对消费者的行为能够产生一定的影响，这时候就可以“唯恐天下不乱”地主动地制造变化，创造对自己最有利的潮流，通过引领时尚、重塑文化等策略来给企业重新定位、对市场重新洗牌。更强势的公司甚至可以制定行业标准，将公司的优势格局定死，长期保持龙头的地位。

3. 整合公司内外资源。资源的形式多种多样，有资金、人员、技术、资产、商誉、销售渠道、媒体网络、社会资本等等。商场如战场。公司的资源就是一支军队。指挥官必须善于用兵，将不同的力量部署到相应的地方，将它们各自的作用发挥到极致，尽可能为胜利创造一切条件。“君子性非异也，善假于物也”。这一过程贵在整合，将原本零散的资源融会贯通，有机结合，穿成一线，打造成企业的一段价值链，为实现公司的目标服务。

三、报告目标

公司报告按照受众来划分可以分为内部报告和外部报告；按照内容划分可分为财务报告和非财务报告。内部报告向管理层及时准确地传递完整的信息，帮助管理层制定公司决策、监控企业运营状态。外部报告向公司外部传递信息，例如上市公司对外披露的公告、财务报表及附注；向监管部门送交的报告等。

报告目标就是要保证报告的真实性、可靠性、准确性、有效性、完整性和及时性，无论是内部报告还是外部报告。内部报告没有达到目标规范，会导致管理层不能及时得到企业经营信息，错失商机或导致错误决策。外部报告没有达到目标规范，则有可能导致企业受到监管部门的处罚和商誉的损害。

四、合规目标

合规目标就是要保证公司的经营活动符合法律及规范。包括符合法律、环保、健康、安全、税收、行业规范、国际贸易规则以及各种管理办法等。如果经营活动不符合法规，不仅会使企业丧失法规的保护，而且会导致企业受到法律和监管部门的惩罚。

第二节 风险层目标

风险管理的总体目标在于通过使风险成本最小化实现企业价值最大化。具体而言，企业的风险管理目标必须和企业的目标相一致，为实现企业的目标服务。

风险管理的具体目标是要在损失发生前提供经济有效的保证，在损失发生后能够达成令人满意的复原。

一、风险成本

风险成本主要分为三类：损失成本、风险控制成本、剩余风险成本。

损失成本指的是风险构成三要素中的损失要素，包括直接损失和间接损失。例如，当公司由于产品质量问题而遭受诉讼时，其损失成本包括：对当事人赔偿的损失，诉讼的费用，由于诉讼导致的销售减少的损失，对同批次产品进行回收的损失，挽回声誉花费的公关费用，以及如果金额巨大导致公司不得不借贷渡过难关的筹资成本。

风险控制成本主要包括两部分，其一是为了降低风险发生的概率和损失程度而付出的努力的成本，例如对产品质量进行安全测试等；其二是为了将风险对冲、规避或转移而付出的成本，例如采用期货来对冲价格风险，分散化的成本，以及保险费用等。

风险管理并不能完全消除风险，只能将风险水平降低到可接受的范围之内。在进行了风险管理之后仍然会有剩余风险，还是有可能造成潜在损失，这部分成本就是剩余风险成本。

这三种风险成本存在着互相替代的关系。例如，加大风险控制成本的投入，可以有效地降低损失成本以及部分降低剩余风险成本。风险管理的目标就是权衡风险控制成本的投入，使得总的风险成本最小化，从而达成企业价值最大化。

二、损失发生前和发生后目标

风险管理要在损失发生前提供经济的、有效的保证，在损失发生后能够达成令人满意的复原。

（一）损失发生前目标

1. 经济性目标

经济性是风险管理的首要目标。风险管理者要权衡风险损失成本和风险控制成本，分析比较各种风险控制工具和方法，谋求以最经济的投入来提供风险总成本最小的保证。

2. 减少恐惧和担忧

有时候风险事故可能带来严重的后果，使人们心理产生恐惧和担忧。这种心理障碍对内会影响员工的工作积极性和满意度，对外会影响顾客的行为。例如飞机失事风险就容易使人们产生恐惧和担忧。风险管理通过对风险的识别、评价和控制，要尽量减少人们的心理负担，创造一个具有安全感的环境。

3. 社会责任目标

风险往往不只是对企业造成损失，也会危及社会。企业投入成本来控制风险、降低损失，也是企业社会责任的一部分。因为这样会产生正的外部性，在企业受益的同时，也使社会得益。并且，这也有助于提升企业的社会形象，增加声誉。

（二）损失发生后目标

1. 维持生存

风险事件发生后，风险管理最基本、最首要的目标就是维持企业的生存，防止企业一蹶不振，在危机面前倒下。维持生存是一切发展的前提。

2. 使经营活动迅速恢复正常

维持了企业的存续后，下一步目标是尽快使企业的经营活动恢复正常，继续创造收益来补偿风险的损失。

3. 实现收益稳定和持续增长

企业恢复元气之后，应该继续向前发展，保持原有的增长势头，消除风险的负面影响。

4. 履行社会责任

风险的发生不仅仅对企业造成损失，也可能给社会的相关方面造成损失。企业从风险事件中恢复后，应当履行其社会责任，对之前造成损失的社会各方给予补偿。

三、风险偏好

每个企业对风险的偏好程度是不同的。往往由企业所处的行业、企业的发展阶段、企业目前的基础实力以及管理层的风格来确定企业的风险偏好。例如，对于时刻变化的电子消费品行业，很难想象其中的企业对风险持一种很保守的态度。只有不断地加入新技术、推出新产品，站在时尚的风口浪尖上的企业，才能在竞争激烈且变化多端的电子消费品行业中立足。而这种主动去追寻变化的态度，必然决定了其对风险不能持过于保守的态度。

风险偏好往往调整着企业战略的制定，影响着企业决策的风格。特别是对于诸如新市场的开拓、新产品的研发等业务环节的决策上，风险偏好的影响就更大。公司制定战略目标时，一定要使战略目标的风格与公司的风险偏好一致。相对于风险偏好而言，过于激进或者过于保守的战略，在实际执行中都会自觉不自觉地受到风险偏好的调整。

四、企业整体风险承受力

如果说风险偏好是企业主动承担风险的主观意愿，风险承受力就是企业能够承担多大风险的客观能力。企业整体风险承受力与许多因素有关，最主要的是企业的基础实力因素，其他因素还有所处行业、人员、业务流程、资金、负债、收入的持续性等等。风险偏好与风险承受力，是企业的战略制定时不得不仔细考虑的影响因素。

“没有金刚钻，别揽瓷器活。”一般来讲，公司的风险偏好应该绝对低于风险承受能力，否则会“力不从心”，容易陷入财务困难或是危机的泥沼中。

五、各业务模块可接受的风险水平

可接受的风险水平，又称风险容忍度，是指企业可接受的目标偏离程度。例如，企业对产品质量的目标是合格率99%，同时确定了风险容忍度为1%，也就是说最终实现的合格率在98% ~100%都是可以接受的。这里的偏离程度1%，就是风险容忍度。

风险容忍度和风险偏好一起，决定了企业对不同风险的应对策略，对什么样的风险是可以承担的，而什么样的风险是必须回避的。

第三节　企业风险识别

企业风险识别是企业风险管理中最为关键，同时也是最为困难的一环，它是一个连续的、动态的过程，与时俱进，持续不断。只要企业还在经营，风险管理活动就不会停止。

风险识别对参与人员的素质和经验要求较高，具体有以下几方面：

1. 熟悉风险管理的相关知识和工具。
2. 对公司的业务流程有深入的了解，最好是业务骨干，在企业有过多年工作经验。
3. 沟通能力强，能够组织各职能部门员工进行交流。
4. 对公司所处行业有较深入的理解，对经济形势、行业趋势等具有前瞻性的敏感。

一、风险识别的基础

风险识别的基础是对企业自身及所处位置的认识和评估。“知人者智，自知者明”，认清自己往往并不是一件容易的事。在认识自己的基础上进行风险评估，才能有的放矢。并且，自身评估所形成的结果，如组织结构图、业务流程图等，就是对风险识别最好的指引，使风险识别水到渠成。

对企业自身的认识，要涵盖以下几方面：

1. 公司治理结构
2. 组织机构设置
3. 企业文化

4. 人力资源政策

5. 内部控制制度

6. 内部审计机制

7. 公司业务流程和盈利模式

对企业处境的认识，可以采用 SWOT 分析法，即从优势、劣势、机会和威胁（Strength, Weakness, Opportunity and Threat）四个方面来对企业的处境进行评估。这种方法在确定企业战略的过程中得到了广泛应用。

企业的优势的体现，往往是在市场或者细分市场上能够形成某种形式的垄断，一般有以下几个方面：

1. 技术优势。技术先进，工艺复杂，竞争对手无法模仿，或者技术独特，受专利保护。

2. 质量优势。产品质量高于竞争对手，形成差异化，可以走高端路线。

3. 成本优势。同样的产品成本低于对手，具有价格优势。

4. 资本优势。资金雄厚，拥有自然资源存储、现代化车间厂房和设备、地产资源等。

5. 商誉优势。良好的品牌形象，累积的商业信用，领先的市场份额。

6. 人员优势。拥有关键的技术人才，积极上进的员工，进取的公司文化。

7. 管理优势。完善的管理信息系统，健全的质量和成本控制体系，快速的市场反应能力，较短的新产品开发周期，强大的营销网络。

企业的劣势。一般来讲，一个企业不太可能同时拥有上述所有的优势，只会拥有部分的优势。相对竞争对手而言，本身优势的缺失就是企业的劣势。自然，在激烈的市场竞争中，如何扬长避短，寻找属于自己的蓝海，这是每个企业都要面对的问题。另外，需要强调，对优势和劣势的分析，其立足点应该是站在用户或者是客户的角度上的，而不是站在企业本身的角度。对客户形成利益的因素才是企业的优势。

机会和威胁。这两者与环境的变化有关，变化的趋势和方向往往决定了是机会还是威胁。与机会和威胁有关的环境变化有：

1. 人口结构的变化导致客户群的变化。

2. 技术的更新换代。

3. 纵向或横向并购。

4. 企业前向或后向整合。

5. 对竞争对手的并购。

6. 市场进入壁垒变化。

7. 市场需求、消费者观念和行为的变化。

8. 替代品进入或退出市场。

9. 汇率或外贸政策的变化。

10. 供应商的变化。

11. 竞争对手的动向，如推出新产品等。

另外，对于 SWOT 四个方面的分析也是动态的，要在评估过程中要加入时间因素，即估计每种优势建立的时间，能够持续的时间，竞争对手做出反应需要的时间等等。这样才会对企业自身及其处境有一个正确的认识，从而为风险识别打下坚实的基础。

二、风险识别的要点

风险识别要注意几点：

- 以企业目标为中心，确认影响战略和目标的因素；
- 识别过程中综合运用多种方法和技术；
- 考虑风险事件的相互依赖性；
- 对风险因素应该进行分类，便于分析和处理；
- 注意区分风险和机会；
- 尽量全面，力争找出所有可能的风险因素。

1. 风险识别贵在全面

风险识别是对风险进行分析、采取应对措施的前提条件。风险识别是否全面，直接影响着企业风险管理的质量。特别是有可能对企业造成重大损失的风险因素的遗漏，更容易对企业形成致命伤害。如果说风险管理是扫除“地雷”的过程，风险识别就是要对影响企业发展的“地雷”进行定位，关键是要发现所有的“地雷”，确保不留下未识别的风险隐患。

2. 风险事件是相互依赖的

一方面，一个事件往往会引发其他事件的发生；另一方面，多个事件有可能同时发生，共同影响企业的风险。因此，风险识别的过程中要注意风险事件之间的关联，联系地看问题而不是将各个风险因素孤立。例如 2007 年我国经济的“流动性过剩”现象，其中利率、汇率、股票价格、消费价格、房地产价格等在货币流动性过剩的刺激下发生联动，因此将个别风险因素孤立地对待是不可取的。

3. 将风险因素进行分类

分类是处理问题的好方法，能够起到提纲挈领、纲举目张的效果。按照内部外部、业务模块、部门单位等条件将各类风险因素进行分类汇总，有助于管理层更好地理解因素之间的关系，从整体上把握风险和机会，并且有助于各职能部门更好地认识和关注与其直接相关的风险。

三、风险识别的工具——商业风险模型

商业风险模型将风险分为三大类:

1. 环境风险（Environmental Risk），是指外部因素引起的，影响公司目标实现或使公司发生损失的风险。

2. 流程风险（Process Risk），是指由于公司内部业务流程没有得到有效实施、资产未得到有效保护等因素而产生的风险。

3. 决策信息风险（Information for Decision Making Risk），是指由于战略决策、经营决策和财务决策所使用的信息不恰当、不可靠或未被正确使用而产生的风险。

在前述三大类的基础上继续细分，可得到更多的风险因素，它们共同构成了商业风险模型，具有较广的适用范围。最初的商业风险模型有 73 种细化风险。下表所示为经过补充后的商业风险模型，共有 77 种细化风险。

表 10－1　　商业风险模型

环境风险
竞争对手　顾客需求　技术进步　敏感性　股东关系 资金　政治　法律　监管　行业　金融市场　灾害损失

流程风险		
经营风险	授权风险	财务风险
顾客满意度	领导能力	价格
人力资源	权力/限制	利率
产品开发	外包	货币
效率	业绩激励	权益
生产能力	变化应对	商品
性能差距	沟通	金融工具
周期	信息处理/技术风险	流动性
货源	相关性	现金流量
渠道有效性	系统整体性	机会成本
合作伙伴	接触途径	集中
陈旧/跌价	可获得性	信用
合规性	基础设施	违约
经营中断	诚信风险	集中

续表

流程风险		
产品/服务失败	管理层舞弊	清偿
环保	雇员/第三方舞弊	担保
健康与安全	违法行为	
商标价值损失	未经授权的使用	
	声誉	
决策信息风险		
经营决策	财务决策	战略决策
定价	预算和计划	环境监控
合同承诺	会计信息	经营种类组合
考核（经营层）	财务报告评估	估价
一致性	税务	组织结构
报告合规	养老金	考核（战略层）
	投资评估	资源分配
	报告合规	计划
		生命周期

（一）环境风险（Environmental Risk）

环境风险列示了影响公司目标和战略的外部因素，共有12项细化风险。

1. 竞争对手风险（Competitor Risk）

竞争对手、市场新的进入者的行为，对公司都是某种程度的威胁。最为常见的是竞争对手的价格战。此外还有竞争对手提高产品质量、推出新产品、对自己产品的仿效、大幅提高广告投入、结合奥运等媒体关注题材进行整合营销，等等。特别是竞争对手的某些营销策略会削弱自己巨资营销计划的效果。

2. 顾客需求风险（Customer Wants Risk）

顾客需求总是在不断变化的，有些变化对企业而言可能意味着增加成本，如顾客对质量的要求提高、对快速邮递的要求更严格等等；有些变化对企业来说可能并不需要增加成本，而是需要进行技巧性的改进，如顾客对时尚潮流的偏爱、顾客口味的变化、顾客健康观念和意识的增强等等。无论哪种变化，企业必须实时地对变化进行监控，掌握其趋势并做出反应。落后者在竞争中是没有希望的。

此外，顾客本身也在不断地变化。社会在发展，人口结构也在变换，如老龄化趋势、中国的男多女少趋势、丁克家庭趋势等等。这些变化影响公司目标客户群的数量，从根本上改变着对公司产品和服务的需求。

3. 技术进步风险（Technological Innovation Risk）

技术进步的风险对企业的影响是巨大的。因为技术进步往往意味着更好的质量、更强的性能和更低的成本。如果企业落后于技术进步的大潮，其结果绝对是致命的。IT行业就是这样的典型，整个行业的发展可以看做是一部科技进步的历史。甚至在行业中广为流传着一个定律：摩尔定律，大意是说微处理器的性能每18个月就翻一倍，而价格下降一半。

4. 敏感性风险（Sensitivity Risk）

当公司过分投入公司资源或者对未来经营活动产生的现金流过分依赖时，就可能产生敏感性风险，这时公司的价值链紧绷，对外界的风吹草动都极为敏感，对环境变化的应对能力很弱。

另外，公司对外界的变化极不敏感、反应迟钝，不能根据环境的变化来调整自身的经营活动，这种因迟钝不敏感产生的风险也归入敏感性风险。

5. 股东关系风险（Shareholder Relation Risk）

投资者信心的减弱会直接影响公司的筹资能力。现有的和潜在的投资者，如果对公司的赢利模式、战略等缺乏了解，或者怀疑公司赢利和实现战略目标的能力，进而怀疑公司给他们带来投资回报的能力，这样公司股权融资的通道就会堵塞，对公司无疑是巨大的威胁。

此外股价过低除了融资受阻外，还会产生其他恶果，例如影响公司形象，无法对管理层实施股权激励，甚至更严重的——吸引恶意收购者。

6. 资金风险（Capital Availability Risk）

资金风险是指公司缺乏有效的筹资渠道，从而威胁其成长能力、实现赢利模式的能力以及产生未来回报的能力。在企业的发展过程中缺乏资金的支持、引发资金链断裂的后果是不可想象的，有时候甚至会“一分钱难倒英雄汉”，像前面讲述的巨人集团案例那样，短时间的资金匮乏就可能把企业逼到绝路。

7. 政治风险（Sovereign/Political Risk）

如果公司在某个国家进行了重大投资，那么该国的政治动向、相关政策法规的出台等就会对公司产生重大影响。影响程度与公司在该国的业务量、签订的合同是否受法律保护等因素有关。政治风险一旦发生，其损失往往是巨大且难以挽回的，例如可能的国有化措施、外汇管制、外贸壁垒设置等等。

8. 法律风险（Legal Risk）

法律风险主要在以下几种情况下发生：法律的变化，新的立法出现，公司的经营活动违反法律，合同协议有法律漏洞、公司遭受诉讼等等。尤其是旷日持久的诉讼风险，不仅有损公司名誉，还会分散公司注意力和资源，败诉后还会发生惩罚性损失。

9. 监管风险（Regulatory Risk）

国家、地方或行业监管者变更法规条例，改变市场规则会对企业发生直接影响。法规条例的改变往往意味着市场环境的改变，或者对公司业务某些方面的限制，这都容易造成公司的竞争压力增大。

10. 行业风险（Industry Risk）

行业风险指的是该行业失去吸引力和价值的可能性，这种风险与公司战略目标的制定和实现息息相关，如行业的生命周期、行业的进入和退出壁垒强度等等，这些往往会对公司的长期业绩产生决定性影响。行业风险是系统性风险，对该行业的所有企业都会产生影响。

11. 金融市场风险（Financial Market Risk）

金融市场风险是指由于金融市场价格的变动（如汇率、利率、股价等），或者是金融市场本身的变动（如交易规则等），影响公司的收入、费用、资产、负债、股价等的计量价值，从而影响公司的筹资成本、筹资能力、盈利能力和公司价值。

对上市公司而言，金融市场风险有两方面的含义。一方面，企业的资产、负债、收入、费用等相关项目，可能与金融市场关系密切，甚至以金融资产的形式体现。此时，这些项目就有金融市场的风险敞口。另一方面，公司的股票本身就是一种金融资产，自然要面临金融市场的风险。

对于前一类金融市场风险，商业风险模型在财务风险模块中有详细的细分阐述。对于后一类风险，也就是公司股票本身的风险，在此要尤其注意。主要需要防范两种情况：一是公司股价剧烈波动。股价无论是火箭发射还是高台跳水，对于公司都不是好现象。二是防止公司股价过低。因为一旦股价过分地低于其价值，公司就会面临被恶意收购的危险。

12. 灾害损失风险（Catastrophic Loss Risk）

意外灾害也威胁着公司的生存，有可能导致公司丧失持续经营的能力，无法提供产品和服务，不能收回运营成本等等。灾害根据其可控程度，往往可以分为两类：

一不可抗力。属于“天灾”，非公司的能力所及。例如风暴、地震、洪水、火灾、战争、恐怖活动等等。虽然它们的发生是不可控制的，但是对于其可能造成的损失却是可控的。一方面，大多数商业合同中都包含着发生不可抗力事件时的免责条款，损失由双方共同承担。另一方面，通过保险的手段，可以将潜在的损失大大降低。

二可控灾害。这种灾害其源头是公司可以控制的，例如对环境的污染，公司所提供产品的安全事故（如汽车），公司所提供食物的缺陷，顾客在接受服务时的安全事故（如客运公司）等等。此类事故一旦发生，不仅会直接对公司造成金钱上的损失，而且很有可能使公司名誉遭受损害。对于这类灾害，就要通过公司内部控制来消灭源头的隐患。

（二）流程风险（Process Risk）

流程风险细分为五个大的类别：

➢ 经营风险：经营运作效率低、效果差，无法顺利完成公司的盈利模式，满足客户需求，实现公司在质量、成本和耗时方面的目标。

➢ 授权风险：管理者和员工之间可能由以下情况产生的风险：没有正确地引导；不知道做什么、怎样做以及何时做；做事超越了其权限；有做错事的动机等。

➢ 信息处理/技术风险：公司的信息技术使用不当带来的风险。例如：信息技术没有按计划运行；数据和信息的完整性和可信性存在问题；把公司的重要资产暴露于潜在损失或滥用的风险；暴露公司核心业务能力的风险。

➢ 诚信风险：诚信风险是典型的“人祸”，表现为公司管理层或员工的舞弊，非法的行为，未授权的举动等，这些都有可能使公司遭受财务损失或名誉降低。

➢ 财务风险：公司的现金流和财务风险未被有效地管理，没有达成成本效益原则，从而无法完成下列目标：保持足够的现金可得性；减少货币、利率、信用及其他金融风险；在需要的时候快速而无损地转移资金。

1. 经营风险（Operations Risk）

（1）顾客满意度风险（Customer Satisfaction Risk）

顾客满意度 = 公司产品和服务的质量 - 顾客的期望

当公司产品和服务的质量低于顾客的期望时，就会导致顾客的不满意。在我国，可以说目前企业的顾客满意度管理水平普遍较低。

① 顾客流失风险

与其他风险不同，这部分风险是“暗”的，没有明确的体现。因为你很难知道到底流失了多少顾客。顾客流失可能由多种原因引发，例如公司名誉受损、口碑不佳等。

② 公司口碑风险

口碑的重要性目前还未被我国的多数企业所重视。例如，一个最基本的原则，很多企业都做不到：公司与客户是一体的。

（2）人力资源风险（Human Resource Risk）

公司业务的某些核心职位往往对任职人员的素质要求较高，需要具备相应的知识、技能和经验。缺乏核心职位人员或者该人员不称职都会影响企业目标的实现。此外，在找到称职的员工后，还要注意其离职的风险。最坏的一种情况是该人才跳槽到企业的竞争对手处。这对公司的打击无疑是巨大的。因此，需要采取各种激励手段来加强员工的忠诚度，尤其是对于核心岗位。

（3）产品开发风险（Production Development Risk）

产品开发面临的主要风险在于，与市场需求脱节，开发出的产品不符合消费者的需求。可能有以下几种情况：

① 该产品消费者不喜欢或者不需要。

② 该产品成本过高，导致价格过高，高于消费者的期望或承受能力。

③ 该产品进入市场的时机不对，与消费习惯相比太早或太晚，或者比竞争对手晚。

④ 该产品未能成功地形成差异化形象。

⑤ 该产品在性能、成本方面未能超越竞争对手，卖点少。

（4）效率风险（Efficiency Risk）

公司业务的低效率运作，会导致为顾客提供产品和服务时的高成本和高耗时。而这两者无疑会大大降低顾客满意度，使公司在竞争中丧失优势。效率风险是所有企业都要面对的考验。

在某些行业，效率就直接代表着公司形象。例如物流、快递行业，将物品快速、准确地送达目的地的能力，就是公司的核心竞争力。在这一过程中，效率至关重要。高效的公司不仅能够占领巨大的市场份额，还可能因为快速的服务而收取更高的价格，因而比竞争对手赚取更高的利润。

（5）生产能力风险（Capacity Risk）

生产能力风险产生于企业的生产能力与需求不匹配，即生产能力低于或者高于企业产品的需求。生产能力过低，即使全部人员循环开工也无法满足需求，这不仅直接导致需求的流失、利润的减少，更重要的是，企业会错失扩大规模和市场份额的良机。生产能力过高，企业开工不足，无法利用所有的生产能力，这样会导致固定成本在少量产品中分摊，单位产品成本过高，从而降低利润甚至引起亏损。

（6）性能差距风险（Performance Gap Risk）

绩效差距是指公司的生产和提供服务的能力不强，生产流程管理不完善，从而使得产品性能与竞争对手存在明显差距，从而在竞争中处于不利地位。

（7）周期风险（Cycle Time Risk）

公司业务流程中，不需要的和不相关的活动会增加业务流程的总体时间，从而使得公司业务周期的时间过长。一个完整的业务周期包括产品开发、订购、生产、运输等环节。

(8) 货源风险 (Sourcing Risk)

货源风险是指与供应商有关的风险，公司可能需要从供应商处采购原材料、零件、成品等，而货源的价格、质量、及时性等方面的变动对公司生产和销售会产生巨大影响。所以，一般的企业都会同时跟进多个供应商，一来增加谈判能力，二来可以通过分散化降低货源风险。

(9) 渠道有效性风险 (Channel Effectiveness Risk)

有效的渠道应该能够使公司的产品及产品信息顺利地、准确地接触到产品的目标客户。如果渠道所接触的顾客并不具备或者超越了该产品的购买能力，这样的渠道就很难为企业创造利润。产品的渠道主要是指公司的营销和物流渠道。产品信息的渠道主要指广告。广告投放的效果不太容易衡量，更应该注意与目标客户群体的匹配。

(10) 合作伙伴风险 (Partner Risk)

无效率、无效果的外部伙伴关系，如合作、联盟、会员、合资公司等，会损害公司的竞争力。这部分风险的发生可能产生于：选择了错误的合作伙伴或无效的执行过程，索取比付出多因而失去合作伙伴，未抓住合作时机，联盟缺乏有效的约束机制等等。

(11) 陈旧/跌价风险 (Obsolescence / Shrinkage Risk)

公司的存货和其他实物资产随着时间的推移，会面临陈旧过时、跌价以及损毁的风险，使公司损失。这一概念我们并不陌生，会计中需要对实物资产进行折旧和计提准备，针对的就是这类风险。

(12) 合规风险 (Compliance Risk)

合规风险，又称遵守风险，是指公司对外未能符合客户要求、没有遵守法律法规，内部未能按照规定的政策和程序来进行业务流程等，导致低质量、高成本、收益损失和不必要的延迟等。

(13) 经营中断风险 (Business Interruption Risk)

当企业进行生产的必要元素，如原材料、有经验的技术工人、信息、机器设备等不能得到及时供给时，就会产生经营中断，陷入不能持续经营的困境。经营中断不仅会直接给企业带来损失，也有可能引发合同无法完成，造成赔偿的潜在损失。

(14) 产品/服务失败风险 (Product / Service Failure Risk)

公司的产品质量不合格、服务出现问题，会导致顾客的投诉、索赔、维修、退货、换货、折扣、责任追究甚至诉讼。这类风险危害巨大，不仅会直接带来损失，而且会影响公司声誉、降低市场份额。

(15) 环保风险 (Environmental Risk)

公司的生产和经营活动可能对环境产生危害时，就涉及环保风险。对环境的污染会给企业带来潜在的责任，如导致第三方人身伤害、财产损失的赔偿责任，支付给第三方清除污染的成本，支付给政府的相应罚款等。当企业对环境的污染巨大，破坏严重时，还面临着被强制关停的风险。

(16) 健康与安全风险（Health and Safety Risk）

企业未能给员工提供一个安全的工作环境，致使员工的健康和安全受到损害，这样的后果是严重的。企业将面临支付医疗费用的责任和赔偿责任，同时公司的名誉也会受损。

(17) 商标价值损失风险（Trademark / Brand Erosion Risk）

随着时间的推移，企业商标或品牌的价值可能会逐渐减少甚至消失，这将极大削弱公司保持其产品和服务的需求的能力，以及保持未来收入增长的能力。

商标价值的损失可能由于多种原因，如产品质量低、服务质量差、提供产品或服务的过程产生事故、很长时间未进行宣传、假冒商品的出现等。

2. 授权风险（Empowerment Risk）

(1) 领导能力风险（Leadership Risk）

公司的管理层领导能力有限，员工缺乏有效的领导。俗话说："兵熊熊一个，将熊熊一窝"。拙劣的领导所引起的后果尤为严重：使员工缺乏方向感，缺乏以顾客为中心的意识，没有足够的激励使员工努力工作，员工对管理层缺乏信任，员工不被理解和关注因而缺乏工作热情等。

管理以人为本。很多时候，员工需要的不仅仅是薪水、福利等硬件的激励，也需要理解、亲和、尊重、成就感等软性的因素。领导者的个人能力和人格魅力在打造一个经营团队的过程中也是必不可少的。

(2) 权力/限制风险（Authority / Limit Risk）

在管理中，授权是一个很具有艺术性的问题，往往不太容易把握，并且受人的因素影响很大。在授权的同时，又需要对下放的权力进行限制和制衡，并且与责任捆绑，做到责、权、利三者的统一。授权中，责、权、利三者的大小要统一。权力、责任和利益三者是矛盾的统一体，共同存在，相互制约。三者的大小务必统一，否则会出现以权谋利或者消极怠工等结果，使授权机制扭曲。

(3) 外包风险（Outsourcing Risk）

承接外包的第三方服务提供者，其动机和行为可能与公司的战略目标不一致，因而其行为有可能超越了商定的界限，或者提供的服务质量不足影响公司的价值链实现，或者外包方在市场上与本公司形成竞争等。

(4) 业绩激励风险（Performance Incentives Risk）

公司经理和员工的工作最终要通过绩效考核来评价。业绩激励风险指的是绩效考核的方法不切实际、被误解、过于主观或者不具操作性等，致使经理和员工的行为与公司的目标、战略、道德标准或者谨慎的商业行为不一致。简言之，就是业绩激励的方向与公司的目标方向偏离。

(5) 变化应对风险（Change Readiness Risk）

对于外界市场的变化，公司人员无法实施有力的产品和服务流程改造，无法赶上市场变化的速度，使企业的产品和服务面临被淘汰的风险。

(6) 沟通风险（Communication Risk）

企业内部无效的沟通无疑是捆住了自己的手脚。纵向沟通无效，会导致：高层无法及时得到信息，不能及时了解业务实际的进展情况，无法迅速地作出决策；低层员工无法及时接到上级的决策、指导或建议，感到孤立无援，或者行为超出授权的界限等。横向沟通无效，会导致：各职能部门各自为政，出现问题互相扯皮，企业的价值链环节断裂，无法改善公司业务流程等。

3. 信息处理/技术风险（Information Processing / Technology Risk）

(1) 相关性风险（Relevance Risk）

相关性风险是指公司的信息收集与汇总系统所产生的信息与信息的使用目的不相关。不相关信息的使用有可能会对决策产生负面的影响。

(2) 系统整体性风险（Integrity Risk）

这一风险涉及信息系统中各项业务的授权、完整性和准确性，以及各项业务在信息系统中处理、汇总和报告的各环节。信息系统对公司业务的整合过程本身就存在风险。

(3) 接触途径风险（Access Risk）

接触途径风险指的是人员与信息的接触途径和限制不当所引起的风险。信息接触限制不足会导致不应当接触信息的人接触到机密信息，从而给公司造成损失。尤其是如今网络木马的盛行更是给黑客窃取信息提供了方便。另一方面，信息接触限制过于严格也对公司不利，使得员工无法及时利用信息来完成工作责任，降低了工作效率。

(4) 可获得性风险（Availability Risk）

即重要的信息在需要的时候却无法得到的风险。这可能是由通信中断、电脑设备故障等造成的信息系统无法持续工作。

(5) 基础设施风险（Infrastructure Risk）

公司缺乏实现信息技术的基础设施，例如硬件、网络、软件、人员和流程，这些基础设施用来支持现在或未来公司的信息需求，使信息系统以高效率、低成本和控制良好的方式运行。

4. 诚信风险（Credit Risk）

(1) 管理层舞弊风险（Management Fraud Risk）

公司治理的首要问题就是企业的经营权和所有权分离，以及由此带来的委托代理问题。股东是委托人，管理层是代理人。股东的目标是实现其股权价值的最大化，而管理层的目标是实现自身价值的最大化。因此，管理层存在舞弊的动机，通过牺牲股东的价值来增加自身的利益。例如管理层粉饰财务报表以得到业绩奖励，从事行贿、收取回扣等其他损害公司价值的行为。

（2）雇员/第三方舞弊风险（Employee/Third-party Fraud Risk）

雇员、客户、供应商、代理人、经纪人或第三方管理者的舞弊，也会损害公司的利益，例如对公司实物资产、财务资产和信息资产的占用或挪用等。

（3）违法行为风险（Illegal Acts Risk）

公司经理或员工的违法行为，会导致公司或相关人员罚款、入狱、制裁等，并且失去顾客、利润和公司名誉。

（4）未经授权的使用风险（Unauthorized Use Risk）

公司的实物资产、财务资产和信息资产被未经授权的员工或其他人使用，会使公司资源浪费和遭受财务损失。更严重的，信息资产（如专利技术、流程设计、顾客名单或其他商业机密）有可能泄露，从而丧失竞争优势。

（5）声誉风险（Reputation Risk）

不良声誉会使公司失去顾客、核心人才和竞争力，最终丧失收益。不良声誉可能有许多原因产生，如对待顾客的态度不好，大规模拖欠供应商货款，产品质量问题引发公众的信任危机等。出现问题或危机的时候，务必秉承这样的原则：公司的声誉是第一位的，暂时的利益得失是次要的。

5. 财务风险（Financial Risk）

财务风险与公司的财务报表关系紧密，是人们比较熟悉的一类风险，它包含三种类型：价格风险、流动性风险和信用风险。金融理论和金融市场的发展也为人们规避财务风险提供了许多有力的工具。

（1）价格风险（Price Risk）

价格风险是指市场要素价格的变化导致公司的收入或净价值的变化，从而影响公司的收入、费用以及资产负债表各项的价值。价格风险是一种典型的机会风险，价格向一个方向变化可能会给公司带来损失，但是反向变化就可能给公司带来收益。价格风险分为五类：

① 利率风险（Interest Risk）

利率是资本的价格。利率的升高可能会使公司筹资成本增加，投资收益降低或者某些资产（如国债）价值减少。反之，利率的降低也可能会给公司带来某些好处。

② 货币风险（Currency Risk）

货币风险即汇率风险。当公司在国外市场上有经营业务、证券产品，在国外金融市场融资时，就会存在汇率风险的敞口。

③ 权益风险（Equity Risk）

权益风险产生于上市公司。当公司投资于上市公司的权益类证券（如股票、基金、可转换债券、股票期权等）时，该权益类证券价格的变动就有可能给公司带来财务损失。此外，公司本身就是上市公司时，也会面临权益风险，当公司的股价过低时，就会面临恶意收购的危险。

④ 商品风险（Commodity Risk）

公司需要从商品市场购买原材料或者进货，生产出的产品又要进入商品市场，因而公司会在两个方面面临商品的价格风险。商品价格的变动直接影响公司的利润。

⑤ 金融工具风险（Financial Instrument Risk）

常见的金融工具有：债券、外汇、股票、基金、期货、期权等。品种多样的金融工具为公司提供了套期保值和规避风险的工具，同时，对金融工具组合的复杂性管理不善也可能导致公司付出额外的管理成本或者损失。

（2）流动性风险（Liquidity Risk）

流动性风险是指无法及时地、低成本地满足公司现金流的需求而造成损失的风险。其中也包括由于市场缺乏足够交易者或者买卖极度不均衡，公司的资产或交易头寸不能以合理的价格在短时间内变现或成交的风险。流动性风险包括三类：

① 现金流量风险（Cash Flow Risk）

流动性风险的发生，往往是由于公司的现金流入与现金流出没有匹配造成的。由于运营需求、偿还债务、资本支出等，企业面临一项必需的现金流出时，如果没有足够的现金存量和一笔足额的现金流入，企业将不得不提前变现资产或者增加额外负债，这都会导致收益的减少和筹资成本的增加。更严重的，企业需要钱而无处筹资时，就面临资金链断裂的危机。

② 机会成本风险（Opportunity Risk）

机会成本是一个经济学概念，指的是从事一项业务而所放弃的业务中最好的收益。资金的使用方式不当，没有选择最佳途径，有可能导致其收益小于机会成本。这样，虽然在会计上是盈利的，但其经济价值却是亏损的。在考虑资金的机会成本时，尤其要考虑资金的时间价值和交易成本因素。

③ 集中风险（Concentration Risk）

公司的融资渠道过窄，过于集中于少数几个资金来源，使公司不得不接受掠夺性的高额融资成本；或者参与一个狭窄的并且参与者不多、流动性不强的金融市场，使公司无法以合理的价格在合理的时间期限内完成交易。

（3）信用风险（Credit Risk）

信用风险是在以信用关系为纽带的交易过程中，与公司有商务关系的经济实体或法人无法履行其承诺的义务而给公司造成损失的风险。信用风险分为四类：

① 违约风险（Default Risk）

违约风险是信用风险最常见的表现形式，即公司的交易对手无法履行义务。

② 集中风险（Concentration Risk）

指公司的客户或交易对手过分地集中于一家或者一群相近的公司，这些公司容易受同样的事件影响，因而有可能出现同时违约的风险。

③ 清偿风险（Settlement Risk）

当公司的投资或业务涉及多个地区的金融市场时，就会产生清偿风险，又称为交割风险。不同地区的金融市场开放的时间不同，首先支付的一方就面临后支付的一方拖欠、违约或者因系统故障等原因不能履行义务的风险。这是一种短期风险，一般在 24 小时内比较突出。

④ 担保风险（Collateral Risk）

由于担保，公司间接用于筹资的资产价值可能会部分或全部损失，尤其是这种担保所对应的筹资并非公司所得，而是为了其他关系实体的时候。

（三）决策信息风险（Information for Decision Making Risk）

决策信息风险与公司价值创造过程的各个环节有关，分为三个大类：经营决策风险、财务决策风险和战略决策风险。

1. 经营决策风险（Operational Decision Making Risk）

（1）定价风险（Pricing Risk）

定价决策时，缺乏相关的和准确可信的信息，就容易造成定价不当。

缺乏系统的市场调研结果或顾客需求信息，容易造成定价过高的风险，致使定价超出了顾客所愿意支付的价格，造成需求不足。

缺乏研发、生产、运输、销售渠道等信息，容易造成定价过低的风险，以至于该价格没有涵盖所有的生产环节的成本，或者没有对汇率风险等销售渠道风险的补偿。

（2）合同承诺风险（Contract Commitment Risk）

缺乏相关信息，可能导致在订立合同时增加某些不利于公司总体最佳利益的承诺。例如合同中往往会详细划分各种风险的承担责任，如果对于这些风险及通常的避险做法和责任分担方法不熟悉，就有可能使公司做出过多的合同承诺，承担不必要的风险。

（3）考核（经营层）风险（Measurement（Operations）Risk）

财务指标的考核比较容易控制，比较容易实现信息的准确反映。但是经营过程中非财务指标的考核控制难度较大，有可能考核体系与经营业绩不相关、不能准确反映绩效等。

(4) 一致性风险 (Alignment Risk)

一致性风险是指公司业务流程的目标和绩效考核方式与公司层面和业务单元层面的目标不一致，因而在公司内部产生矛盾冲突或者是不合作的行为。

(5) 报告合规风险 (Regulatory Reporting Risk)

企业的经营信息报告应该符合监管机构的要求，做到完全、准确、及时，否则将会面临罚款等制裁。

2. 财务决策风险 (Financial Decision Making Risk)

(1) 预算和计划风险 (Budget and Planning Risk)

预算和计划不存在、不符合实际，没有基于准确的数据，没有被管理者接受，流于形式等，都容易造成不恰当的结论，做出错误的财务决策。

(2) 会计信息风险 (Accounting Information Risk)

将会计信息用于管理业务流程时，过于强调财务信息的重要性和绩效导向，而没有把财务信息与经营业务有机地结合。这样容易导致员工操纵业务成果已达到财务目标，而丧失了对顾客满意度、质量检测、工作效率等非财务目标的关注和实现。

(3) 财务报告评估风险 (Financial Report Evaluation Risk)

由于缺乏公司外部和内部的相关可信的信息，致使无法评估财务报表是否需要调整或者某些事项是否需要披露，造成财务报表不能公允地反映公司经营状况。

(4) 税务风险 (Taxation Risk)

税务风险有两个方面：一是由于信息不足，对税务法律法规的了解不足，没有遵循税收的法律法规，从而遭受罚款等处罚；二是由于信息不足和经验不够，以致原本可以合法避税的事项没有避税，给公司造成损失。

(5) 养老金风险 (Pension Fund Risk)

企业的养老金制度不完全、不健全，不足以确保及时地完成对员工的福利责任，这样会导致道德和声誉受损、士气不振、工作停歇、诉讼和额外资金需求的风险。

(6) 投资评估风险 (Investment Evaluation Risk)

投资项目的相关信息不足，决策者无法准确的评估该项投资的收益和风险，从而造成决策失误，给公司带来损失。

(7) 报告合规风险 (Regulatory Reporting Risk)

公司的财务报告要符合规定，及时、准确地反映公司信息，以便管理层及时掌握公司状况。对上市公司而言，还需要及时向公众披露，否则会受到处罚并丧失名誉。

3. 战略决策风险 (Strategy Decision Making Risk)

(1) 环境监控风险 (Environmental Scan Risk)

公司没有有效地监控外界环境的变化，或者对外界环境变化的理解基于错误的假设或理论上，这都可能会使公司的战略过时，在变化的竞争中处于劣势。

(2) 经营种类组合风险（Business Portfolio Risk）

经营种类组合风险是对具有多种产品和业务部门的多元化公司而言的。对于决策者来说，各部门的信息汇总后往往呈现多元性和复杂性，甚至大量信息与决策不相关。这就容易造成对经营组合的管理失效，没有有效地确定各产品的优先次序或者平衡各产品的比重，从而使公司资源在各产品的配置上没有达到最优。

(3) 估价风险（Valuation Risk）

信息的缺乏使得管理层无法准确地衡量某一业务或某一部门对公司的价值，从而影响公司对自身业务的评估和作出正确的战略调整决策。

(4) 组织结构风险（Organization Structure Risk）

公司的组织结构不支持公司战略目标的实施，或者管理层缺乏评估组织结构有效性的信息，从而无法对组织结构实施有效的变革。

(5) 考核（战略层）风险（Measurement（Strategy）Risk）

这一风险主要是指公司的考核体系没有体现公司的战略目标，激励的方向不对从而影响目标的实现。

(6) 资源分配风险（Resource Allocation Risk）

公司缺乏资源分配的流程以及支持资源分配的信息，阻碍公司将资源用于建立竞争优势上。

(7) 计划风险（Planning Risk）

公司的计划流程不完善，基于不准确地历史数据，没有根据环境变化及时更新，对自身竞争力没有准确的认识，计划不具可操作性等等，都会阻碍公司形成有效的战略。

(8) 生命周期风险（Life Cycle Risk）

缺乏足够的数据和信息，造成企业对行业和产品生命周期的认识不充分、不准确，从而采取了错误的战略来对应当时的生命周期阶段。

四、风险识别方法

风险识别方法共有七种，分别是现场调查法、列表检查法、财务报表分析法、触发器法、流程图法、座谈讨论法和问卷调查法。

（一）现场调查法

现场调查法是最为常用的方法之一，其优点是可以获得第一手的资料，减少了对中间报告人的依赖性。同时，现场调查的过程本身也是一种沟通过程，可以与现场工作人员建立良好的关系，宣传风险理念，为之后风险管理措施的落实作铺垫。

现场调查法的缺点是耗时长、成本高。因此，往往只能在某些重要环节的识别上采取现场调查法。此外，现场调查过程中如果沟通处理不好，或者现场工作人员的风险意识不强，现场调查容易导致工作人员的反感，给风险识别工作增加阻力。

现场调查往往采用相关表格来记录调查结果，如表 10－2 所示。

表 10－2　　风险现场调查表

编号		调查人		调查时间	
项目名称		涉及部门		负责人	
项目状况	潜在损失列示	影响程度和范围	作用时间	已有的控制措施	控制措施是否有效

（二）列表检查法

将企业可能面临的风险及潜在损失分类，并按照一定的顺序进行排列，就得到了风险识别用表。对照风险列表的各项，逐项检查，可以避免遗漏风险。风险识别用表可以采用保险业及风险管理协会等公布的、通用的潜在损失一览表，也可以根据企业的实际情况自行制作风险识别用表。

表 10－3 列示了美国风险管理与保险协会制定的一份潜在损失一览表。

表 10－3　　风险列表

直接损失风险	无法控制和无法预测的损失	1. 电力中断：雷电、火灾及各种损坏 2. 物体下落：飞机失事、树、建筑材料 3. 地壳运动：火山、地震、滑坡 4. 声音及震动波：飞机、震动 5. 战争、暴力、武装冲突、恐怖活动 6. 水损：洪灾、水位提高、管道破裂等 7. 冰、雪损害 8. 风暴：台风、飓风、龙卷风、冰雹 9. 土地下沉、倒塌、腐蚀

续表

<table>
<tr><td rowspan="2">直接损失风险</td><td>可控制和可预测的损失</td><td>1. 玻璃或其他易碎物品的破裂
2. 毁坏：工厂设施的毁坏
3. 起始或降落时的碰撞：飞机碰撞、船舶碰撞
4. 污染：流体、固体、气体、放射污染
5. 腐蚀
6. 雇员疏忽或大意
7. 爆炸事故
8. 环境控制失败所致损失：气候、温度、气压
9. 咬伤：昆虫等动物
10. 火损
11. 建筑物损坏：倒塌
12. 国际性的毁坏
13. 航海风险
14. 物体变化所致损失：收缩、蒸汽变色、变质、膨胀
15. 邮箱或管道破裂
16. 烟损、污点
17. 物体溢出、漏出
18. 电梯升降事故
19. 交通事故：翻车、碰撞
20. 无意识过错
21. 故意破坏与恶作剧
22. 欺骗、伪造、偷窃、抢劫</td></tr>
<tr><td>与财务有关的主要损失</td><td>1. 雇员不诚实：伪造、贪污
2. 没收：国有化、逮捕、充公
3. 欺诈、偷窃、抢劫
4. 事实、专利、版权、公证的无效
5. 库存短缺：无故消失、乱放丢失
6. 作废</td></tr>
<tr><td>间接损失或因果损失</td><td colspan="2">1. 所有直接损失的影响：供给、顾客财产、人身或财产转移、雇员
2. 附加费用增加
3. 资产集中损失
4. 样式、品味和需求的变化
5. 破产
6. 营业中断损失</td></tr>
</table>

续表

间接损失或因果损失	7. 经济波动 8. 疾病、流行病、瘟疫 9. 技术革命：折旧费增加 10. 版权侵权 11. 管理失误：市场、价格、产品投资等
责任损失	1. 航空损失 2. 运动责任 3. 出版商责任 4. 汽车责任 5. 契约责任 6. 雇主责任 7. 产品责任 8. 职业责任

资料来源：洪锡熙．风险管理［M］．广州：暨南大学出版社．

（三）财务报表分析法

1. 按照财务报表逐项检查

财务报表是企业资产状况和经营活动的集中体现和汇总，企业的盈利和损失最终都要在财务报表上体现。因此，通过对企业财务报表的分析来发现企业经营活动中的潜在损失，是风险识别的一种有力手段。尤其是对于财务风险的分析，财务报表就是一份最好的风险清单。

2. 财务比率分析

财务比率分析是评估公司经营情况的利器。财务报表显示的是绝对值，而财务比率分析通过将一项财务指标与另外一项作比较，得出相对值，消除规模的影响，从而更有利于人们的解读和判断。

在财务比率分析中，经常被关注的是反映企业三个方面能力的财务比率：盈利能力、营运能力和偿债能力。盈利能力反映企业获取利润的能力；营运能力反映企业利用资源的效率；偿债能力反映企业偿还到期债务的能力。对于上市公司而言，还有投资收益的指标也需要关注。

（1）反映盈利能力的财务比率

盈利是企业的终极目标，是企业的生命线所在，也是企业的管理层、投资者和债权人等最为关注的能力。分析盈利能力要抓住公司的主营业务，关注主营业务收入的持续性、稳健性和增长性，并且要剔除非主营业务和暂时性收入的影响。

➢ 毛利率=(销售收入-销售成本)/销售收入

这是公司主营业务获利能力的最直接反映。

➢ 净利率=净利润/主营业务收入

➢ 总资产收益率=净利润/总资产平均值

➢ 净资产收益率=净利润/所有者权益平均值

➢ 经营指数=经营现金流量/净利润

➢ 主营业务收入收现比率=销售商品提供劳务所收到的现金/主营业务收入

其中，后两个财务比率反映的是盈利中能收到现金的比例。毕竟收到现金方可落袋为安，实现收入。前者反映了公司净利润中收到现金的比例，后者反映了主营业务收入中现金收取的比例。

(2) 反映营运能力的财务比率

➢ 应收账款周转率=净销售额/平均应收账款

➢ 存货周转率=产品销售成本/平均存货

➢ 流动资产周转率=主营业务收入/流动资产平均值

➢ 固定资产周转率=主营业务收入/固定资产平均值

➢ 总资产周转率=主营业务收入/总资产平均值

(3) 反映偿债能力的财务比率

反映短期偿债能力：

➢ 流动比率=流动资产/流动负债

➢ 速动比率=(流动资产-存货-待摊费用)/流动负债

➢ 现金比率=(货币资金+短期投资)/流动负债

反映长期偿债能力：

➢ 资产负债率=总负债/总资产

➢ 利息保障比率=营业利润/年度利息费用

(4) 上市公司投资收益比率

➢ 市盈率=普通股每股市价/普通股每股收益

➢ 每股收益=(净利润-优先股股利)/普通股数

➢ 每股净资产=所有者权益/普通股股数

3. 财务比率的综合分析——杜邦分析体系

该方法最早由杜邦公司使用并流传下来，所以称为杜邦分析。杜邦分析体系提供了一种对财务比率进行综合分析的方法，它将财务比率逐层分解，揭示了比率之间的相互联系，从而为我们寻找财务问题的关键所在提供了有力工具。

如图 10－2 所示，杜邦体系以净资产收益率为切入点，以总资产收益率为核心，通过层层展开，将企业的重点财务指标有机地结合在了一起。杜邦体系可以按层来认识和理解，帮助我们对企业进行风险识别。

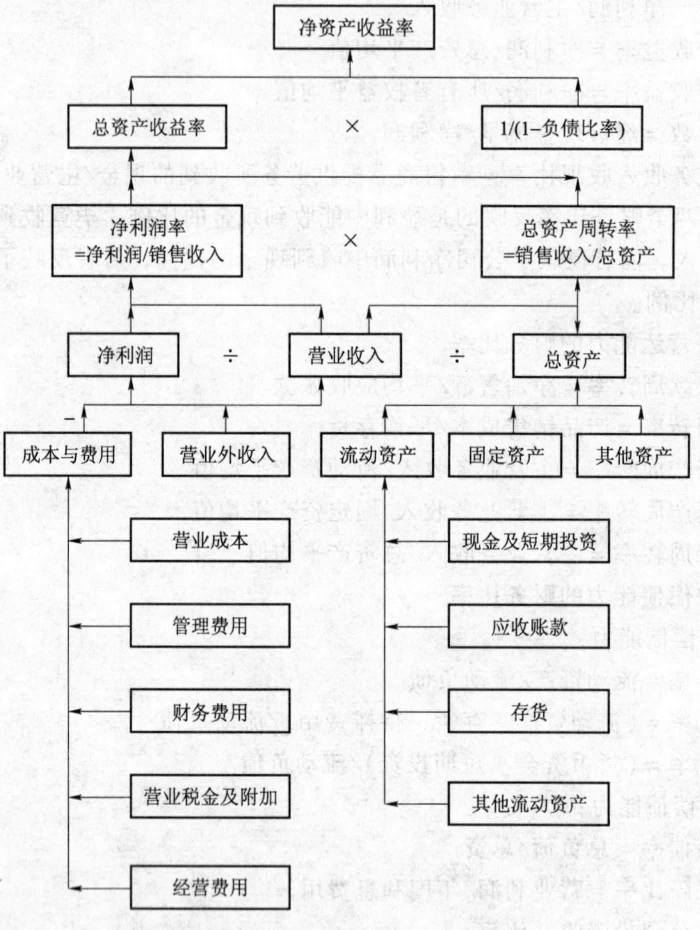

图 10－2 杜邦财务分析体系

第一层将净资产收益率分解为总资产收益率与权益乘数的乘积。这种分解告诉了我们不同企业对股东回报的差异来源：一是企业更强的综合盈利能力（总资产收益率），二是更激进的融资手段（负债比率越高，权益乘数就越大）。从中我们可以评价企业的债务风险。适度的负债可以帮助企业提高对股东的回报，但是其前提是借债的资金在企业中的回报率必须高于融资成本。同时，过度的负债也容易使企业陷入偿债风险。

第二层将总资产收益率分解为净利润率和总资产周转率的乘积。其中净利润率反映了公司的获利能力，总资产周转率反映了公司的营运能力。这就揭示了企业的综合盈利能力的差异是由什么引起的，是来自业务本身的获利能力，还是来自公司的营运能力。这一层次的划分是杜邦体系的神来之笔，因为获利能力和营运能力这两者的相对强弱，实际上反映了企业的战略选择，提示了战略风险。采用成本领先战略的企业，往往营运能力较强，但是其净利润率往往较低。采用产品差异化的企业，其利润率较高，业务盈利能力较强，但是其周转率往往不高。可见，这种分解揭示了企业的战略成效。企业要么选择成本领先战略，要么选择产品差异战略，两种优势往往不太可能同时具备。

第三层将净利润率和总资产周转率进一步分解。净利润率为净利润和营业收入的比值，总资产周转率为营业收入和总资产的比值。

第四层将净利润和总资产细分，揭示各组成部分。净利润由营业收入与营业外收入的和减去成本与费用得到，总资产由流动资产、固定资产和其他资产组成。

第五层继续细分，将关键的组成部分，例如成本与费用、流动资产等细分，这样我们就可以了解各个具体的组成，针对不同的战略选择，找到风险的集中部分。

（四）触发器法

触发器法类似于预警系统，将影响公司目标的关键指标设定一个预警范围，一旦指标超出该范围之后，立即向管理层汇报，引起风险管理及业务相关部门的注意，分析问题的原因，寻找对策，将风险扼杀在摇篮之中。

触发器范围的设定往往与公司的风险容忍度有关，但一般而言，由于触发器的作用和目的在于先知先觉，所以触发器范围的设定要比风险容忍度小，并且监控时间单位要小于目标的时间单位。例如对于销售量，公司的风险容忍度是可以偏离目标销量10%，那么触发器范围的设定就要低于10%，例如设定为5%；公司的目标时间单位一般为年，如2008年完成多少销售量，那么触发器监控的时间单位就要为季度或者是月，针对每季度或者每月的销售量数据进行监控。只有这样才可以达到先知先觉的效果，而不是亡羊补牢。

一般来讲，需要设定触发器的指标有：销售量、主营业务收入、应收账款周转率、存货周转率、流动比率、速动比率、利息保障比率、资产负债率、股票价格、市盈率等。

（五）流程图法

企业的经营活动有多个流程组成，每个流程又有许多细节模块组成。一般将公司的流程分为三大类：客户流程、生产流程和管理流程。通过对公司业务过程的详细解读，将业务流程用图示的方法详细描述，然后据此分析影响每个细节模块的内部和外部因素。流程图是寻找风险因素，把握风险敞口的有力工具。

要把风险管理融入到企业的日常经营活动中，就必须对公司的业务流程进行分析。

从流程中来，到流程中去。从流程中寻找风险因素，并将风险应对措施细化加入到流程之中，使风险管理和控制成为业务流程不可缺少的组成部分。

（六）座谈讨论法

这种定性的方法不仅要利用公司内部的信息，也往往需要利用外部的资源提供信息。这既包括消费者、供应商、股东等企业利益相关方，也包括外部专家、审计机构、监管机构、管理咨询顾问等。

实践中，往往采用小组讨论的形式，借鉴管理层、员工及其他相关人员的经验，共同寻找风险因素。具体实行的时候往往以公司业务模块为单位，比如由市场营销部门的负责人召集市场部、采购部、广告部等相关人员进行讨论，集合每个成员的智慧，挖掘影响公司销售目标的潜在风险。

（七）问卷调查法

现场调查法费时费力，当风险涉及面太广时，风险管理者往往不可能对所有的现场都亲自检查，这就需要依赖岗位工作人员的报告。然而岗位工作人员对风险识别往往不太了解。所以采取问卷调查的形式，由风险管理者设计问卷，岗位人员填写，就可以两全其美了：既利用了风险管理者的专业知识，也发挥了岗位人员对实际情况的熟知。此外，问卷调查法还有第三个优点，就是为细化风险控制措施提供了实施纲领。例如下表所示的对仓库火灾风险的识别问卷，同样也可以作为仓库火灾风险防范的实施手册。

表 10－4　　仓库火灾风险调查问卷表

编号	HZ20070039	调查时间	
问卷填写人		风险责任人	
问　题		答案	应采取什么行动
所有货物是否分类并码放整齐			
所有货物是否都离开地面			
所有防火门是否正常工作			
灭火器是否过期			
灭火器是否按照指定位置足量存放			
烟雾报警系统是否正常工作			
自动淋水系统是否正常工作			
所有货物是否采取了防淋水措施			

续表

问　　题	答案	应采取什么行动
所有易燃物品是否都存放在单独的防火室		
是否有专人确保入库人员禁烟		
与仓库有关的工序中是否存在火灾隐患		
是否定期实施消防演习		
仓库工作人员是否熟悉消防手册内容		
您认为还有哪些火灾隐患		
您认为本问卷还需要增加哪些问题		

填写人签字：

问卷调查是效率较高的一种风险识别方法，但该方法对问卷设计人员的素质要求较高，需要设计人员根据风险管理的方法，结合企业不同部门、所面临的不同风险的实际情况，分别设计出不同的调查问卷。这样才能保证问卷调查的结果对风险识别有实质性的帮助。

本章小结

本章首先介绍了企业经营活动层面的目标，包括战略目标、经营目标、报告目标、合规目标，这是企业的基本目标。企业的风险管理目标必须和企业的目标相一致，为实现企业的目标服务。风险管理的具体目标是要在损失发生前提供经济有效的保证，在损失发生后能够达成令人满意的复原，包括损失发生前的目标和损失发生后的目标。

在明确了风险管理目标的基础之上进行风险识别。这是风险管理中最为关键也是最难的一个环节。本章介绍了七种风险识别方法，分别是现场调查法、列表检查法、财务报表分析法、触发器法、流程图法、座谈讨论法和问卷调查法。

重点名词

战略目标
经营目标
合规目标

风险成本
风险偏好
风险识别

本章重点与难点

1. 经营层面目标与风险层面目标的关系
2. 损失发生前与发生后目标的区别
3. 风险识别的工具
4. 风险识别的方法

思考题

1. 企业经营层面的目标有哪些？在这一层面如何降低企业的风险？
2. 风险管理的目标是什么？
3. 如何理解风险偏好对于风险管理的影响？
4. 风险识别的方法有哪些？

案例讨论

日本八百伴（Yohan）惨败在哪儿

八百伴是日本最大的百货公司之一，在20世纪90年代全盛时期，八百伴在全球16个国家拥有400多家百货公司，以雄霸世界零售业第一把交椅而扬名。

1997年9月，八百伴宣布破产，向法院申请“公司更生法”保护，当时八百伴的负债额达到1 613亿日元，是日本战后最大的一宗企业破产案。

在调查中发现，导致八佰伴破产的致命原因有三：

第一，八百伴低估经营非核心业务的风险，在急速成长过程中，八百伴逐渐背离了百货和超市的主业，而发展地产、饮食、食品加工和娱乐等辅业。然而，随着金融风暴的冲击，集团的这些辅业变成了负资产，这些辅业都为八百伴带来了沉重的负担。

第二，八百伴低估了扩张业务的风险，1990年至1996年短短6年间，八百伴在中国内地的零售点由0扩展到50多家，在扩展的过程中，它明显地低估了扩张业务的风险，加上八百伴当时遇上国家宏观调控，为了实现集团主席的梦想，只好通过信贷维持扩张。面对较预期更差的回报及不断扩大的资金需求，八百伴最终陷入难以自拔的困境。

第三，八百伴也低估了开发海外新兴市场的风险。由于日本市场零售业饱和，强大的竞争对手林立，八百伴采取了积极开发海外市场的战略，但却低估了开发新兴市场的风险。1972 年八百伴将巴西视为第一海外市场，但当时的巴西经济动荡，最后只有惨淡收场。20 世纪 90 年代初，八百伴开始进军中国市场，甚至将它的总部迁至上海。但由于中国消费者当时还未能完全接受超市和百货公司的销售模式，中国消费能力还处于比较低的水平，加上遇到中国宏观调控和国内合资伙伴已核准资金不能如期到位等问题，导致资金回报率不断下落，辛苦经营了十多年的八百伴终于以清盘结束业务。

讨论问题：

1. 八百伴破产的根本原因是什么？
2. 八百伴的风险管理存在什么问题？

第十一章

企业风险分析与评价

在本章中，你将学到

◇ 人力资本风险分析
◇ 财产风险分析
◇ 法律责任风险分析
◇ 金融市场风险分析
◇ 风险衡量的概率技术
◇ 风险衡量的非概率技术
◇ 企业风险评价方法

引例

紫金矿业污染环境被罚①

2010年7月3日和7月16日，紫金矿业集团股份有限公司紫金山金铜矿、铜矿湿法厂先后两次发生含铜酸性溶液渗漏，造成汀江重大水污染事故，直接经济损失为3 187.71万元。2010年10月，因为污染事故，紫金矿业已被福建省环保厅罚款956万元，成为环保部门迄今为止针对企业污染开出的“最大罚单”。

2010年12月，紫金矿业宣布，两名高管陈景河和邹来昌已收到福建省环保厅处罚决定书，分别被处罚70.6万元和44.97万元。

不过紫金矿业为汀江污染事故付出的代价不止于此，该公司曾在10月8日公告表示，汀江污染事故的3 187.71万元直接经济损失，均由紫金矿业“买单”，所有损失会在今年年报中全部计提。

① 资料来源：根据媒体相关报道整理

第一节　企业风险分析的思路

企业在经营的过程中，可能会面临各种各样的风险，而企业风险管理中一个很重要的环节，就是在识别自身风险因素的基础上，有针对性地对风险发生的可能性和影响程度进行分析，通过有效的风险衡量和风险评价为确定风险应对策略提供依据。

一般来说，企业应当关注的内部风险因素包括人员素质因素、财务和信息管理因素、基础经济实力因素、技术开发和应用因素、安全环保因素等；应关注的外部风险因素则包括宏观经济因素、政策法律因素、文化社会因素、科技发展水平因素和自然环境因素等。与此相对应，企业应当结合自身情况，着重从人力资本风险、财产风险、法律责任风险和金融市场风险四个主要方面展开风险分析。本节将对这四项风险分析的主要内容分别进行介绍，而相关衡量和评价方法将在此后两节集中阐述，以便企业风险管理部门在建立起总体框架后，再选择和查阅合意、适用的具体方法，进行进一步风险分析。

应当指出的是，虽然广义的企业风险管理既包括通过控制风险减少可能带来的损失，也包括在风险和回报之间进行主动的权衡来最大化企业收益；但本章将主要着眼于风险对企业可能产生的负面影响，从控制损失的视角出发对各种风险进行分析。

一、人力资本风险分析

1. 人力资本风险的涵义

企业所面对的人力资本风险是指由于员工的死亡、受伤、生病、年老或其他原因的失业和辞职而造成的损失的不确定性。虽然这些风险完全是员工个人及其家属所直接面临的，但是如果企业风险管理部门能够将这些风险管理起来，就可以一方面解决员工的后顾之忧，使之更好地为企业服务，从而提高劳动生产率和企业赢利能力，另一方面建立起良好的企业文化，在给予员工更好福利（如提供保费更加低廉的团体保险）的同时增强其集体归属感，实现人力资本的规模效应。当然，相关法律法规、公众舆论、同业竞争等也可能从客观上对某些企业提出更好的人力资本风险管理的要求；更有雇主甚至从主观上感到自己对员工的生老病死负有一定责任，认为自己应该为雇员提供良好的人文关怀。

2. 人力资本风险发生的主要原因

如前所述，人力资本风险发生的主要原因包括员工死亡、因受伤或生病丧失工作能力、退休、失业和辞职等，以下主要从这些风险发生的频率、可能造成的损失程度和可预测性等方面来进行定性说明。

(1) 死亡

首先，按照大数法则，随着企业规模增大，实际死亡率与预期死亡率之间的差异会缩小。因此，员工的死亡对中小企业来说可能是难以精确预测的。其次，死亡总是一种全部损失。对一个家庭来说，家庭成员的死亡意味着其为家庭的挣钱能力和服务能力的丧失，另外还会发生丧葬等费用。对一个企业来说，员工死亡表示其对企业将来服务功能的全部丧失，另外还会发生替换其工作岗位的人的聘用和培训等额外费用。从风险管理角度来看，衡量一个员工的死亡损失程度应注意其给企业带来的经济损失。

(2) 丧失工作能力

丧失工作能力对企业和员工的家庭有着双重不利影响，它既减少或终止了收入，又发生额外的医疗费用。丧失工作能力的损失频率大于死亡率。在大中型企业中，员工病假工资是日常的开支，加上医疗费用开支，丧失工作能力几乎总会引起持续和相当多的费用。员工丧失工作能力的情况非常复杂，而其所造成损失程度的变动范围也很大，加上医疗费用上涨等因素的影响，要对这种风险损失进行精确预测是非常困难的。

(3) 退休

与死亡和丧失工作能力相比较，退休的一个重要特点是，退休一般是有计划的。但对企业来说，员工退休仍有两个不确定性：一是企业提供退休员工的养老金和其他福利的成本是多少；二是员工达到退休年龄后是否还会被聘用。

(4) 辞职和失业

对企业来说，员工辞职是否属于人员损失取决于辞职者是否是一个重要人物或一个重要部门的人员。但是，企业解雇员工一般在眼前看来总是有利于本企业的。而这里的失业主要指的是由经济原因引起的非自愿性失业，如摩擦性失业、周期性失业和结构性失业等。失业是一个影响个人收入能力的重要因素。很多企业都会通过政府强制的失业保险为员工提供失业方面的保障，这要求风险管理部门对企业员工所面临的各种失业都有清楚的了解，以降低由于失业所引起的损失。

3. 人力资本风险给企业带来的影响

人力资本风险，特别是处于重要工作岗位上的人员损失对企业的影响可能是暂时的，也可能是长期的；可能是正常的，也可能是非正常的。

(1) 暂时影响和长期影响

确定暂时影响需要对某员工缺勤的时间、找到合适的替代人员需要的时间、寻找和培训合适的替代人员的成本、替代合适人员在工资和福利方面对企业增加的负担、企业由于新手工作上的错误或不熟练而导致的额外费用等问题进行考察。而当企业失去是一个处在重要岗位上的人员时，除了以上问题以外，还需要了解企业经营程序是否会有所改变以及是否需要放弃一些特殊项目，这时人力资本风险就会给企业带来长期的影响了。

(2) 正常影响和非正常影响

所谓正常影响是指企业在总体上能够预测到其频率和程度的损失。非正常影响一般是超出预测的频率和程度的损失。就人力资本风险而言，无论企业的规模大小，每天都有人请病假，每年都有人辞职、退休、死亡，这些都属于正常的损失，虽然在个案上难以预测，但在总体上是可以预测的。而正常或非正常人员损失的主要区别在于对其影响管理的难易程度不同。对正常的人员损失可以作准确的预算，进行有效的风险控制，而对由于随机事件造成的非正常的人员损失应注重风险筹资措施。

二、财产风险分析

1. 财产风险的内容

财产风险是企业常常面临的一种风险，在风险管理发展初期，对企业财产所面临的风险进行管理就是风险管理者的主要工作，到了今天，这仍然是企业风险管理的重要部分。

就财产的含义而言，它比实物资产或有形资产的范围大得多，指的是一组源自某项有形的实物资产的权利或者是关于该有形的实物资产的某一部分的一组权利，只要这项实物资产具有独立的经济价值。而财产所指的实物资产包括不动产和动产两类：不动产是指土地以及在土地上生长、建造或固定的任何实物，通常包括土地、土地上的湖泊、河流、地下水、矿藏、景观、动植物以及建筑物及其附属物等；动产是指除不动产之外任何被拥有的财产，包括除不动产之外的其他物品，如货币和证券、机器、原材料、生产流程中的未成品、成品、存货、运输工具、重要文件和记录、办公用品和设备等。此外，有时候无形资产也被列为是财产的一部分，包括商誉、版权、专利权、商标、租赁权益、营业执照、商业秘密等。

企业财产风险分析包括两个方面，一是对可能导致财产损失的原因进行分析，一是对财产的价值和权益等进行评估，确定财产风险可能带来哪些方面的影响。本节将分别从这两个方面对财产风险进行定性分析。

2. 财产风险发生的主要原因

财产风险发生的具体原因各种各样，但大体可以分为以下三种类型：

(1) 自然原因

自然原因是指由自然力造成的财产损失的原因，例如水灾、干旱、地震、风灾、虫灾、塌方、雷击、冰雹、温度过高和疫病等，这些原因的发生频率及其损失程度在很大程度上归因于自然，人类难以控制，但可以采取有效的减损措施来控制其损失程度。

（2）社会原因

社会原因包括违反个人行为准则，如纵火、爆炸、盗窃、恐怖活动、恶意行为、疏忽大意等；其发生频率和损失程度在一定程度上能人为地加以控制。

（3）经济原因

经济原因指的是经济衰退等方面的原因，这些原因不像自然原因和社会原因那样有着明显的影响，它对财产的致损作用更加隐蔽和复杂。如股价下跌导致股票贬值，技术进步导致设备贬值等。

需要指出的是，这三种损失原因有时会出现一些重叠。例如，火灾既可能是雷击这一自然原因所造成的，也可能是人们的疏忽这一人为原因造成的。另一个例子是环境风险，这是近年来出现的一种新的基本风险，指人类行为可能造成的对人的伤害，以及对自然环境的灾难性损害，如核风险、全球变暖、污染等。面对这些复杂原因所造成的财产风险，企业风险管理部门需要进行更为灵活和透彻地分析。当然，某些由众多的人或政府的行为（如联合抵制、罢工、暴乱、战争等）和巨灾所产生的财产风险会大到难以由某个企业一力承担，这一般就不由企业风险管理人员分析、处理了。

3. 财产风险会给企业带来的影响

从财产风险给企业造成影响的性质上来看，可以将其分为直接影响、间接影响和时间因素影响；从财产损失的具体内容上来看，又可以从价值和权益两方面来确定。以下将从这两个角度分别进行介绍和分析。

（1）直接影响、间接影响和时间因素影响

直接影响是指财产风险直接作用于真实物体，引起此物体价值的改变。一般来说，这种改变都是物体价值减少，即直接损失。当然，直接影响并不一定都是损失，投机风险的一些直接后果就可能是收益。

间接影响指的是在风险因素对物体发生直接作用，导致直接后果以后，进一步产生的影响。例如，暴风雨摧毁了输电线，使得企业某些需要冷藏的存货变质了。这里，直接影响是修复受损电线的费用，间接影响是变质产品的价值。显然，存货变质所带来的损失并不是由暴风雨直接造成的。同样，间接后果也可能是收益。

时间因素影响实质上也是一种间接后果，但和一般的间接影响不同的是，它的大小和时间有很大关系。一般地，如果财产受到直接损失后，有一段时间无法使用，那么在这段时间内就会发生时间因素损失。换句话说，时间长度和由此带来的后果之间的密切关系是时间因素影响区别于其他间接影响的重要特征。

（2）财产的价值与权益

① 财产价值。当财产遭受损失后，财产所有人或用户除了财产本身价值丧失外，还会丧失使用该财产所得的收益，这些都是财产风险可能对企业带来的影响。因此，在分析财产风险时还需要考虑场地清理费、拆除建筑物未遭受损坏部分的费用、增加建筑的费用、部件损失造成的整件价值明显减少、继续经营价值损失等。

此外，从现金流价值的角度考虑，损失风险还可能造成企业收入减少或费用增加，在企业的净收入方面产生影响。其中，从收入减少的方面来说，应当考虑到由于营业中断所带来的损失，制成品利润损失，租金收入减少和应收账款减少等；从费用增加的方面来说，经营费用增加、租金增加和加急费用都应计入考虑。

值得指出的是，在从损失价值的角度出发确定财产风险的影响时，风险管理部门还必须注意选择适当的估价标准。原始成本、账面价值、重置成本、复制成本、功能重置成本、市价、实际现金价值、经济或使用价值等都是可供选择的估价标准，具体决策则应由风险管理部门根据本企业的实际情况作出。

② 财产权益。对财产拥有合法权益的任何个人或组织会因财产损毁而遭受经济损失，从这方面来说，财产风险造成的影响范围常常会超出进行风险管理的企业主体。于是，对财产权益的归属有一个清晰的认识将有利于企业分门别类地对财产风险进行分析和管理。一般说来，财产权益包括所有人权益、放款人权益、卖方和买方权益、受托人权益、出租人和承租人权益等，其具体界定都可以在相应法律法规中查到，这里不再赘述。

三、法律责任风险分析

1. 法律责任风险的涵义

法律与风险管理之间有着密切的联系，法律责任风险是企业面临的另一种普遍风险。法律责任可能使企业遭受沉重的经济负担，甚至破产。因此，企业有必要认识和分析自身所面临的法律责任风险。总的来说，企业的法律责任可能因损害他人被起诉而产生，也可能因违约而需赔偿他人遭受的损失而产生。企业的责任损失则由损害赔偿金、调查费用、辩护费用、违约金等部分组成。

2. 法律责任风险的主要内容

具体地，根据违反法律责任所涉及的损害方来分类，企业的责任损失分为刑事责任和民事责任。违反对社会所承担的责任引起的公诉属于刑事责任，违反对某个人所承担的责任，受损害方提起诉讼的属于民事责任。民事责任是由合同责任和侵权责任组成。合同责任是由于违约而引起的，有时合同责任是由于使用合同方式转移而产生的，由受让人来赔偿转让人的损失。其他民事责任属于侵权责任。另外，违反不成文法和成文法也可能使企业承担刑事、合同和侵权责任。不成文法是未经国家有关机关制定，但经国家认可而赋予法律效力的行为规则，而成文法是由立法、行政和管理机构颁布的法律。

法律法规体系的复杂性决定了法律责任风险内容庞杂，难以全部详述。以下将企业经常面临的典型法律责任问题进行分析，涉及产品责任风险、环境污染责任风险和员工伤害责任风险。

(1) 产品责任

产品责任是指因产品有缺陷造成他人财产和（或）人身损害，产品制造者、销售者所应承担的民事侵权责任。随着工业的发展，产品致人损害的案件层出不穷。最初，为了保护消费者免受缺陷产品的侵害，使其在受到损害时能够得到比较公平的法律救济，立法者借助合同法来实现此目标，即明示担保与默示担保。随后，由于担保理论的局限，许多国家的产品责任法逐渐突破合同法的框架，产品责任被部分或全部地确认为过失或严格责任。而与产品责任的这种严格化相伴随的，就是企业产品责任风险的加剧。

但是，产品责任有一个核心条件，即只有责任主体生产或销售的产品存在缺陷时才可能构成产品责任，因此缺陷在产品责任中是一个十分重要的概念。通常，人们将缺陷分为三类：设计缺陷、制造缺陷和营销缺陷。其中，如果产品带来的可预见性的伤害风险可以通过采取合理的、更为安全的设计而减少，就称为存在设计缺陷。而制造缺陷是指因产品原材料或配件存在缺陷或者在装配成最终产品的过程中出现某种错误，导致产品具有不合理的危险性。当制造商没有提供警示或是没有正确解释与使用产品有关的风险时，致使其产品在储运或使用等情况下具有不合理的危险时，就称为存在营销缺陷。这些方面是企业风险管理部门在分析产品责任风险时应当熟悉和了解的，否则就可能产生严重的管理失误。

(2) 环境污染责任

环境污染指的是自然因素的总体发生了不良变化，污染环境的行为通常表现为排放废水、废气、废渣（“三废”）、粉尘、恶臭气体、放射性物质以及噪声、振动、电磁波辐射等对环境造成污染和危害的行为，以及一些直接破坏天然的自然因素（如植被等）而造成环境污染的行为。近年来，日益严重的环境问题对人类生存与可持续发展的相关权益造成的侵害越来越严重，被称为世界性“公害”。当污染环境造成他人损害时，污染环境者就应当承担赔偿责任。

环境污染责任的构成要件包括：存在环境污染的行为、污染造成损害的后果以及污染行为和损害后果之间存在因果关系。只要存在这三个要件，环境污染责任即可构成。需要指出的是，由于一些污染环境行为的结果需要高水平的科技手段才能确定，污染环境行为和污染损害后果之间的因果关系有的时候也很复杂，因此我国规定污染环境致害的举证责任在侵害人。不过，如果因某些特殊原因造成污染损害，污染者也可以通过抗辩免除责任。这些原因包括：不可抗拒的自然灾害、受害者自身的责任、第三者的故意或者过失，以及其他抗辩事由，如《海洋环境保护法》中就规定了完全由于战争、负责灯塔或者其他助航设备的主管部门在执行职责时的疏忽或其他过失行为造成海洋环境污染损害的，污染者不承担赔偿责任。

（3）员工伤害责任

员工伤害责任是指员工在从事雇佣活动中遭受伤害，雇主所应承担的赔偿责任。工伤事故是工业化社会中最先发生的社会问题，雇佣关系使得雇主对员工的安全承担一定责任。世界上许多国家都已经建立起约束员工伤害责任的法律体系。

美国是员工赔偿制度比较完善的国家，但中国没有单独的员工赔偿法，只在《人身损害赔偿案件的解释》中有涉及员工赔偿的相关规定（如第11条）。事实上，分析员工伤害责任风险还有必要跳出法律手段的局限，从其他角度考虑问题，如商业保险领域责任保险的发展和社会保险领域员工强制保险的出现等。

四、金融市场风险分析

1. 金融市场风险的涵义

金融市场风险是指在资金的融通和货币的经营过程中，在各种事先无法预料的不确定因素的影响下，资金经营者的实际收益所面临的不确定性。在现在的市场经济中，任何一个企业都会面临商品价格、利率、汇率、法律或流动性等方面的风险，这些因素的变化会给企业带来损失或收益。这些风险都属于金融市场风险。金融市场风险是企业面临的重要风险之一，对它分析与评估的结果直接决定着企业经营的成败。

2. 金融市场风险的主要类型

按照表现形式的不同，金融市场风险可以分为市场风险、信用风险、流动性风险、操作风险、法律风险、国家风险和关联风险等类型。

（1）市场风险

市场风险是指由于受到证券、利率、汇率或商品价格的不确定变动的影响而遭受损失的不确定性，具体包括利率风险、汇率风险、证券价格风险和商品价格风险。

① 利率风险。利率风险是指由于市场利率的不确定变动而使行为人遭受损失的不确定性。利率风险是许多企业面临的主要金融风险之一，其根本来源是货币供求及宏观经济环境的变动。利率风险的影响主要表现在两个方面，一是会导致企业的现金流量不确定，从而使得融资成本和收益不确定，而是会对企业的经营环境产生影响，进而影响到企业的利润。当企业的经营环境对利率敏感时尤其如此。

② 汇率风险。汇率风险是指由于汇率的不确定变动而使行为人遭受损失的不确定

性。一国的宏观经济状况和实力是影响该国货币汇率变动的最基本因素。利率风险的影响主要有三个方面，分别称为交易暴露、换算暴露和经济暴露。交易暴露是指企业预期的现金流量因为汇率的不确定变动而面临的不确定性。换算暴露是指涉外企业会计科目中以外币计的各种科目，因汇率变动引起的账面价值的不确定变动。经济暴露比较间接，它是指汇率变动会影响到一个国家的经济环境，进而使得企业的成本结构、销货价格、融资能力等受到影响。

③ 证券价格风险。证券价格风险是指证券价格的不确定变化导致行为人遭受损失的不确定性。金融市场是整个市场体系的一个重要组成部分，金融市场中的国债、企业债、股票等证券的价格每天都处于波动之中，尤其是股票价格，变幻莫测，不确定性很大。证券价格风险的影响因素有很多，涉及政治、经济、社会、心理等很多方面，甚至还与一些自然风险有关。证券价格的变动会影响到企业的投资收益以及融资成本。

④ 商品价格风险。企业在生产经营过程中会涉及多种商品，这些商品价格的不确定变化使得企业面临损失的不确定性，这就是商品价格风险。

(2) 信用风险

信用风险是指交易对手不能或不愿按照合同的约定到期还款付息而使企业遭受损失的风险。进一步说，信用风险还包括由于债务人信用评级的降低，致使其债务的市场价格下降而导致的损失风险。信用风险的风险因素来源于主观和客观两个方面，主观风险因素主要指债务人是否有还款意愿，这可以从债务人的品质等角度进行考察。客观风险因素主要指债务人是否有能力还款，这由债务人的资本金所处的环境、债务人的经营水平等决定。

(3) 流动性风险

流动性包括产品的流动性和现金的流动性两种含义，而流动性风险更多的是强调后者。如果企业持有的资产能随时得以偿付，能以合理的价格出售，或者能够在短时间内以合理的价格借入资金，则其现金的流动性风险小；反之风险则大。企业面临现金流动性风险，可能会导致违约或发生财务损失。

(4) 经营风险

经营风险是指因一些经营管理方面的不确定性而使企业遭受损失的风险。经营风险主要体现为决策风险和操作风险两方面。决策风险是由决策的错误制定导致的风险，源于环境因素的变化，某些可能发生的情况，会使得事先制定好的决策面临一定的不确定性。操作风险是在决策的执行过程中发生的风险，它在整个业务运作的过程中都会发生。

(5) 法律风险

法律风险是指由于法律或法规方面的原因而使企业的某些市场行为受到限制或合同

不能正常执行而导致损失的不确定性。法律风险包括合规性风险和监管风险。交易对方不具备法律或法规赋予的交易权利，违反国家有关法规进行市场操纵、内幕交易，不符合监管规定等，都会导致法律风险。由于各国的法律法规不同，对不同类型金融机构的监管要求不同，不同交易对手的法律风险存在较大差异。

(6) 国家风险

国家风险指的是在国际经济活动中发生的，至少在一定程度上由外国政府控制的或外国社会事件引起的，而非企业或个人控制下的事件造成的，给国外债权人（出口商、银行或投资者）造成损失的不确定性。根据引发风险的事件性质不同分为国家政治风险和国家经济风险两类。前者是指由于一个国家的内部政治环境或国际关系等因素的不确定变化而使他国的经济主体遭受损失的可能性，后者是指由于经济原因造成一个国家不愿意或不能够偿还其外债或外部责任的风险。

(7) 关联风险

关联风险是指由于相关产业或相关市场发生严重问题，而使行为人遭受损失的不确定性。现代经济中，许多企业之间的联系都非常紧密，一个企业发生问题，可能会导致其他一些企业受到牵连，尤其在金融领域，可能会因为一家银行的问题，波及整个市场，诱发银行危机。

总的说来，金融市场风险与一般的风险概念有着显著的区别，它是专门针对资金借贷而言的风险，例如资金借贷、资金经营、证券投资、外汇投资等金融活动所带来的风险，因此，它的外延比一般风险的外延范围小。同时，金融风险具有双重结果，既可能导致经济损失，也可能带来额外收益，它的内涵比一般风险要丰富。

第二节　企业风险衡量技术

在对风险进行了初步的分类式定性分析后，就应进一步考察风险发生可能性和影响程度，通过选择和运用合意的企业风险衡量技术和评价方法，深化对不同风险类别的了解和把握，以便在此基础上采取有效的风险应对策略。本节将主要介绍已经成熟的风险衡量技术，为风险管理人员提供一个较为广泛的方法选择空间。下一节则将介绍较为通用的风险评价方法，指出在将风险实现部分或全部的量化后，如何对其进行合理的排序，以确定本企业风险管理的重点。

风险管理和许多别的工商学科一样，是不可能对不能计量的对象实施良好的管理的。也许在企业运转良好的时候，仅停留在定性分析阶段的风险管理还可以使一切从表面上看来风平浪静；但是一旦企业的境况出现变化，不得不面临风险所带来的挑战或危机时，这种管理方式就力所不逮，常常使企业处于严重的危险之中却束手无策、无所适从。所以，风险计量分析是风险管理过程中十分重要的一部分，从中孕育出的风险衡量技术更是所有企业的风险管理部门都应当了解和熟悉的。

所谓风险衡量，是指用现代定量分析的方法来估计和预测某种特定风险发生的概率及其结果。风险的大小与未来各种可能结果变动程度的大小有关。因此，对风险大小的衡量，经常使用概率论和数理统计方法，如传统概率分析、贝塔指标分析法、在险价值、经济资本等，统称为概率技术。此外，还有诸如敏感性分析、情景测试、压力测试、设定基准、层次分析法和各种记分方法等非概率技术。以下将分别对这些技术和方法进行具体的介绍。

一、风险衡量的概率技术

（一）风险衡量的概率技术

1. 传统概率分析

传统概率分析是风险管理理论中较成熟的一种度量方法。根据企业风险的涵义，风险体现了实际损失或收益和预期损失或收益的偏差，这种偏差可以借助一些概率统计量来衡量，包括损失或收益率的期望值$\bar{k}$、方差δ^2、标准差δ、差异系数CV等。这些统计量事实上是测量损失或收益率围绕其期望值变化的程度，如果围绕期望值发生剧烈变化则表明收益率具有很大的不确定性。

为了度量偏差，首先要确定损失或收益的期望值，或者更广义的来说，对存在风险的目标进行中心趋势的测量，这是确定风险概率分布中心的重要方法。在各种不同的中心趋势测量方法中，主要有以下几种方法：

（1）算术平均数

算术平均数是指用平均数表示的统计指标，分为总体的一般平均指标和序时平均指标。一般平均指标是指同质总体内某个数量标志（在一定时间内）的平均值；序时平均指标是某一个统计指标在不同时间的数量平均值。假设k_1，k_2，…，k_n是变量K的n个观测值，则平均指标为：

$$\overline{K}=\frac{k_1+k_2+\cdots+k_n}{n}$$

在平均指标的计算中，给予每一次观察值的权数是相等的，即认为各种情况出现的概率是相同的。

（2）加权平均数（期望值）

与算术平均数相对应的是加权平均数，即我们所常说的期望值，它是用每一项目或事件的概率加权平均计算出来的。仍假设k_1，k_2，…，k_n是变量K的n个观测值，V_1，

V_2，…，V_n 是各变量观测值出现的次数，则其加权平均数（期望值）是：

$$\bar{k}=\frac{k_1V_1+k_2V_2+\cdots+k_nV_n}{V_1+V_2+\cdots+V_n}$$

或者，如果已经通过经验数据获知了 k_1，k_2，…，k_n 发生的概率分别为 P_1，P_2，…P_n（对于各种可能损失或收益率下的概率确定，需要根据企业历史资料、市场分析和行业特点、现状、前景及社会经济环境等因素进行综合考虑），则有：

$$\bar{k}=\sum_{i=1}^{n}k_iP_i$$

加权平均数（期望值）是中心趋势测量中最为常用的方法。

（3）中位数

衡量变量中心趋势的另一种方法是计算中位数。中位数也称中值，位于一组数据的中心位置。确切地说，将任意一组数据 k_1，k_2，…，k_n 由小到大顺序排列，得到数列 $k_{(1)}\leqslant k_{(2)}\leqslant\cdots\leqslant k_{(n)}$，若 $n=2m+1n=2m+1$，则 $k_{(m+1)}$ 就是中位数；若 $n=2m$，则处于中心位置的两个数为 $k_{(m)}$ 和 $k_{(m+1)}$，这时称它们的算术平均数为中位数，记作 MeK，即

$$MeK=\begin{cases}k_{(m+1)}, & 若\ n=2m+1;\\ (k_{(m)}+k_{(m+1)})/2, & 若\ n=2m.\end{cases}$$

在衡量了风险目标的中心趋势后，需要进一步量化变量与期望值之间的离散程度，方差 δ^2、标准差 δ 和差异系数 CV 都是这一类指标。其具体计算公式如下：

（4）方差和标准差

仍假设 k_1，k_2，…，k_n 是变量 K 的 n 个观测值，并已知 $\bar{K}$ 是 K 的算术平均值，则称 $(k_i-\bar{K})^2$，$i=1$，2，…，n 为观测值 k_i 的平方偏差，称 $(k_1-\bar{K})^2$，$(k_2-\bar{K})^2$，…，$(k_n-\bar{K})^2$ 的算术平均数为这组数据的平均平方偏差，简称方差（或均方差）；即：

$$\delta^2=\frac{1}{n}\sum_{i=1}^{n}(k_i-\bar{K})^2$$

方差的算术平方根就是标准差或根方差。换为概率式表示法，其公式为：

$$\delta=\sqrt{\sum_{i=1}^{n}(k_1-\bar{k})^2P_i}，其中\bar{k}=\sum_{i=1}^{n}k_iP_i$$

具体说来，方差、标准差越大，表明各种可能结果的数值距离期望值就越远，则期

望值的代表性就越差，风险就越大；方差、标准差越小，表明各种可能结果的数值距离期望值越近，则期望值的代表性就越强，风险就越小。

(5) 差异系数

如果与其他行业、企业比较，期望值往往不同，在这种情况下，应该使用差异系数（即变异系数）指标来衡量风险。变异系数是标准差与均值或期望值之比，也称标准差系数或平均偏差系数。风险的稳定性可以通过差异系数反映出来。差异系数越大，风险的稳定性越弱，风险也就越大；相反，风险的稳定性越强，损失的风险越小。其具体计算公式如下所示：

$CV=\frac{\delta}{\bar{k}}$，其中 δ 和 $\bar{k}$ 分别为变量的标准差和期望值。

以上是用绝对数的统计指标反映风险大小，也可以用相对数的统计指标反映风险的大小，如可以用企业的总资产收益率（ROA）的标准差反映经营风险的大小，用权益资本收益率（ROE）的标准差反映企业总风险的大小等，这里不再赘述。

总的来说，传统概率分析法具有较强的理论依据，可信度较强，容易理解，使用方便，且不需要太高的理论知识。但其缺点在于概率分布较难确定，要靠经验判断，具有一定的主观性，而对于连续性变量的估计和计量还需一定的专业知识。

2. 贝塔指标分析法

贝塔指标分析法是近年西方发展起来的风险计量方法，是一种重要的整体性分析方法。其优点在于运用数理统计理论，具有较强的科学依据，能够反映收益与风险的关系；而缺点则在于贝塔系数的计算相对比较复杂，需要选择技巧、较强的专业理论知识和判断能力。而且，这种分析方法主要适用于金融市场风险的分析，具有一定的局限性。

贝塔指标按使用分析的数据不同可分为市场 β 值和会计 β 值，现分别介绍如下：

(1) 市场 β 值

市场 β 值是使用单项资产和资产组合市价的历史数据，运用线性回归技术进行估计的。其具体步骤为：首先计算出企业股票的收益率与市场组合收益率，然后再将两者进行回归拟合，所得回归直线的斜率即为该股票的市场 β 值。相关详细做法可以参见一般的财务管理书籍，这里不再进行过多说明。

这种方法的最大局限是只有在股票被交易并方便得到市场价格的时候才能使用。对于公开上市时间不长的公司和想要估计其股权成本的企业分支机构来说，这种方法的使用受到限制。此外，计算过程中对市场指数的选择应十分谨慎，选择的合理与否直接影响到 β 值的可靠性。

(2) 会计 β 值

会计 β 值可以通过计算企业每季或每年的收益率相对于同一时期行业的收益率进行回归求得。其特点在于，会计 β 值的计算是基于本公司的会计收益而不是基于交易价格进行的。这种方法在实际中主要应用于非公开上市的公司。

就金融市场的角度而言，企业风险可以分为非系统风险（不能为系统因素所解释的风险）和系统风险（市场风险）。在这两种风险中，前者由市场偏差所产生，因而不可能通过多样化的方法进行分散；后者则可以通过多样化的方法消除。总的来说，贝塔指标分析表明在风险和收益之间存在一种简单的线性替代关系，被广泛应用于企业的风险投资组合分析和管理。但是，这种对风险收益的描述是一种期望形式，因此在本质上是不可检验的。而该模型的一系列严格假设和对市场指数的过于依赖，也使这一风险计量方法受到了不少质疑。

3. 在险价值（VaR）

G30 集团于 1993 年在题为《衍生产品的实践和规则》的报告中提出了这一方法，它后来在企业（尤其是金融行业）对市场风险的分析中得到了广泛的应用。在确定了时间区间和一个置信水平 α 以后，某项风险资产的 VaR（Value at Risk，VaR）值就是该资产可能以 $1-\alpha$ 的概率减少的价值。例如，如果取 $\alpha=99\%$，那么风险给该资产所带来的价值损失只有 1% 的可能性超过其 VaR 值（在实际操作中，VaR 值一般被看做是给定时间区间和置信水平下预期的最大损失额，即最坏情况下的损失额），这用公式可以简单表示为：

$$Prob(\Delta P \leqslant -\text{VaR}) = 1-\alpha$$

其中，$Prob(\ )$ 表示某事件的概率；ΔP 表示投资组合价值的变动；α 为置信度水平。

而图 11－1 则从直观上表示出了 VaR 值的含义：

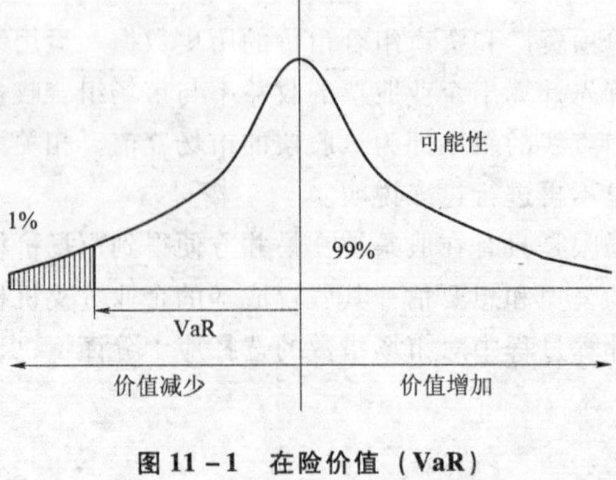

图 11－1 在险价值（VaR）

总的来说，在险价值分析法具有很强的科学性，提供了一个统一的方法来测量不同行业的风险，并充分考虑到了不同资产价格变化之间的相关性。但是，这一方法同样需要较强的数理统计知识，并且也是在金融市场风险领域发展得较为成熟，有待进一步拓宽适用范围。

4. 经济资本

在风险分析中，另一个常用的计量项目是经济资本金。在企业整体水平上，经济资本代表了在给定的置信水平和企业期望承担的风险之下，为了确保企业的偿付能力，企业理论上必须拥有的财政资源的数量。因此，经济资本是两个变量的函数：企业的所谓偿付能力标准和它的风险。

企业的偿付能力标准是合意的企业信用度，并且可以从其（合意的）债务评级中推断出来。例如，一家机构具有的目标偿付能力标准为99.9%，则平均而言，它每1 000年只会违约一次。粗略地说，这相当于被标准普尔（Standard & Poor）信用评级服务公司授予“A”的评级。

对于给定的风险水平，较高的偿付能力标准意味着要拥有较多的经济资本。换言之，企业承担的风险越大，为了维持给定的偿付能力标准，它必须具有的财政资源越多。这一分析思路是建立在罗伯特·莫顿（Robert Merton）的违约模型的基础之上的，它强调公司股东有权在支付债权人时违约，并且如果公司权益价值（“净资产”）下跌到零，将会这么做。因此，债权人会通过要求相对于提供的资金的无风险息率而言的息差，向股东征收违约风险费用。此外，违约概率是由公司净资产值的当前水平和潜在变化（概率分布）所决定的。

一个企业的经济资本的计算一般是自下而上的。换句话说，企业应先针对每一类风险分别估算经济资本，然后在把分散化效应考虑进来的情况下进行汇总计算，以得到整个企业的总经济资本。具体来说，就是先计算出每一种风险源所引起的企业价值的变化的单独分布，然后把单独分布联合起来，并以合意的目标偿付能力标准为基础计算出总经济资本，最后基于每一项业务活动所产生的风险额，把经济资本进行划归。

经济资本是一种具有前瞻性的风险衡量，采用这种方法分析风险将赋予企业更多的主动性，并且可以有效计量可能会给企业带来严重后果的尾部风险。美中不足的是，这种方法的理论性很强，难以在短时间内被熟练掌握和运用。

（二）其他概率技术

除了以上介绍的主流风险衡量方法，还有另外一些也比较常用的概率技术，分别进行介绍，以供企业在进行风险分析时选择和运用。

1. 事件树法：事件树的每一分支代表某一控制系统作用成功或失败，并给出其成功或失败的概率。这样，在事件树分支的最末处，就得到了在各种情况下的风险后果。针对每一种后果，计算其导致损失，最后综合各种后果及其概率得到该危险的总风险。

2. 概率影响图：概率影响图是影响图的一种特殊形式，它将概率论和影响图理论结合，专门处理随机事件间的相互关系，对随机事件进行概率推理，并在推理过程中对事件发生的概率及其依赖与其他事件的发生概率做出完整的概率评估。

3. 贝叶斯推断原理：当未来决策因素不完全确定时，必须利用所有能够获得的信息，包括样本信息和先于样本的所有信息，其中包括来自经验、直觉、判断的主观信息，来减少未来事物的不确定性，这就是贝叶斯推断原理。

4. 模糊数学法：风险的不确定性常常是模糊的，所以模糊数学方法可用于风险评估和分析。模糊数学从二值逻辑的基础上转移到连续逻辑上来，把绝对的“是”与“非”变为更加灵活的东西。在相当的限度上去相对地划分“是”与“非”，这并非是数学放弃它的严格性去造就模糊性，相反是以严格的数学方法去处理模糊现象。

5. 蒙特卡罗模拟法：蒙特卡罗风险模拟法的基本思想是将待求的风险变量当做某一特征随机变量。通过某一给定分布规律的大量随机数值，解算出该数字特征的统计量，作为所求风险变量的近似解。蒙特卡洛模拟已经被用来计量各种不同类型的风险，包括信用、市场、保险和营运风险等。

二、风险衡量的非概率技术

1. 敏感性分析

敏感性分析是针对潜在的风险性，计算其主要经济指标变化率及敏感程度的一种方法。换句话说，这是一种弹性分析方法，主要分析各个风险因素变化对损益变化的影响。例如，计算当销售价格或原材料价格变动一个百分点时，企业损益变动的百分比是多少，就是在做敏感性分析。在这种个别分析的基础上，再找出对项目影响较大的因素，然后绘出敏感性分析图，分析敏感度，找出不确定因素变化的临界值即最大允许的变化范围，就可以对不同类型的风险进行比较和评价了。

敏感性分析法容易理解，使用方便，是一种实用性很强的风险衡量技术。但是，这一分析需要使用准确的企业内部数据，而且当因变量随多个自变量变化时，就难以确定每个变量对其的影响。

2. 情景测试

情景测试是考虑多个因素的变化并达到某个状态时，通过对风险标志性指标报告的预测，来分析公司的整体风险。这是一种自上而下的，考虑“如果——什么”问题的分析方法，衡量的是某事件或事件组合对企业将会产生的影响。情景分析的一个例子是评估类似于1997年10月的股市震荡对财务产生的影响。

情景测试可以结合经营连续性计划或估计系统故障或网络故障的影响来使用，从而反映风险对企业经营的全面影响。如果企业风险管理部门试图把增长、风险和利润连接起来，在战略计划编制中就可以实施情景分析，从而有预见性地制定风险应对方案。

在实际操作中，企业通常会按照以下三种情景来分析预测风险指标数据，并进而评估相应风险：乐观激进情景，即内外部环境都有利的情形；保守情景，即内外部环境都不利的情形；中性状态情景，即以事项发生的最大可能性作为预测基准的情形。

3. 压力测试

压力测试是情景分析的一种特殊形式，专门针对特定的风险因子，评估那些具有极端影响的事项的影响。压力测试不同于一般的情景分析，因为它集中关注的是单个事项或活动在极端情况下的变化对企业产生的直接影响，而一般的情景分析更加集中关注正常规模的变化所产生的影响。压力测试一般被用作概率度量方法的补充，来分析那些通过与概率技术一起使用的分布假设没有充分捕获到的低可能性、高影响事项的结果。与敏感性分析类似，压力测试通常用来评估经营事项或金融市场活动中各种变化的影响，目的是避免大的意外和损失。例如，压力测试包括估计下列事项迅速和大规模变化的影响：产品生产缺陷的增加；外汇汇率的变动；利率变动；衍生工具所基于的一个基础因素价格的变动；固定收益投资组合价值的利率增加；影响一个生产厂家运营成本的能源价格提高；投资组合中违约率的变化，等等。

应当指出的是，情景测试和压力测试并不意味着捕捉可能发生的绝对最坏的情况（事情总是可能变得更坏），而是给出了在高级管理层心目中可能发生的最严重事件。另外，压力测试的缺点之一是它只专注于极端不利的事件，而不能捕捉不那么极端但更可能发生的不利事件的影响。处理这个问题的一种分析方法是对某一特定的风险因子或风险因子集合（比如各种利率）的一系列情景进行模拟，如应用上文提到过的蒙特卡洛模拟法。

4. 设定基准

一些企业使用设定基准技术从可能性和影响方面来评价一个特定的风险，再以此为基础寻求改善风险应对决策，降低其可能性或影响的途径。基准数据能使企业风险管理部门根据其他组织的经验了解风险的可能性或影响。设定基准也用于经营过程中的活动，以识别过程改进的机会。

实践中通常所采用的指标评价标准有两类：一是公认标准，即对各类企业不同时期都普遍适用的指标评价标准；二是行业标准，是反映某行业水平的指标评价标准。在比较分析时，既可以采用本企业指标与同行业平均水平指标进行对比，也可以用本企业指标与同行业先进水平对比（标杆比较法），还可以用本企业指标与同行业公认的指标标准进行对比。此外，企业还可以在其内部把一个部门或子公司的度量与同一主体的其他部门或子公司进行比较。而对于不同行业的企业之间，则可以根据行业与行业之间的换算表进行转换后进行比较。

企业通过为典型风险指标设定对比基准，可以帮助其确定自身的风险水平、明确本企业所处的地位和及时发现风险管理运作中需要改进的地方（早期预警系统），从而制定适合本企业的有效的风险应对策略。因此，这个方法最大的优点就在于将企业与行业内的企业联系在一起，不再是脱离企业生存的外部环境闭门造车，为各个风险管理层次提供知己知彼的机会。

5. 层次分析法

层次分析法是美国运筹学家匹茨堡大学托·沙蒂（Thome L. Salty）教授于20世纪70年代中期提出的一种系统分析方法。这是一种将与决策有关的元素分解成目标、准则、方案等一系列层次结构，在此基础之上进行定性和定量分析，以确定多目标、多方案优化决策问题中各个指标权重的决策方法。这种方法的特点是在对复杂的决策问题的本质、影响因素及其内在关系等进行深入分析的基础上，利用较少的定量信息使决策的思维过程数学化，从而为多目标、多准则或无结构特性的复杂决策问题提供简便的决策方法，尤其适合于对决策结果难于直接准确计量的场合。

层次分析法的具体步骤是：

（1）通过对系统的深刻认识，确定该系统的总目标，弄清规划决策所涉及的范围，所要采取的措施方案和政策，实现目标的准则、策略和各种约束条件等，广泛地收集信息。

（2）建立一个多层次的递阶结构，按目标的不同、实现功能的差异，将系统分为几个等级层次。例如，图11-2就是以递阶层次表示的企业选择供货商的一般结构。

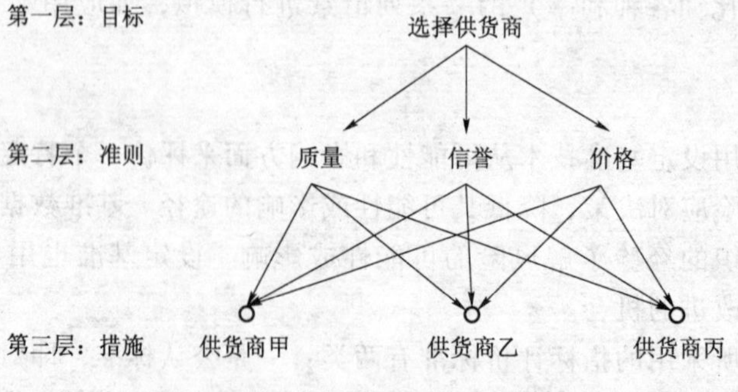

图11-2 选择供货商的一般结构

（3）确定以上递阶结构中相邻层次元素间相关程度。通过构造两两比较判断矩阵及矩阵运算的数学方法，确定对于上一层次的某个元素而言，本层次中与其相关元素的权重。

（4）计算各层元素对系统目标的综合权重，进行总排序，以确定递阶结构图中最底层各个元素在总目标中的重要程度。

（5）根据分析计算结果，考虑相应的决策。

6. 各种计分方法

为了简化对风险的衡量，人们也经常运用各种计分方法来量化风险，以下对几种主要的计分方法进行介绍。

（1）专家打分法

专家打分法是根据具体评价对象，确定恰当的评价项目，并制订评价等级和标准，每个等级标准用打分的形式体现的风险衡量方法。专家打分法计算方法简单，且选择余地比较大，这种方法在定性和定量分析的基础上，以打分的方式对风险做出衡量，其结果具有一定的数理统计特性。但是，专家打分法的最大优点却是，在缺乏足够统计数据和原始资料的情况下，仍可以做出定量估价，特别是当需要评价的项目在很大程度上取决于政策和人的主观因素，而不是主要取决于定量指标或不便使用定量指标时，专家打分法较其他方法更为适宜。但在一般情况下，需要通过综合多位专家的打分以消除某一专家对打分的影响，保证评价结果的客观性和准确性。

由美国兰德公司于 1964 年发明的德尔菲（Delphi）法是对专家打分法的改进。Delphi 法首先通过向参加评价且互不知晓的专家们分别发放咨询表，完全消除了相互间的影响；然后对每一轮专家打分的结果做出统计，并将其作为反馈材料发回各专家，供下一轮评价时参考；如此反复几次，直至专家们的评定意见比较吻合时为止。专家打分法，由于是同行专家共同评定的，因而得到的指标权重一般比较客观。且这种赋权方法相对而言比较简单，而且也容易理解。正因为如此，在社会问题的综合评价中，专家打分法使用得比较广泛。

（2）风险暴露计分法

美国哈佛商学院的罗伯特·西蒙斯（Robert Simons）教授于 1999 年在《哈佛大学企管评论》中提出企业风险来源于企业内部压力，并根据此主张提出一套评估机制——风险暴露计分法。该模型将风险分为企业成长、企业文化和企业信息管理三个类别，每个类别又分别由三个子因素所组成，每个因素赋值五分，通过把九个风险因素衡量所得的分数加总，针对总分的落点进行分析。具体内容如表 11－1 所示。

表 11－1 风险暴露计分法

类别	风险因素	得分
企业成长	绩效压力	1～5
	企业扩展速度	1～5
	无经验的员工	1～5
企业文化	因承担创新风险所产生的报酬	1～5
	高层主管对坏消息的抗拒	1～5
	企业内部竞争程度	1～5
企业的信息管理	交易的复杂性与变化速度	1～5
	绩效衡量诊断的缺失	1～5
	企业决策权的分散程度	1～5
		合计： 分

说明：9～20 分：安全区；21～34 分：警告区；35～45 分：危险区

风险暴露计分法是一种估计风险大小和可能导致重大事故或危机的诊断工具。根据专业人员的经验和主观感受给每个指标确定一个分数，这种赋权方法相对而言比较简单，而且也容易理解。正因为如此，在社会问题的综合评价中，此法使用得也比较广泛。

(3) 沃尔评分法

由于从某种意义上来说，财务管理是一切企业管理工作的核心和落脚点，因此通过考察财务状况来衡量风险也是一种合意的选择。而财务状况综合评价的先驱者之一亚历山大·沃尔在《信用晴雨表研究》和《财务报表比率分析》中提出了信用能力指数的概念，把若干个财务比率用线性关系结合起来，以评价企业的信用水平（与其风险水平密切相关）。他选择了七个财务比率即流动比率、产权比率、固定资产比率、存货周转率、应收账款周转率、固定资产周转率和自有资金周转率，分别给定了其在总评价中占的比重，总和为 100 分；然后以行业平均数为基础确定标准比率，将实际比率与标准比率相比，得出相对比率；将此相对比率与各指标比重相乘，得出总评分。这种综合比率评价体系把若干个财务比率用线性关系结合起来，可以用来衡量企业的财务状况。

简单来说，沃尔比重评分法的公式为：评分＝实际比率÷标准比率×比重；其具体计算方法可以参见表 11－2。

表 11－2　**沃尔评分法**

财务比率	比重 ①	标准比率 ②	实际比率 ③	相对比率 ④＝③－②	评分 ①×④
流动比率	25				
净资产/负债	25				
资产/固定资产	15				
销售成本/存货	10				
销售额/应收账款	10				
销售额/固定资产	10				
销售额/净资产	5				
合计	100				

沃尔评分法将彼此孤立的偿债能力和营运能力指标进行了组合，做出了较为系统的衡量。因此，通过评价企业财务状况来衡量其风险状况，具有积极的意义。

（4）Z 计分法

在风险衡量技术中，奥特曼提出的“Z 计分法”也比较具有代表性。该方法主要适用于股票上市公司，其具体做法是：首先从企业财务报告中计算出一组反映企业财务危机程度的财务比率，然后根据这些比率对财务危机警示作用的大小给予不同的权重，最后进行加权计算就得到一个企业的综合风险总判分 Z，将其与临界值对比就可知企业（财务）危机的严重程度。

Z 计分法的公式为：$Z=1.2X_1+1.4X_2+3.3X_3+0.6X_4+1.0X_5$，其中：

$$X_1=\frac{营运资产}{总资产}；\ X_2=\frac{留存收益}{总资产}；\ X_3=\frac{税前利润}{总资产}；$$

$$X_4=\frac{股价市值}{债务账面价值}；\ X_5=\frac{销售收入}{总资产}$$

根据对过去经营失败企业统计数据的分析，奥特曼得出一个经验性临界数据值，即 $Z=3.0$。Z 计分值高于 3.0 的企业为较安全企业，低于 3.0 的企业则存在财务危机或破产风险。此外，奥特曼在对经营失败企业经验分析中还发现，如果一个企业的 Z 计分值低于 1.8，则该企业实际上已经潜在破产，如果不采取特别有力的措施，将很难步出深渊。关于临界值的具体说明如表 11－3 所示。

表 11-3 Z 计分值的含义

Z 记分值	短期出现破产的概率
1.8 以下	很可能正走向破产，很难指望 Z 分值在 1.8 以下的企业能恢复过来。
1.8~2.7	可能在两年内破产，企业处于灰色区域，要幸存必须采取较大变革。
2.7~3.0	从预测破产的角度上讲，企业可能是安全的，但处于灰色区域之中。
3.0 及以上	从财务数据来判断，该企业的运营是安全的，当然，管理失误，欺骗，经济下滑以及其他因素都可能会造成难以预见的问题。

第三节 企业风险评价方法

一、企业风险评价的要素

在对风险进行了定性分类和定量度量后，风险分析的工作还没有结束。为了更加有针对性地对企业所面临的风险采取应对措施，还需要将其进行排序。这一步骤就是风险评价。风险评价是企业风险管理从理论认识过渡到实践操作的重要环节，它有时与风险衡量是同时进行的，更多情况下则是建立在风险衡量的基础之上。因此，企业风险管理部门并不一定需要确切划分哪一步骤属于风险衡量、哪一步骤属于风险评价，但却应当熟练掌握风险评价的方法，以便在需要的时候加以灵活运用，更好地为风险控制措施提供依据。

从定义上来说，风险评价是指在风险识别和风险衡量的基础上，把损失频率、损失程度以及其他因素综合起来考虑，分析风险的影响，并对风险的状况进行综合评价。如果说风险衡量是对风险状况的客观反映的话，那么风险评价是依据风险衡量的结果对风险及其可能造成的损失，进行总体的认识和评价，并且一般融合了风险管理人员的主观评价，受到其自身风险态度的影响。另外，风险评价在需要定量分析结果的同时，还离不开特定的社会经济和政治制度，受到相关规制因素的制约。

二、企业风险评价的具体方法

风险评价按照不同的分类标准可以划分为不同的类型。按照风险评价的阶段划分，风险评价可以分为事前评价、中间评价、事后评价和跟踪评价。按照风险评价的角度划分，可以分为技术评价、经济评价和社会评价。以下则是以风险评价方法为侧重点，介绍了一些重要并且常用的定性、定量和综合评价方法，包括风险度评价法、检查表评价法、优良可劣评价法、单项评价法、指标评价法、直方图评价法、矩阵评价法和风险综合评价法等。

1. 风险度评价法

如果把每种风险看做是与特定损失对应的概率分布，那么评价风险的大小就是要对这些概率分布排列顺序，用数值的大小来代表其顺序即为风险度。而风险度评价就是指风险管理部门对风险事故造成故障的频率或者损害的严重程度进行评估。风险度评价可以分为风险事故发生频率评价和风险事故造成损害程度评价。一般来说，风险度评价可分为 1 至 10 级，级别越高，危险程度越重。

在实际操作中，无论风险单位、损失事件和损失形态的组合如何，风险管理部门为了风险管理的目的，都可以宽泛地将损失频率评价为以下四种：几乎不会发生、不太可能发生、偶尔发生和经常发生。同时，也可以将损失程度分为轻微损失、中等损失、重大损失和特大损失。这种不严格的风险评价方式方便了风险的管理。但是，也应该看到，这种简单的风险评价已经越来越不适应风险管理的需要。为了准确地评价风险，可以根据风险发生的概率细分为以下几类，如表 11-4 所示。

表 11-4　　基于风险发生概率的风险度标准

风险发生的可能性	概率	风险度标准
很高：风险的发生几乎是不可避免的	≥1/2	10
	1/3	9
高：风险的发生与以往经常发生的事故类似	≥1/8	8
	1/20	7
中等：风险的发生与以往有时发生的事故有关，但不与主要营运流程有关	1/80	6
	1/400	5
	1/2 000	4
低：风险的发生较少，与以往偶尔发生的事故有关	>1/15 000	3
很低：风险的发生很少，与以往极少发生的事故相同	1/15 000	2
极低：风险不太可能发生，与过去极少发生的事故相同	1/150 000	1

为了评价风险，也可以根据风险造成的后果将其细分为以下几类，如表 11-5 所示。

表 11 -5　　基于风险后果的风险度标准

后果	评　价	风险度标准
无警告的严重危害	可能危害财产或人员；风险可以严重影响系统安全运行；不符合法规；发生时无警告	10
有警告的严重危害	可能危害财产或人员；风险可以严重影响系统安全运行；不符合法规；发生时有警告	9
很高	企业运营被严重破坏；系统无法运行，基本丧失功能	8
高	企业运营破坏不严重；系统能够运行，性能下降	7
中等	企业运营破坏不严重；系统能运行，但舒适性或方便性项目失效	6
低	企业运营破坏不严重；系统能运行；舒适性或方便性项目性能下降	5
很低	企业运营破坏不严重；产品有缺陷	4
轻微	企业运营破坏较轻；部分产品有缺陷	3
很轻微	企业运营破坏较轻；极少产品有缺陷	2
无	没有影响	1

风险度评价法可以按照风险度评价的分值确定风险的大小，分值越大，风险越大；反之，则风险越小。据此，就可以做出风险事故因素的排列图。风险事故排列图可以用来确定风险管理部门采取措施的顺序，这不仅可以找到风险事故发生的主要原因，而且可以连续使用，找出复杂问题的最终原因；然后，根据风险事故排列图，对风险的等级进行评价。

2. 检查表评价法

检查表评价法是指，根据安全检查表，将检查对象按照一定标准给出分数，对于重要的项目确定较高的分值，对于次要的项目确定较低的分值，总计 100 分。然后按照每一检查项目的实际情况评定一个分数，每一检查对象都满足相应的条件时，才能得到这一项目的满分；当条件不满足时，按一定的标准将得到低于满分的评定分。所有项目评定分的总和将不超过 100 分。由此，就可以根据被调查风险单位的得分，评价风险的程度和等级。例如，日本大正海上火灾保险株式会社防火检查表就是按这种方法评价的。

这种风险评价方式的优点是可以综合评价风险单位的状况，而检查表设计得是否翔实，是否考虑到引发风险的各方面因素，是检查表评价是否准确的关键。

3. 优良可劣评价法

优良可劣评价法是从企业特点出发，根据企业以往风险管理的经验和状况，对人为因素、机械设备因素、物的因素、环境因素和管理因素等风险列出全面的检查项目，并将每一检查项目分成优、良、可、劣四个等级。在进行风险评价时，由风险管理人员和操作人员共同进行，以此确定被检查单位的风险状况。如果风险管理主体达不到规定的标准，评价结果为可以或者较差时，就需要采取相应的措施加以控制。

优良可劣风险评价标准比较直观，可操作性强。例如，建筑施工、电气防爆、化学试验、工艺操作等，都可以采取这种方法评价风险。此外，检查表式综合评价法和优良可劣评价法都是通过观察和分析，借助于经验和判断能力进行评价的方法。这些方法适用于风险不特别严重，或者事故发生后不会产生严重后果的情况。

4. 单项评价法

单项评价法是指风险管理部门列举各项评价标准，凡是具有一项或者一项以上的项目符合标准者，就评价为风险管理项目。例如，生产企业风险管理部门可以从产量、质量、成本、交货期、安全生产等方面将企业设备分为七类，只要有一项达标者，即为风险管理中重点管理的项目：（1）不管有没有备用机，一旦突然停机，马上会使整条生产线停工的设备；（2）产生故障后，会影响到关联设备的正常作业，无备用机或虽有备用机，但是转化难度大，转换时间长的设备；（3）对产品的加工质量有较大影响的设备；（4）意外事故需要大笔抢修费或者会使产品制造的成本有较大上升的设备；（5）计划外故障会经常影响交货期，引起索赔或失去较多销售机会的设备；（6）精度高而且修理难度大的设备；（7）发生意外事故会影响安全操作和污染环境的设备。单项评价法的风险管理设计比较难，但风险评价比较简单，既可以达到查漏补缺的目的，又较易突出风险管理的重点。

5. 指标评价法

指标评价法是通过选择企业的某些风险评价指标与性质相同的指标评价标准进行比较，给出评价，最终通过风险评价矩阵来分析企业风险大小并进行风险排序的方法。通常所选用的风险评价指标是财务指标，如评价流动能力、营运能力、偿债能力、盈利能力等的指标。通过分析上述指标，再结合企业所属行业的性质、在行业中的地位和所占市场份额，综合评估企业的风险水平。

这一方法可以借鉴平衡记分卡，将评价企业风险的指标分为财务指标方面与非财务指标方面，从多个角度去分析和评价企业的风险，如表 11－6 所示。

表 11-6 企业风险评价矩阵

指标 \ 评价	很好	较好	正常	较差	很差
财务方面					
1. 流动能力					
2. 营运能力					
3. 偿债能力					
4. 盈利能力					
5. …					
非财务方面					
1. 顾客满意程度					
2. 内部运作能力					
3. 自身发展能力					
4. …					

风险的指标评价法比较简单而且实用，涵盖了企业的财务和非财务指标，而且可以根据企业自身情况随时更换指标和权重。但是其评价的过程难免带有主观成分，权重的设置也要谨慎。但总的来说，指标评价法不失为一种实用的风险评价方法。

6. 直方图评价法

直方图形象直观地反映了数据分布的情况，通过直方图可以观察和分析风险的概率分布，从而直观的对其做出评价。建立直方图的步骤是：首先，以各组风险数据 u_1，u_2，…，u_r，u_{r+1} 为端点标在直角坐标系的横轴上；然后，分别以线段 $[u_i, u_{i+1}]$ 为底边，以相应频率密度 f_i 为另一边作矩形，于是 r 个矩形就构成了直方图。显然，频率直方图中每个小矩形的面积等于相应风险数据组的频率，而各矩形的总面积恰好等于 1。

直方图图形分为正常型和异常型两种类型。其中，正常型是左右对称的山峰形状，图的中部有一峰值，两侧的分布大体对称，且越远偏离峰值方柱的高度越小，符合正态分布，如图 11-3 所示。该图表明数据所代表的风险处于稳定状态。

与正常型分布状态相比，带有某种缺陷的直方图即为异常形直方图，这类图形表明数据所代表的风险项目处于不稳定状态。常见的异常直方图主要有偏向型（直方的顶峰偏向一侧）、双峰型、平峰型、高端型（直方图的一侧出现陡壁状态）、孤岛型（在远离主分布中心处出现孤立的小直方图）锯齿型等，分别代表管理需要改进或数据出现问题。

当然，观察直方图的形状只能判断风险管理过程是否稳定正常，并不能判断是否能稳定地管理风险，而将直方图和公差相比较，即可以达到风险管理的目的。在这里，公差是指企业可以容忍和允许的风险变动范围，而比较的方法是观察直方图是否都落在公差范围内，是否有相当的余地，以及其分布是否没有过于偏离中心位置。一般说来，较理想的状态是数据分布范围充分居中，处于公差范围的上下界限内，而且具有一定余地，如图 11－4 所示。

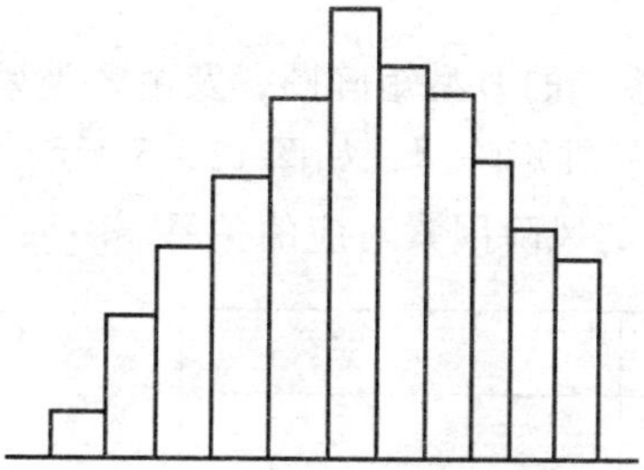

图 11－3 正常型直方图

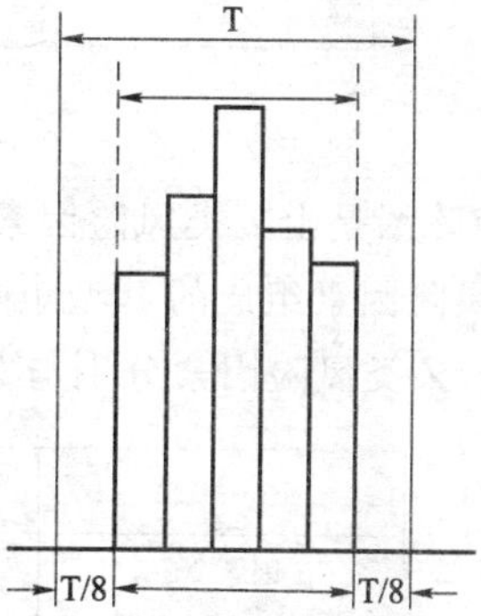

图 11－4 直方图分布与公差范围（T）的理想状态

这种状态表明风险管理处于正常状态，目前不需要调整。与此相比，如果出现偏向型、无余地型、余地过多型状态，可以判断风险管理对象存在异常因素，应当采取措施进行控制，尽量将主要异常因素消除在萌芽状态，使直方图分布向理想状态靠近。

7. 矩阵评价法

矩阵图是一种利用多维思考去逐步明确问题的方法，就是从问题的各种关系中找出成对要素 L_1，L_2，…，L_i，…L_n 和 R_1，R_2，…，R_i，…R_n，用数学上矩阵的形式排成行和列，在其交点上标示出 L 和 R 各因素之间的相互关系，从而确定关键点的方法。通过在交点处给出行和列对应要素的关系和关系程度，就可以大致判断出评价风险的关键因素。在矩阵图中，一般会用不同的符号表示要素之间的相互关系。通常用◎表示与引发风险关系密切的风险因素，用○表示与引发风险有关系的风险因素,. 用△表示可能与引发风险有关系的风险因素。

按照矩阵图的形式可以将其分为四类：L 型、T 型、X 型和 Y 型。

L 型矩阵图是一种最基本的矩阵图，如图 11 - 5 所示，是由 X 元素 和 Y 因素二元配置组成的矩阵图，这种矩阵图适用于若干个目的和实现目的的手段，或若干结果及其原因之间的关联。

因素 Y / 因素 X	因素 Y_1	因素 Y_2	因素 Y_3	…
因素 X_1				
因素 X_2				
因素 X_3				
…				

图 11 - 5 L 型矩阵图

T 型矩阵图是由 Z 类风险因素和 X 类风险因素组成的 L 型矩阵图，及由 Z 类风险因素和 Y 类风险因素组成的 L 型矩阵图组合在一起的三维矩阵图，如图 11 - 6 所示。T 型矩阵图表示 Z 类风险因素分别与 X 类风险因素和 Y 类风险因素对应的关系。

…						
因素 X_3						
因素 X_2						
因素 X_1						
因素 X / 因素 Y / 因素 Z	因素 Z_1	因素 Z_2	因素 Z_3	因素 Z_4	因素 Z_5	…
因素 Y_1						
因素 Y_2						
因素 Y_3						
…						

图 11 - 6 T 型矩阵图

X 型矩阵图是由 X 类风险因素和 W 类风险因素、W 类风险因素和 Y 类风险因素、Y 类风险因素和 Z 类风险因素、Z 类风险因素和 X 类风险因素的四个 L 型矩阵图组合在一起的矩阵图。这是一种可以表示 X 和 W、Z，W 和 X、Y，Y 和 W、Z，Z 和 X、Y 四对风险因素关系的矩阵图，如图 11 - 7 所示。

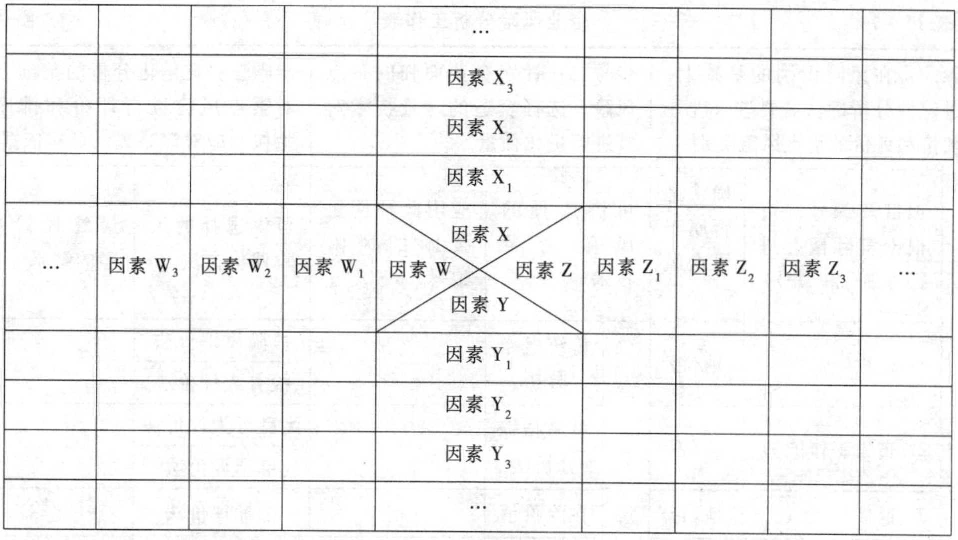

图 11－7　X 型矩阵图

采用矩阵图法评价风险是一种比较有效的风险管理方法，可以发现引发风险的重要因素。但是，用◎、○或△等符号表示不良现象及其原因等造成的关联程度时，由于容易掺入评价者的主观见解，所以要完全真实反映风险的状况具有一定的困难。不过，如果能够得到多数有经验者的一致意见，也是可以在短时间内得到由长期经验所证明的满意结果的。

8. 风险综合评价法

由于每一种评价方法都有各自的优点和缺点，所以企业如果能够灵活运用两种或两种以上的方法去评价系统的风险，往往可以取长补短，使评价更加精确和切合实际。但是在这一过程中，也有出现矛盾结果的可能。在这种情况下，就需要再次对不同风险进行权衡，按照可容界限对风险进行综合排序，做出最终的风险评价。其中，人们常常采用的一个评价方法就是“成本－效益”分析，即研究当采取某种措施的情况下，必须付出多大代价，以及可取得多大的效果。在实际风险管理操作中，这一分析就是贯彻“两利相衡取其重、两害相衡取其轻”的原则进行风险评价和抉择。

三、企业风险分析工作表

依据以上对风险分析的说明和介绍，我们在这里给出一个企业风险分析工作表。它既是对相关内容的总结和提炼，也为企业风险管理提供了一份切实可行的操作清单。

表 11－7 **企业风险分析工作表**

步骤一：在风险识别的基础上，通过定性分析确认需要进行进一步衡量和评价的重点风险类别			步骤二：针对企业面临的重点风险，选择合适的计量技术对其进行量化衡量			步骤三：在量化分析的基础上，对重点风险进行评价和排序，为权衡应对策略提供可靠依据	
风险种类	项目及编号（可根据实际情况进行再细分和编号）	确认是否属于重点风险	可供选择的风险衡量技术		应用此种衡量技术的风险编号	可供选择的风险评价方法	最终风险排序的结果
人力资本	1. 死亡	是/否	概率技术	传统概率分析		风险度评价法 检查表评价法	
	2. 丧失工作能力	是/否		贝塔指标分析法		优良可劣评价法 单项评价法	
	3. 退休	是/否		在险价值		指标评价法	
	4. 辞职和失业	是/否		其他概率技术		直方图评价法 矩阵评价法	
财产	5. 价值	是/否				风险综合评价法	
	6. 权益	是/否					
法律责任	7. 产品责任	是/否					
	8. 环境污染责任	是/否					
	9. 员工伤害责任	是/否		敏感性分析			
金融市场	10. 市场风险	是/否	非概率技术	情景测试			
	11. 信用风险	是/否		压力测试			
	12. 流动性风险	是/否		设定基准			
	13. 操作风险	是/否		各种计分方法			
	14. 法律风险	是/否					
	15. 国家风险	是/否					
	16. 关联风险	是/否					
其他	其他特有风险	是/否		其他风险衡量技术		其他风险评价方法	
备注							

本章小结

本章主要介绍了企业风险分析的思路与风险评价方法。具体介绍了人力资本风险分析、财产风险分析、法律责任风险分析、金融市场风险分析的含义，各风险产生的原因以及可能给企业带来的影响。风险衡量的技术有概率技术和非概率技术。风险评价的具体方法有风险度评价法、检查表评价法、优良可劣评价法、单项评价法、指标评价法、直方图评价法、矩阵评价法和风险综合评价法。

重点名词

人力资本风险
财产风险
法律责任风险
金融市场风险
概率分析
风险度评价

本章重点与难点

1. 人力资本风险分析
2. 财产风险分析
3. 法律责任风险分析
4. 金融市场风险分析
5. 敏感性分析
6. Z 计分法
7. 企业风险评价的具体方法

思考题

1. 人力资本风险发生的原因是什么？会给企业带来哪些影响？
2. 财产风险发生的原因是什么？会给企业带来哪些影响？

3. 法律责任风险的主要内容是什么?
4. 金融市场风险有哪些类型?
5. 风险衡量的概率技术有哪几种?
6. 风险衡量的非概率技术有哪几种?
7. 企业风险的评价方法有哪些?

案例讨论

摩托罗拉的陨落

为了夺得对世界移动通信市场的主动权，并实现在世界任何地方使用无线手机通信，以摩托罗拉为首的美国一些公司在政府的帮助下，于1987年提出新一代卫星移动通信星座系统——铱星。

铱星系统技术上的先进性在目前的卫星通信系统中处于领先地位。铱星系统卫星之间可通过星际链路直接传送信息，这使得铱星系统用户可以不依赖地面网而直接通信，但这也恰恰造成了系统风险大、成本过高的问题，维护成本相对于地面也高出许多。整个卫星系统的维护费一年就需几亿美元之巨。

谁也不能否认铱星的高科技含量，但用66颗高技术卫星编织起来的世纪末科技童话在商用之初却将自己定位在了“贵族科技”。铱星手机价格每部高达3 000美元，加上高昂的通话费用，它开业的前两个季度，在全球只发展了1万用户，这使得铱星公司前两个季度的亏损即达10亿美元。尽管铱星手机后来降低了收费，但仍未能扭转颓势。

营销战略失误

——迷失了产品开发方向。不考虑手机的细分发展，3年时间仅依赖V3一个机型。没有人会否认V3作为一款经典手机的地位，正是依靠V3，摩托罗拉2005年全年利润提高了102%，手机发货量增长40%，摩托罗拉品牌也重焕生机。尽管V3让摩托罗拉重新复苏，更让摩托罗拉看到了夺回市场老大的希望。然而，摩托罗拉过分陶醉于V3带来的市场成功。赛迪顾问研究显示，2005年以前是明星机型的天下，一款明星手机平均可以畅销2~3年，而过了2005年，手机市场已成了细分市场的天下，手机行业已经朝着智能化、专业拍照、娱乐等方向极度细分，而摩托罗拉似乎对此视而不见。在中国市场，2007年摩托罗拉仅仅推出13款新机型，而其竞争对手三星推出了54款机型，诺基亚也有37款。

——价格跳水快，自毁品牌形象。在新品跟不上的情况下，降价成了摩托罗拉提高销量不得不采取的手段。许多摩托罗拉的忠实用户把摩托罗拉的手机称为“（价格）跳水冠军”。以V3为例，从刚上市时的6 000多元的高端时尚机型跌入4 000多元的白领消费群，再到2 000多元的普通时尚消费群，直到停产前的1 200多元。短期的大幅降价让不少高端用户无法接受，同时也对V3的定位产生了质疑，后果就是对摩托罗拉品牌彻底失去信任。

——推广没有突出卖点的产品。手机消费者在手机厂商的培育和自发发展下，需求变化日益飘忽不定。消费者对手机的要求已经不仅仅局限在外观方面，苛刻的消费者更多地开始关注手机的配置、功能特色等内在技术因素。以技术见长的摩托罗拉本不应在技术方面让消费者失望，但是现实还是让消费者失望了。从手机零售卖场那些列出来的一目了然的参数中，摩托罗拉的像素、屏幕分辨率、内存几乎都落后于诺基亚等竞争对手的同类机型。自从推出V3之后，摩托罗拉发布的绝大部分新品手机无论是U系还是L系，甚至是K系就再也抹不去V3的影子，尤其是其金属激光蚀刻键盘设计。V3的键盘设计的确是经典，但再经典的东西被反反复复无数次拿出来用，也会引起消费者的视觉疲劳，甚至产生抵触情绪，尤其是对于那些换机用户。

组织结构不能支持战略的发展需要

摩托罗拉是一个很重视产品规划的公司，此前摩托罗拉每开发一款新产品，通常先提前数月预测消费趋势。但在快速升级换代的手机行业中，制造商们试图提前数月预测消费者需求是非常困难的。

再加上摩托罗拉是一家技术主导型的公司，工程师文化非常浓厚，这种公司通常以自我为中心，唯“技术论”，从而导致摩托罗拉虽然有市场部门专门负责收集消费者需求的信息，但在技术导向型的企业文化里，消费者的需求很难被研发部门真正倾听，研发部门更愿意花费大量精力在那些复杂系统的开发上，从而导致研发与市场需求的脱节。

另外，摩托罗拉内部产品规划战略上的不统一、不稳定，还使得上游的元器件采购成本一直降不下来，摩托罗拉每一个型号都有一个全新的平台，平台之间大多不通用，这就带来生产、采购、规划上的难度。对于全球顶级通信设备商而言，同时运营好系统设备和手机终端两块业务，似乎是一项“不可能完成的任务”。

摩托罗拉资深副总裁吉尔莫曾说：“摩托罗拉内部有一种亟须改变的‘孤岛传统’，外界环境的变化如此迅捷，用户的需求越来越苛刻，现在你需要成为整个反应系统的一个环节。”

滥用福利

当外部环境使得摩托罗拉进入战略收缩期，赢利空间不再，高福利的企业传统便有些不合时宜。

据了解，美国摩托罗拉公司在每年的薪资福利调整前，都对市场价格因素及相关的、有代表性企业的薪资福利状况进行比较调查，以便使公司在制定薪资福利政策时，与其他企业相比能保持优势和具有竞争力。摩托罗拉员工享受政府规定的医疗、养老、失业等保障。在中国，为员工提供免费午餐、班车，并成为向员工提供住房的外资企业之一。

（资料来源：该案例摘自新浪财经网站 www. finance. sina. com. cn）

讨论问题：

1. 分析摩托罗拉在风险应对中的缺陷。
2. 从该案例中可以吸取哪些教训？

第十二章

企业风险应对策略与措施

在本章中，你将学到

◇ 风险的应对策略

◇ 风险控制措施

◇ 止损机制和危机处理

引例

摩托罗拉的巨额亏损①

摩托罗拉在中国的市场占有率由1995年60%以上跌至2007年的12%！

10年前，摩托罗拉还一直是引领尖端技术和卓越典范的代表，作为全球最受尊敬公司之一享有尊崇地位。它一度前无古人地每隔10年便开创一个工业领域，有的10年还开创两个。成立80年来，发明过车载收音机、彩电显像管、全晶体管彩色电视机、半导体微处理器、对讲机、寻呼机、大哥大（蜂窝电话）以及“六西格玛”质量管理体系认证，它先后开创了汽车电子、晶体管彩电、集群通信、半导体、移动通信、手机等多个产业，并长时间在各个领域中找不到对手。

但是这样一家有着煊赫历史的企业，在2003年手机的品牌竞争力排在第一位，2004年被诺基亚超过排在了第二位，而到了2005年，则又被三星超过，排到了第三位。

而在2008年5月，市场调研厂商IDC和战略分析公司Strategy Analytics表示，摩托罗拉可能在2008年年底之前失去北美市场占有率第一的位置。摩托罗拉的当季报也显

① 资料来源：根据媒体相关报道整理

示，2008 年第一季度手机全球销量下降 39%，手机部门亏损 4.18 亿美元，与 2007 年同期相比亏损额增加了 80%。

第一节　企业风险的应对策略

一、企业风险的不确定性

企业只要经营，就会产生风险，导致企业经营遭受损失或重大不确定性的因素是多样的，如决策失误、管理不善、市场竞争激烈、人才流失等。企业风险有三个不确定性：

1. 企业生存空间的不确定性

企业生存空间的不确定性，指一定的企业在一定的时期存在于一定的生存空间中。如有的企业只能在邻近地销售，有的企业可以进入国际商场销售；有的企业生产一种产品，一旦出现风险，将别无选择；有的企业跨行业多元化，因而具有较大的生存空间等。由此可见，生存空间的不确定性造成了企业的生存风险。

2. 企业从事业务活动的复杂性

企业的多重使命和任务使得企业经营活动日趋复杂，增加了企业经营失败的可能性。

3. 企业能力与实力的有限性

当外部环境的变化、生产经营活动的复杂性与难度超过企业的应对能力时，企业生存风险就可能随之发生。

二、企业风险的应对策略

当企业面对不同的风险时，可以采取不同的风险应对策略。我们认为有以下四种风险应对策略：企业风险回避，企业风险承担，企业风险降低，企业风险分担。

（一）企业风险回避

风险回避是指结合影响预定目标达成的因素，与决策者自身的风险偏好、风险承受能力，从而做出的中止、放弃、改变某种策略风险的处理方式。风险回避的前提在于企业对自身的条件和外部形式、客观存在的风险的属性及大小有准确的判断与认识。风险回避的优点体现在以下两点：第一，风险回避在风险产生之前将其化解于无形，大大降低了风险发生的概率，有效避免了可能遭受的损失；第二，节省了企业的资源，减少了不必要的浪费，使得企业有的放矢，在市场经营中有所为有所不为。

1. 企业风险回避的类型

风险回避的类型可以分为积极的风险回避与消极的风险回避。积极的回避与消极的回避有不同点，但也存在着相同点。相同点在于两者都认识到企业自身的实力不足以承受可能遭受的损失，都希望能够在风险发生之前，减少其发生的可能性。不同点在于，从风险的偏好来说，积极的风险回避者和消极的风险回避者同属于风险厌恶型，但两者对于风险认识的能动性是不同的。消极的风险回避者更惧怕风险，风险承受能力和应对能力也较差，消极的风险回避者不会去主动地识别风险，更谈不上应对风险。积极的风险回避者不会一味地回避风险，从而丧失获得的商业机会，而是对自身的能力更了解，更有自知之明，能够更好地应用"有所为与有所不为"这条法则。

2. 企业风险回避的策略

企业风险回避并不是一味地、盲目地回避风险，而是在恰当的时候，以恰当的方式回避风险，是一种策略性回避，主要适用于以下情况：（1）当某项活动风险极大时，企业确实无力加以防范和控制；（2）当实现某项活动有许多方案，而各种方案的风险程度高低不同时，可选择低风险的方案；（3）当实现某项活动的过程中遇到不可逾越的风险因素时，采取措施绕道，迂回包抄。风险回避可采用以下四种策略：

（1）步步为营

企业中的某项经营活动，若一步到位可能跳跃太大，不确定因素增加，企业不能够承受。如果分步实施，则可能回避部分风险，增加安全性。

（2）避实就虚

就是指不与风险正面冲突，从风险小处着手，绕过风险障碍，待竞争能力和抵抗风险的能力增强，时机成熟后，再进入较大的风险领域。

在企业经营活动中，竞争对手之间存在着技术水平、产品质量、销售、品牌以及经济实力等的高低强弱之分。实力较弱的企业若遇竞争对手正面交锋，则难免处于劣势，此时可绕道行之，在他处发挥自身优势，积累实力，然后与竞争对手进行正面交锋。

（3）瞒天过海

竞争风险来自于竞争各方的较量。因此，若能够瞒过对手，趁其不备突然袭击，可令对手猝不及防，风险自解。

（4）移花接木

指企业将有限的资源投放在有把握、风险较小的项目上，或者回避某种政策或技术壁垒而采取的一种风险回避策略。

（二）企业风险承担

在企业经营过程中，有时候面临的风险无法分散，也无法回避。只要经营企业，就会面临这样的风险，只能承担。比如系统风险。

系统风险是指由于全局性的共同因素引起的投资收益的可能变动，这种因素以同样的方式对所有证券的收益产生影响。在现实生活中，这些因素包括社会、政治、经济等各个方面。由于这些因素来自企业外部，是单一证券无法抗拒和回避的，因此又叫不可回避风险。这些共同的因素会对所有企业产生不同程度的影响，不能通过多样化投资而分散，因此又称为不可分散风险。系统性风险包括政策风险、经济周期性波动风险、利率风险和购买力风险等。

不管投资多样化有多充分，也不能消除全部风险，即使购买的是全部股票的市场组合。由于系统风险是影响整个资本市场的风险，所以也称“市场风险”。由于系统没有有效的分散方法，所也称“不可分散风险”。

对于不可分散风险，企业唯一能做的就是承担风险。这样的风险不是企业所能选择的，而是存在于企业经营的过程中，和企业经营活动、投资活动相联系。承担系统风险，能得到市场的平均报酬。对于这种风险，不管是风险偏好者还是风险厌恶者，都只能承担。要得到更高的报酬率，只能从事风险高于系统风险的项目。

当预计到从事某项经营活动的风险太高，而此项活动又无法避免的时候，可以通过购买保险这种方式，转移一定的风险，把损失控制在可接受的最小数额以下。这种承担风险的方法，需要预先对发生此项损失的概率，以及发生损失后的损失额进行概率估计和区间估计。

承担风险的方法还有投资组合，“不要把所有的鸡蛋放在一个篮子里”，就是这个道理。进行充分的投资组合，可以抵消掉生产经营活动中存在的非系统风险，组合越充分，承担的系统风险就越小。就算一项投资遭受损失，其他投资的收益可以对此进行弥补，可以说是“失之东隅，收之桑榆”。

（三）企业风险降低

风险降低是指风险承担主体将自身可能遭受的损失或承担不确定性的后果转嫁给他人的风险处理方法。风险降低主要通过风险转移的手段来实现。尽管风险转移的手段各异，但目的是一致的，即将可能由自己承担的风险转移给他人，从而降低自身承担的风险。风险转移可以通过保险、外包和出售的方式来实现。

1. 保险与风险转移

保险的基本运作机制在于：投保人与保险人共同签订保险合同，投保人向保险人交纳保费，来换取保险人对投保人遭受的经济损失给予补偿，或在约定时间发生时给予一定保险金的承诺。保险人利用大数原则，通过大量的互相独立的风险将个别风险的不确定性转化为可以预测的稳定支出，实现风险的降低。

保险是风险降低中一项很普遍、很容易操作的方法。它可以规范各方关系，保护企业利益。保险公司接受风险转移是因为可保风险是有规律的。通过研究不同风险的发生概率，寻找规律，为众多企业的顾虑提供了保障。

2. 外包与风险转移

企业在生产经营活动中注重核心竞争力的培养，强调根据企业自身特点，专门从事某一领域、某一业务，在某一方面形成自己的竞争优势，这必然要求企业将其非核心业务外包给其他企业。外包业务的根本出发点在于：确定企业的核心竞争力，把企业内部优势资源集中在具有核心竞争力的活动上，剩余的其他业务交给最好的专业公司。在企业竞争过程中，环境、技术、市场需求瞬息万变，企业投资于自身非核心竞争优势的业务存在巨大的风险。通过外包策略，可以将这种风险转移给外包商，从而降低自身的风险。

企业外包业务有助于以下三方面风险的转移，从而能做到降低自身风险：

（1）质量方面的风险转移。在外包业务中，企业通过采取严格有效的合同方式，产品质量、服务质量、交货时间等问题全部由外包商承担，同时将由质量问题导致的风险也一并转移给外包商。

（2）资金占用方面的风险转移。通过外包合同制造商将帮助企业解决一部分资金占用，从而降低资金占用的风险。具体表现在：① 通过外包，可以帮助组织重构财务预算，从而避免对未来投资的不确定性；② 通过外包将不能创造价值的业务单元或者设备资产转交给外包商，企业能够获得一笔现金流，从而释放出一部分资源进行其他投资；③ 外包将固定成本业务转化为可变成本业务，有利于企业组织结构的扁平化。

（3）技术方面的风险转移

外包有利于企业获得原先无法凭自身实力获取的技术和技能，通过外包，企业可以将价值链中的每个环节由最适合企业情况的、最好的专业公司来完成。常常能获得最先进、最前沿的技术和技能。除此之外，企业可以获得外部可利用的服务设备等资源，能降低自身的技术风险。

3. 出售与风险转移

出售也是一种风险转移的方式，通过这种风险转移，降低了出售方的风险。出让方认为不可取而拟转让的资产或实体，对于受让方来说未必就是糟粕。因为各个企业由于所处的行业、自身的技术以及特殊的财务资本结构与经营方式等原因，对于同一项资产或实体的评价是不相同的，正是“正看成岭侧成峰”。实体的权属问题与风险概念是密不可分的，以实体所有权的转移时间作为风险转移的时间，其理论依据在于：转移实体所有权是买卖合同的主要特征和法律后果，风险和收益都是基于所有权而产生的。因此，当所有权因买卖合同生效而发生转移时，风险就随之发生转移。

当实体在卖方手中时，他就不可避免地承担着占有或经营此实体的风险。通过出售，所有权从卖方手中转移到买方手中，买方就需要对该实体承担全部的风险。

出售的风险转移方式常常发生在经济不景气、资源紧缩、产品滞销以及企业财务状况恶化的时期，或者企业原先的经营领域处于明显劣势的时候。当企业原有经营领域的市场吸引力减弱，获利减少而趋向衰退时，市场占有率受到侵蚀，企业经营活动受阻而有意从原有的领域抽身，另辟蹊径，将实体出售给新的进入者，从而实现企业长远的经营目标。通过这种方式，企业合理配置资源以发展新的事业领域，从而转移风险。

（四）企业风险分担

风险分担指的是由于单个企业的风险承受能力有限，企业选择与多个风险承受方承担属于某市场、产品或服务的总量一定的风险，从而降低单个企业承担的风险。风险分担与收益分摊是相辅相成的。由于风险与收益对称，所以联合投资可以起到分担风险的作用。

风险分担式投资项目是巨额投资资金的客观要求。一个项目从萌芽、开发、生产到投放市场，通常建立在巨额资金投入的基础上，而一家企业的筹资能力是有限的，单独难以满足项目资金上的要求。通过一家企业发起，多家企业联合起来共同投资，同时做到了风险的分担。

对于一定的风险项目，企业投资该项目所需承担的风险是一定的，但因自身资金实力有限、主观认识的局限性以及风险感知的偏好，个别企业往往不具备独自承担全部资金风险的能力，因此。联合投资是一种企业风险分摊的要求。通过联合投资协议，各方根据自身的资金特点，选择不同的时期投入资金，在保证投资项目顺利进行的情况下，企业共享投资收益，同时分担各自承担的风险。

在联合投资中，由于不同企业投入项目的风险资金存在差距，再加上各联合投资方对项目的风险认识以及项目的前景认识不同，所以各个企业对于风险愿意付出的监督成本、管理水平等与资金的投入不成严格的比例。这样，就存在着“搭便车”的现象，这对联合投资是一项障碍。避免“搭便车”的关键在于通过完善联合投资契约，加强对双方或者多方的约束力，以及对风险资金管理与使用的认识。

对于风险投资业，联合投资方式已经成为迅速集聚资金，降低风险，发挥协同管理作用的颇受欢迎的方式。在现代经营环境中，可以通过联合具有技术优势、管理优势、资金优势及营销优势的企业，共同进行联合投资，从而充分分担风险。这在分担风险的同时，也实现了优势互补。

第二节　企业风险控制措施

一、企业风险控制视角

企业风险控制就是通过前置或过程调查，获得合作方资金、信用、资质、意图等各种信息资料，评估合作可能，降低企业风险的过程和方法。企业风险控制提供企业征信、证据收集、情报研究、风险预警、危机处理、策划顾问等系列服务。

具体包括：生产经营风险控制、投资项目风险控制、技术开发风险控制、商业秘密风险控制、合同陷阱风险控制、员工雇佣风险控制等服务项目。

通过专业机构提供风险控制方案，企业可以减少运作损耗，降低风险概率，提高成功保障，争取较大利润。风险控制方案可以将企业的风险可能、亏损根源扼杀在摇篮中，真正做到防患于未然，胜敌于不战。

二、企业风险控制措施

投资者为了预防各种风险，就必须对本身进行严格的内部管理，减少损失发生的可能性。具体来看，主要有两个方面：一是进行有效的资金管理；二是采取有效的操作策略和操作手段。

1. 进行有效的资金管理

在股指期货市场上，投资者的资金总是一个至关重要的因素。从具体操作角度看，在管理资金风险时，应该实现以下一系列的规则和程序：定期检查和预测资金需求情况；建立资金调动限额；制定市场突发情况时的应变计划；提取各种风险准备金等。

2. 通过操作策略控制操作风险

任何一个重大的投资计划，实际上其主要风险从决策过程即已开始。实现有效的战略性决策，是防范操作性风险的第一步。

（1）把握决策的方向正确。从投资的最终绩效看，决策初期对市场基本政策形势判断的正确性是首要的决定条件。同时，对于有关证券行业具有战略眼光。

后续阶段性的政策，也要予以充分重视，特别是要注意其存在的阶段性和时效性。总而言之，对后续阶段性的市场趋势有清醒的认识，是进行投资的前提。

（2）保持决策的动态调整。在不少的投资决策过程中，往往是最初阶段的酝酿过程很长，而后来觉得时间紧迫时，常常忽略后续的一个或数个决策环节而直接作出决定。由于缺乏关键的全面论证，导致项目在实行过程中产生顾此失彼的结果。因此，一方面保持决策的及时性，另一方面也要保持决策的动态性，随时间和环境变化而调整。

（3）保持交易的计划性。在进行投资之前，必须制定好交易计划，避免盲目操作。交易计划应包括：当前的趋势及其后势演变分析；入市基点、交易方向、交易量及盈利目标；市场突变或判断失误时，能承受的风险值以及止损目标。

第三节 止损机制和危机处理

确定了企业的风险偏好和风险承受能力之后，下一步就要制定企业的止损指标。止损指标的制定非常重要，一项业务或投资的损失在达到止损指标时就应该立刻斩仓停止，壮士断腕，以免更大的损失发生。

止损指标的制定有两方面需要注意：一是对于不同的部门和业务，需要根据实际情况制定不同的止损指标，不能搞“一刀切”。二是止损指标制定后，应当作为一项严格的制度执行，损失一旦触及指标立即止损，不可使其形同虚设，丧失了止损指标“防火墙”的作用。

一、止损的涵义与必要性

止损是指当某一投资出现的亏损达到预定数额时，及时斩仓出局，以避免形成更大的亏损。其目的就在于投资失误时把损失限定在较小的范围内。股票投资与赌博的一个重要区别就在于前者可通过止损把损失限制在一定的范围之内，同时又能够最大限度地获取成功的报酬，换言之，止损使得以较小代价博取较大利益成为可能。股市中无数血的事实表明，一次意外的投资错误足以致命，但止损能帮助投资者化险为夷。

1. 止损的涵义

止损既是一种理念，也是一个计划，更是一项操作。止损理念是指投资者必须从战略高度认识止损在股市投资中的重要意义，因为在高风险的股市中，首先是要生存下去，才谈得上进一步的发展，止损的关键作用就在于能让投资者更好的生存下来。可以说，止损是股市投资中最关键的理念之一。止损计划是指在一项重要的投资决策实施之前，必须相应地制定如何止损的计划，止损计划中最重要的一步是根据各种因素（如重要的技术位，或资金状况等）来决定具体的止损位。止损操作是止损计划的实施，是股市投资中具有重大意义的一个步骤，倘若止损计划不能化为实实在在的止损操作，止损仍只是纸上谈兵。

2. 止损的必要性

波动性和不可预测性是市场最根本的特征，这是市场存在的基础，也是交易中风险产生的原因，这是一个不可改变的特征。交易中永远没有确定性，所有的分析预测仅仅是一种可能性，根据这种可能性而进行的交易自然是不确定的，不确定的行为必须得有措施来控制其风险的扩大，止损就这样产生了。

止损是人类在交易过程中自然产生的，并非刻意制作，是投资者保护自己的一种本能反应，市场的不确定性造就了止损存在的必要性和重要性。成功的投资者可能有各自不同的交易方式，但止损却是保障他们获取成功的共同特征。世界投资大师索罗斯说过，投资本身没有风险，失控的投资才有风险。学会止损，千万别和亏损谈恋爱。止损远比盈利重要，因为任何时候保本都是第一位的，盈利是第二位的，建立合理的止损原则相当有效，谨慎的止损原则的核心在于不让亏损持续扩大。

3. 止损的机制

（1）学会分析风险

经商做生意，投身到市场经济的大海之中，必须要考虑家庭的一切正常开支，考虑一旦你卧病或发生意外导致收入来源中断的风险。因此，你必须学会分析你所处的环境，做好风险预测。

（2）善于评估风险

通过客观分析，预测风险将要带来的破坏程度之高低，做到心中有数。例如失火将造成危害的程度，货款回收的程度，资金周转可能会出现的不良性货款循环程度等等。

（3）慎重预防风险

一定要采取措施降低风险发生的可能性，例如对客户进行详细的信用调查；制定周密的收款措施；加强保安措施，将当日收入现金及时存入银行；对周围环境进行调查，对可能发生的问题进行弥补。总之，要预防和避免风险的发生。

（4）设法转嫁风险

有一些风险是不可能避免的。例如，你所经营的公司有许多价值很高的设备、仪器，即使你做了安全防范，但仍面临着设备、仪器可能遭到毁损的风险。目前，大多数人还不太习惯于保险，然而，加入财产保险，这确实是一个转嫁风险的良策，设备、仪器的意外失盗或因洪水、地震、火灾、房屋破坏等造成的意外损失，都会有保险公司的赔偿，这种转移也正是避免风险的良策。

二、企业危机处理

什么是危机处理？一般而言，危机处理是指当企业面对与社会大众或顾客有关的重大事故，在处理这些重大事故时所采取的态度和过程。如果一个企业经营不善，并不一定涉及社会大众的利益，顾客也不一定十分关心，就称不上企业的危机处理，而仅仅是企业经营上的个别问题。所谓企业的危机处理，大多是指企业处理“对外”所发生的各种事故。由于这些重大事故的发生，对社会公众或顾客产生了损害，若处理不当，最终会影响企业形象。所以，企业的危机处理基本上是一场企业形象保卫战。企业形象的塑造，一靠平时所下的工夫，二靠危机当时的处理。在大多数情况下，企业面对危机所采取的处理方式，对企业形象有着更为重要而深远的影响。换言之，企业在面对危机时所采取的不同的态度和方法，对塑造良好的企业形象将会产生“差之毫厘，谬以千里”的效果。

企业在面对危机时，如何应对才能转危为安，战胜危机呢？

1. 立即调查情况，制订计划以控制事态的发展

在危机处理时，首先应组织有关人员，尤其是专家参与，成立危机处理小组，对危机的状况做一个全面的分析：危机产生的原因是什么，内因还是外因？危机发展的状况及趋势如何？受影响的公众有哪些，谁是危机的直接受害者，谁是间接受害者和潜在受影响者，具体受影响的程度如何，分别是什么形式的，他们可能希望通过什么方式予以解决？危机信息对外扩散的发布渠道和范围是怎样的？这些问题必须弄清楚，因为这将是企业采取补救措施的直接依据。在找到这些依据之后，就可以根据这些依据来制定相应的对策。

2. 把危机真相尽快告诉新闻媒体和社会公众

危机发生后，最关心此事的人，除了企业之外，还有新闻界、受害者和竞争对手。对于新闻界来说，又多了一个宣传热点，有利于吸引社会的关注，同时易于同情弱者，更多地为受害者说话，处于企业的对立面；对受害者而言，力争企业对危机事件给以圆满的答复；至于竞争者，则多了一个竞争的有利砝码。因此，危机发生后，应尽快调查事情原因，弄清真相，尽可能地把完整情况告诉新闻媒体，由其广而告之。只有公布真相后，才有可能避免公众的各种无端猜疑和流言的产生。诚心诚意才是企业面对危机最好的策略。如果一再文过饰非，则终将自食其果。如，强生公司面对危机，开诚布公地解释症结所在，顺利平息风波，解决了信誉危机。

3. 借助公正、权威机构的帮助

在某些特殊的危机处理中，企业与公众的看法不一致难以调解时，必须靠权威发表意见。企业要善于借助公正性和权威性的机构来帮助解决危机。雀巢公司在“雀巢风波”恶化后，开始采取补救措施。其中最有效的就是成立了一个10人专门小组来监督该公司执行世界卫生组织规定的情况。小组成员中有深孚众望的医学家、教授、群众领袖和国际政策专家，并由前任美国国务卿缅因州民主党参议员埃德蒙任主席。这一举措大大增加了公司在公众心目中的可信度。由于在很多情况下，权威意见往往对企业危机的处理能够起到决定性的作用，因此，企业在处理危机时，一方面要做到谦虚自责，勇于承担责任，始终把社会公众的利益放在首位；另一方面也要做到坚持原则。只有这样才能使企业既能控制事态发展，转危为安，又能由此迈上一个新台阶。

4. 做好善后处理工作

企业出现危机时，特别是出现重大责任事故，导致社会公众利益受损时，企业必须承担起责任，给予公众一定的精神补偿和物质补偿。在进行善后处理工作的过程中，企

业也必须做到一个“诚”字。只要顾客或社会公众是由于使用了本企业的产品而受到了伤害，企业就应该在第一时间向社会公众公开道歉以示诚意，并且给受害者相应的物质补偿。对于那些确实存在问题的产品应该不惜代价迅速收回，立即改进企业的产品或服务，以表明企业解决危机的决心。只有以诚相待，才能取信于民。

总之，当企业面对危机时，应该以社会公众和消费者的利益为重，迅速作出适当反应，及时采取补救措施，并主动的、有意识的以该事件为契机，变坏事为好事，因势利导，借题发挥。这样，不但可以恢复企业的信誉，而且可以扩大企业的知名度和美誉度。正如人们所说的：一个优秀的企业越是在危机的时刻，越能显示出它的综合实力和整体素质。一个成熟的、健康的企业与其他企业的区别就在于此。

本章小结

本章主要介绍了企业风险的应对策略与控制措施。企业应对策略包括风险回避、风险承担、风险降低、风险分担。风险控制措施包括进行有效的资金管理和采取有效的操作策略和操作手段。设立一定的止损标准对于防范风险的扩大和避免事态的严重化具有重要意义。企业还应善于做好危机处理工作。

重点名词

风险回避
风险承担
风险转移
风险分担
止损机制
危机处理

本章重点与难点

1. 风险应对策略
2. 止损的必要性和机制
3. 危机处理

思考题

1. 企业风险应对的策略有哪些？
2. 企业风险回避的策略有哪些？
3. 企业风险控制的措施是什么？
4. 怎样理解止损机制？
5. 如何做好危机处理工作？

案例讨论

芬达、美年达致癌风波

继多个国际品牌在2005年遭遇产品危机之后，在2006年饮料消费旺季即将到来之际，可口可乐、百事可乐两大国际饮料巨头同时遭遇旗下产品芬达、美年达中苯含量超标且可能致癌的棘手问题。在对软饮料可能致癌事件本身高度关注的同时，众多媒体和消费者们都在观望着两大巨头的危机公关举动。

2006年2月22日，新西兰一家网站刊登消息称，包括可口可乐旗下的芬达汽水、百事可乐公司旗下的美年达橙汁等软饮料，都含有防腐剂和抗氧化剂，可能构成致癌危险。

旋即，当地时间3月2日，英国食品标准局在其官方网站公布的消息，证实了新西兰的说法。两则消息迅速传入国内，一时间各大媒体纷纷报道，又一起食品安全危机来临！

不出人们所料，事件一开始，这则苯超标的质疑消息遭到"两乐"的一致否认，与数起类似案件如出一辙。"说我们的产品有致癌危险，太没有根据了。我觉得这一消息的来源有问题。"可口可乐（中国）公共事务部一位负责人对媒体辩解说。与可口可乐的表态一样，百事可乐（中国）公共事务总监卢劲也表示，根据公司的综合评估和产品测试，其所有产品都是安全的，完全符合有关苯的所有规定。

显然，对消费者来说这样的自我辩解是不具有说服力的。根据新浪网的专项调查，截至3月6日21:30，共有24 175人参加了这一调查，其中18 402人表示不会继续消费芬达、美年达等软饮料，占投票网民的76.12%。

虽然对事件做出了迅速反应，但两大巨头也似乎非常清醒地意识到只有自我辩解是远远不够的。但当类似的话语从中国饮料工业协会、国家质检总局等官方组织发出的时候，却有着截然不同的效果。3 月 7 日，中国饮料工业协会对“饮料含苯问题”首次正式作出回应。在公开声明中，中国饮料工业协会称，英国食品标准局在对市面上出售的 230 种软饮料检测后发现，大部分样品中苯含量非常低，在世卫组织限制的安全饮用范围之内，不会对公众健康造成威胁。

同时，针对引起广泛关注的“少数含有维生素 C 及苯甲酸钠的饮料中存在苯”的消息，国家质检总局共对进口及国内生产销售的 170 多批次软饮料产品完成了检验，结果显示，所有样品苯含量均未超过相关规定。

而有关专家的评论意见也给了“两乐”一颗定心丸。针对软饮料会致癌这一说法，中科院化学研究所胡亚东教授表示，目前国内还没有相关研究来证明。胡教授表示：“苯甲酸钠作为防腐剂使用已有很长的时间，应该说一直是安全的。”胡教授说，软饮料一般是常温甚至低温条件下饮用，如果不加热，即使同时含有这两种物质，也不太可能产生苯。另外，与家庭装修、汽车尾气带来的影响相比，也是微不足道的，完全没必要引起恐慌。

权威机构的验证信息和专家的评论，无疑具有极强的说服力。众多媒体在经过前期的曝光后，已经开始将报道主题转到“软饮料含苯量不会威胁健康”等方向，而新浪网的“芬达、美年达饮料有致癌危险”专题页面的新闻链接数量也远低于 2005 年的雀巢奶粉“碘超标”事件及肯德基“苏丹红”风波等专题。事件发生仅一个多星期后，至 3 月 13 日，国内已经鲜有媒体再进行追踪报道。闹得沸沸扬扬的芬达、美年达等含苯饮料可能致癌一事终于告一段落。

讨论问题：

1. 为什么多家世界著名公司纷纷出现品牌信任危机？
2. 从本案例中学习企业应如何化解品牌信任危机。

第十三章

企业风险评估与控制系统

在本章中，你将学到

◇ 风险评估与控制系统的设计
◇ 信用风险管理模块
◇ 需求风险管理模块
◇ 财务风险分析模块
◇ 问卷调查模块
◇ 风险管理过程模块

引例

某银行风险评估案例①

1. 评估对象

某银行有限公司借记卡业务系统

2. 评估范围

➢ 核心业务系统服务器
➢ 柜面业务系统服务器
➢ 硬件加密机
➢ 防火墙
➢ 路由器
➢ IPS 设备

① 该案例摘自中国评测网 www. cstc. org. cn

3. 评估内容

➢ 网络安全

➢ 主机系统安全

➢ 应用安全

➢ 数据安全

4. 评估结果

➢ 网络安全方面，网络架构及安全设计符合安全技术要求，实际运行环境与安全设计相符；网络通过防火墙隔离保证外联边界的安全，按不同应用划分网段，统一配置了的网络设备性能监控及故障报警平台。

➢ 主机系统安全方面，采用双人执密方式管理登录口令；管理用户的权限划分合理，自主访问控制机制和强制访问控制设置完善，关闭了不必要的服务和端口。

➢ 应用安全方面，提供了域控制和户名/口令两种身份鉴别措施；提供访问控制措施，不同的角色授予不同的访问权限；限制同一个柜员并发登录；具有剩余信息保护功能，系统容错性较好；制定了源代码管理制度和版本管理控制流程；对应用服务进程进行监控，发现故障可以实时报警；并且自动对应用系统日志进行统计分析。

➢ 数据安全方面，核心服务器采用双机热备；PIN 数据在传输和储存过程中采用硬件加密机进行加解密，实现了 PIN 数据的保密性。

系统安全状况良好，系统存在的风险点较少。通过风险评估的实施，银行了解了其借记卡业务系统的安全现状，增强了对借记卡业务系统安全运行的信心。

风险评估是风险管理的核心部分，风险评估最早出现在 20 世纪 30 年代的保险行业，是为了满足工业化大生产的需要；到 20 世纪 60 年代开始全面、系统地研究应用于企业、环境、市场等领域，并逐步形成风险评估系统，在企业中发挥越来越重要的作用。

风险评估与控制信息系统，是一个由人、计算机及其他外围设备等组成的，能进行风险管理信息的收集、传递、存贮、加工、维护和使用的系统，从而为风险管理决策提供信息化的帮助。风险评估与控制信息系统的组成一般需要四个部分：数据库、软件、硬件和人员。

与一般的管理信息系统一样，风险评估与控制信息系统的设计过程也是要经过几个关键步骤：需求分析、系统设计、功能模块设计和数据库设计。

第一节　需求分析与系统设计

一、需求分析

需求分析是建立信息系统的第一个阶段，其任务是通过对企业经营目标、业务流程、风险管理过程等的分析，确定信息系统需要完成的工作和实现的功能，对系统提出完整、准确、清晰和具体的要求。需求分析的结果是整个信息系统开发的基础，关系到信息系统实施的成败。

需求分析的原则是结合企业实际，务必使风险评估与控制信息系统能够与企业的日常经营工作有机的结合，避免因与实际工作不接轨，而使投入大量人力财力开发的信息系统被束之高阁的情况。由于一般的企业都有会计信息系统，所以为了节约成本，避免重复开发，本系统的部分数据通过数据接口程序从已有的会计信息系统中提取。

（一）对系统功能的要求

1. 信息传递功能

风险管理过程需要信息反复地在各部门之间传递，因此，信息系统应该具备信息传递功能。风险识别过程中涉及许多信息的收集，风险评估与控制信息系统中需要有信息搜集的渠道，方便信息从各部门汇总到风险管理委员会。同时，风险管理措施信息也要通过信息系统，从风险管理委员会传递到各部门，此后各部门的实施情况也要通过信息系统反馈给风险管理委员会。

2. 查询功能

风险管理的相关人员，应当可以方便地从信息系统中查询企业的风险状况、对风险的分析和评价、相关风险控制措施的落实情况等。

3. 数据存储功能

信息系统是风险管理信息的集中地，应该存储各种风险数据，形成历史数据的积累，为分析和预测打下数据基础。

4. 数据分析功能

对风险数据进行整合和分类，形成分析结果，以图表的形式输出。

5. 预警功能

对于某些关键风险指标，当公司的运营情况突破了风险指标的设定时，系统提示预警信息，并提取影响该指标的因素，将各因素的状况输出。

6. 用户权限功能

系统应当能够对不同的用户设定不同的权限，限制不同用户所能访问信息的范围，以及能对信息进行的操作——查询、修改、删除等。

(二) 对系统性能的要求

1. 时间性要求。要求系统对请求进行实时响应。

2. 灵活性要求。系统应该具备较高的灵活性，因为企业所处环境、风险状况、经营活动、业务流程等等都在不断变化，系统具备灵活性才能及时调整来适应环境的变化。

(三) 输入输出的要求

1. 输入要求。数据、指令以及相关信息等由用户通过计算机界面手工输入。输入界面应当友好，使对计算机了解不深的员工也能操作。数据的输入采取表格式，指令的输入通过界面上的指令菜单、按钮及快捷键完成。

2. 输出要求。以图表形式为主，屏幕显示，并能够直接打印。

二、系统设计

(一) 架构选取

目前，比较流行的信息系统结构有两种：一是客户端/服务器（Client/Server，CS）模式，二是 Web 应用模式，或称浏览器/服务器（Browser/Server，BS）模式。

客户端/服务器（CS）模式将文件存放在服务器中，应用程序的执行在客户端和服务器上合理分配，以达到性能最优。接到用户指令后，客户端向服务器发送处理请求，服务器返回处理结果。传统的管理信息系统的核心一般就是基于此架构。

随着互联网的发展，基于 Internet 的管理信息系统发展起来，其核心是浏览器/服务器（BS）架构。BS 架构比 CS 架构有很大的优越性，传统的管理信息系统依赖于专门的操作环境，这意味着操作者的活动空间受到极大限制；而 BS 架构则不需要专门的操作环境，在任何地方，只要能上网，就能够操作管理信息系统，从而具有更广泛的应用性。

开发中，应当根据企业的实际情况选取架构模式。BS 模式虽然应用方便、适应性强，但同时也面临着互联网上诸多风险的威胁。CS 模式虽然具有专用性的限制，但同时也提高了安全性，对安全性要求很高的企业往往采用这种模式。

本例中，采用的是流行的 BS 模式，即通过 Web 界面来对风险管理信息系进行访问和操作。

(二) 系统开发环境

客户端操作系统：Windows XP Professional

服务器操作系统：Windows 2000 server

系统开发工具：Microsoft Visual CJHJ. net

数据库：Microsoft SQL server 2000

（三）系统结构图

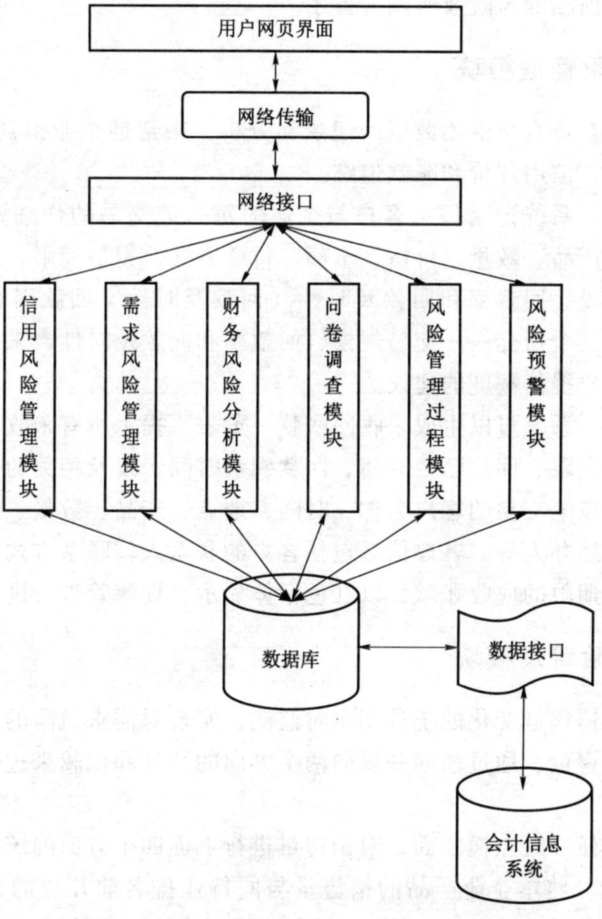

图 13-1　风险评估与控制信息系统结构图

第二节　功能模块设计

在功能模块上，信息系统采取“点面结合”的方针，信息全面，突出重点。

“点”：对比较重要的三类风险有信用风险、需求风险和财务风险分别建立管理功能模块。

“面”：建立风险管理过程模块，对风险管理所涉及的信息进行整合。此外，建立问卷调查模块，利用信息系统的效率优势，实现风险问卷的调查和统计。建立风险预警模块，对企业即将面临的风险及时预警提示。

一、信用风险管理模块

本模块通过对企业客户信用数据的记录和分析，来帮助企业识别和控制信用风险。主要实现两个功能：信用评价和账款追踪。

信用评价功能。系统记录每个客户与企业的每一笔交易的详细资料，包括客户名称、时间、地点、产品、数量、价格、金额、付款方式、授信期限、回款用时等，并计算该客户的交易规模、回款率和回款及时性（回款及时性 = 回款用时/授信期限）。系统根据计算出的这三个指标——交易规模、回款率和回款及时性，来对客户进行信用评价，并给出对该客户授信额度的建议。

账款追踪功能。系统可以生成未收回账款一览表，提示所有未收回的账款信息，包括账款金额、授信期限、回款已用时间、回款剩余时间，以及相关的交易信息和客户信息。交易信息包括该笔交易的客户名称、时间、地点、产品、数量、价格、金额、付款方式、授信期限、经办人等。客户信息包括客户的联系人、联系方式、资产规模、行业等。对于已过授信期限的应收账款，以红色字体显示，提醒管理者进行追踪。

二、需求风险管理模块

本模块通过对销售量变化的统计和实时监测，实现对需求风险的识别和追踪。本模块的核心字段是销售量，通过横向和纵向两个方向的统计和比较来进行监控。

1. 横向监控

横向监控是在任一时点横断面，对销售量进行下面四个方面的统计比较：

（1）行业比较。将本企业产品的销售量与同行业排名前几位的公司比较，以及与本企业的主要竞争对手的销售量比较，以认清企业在同行业中的市场份额。

（2）地域比较。将本企业产品在不同地区市场的表现进行比较，输出地区销量表和销量地理图，以确定企业的优势市场和劣势市场，从而为不同地区的营销策略制定提供支持。

（3）客户比较。将不同客户对本企业产品的历史购买量分别统计，并进行排序，确定公司客户中大、小客户的比例，从而为公司选择大客户战略还是长尾战略提供决策支持。

（4）产品比较。将企业产品线中不同产品的销量进行比较，并进行排序，认清优势产品和劣势产品，从而为企业多元化决策及新产品开发决策提供帮助。

2. 纵向监控

历史数据积累和比较。以上四种横向比较中，都能够通过对历史数据的积累，形成变化趋势图，通过与历史数据的比较，既可以为企业销售量的预测提供趋势参考，也可以从中发现不利趋势从而及时预警。

三、财务风险分析模块

本模块实现的功能是实时提供公司各种财务风险的数据、指标，并且与历史数据以及与同行业其他公司数据对比，将对比分析结果以图表形式输出，为财务风险分析提供直接帮助。

1. 财务指标分析

本模块以公司的会计电算化系统为基础，通过会计信息系统收集所需财务信息，然后自动生成所要监控的财务指标。所需监控的财务指标体系如表 13－1 所示。

表 13－1　　财务指标分析表

	指标	计算方法	评　价
短期偿债能力	流动比率	流动资产/流动负债	该比率越大说明短期偿债能力越强，但是过大的话说明企业流动资产占用过多，利用率低。比率值一般在 2 左右比较适合
	速动比率	（流动资产－存货）/流动负债	与上一比率的意义一致，一般比值在 1 左右为宜
	营运资本资产率	营运资本/总资产	需要具体分析，与同行业比较
长期偿债能力	资产负债率	负债总额/总资产	该比率越小，企业的长期偿债能力越强；如果太小，说明企业没有使用杠杆，失去了放大效应。一般该比率低于 70% 较合适
	产权比率	负债总额/股东权益	与上一比率的意义一致，过大过小都不好。如果该比率大于 1，说明资不抵债，有倒闭的危险
	长期负债权益比率	长期负债/股东权益	过低过高都不适宜，应具体分析

续表

	指标	计算方法	评价
营运能力	应收账款周转率	主营业务收入/应收账款平均余额	反映回款的速度，越大越好
	存货周转率	主营业务成本/存货平均余额	反映销售的速度，越大越好
	总资产周转率	主营业务收入/平均资产总额	反映总资产的利用效率，越大越好
	流动资产周转率	主营业务收入/平均流动资产	反映流动资产的利用效率，越大越好
	固定资产周转率	主营业务收入/平均固定资产净值	反映固定资产的利用效率，越大越好
盈利能力指标	主营业务利润率	净利润/主营业务收入	反映主营业务带来利润的能力，越大越好
	净资产收益率	净利润/股东权益	反映净资产的盈利效率，越大越好
	总资产利润率	利润总额/资产总额	反映总资产的盈利效率，越大越好
	主营业务比率	主营业务利润/利润总额	反映主营业务的盈利在全部盈利中的比重，由于主营业务具有持续性，通常该比率越大，说明盈利构成越健康
	非经常性损益比率	非经常性损益/利润总额	与上一比率的意义相反，通常越小越健康
成长能力指标	主营业务收入增长率	（本年主营业务收入－上一年主营业务收入）/上一年主营业务收入	根据企业所处的不同阶段，该比率的数值也不同。处于成长期的企业，该比率通常较大。处于成熟期的企业，该比率较小。处于衰退期的企业，该比率可能为负，此时为危险信号
	总资产扩张率	（本年资产总额－上一年资产总额）/上一年主营业务收入	反映企业资产扩张的速度，但由于资产的构成分为负债和权益两部分，所以该比率需要具体分析，看增长的资产属于哪类
	净利润增长率	（本年净利润－上一年净利润）/上一年净利润	反映了企业盈利能力增长的长期趋势，越大越好

续表

	指标	计算方法	评　　价
现金流量指标	每股营业现金流量	经营活动产生的现金净流量/年末普通股股数	越大越好
	主营业务现金比率	经营活动产生的现金净流量/主营业务收入	对主营业务利润率的现金流量修正，越大越好
	结构比率	经营活动产生的现金净流量/总的净现金流量	反映经营活动的现金流量比重，具体分析
	营业活动收益质量	经营活动产生的现金净流量/营业利润	越大越好

输出要求：

（1）横向输出：可以根据用户选择的时间点，输出该时点各指标的计算结果，以及该时点的行业平均水平。输出方式为图和表两种。图中本公司的指标水平和行业平均水平用不同颜色表示。

（2）纵向输出：根据用户选择的时间段，输出各指标的数值序列，以及各指标的行业平均水平时间序列。输出方式为图和表两种。图中本公司的指标水平和行业平均水平用不同颜色表示。

（3）杜邦分析图：根据用户选择的时间点，输出该时点企业的杜邦分析图。并且可以由用户自定义细分的级别。各细分级别的定义如图 13－2 所示。

2. 现金流量匹配分析

风险评估与控制信息系统可以根据企业的财务信息，自动生成企业未来一段时间内，现金流入和流出的时间点及数量，并以现金流量匹配图和表的形式输出，提示现金流量风险。其中，销售收入等现金的流入预测，根据企业的历史数据按照增长率外推的方法预测。而收回货款、支付贷款、支付利息和工资等现金流预测，按照企业签订的相应合同规定的数值和时间计算。

输出格式参考表 13－2 和图 13－3。

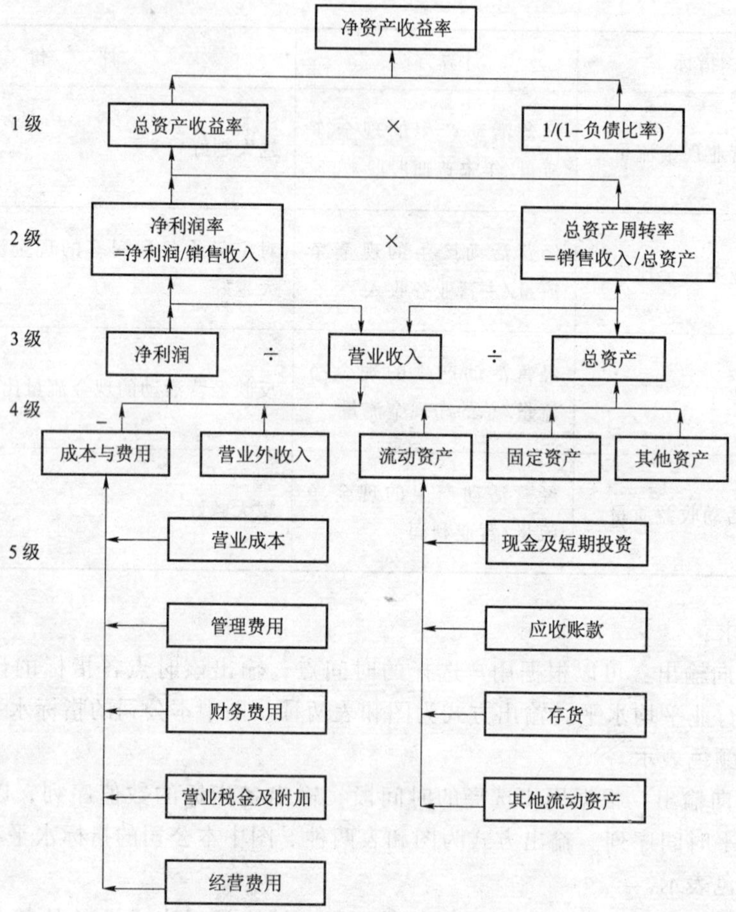

图 13－2　杜邦分析图

表 13－2　　现金流匹配预测表

时间	现金流入预测		现金流出预测	
	事项	金额	金额	事项
20071230	收回货款	500 000		
20071231			600 000	支付贷款利息
20080301	销售收入	1 000 000		

续表

时间	现金流入预测		现金流出预测	
	事项	金额	金额	事项
20080401			500 000	支付应付账款
	总计	1 500 000	1 100 000	总计

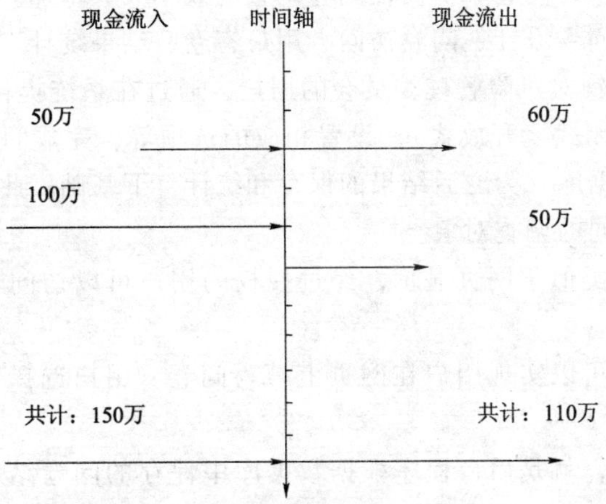

图 13－3　现金流量匹配预测图

现金流量匹配预测图中，时间轴按时间顺序标注，形成坐标轴。单线箭头表示某一项的现金流入或流出，箭头的长短表示金额，与时间轴的交点表示时间。最下面的双线箭头表示现金流入量和流出量的合计金额。

3. 投资风险分析

风险评估与控制信息系统为企业的每一笔投资建立档案，记录各时点投资价值的历史数据，实时跟踪该投资当前的价值，并计算 VaR（Value at risk）来提示风险水平。投资档案的输出如表 13－3 所示。

表 13－3　投资风险分析表

项目编号	TZ20070056	起止时间	20070801－20080801
项目名称	基金投资	初始规模	RMB 1 000 万
项目类别	股票投资	期限类别	长期
项目描述	以 1 千万的投资额，投资股票市场基金，为期一年		
今日价值（20071202）	RMB 1 135 万	VaR	

此外，风险评估与控制信息系统可以按照类别，对企业各项投资价值进行汇总，输出各类投资价值的历史走势图。也可以把所有投资汇总，输出总体投资的价值走势图。

四、问卷调查模块

本模块实现的功能主要针对风险识别方法中的问卷调查法。利用信息化的手段，可以完成问卷的传播、输入、统计和输出功能。由于有浏览器的支持，可以让许多人在不同的地点同时访问和填写问卷，从而使问卷调查的效率大大增加。

具体功能包括：问卷设计、问卷访问、用户答卷、结果统计。

1. 问卷设计功能针对风险管理委员会的用户，通过在系统提供的界面中输入问题，选择问题的类型（封闭式、开放式），设置相应的选项等，完成问卷的设计。同时，后台自动对问卷生成数据库，为之后结果的保存和统计打下基础。此外，设计者可以设定多份问卷，以针对不同的调查对象。

2. 问卷访问功能类似于网页显示，经过授权的用户可以访问不同的问卷及其统计结果。

3. 用户答卷功能可以实现用户在网页上填写问卷，用户选择保存后，后台自动将结果保存至数据库。

4. 结果统计功能，就是后台程序根据数据库中保存的问卷结果，自动生成调查结果的统计，并且以图和表的形式输出。

五、风险管理过程模块

本模块主要针对风险管理的过程，为风险管理中信息的传递提供一个平台。用户的界面显示的是一个类似风险清单的风险管理过程工作表，对每一类风险，在风险管理的每一阶段进行汇总。从而使用户对于企业风险管理的进展情况有一个整体的把握。样式如表 13－4 所示。

表 13－4 风险管理过程工作表

			风险识别	风险分析	等级	风险应对	实施反馈	剩余风险
外部风险	经济风险	经济形势						
		产业政策						
		资源供给						
		利率调整						
		汇率变动						
		融资环境						
		市场竞争						

续表

			风险识别	风险分析	等级	风险应对	实施反馈	剩余风险
外部风险	法律风险	法律法规						
		监管要求						
	社会风险	文化传统						
		社会信用						
		教育基础						
		消费者行为						
	科技风险	技术进步						
		工艺改进						
		电子商务						
	自然风险	自然灾害						
		环境状况						
内部风险	人员风险	高管操守						
		员工能力						
		团队精神						
		人才流动						
	管理风险	经营方式						
		资产管理						
		业务流程						
		财务报告						
		信息披露						
	经营风险	财务状况						
		盈利情况						
		现金流量						
	技术风险	研究开发						
		技术投入						
		信息技术运用						
	安全环保风险	营运安全						
		员工健康						
		环境污染						

六、风险预警模块

本模块是前述几个模块功能的纵向整合，对于信用风险管理模块、需求风险管理模块、财务风险管理模块、风险问卷调查结果和风险管理过程模块中，超过预定警戒线的风险自动提取并汇总，使风险管理人员及时得到预警信息。

本模块中，各类风险警戒线的设定比较困难，需要对风险管理理论、行业平均水平、企业自身实际情况等进行综合考虑，设定合适的警戒线。

第三节　数据库设计

上述各功能模块的实现离不开相应数据的支持。数据库的设计尤为重要，不仅是功能实现的基础，而且关系着功能实现的效率。下面对系统中处于核心位置的数据进行介绍。

一、信用风险管理数据

信用风险管理模块中，对应其实现的两个功能——信用评价和账款追踪，需要用到以下几个表：交易信息表、客户信息表、信用评价表、账款追踪表。

1. 交易信息表

记录每笔交易的详细信息，本表属于基础信息，在信息系统的许多模块中都会用到。交易信息表包括以下字段：

交易编号、交易时间、地点、产品、数量、价格、金额、付款方式、授信期限、交易状态、回款状态、客户编号、客户名称、经办人。

此外，输出表中的客户编号为超链接，链接到客户信息表，用户可以直接点击查看客户的详细信息。

2. 客户信息表

记录每个客户的详细信息，并对每个客户建立唯一编号标识，以方便在系统中不同的地方引用。客户信息表包括以下字段：

客户编号、客户名称、注册地点、资产规模、行业、简介、联系人、联系方式。

3. 信用评价表

系统根据交易信息表和客户信息表自动生成，目的是对客户的信用等级做出评价，并计算出建议的授信额度。信用评价表包含以下字段：

客户编号、客户名称、交易规模、回款率、回款及时性、信用等级、建议授信额度。

此外，输出表中的客户编号为超链接。

4. 账款追踪表

系统根据交易信息表和客户信息表自动生成，显示所有未收回的账款信息。账款追踪表包含以下字段：

交易编号、账款金额、交易时间、授信期限、回款已用时间、回款剩余时间、经办人、客户编号、客户名称。

此外，已过授信期限的账款，用红色字体显示。输出中的交易编号和客户编号均为超链接，分别链接到交易信息表和客户信息表。

二、需求风险管理数据

需求风险管理数据支持需求风险管理模块中的五个功能：行业比较、地域比较、客户比较、产品比较和历史数据比较。

需求风险管理数据的生成依赖于对交易信息表和客户信息表的查询。主要体现在地域比较、客户比较、产品比较和历史数据比较这四个功能上。这四个功能分别对应于交易信息表中的地点、客户编号、产品、交易时间这四个字段，通过进行条件查询来实现不同类别的比较，分别生成地域比较表、客户比较表、产品比较表以及历史趋势图。

对于行业比较数据，除了对交易信息表的统计之外，还需要预先建立竞争对手信息表和竞争对手交易表，从这三个表中提取数据，生成行业比较表。

1. 竞争对手信息表包括以下字段：

对手编号、对手名称、注册地点、资产规模、简介。

2. 竞争对手交易表包括以下字段：

对手交易编号、对手编号、交易时间、地点、产品、数量、金额。

实际工作中，获取竞争对手的交易信息一般比较困难，往往只能根据竞争对手的公开销量统计信息获得。针对这种情况，可以将前述两个表简化为一个表——竞争对手销量统计表，将收集到的信息输入储存。

3. 简化的竞争对手销量统计表包括以下字段：

对手编号、对手名称、产品、销售量。

三、财务风险分析数据

本部分数据支持财务风险分析模块的四个功能：财务指标分析、杜邦分析、现金流量匹配分析和投资风险分析。

对于前三个功能，系统主要通过数据接口，从企业的会计信息系统的数据库中提取所需数据。经过汇总、计算，输出财务指标计算结果、杜邦分析图和现金流量匹配图表。

对于投资风险功能，需要建立两个数据表支持：投资项目信息表和投资项目价值评估表。

1. 投资项目信息表包括以下字段：

项目编号、项目名称、起止时间、初始规模、项目类别、期限类别、项目描述。

2. 投资项目价值评估表包括以下字段：

项目编号、评估日期、当时价值、VaR。

四、问卷调查数据

问卷调查模块主要需要以下几个数据表的支持：问卷表、结果表以及通过前两个数据表生成的结果统计表。

1. 问卷表包括以下字段：

问卷编号、问卷名称、问题编号、问题类别（1）、问题类别（2）、问题描述、答案选项。

2. 结果表包括以下字段：

问卷编号、问题编号、答卷时间、答卷用户、答案。

3. 结果统计表包括以下字段：

问卷编号、问题类别、问题描述、答案（1）比例、答案（2）比例。

五、风险管理过程数据

风险管理过程数据主要依靠风险登记表和风险管理过程表来存储。

1. 风险登记表包括以下字段：

风险编号、风险名称、风险类别（1）、风险类别（2）、风险描述。

2. 风险管理过程表包括以下字段：

风险编号、风险名称、风险识别、风险分析、主要指标、指标数值、等级、风险应对、实施反馈、剩余风险。

六、风险预警数据

风险预警数据主要包括风险警戒表和风险预警表。

1. 风险警戒线表包括以下字段：

风险编号、风险名称、警戒指标、一级警戒线设定、二级警戒线设定。

2. 风险预警表

风险编号、风险名称、警戒等级、警戒指标数值。

本章小结

本章主要介绍了企业风险评估与控制系统的设计步骤及其功能。重点介绍了信用风险管理模块、需求风险管理模块、财务风险分析模块、问卷调查模块、风险管理过程模块的功能。信用风险管理模块的主要功能是信用评价和账款追踪；需求风险管理模块通过对销售量变化的统计和实时监测，实现对需求风险的识别和追踪；财务风险分析模块的功能是实时提供公司各种财务风险的数据、指标，并且与历史数据以及与同行业其他公司数据对比。最后，介绍了几种数据库的设计，包括信用风险管理数据、需求风险管理数据、财务风险分析数据、问卷调查数据、风险管理过程数据、风险预警数据。

重点名词

风险评估与控制信息系统
信用风险管理模块
需求风险管理模块
财务风险分析模块
问卷调查模块
风险管理过程模块

本章重点与难点

1. 风险评估与控制信息系统的设计和实施步骤
2. 各功能模块应实现哪些功能
3. 各数据库的设计思路

思考题

1. 设计风险评估与控制信息系统时，对系统的功能有哪些要求？
2. 各个模块的主要功能是什么？

3. 财务风险分析模块包括哪几部分?

4. 各数据库需要哪些数据?

案例讨论

中信泰富"豪赌"酿成巨大亏空

2008年10月20日，中信泰富发出盈利预警，称公司为降低西澳洲铁矿项目面临的货币风险，签订若干杠杆式外汇买卖合约而引致亏损，实际已亏损8.07亿港元。至10月17日，仍在生效的杠杆式外汇合约按公平价定值的亏损为147亿港元。换言之，相关外汇合约导致已变现及未变现亏损总额为155.07亿港元。

事件发生后，集团财务董事张立宪和财务总监周志贤辞去董事职务，香港证监会和香港交易所对中信泰富进行调查，范鸿龄离任港交所董事、证监会收购及合并委员会主席、收购上诉委员会和提名委员、强制性公积金计划管理局主席，直至调查终止，中信集团高层人士对中信泰富在外汇衍生品交易中巨亏逾105亿港元极为不满，认为荣智健应对监管疏忽承担责任。

而中信泰富的母公司中信集团也因此受影响。全球最大的评级机构之一的穆迪投资者服务公司将中信集团的长期外币高级无抵押债务评级从Baa1下调到Baa2，基础信用风险评估登记从11下调到12；标准普尔将中信集团的信用评级下调至BBB-待调名单；各大投行也纷纷大削中信泰富的目标价。摩根大通将中信泰富评级由"增持"降至"减持"，目标价削72%至10港元；花旗银行将中信泰富评级降到"沽出"，目标价大削76%至6.66港元；高盛将其降级为"卖出"，目标价大削60%至12.5港元；美林维持中信泰富跑输大市评级，目标价削57%到10.9港元。

除此之外，中信泰富的投资者纷纷抛售股票。一家香港红筹股资金运用部总经理表示："此事对于在港上市的中资企业群体形象破坏极大，对于我们也是敲了一记警钟。"

没有遵守远期合约风险对冲政策

据了解，这起外汇杠杆交易可能是因为澳元的走高而引起的。中信泰富在澳大利亚有一个名为SINO-IRON的铁矿项目，该项目是西澳最大的磁铁矿项目。这个项目总投资约42亿美元，很多设备和投入都必须以澳元来支付。整个投资项目的资本开支，除目前的16亿澳元之外，在项目进行的25年期内，还将在全面营运的每年度投入至少10亿澳元，为了降低项目面临的货币风险，因此签订若干杠杆式外汇买卖合约。

为对冲澳元升值影响，签订三份Accumulator式的杠杆式合约，对冲澳元及人民币升值影响，其中美元合约占绝大部分。按上述合约，中信泰富须提取的最高现金额为

94.4 亿澳元。

但问题在于，这种合约的风险和收益完全不对等。所签合约中最高利润只有 5 150 万美元，但亏损则无底。合约规定，每份澳元合约都有最高利润上限，当达到这一利润水平时，合约自动终止。所以在澳元兑美元（0.994 3，－0.005 8，－0.58%）汇率高于 0.87 时，中信泰富可以赚取差价，但如果该汇率低于 0.87，却没有自动终止协议，中信泰富必须不断以高汇率接盘，理论上亏损可以无限大。

另外，杠杆式外汇买卖合约本质上属于高风险金融交易，中信泰富对杠杆式外汇买卖合约的风险评估不足。

将中信泰富一步步推向崖下的是一款以澳元累计目标的杠杆外汇合约，即变种 Accumulator（累计股票期权）。

中信泰富 2008 年 10 月 20 日宣布，由于发生了上述外汇风险事件，集团财务董事张立宪和财务总监周志贤已辞去董事职务，10 月 20 日起生效。莫伟龙于同日起获委任为集团财务董事。荣智健表示，上述合约的操作者对潜在的最大风险没有正确评估，相关责任人亦没有遵守公司的对冲保值规定，在交易前甚至没得到公司主席的授权。此外，持有中信泰富 29% 股权的母公司——中国中信集团，同意为其安排 15 亿美元备用信贷，利息和抵押品方面按一般商业条件进行。

（资料来源：该案例摘自新浪财经网站 www.finance.sina.com.cn）

讨论问题：

1. 中信泰富公司风险评估中存在哪些主要问题？
2. 从该案例中能吸取什么教训？

第十四章

风险的信息披露与审计

在本章中，你将学到

◇ 风险预警

◇ 风险预警的评价方法

◇ 风险报告的内容与形式

◇ 风险审计

引例

哈尔滨市建立金融风险预警报告制度[①]

2007 年 2 月 14 日哈尔滨市出台了《哈尔滨市防范和化解金融风险工作预案》。根据《预案》，哈尔滨市正在加强金融风险事件预警工作，建立银行、证券、保险业监督预警网络。同时建立预警报告制度，一旦发现金融风险事件，将视风险等级状态立即向有关部门报告。

《预案》根据金融风险事件紧急程度和影响范围，将预警分为一般状态和严重状态两级。在银行业，如出现局部网点突发性挤兑，备付资金暂时不足且缺口不大等情况时将进行一般状态预警；如出现造成银行机构直接经济损失 1 000 万元以上的事故、自然灾害等情况，将进行严重状态预警。在证券期货业，如出现上市公司等经营管理或资金使用状况恶化并开始产生较严重社会影响的情况，将进行一般状态预警；如出现市场整体性动荡，股市期市剧烈波动甚至正常交易秩序完全中断等情况，将进行严重状态预警。在保险业，如出现保险市场信息管理及调控受阻等情况，进行一般状态预警；如出现保险理赔兑付困难、保险信用急剧下降等情况，将进行严重状态预警。

① 资料来源：根据媒体相关报道整理

第一节　企业风险预警

一、预警的概念

目前预警（Early Warning）这一概念广泛用于政治、经济、科技、军事、社会、文化、教育、医疗、自然等各个领域，比如，地质灾害预警、食品风险预警、疾病预警、寒潮预警。预警就是事前发出警报，在灾害或灾难以及其他需要提防的危险发生之前，根据以往总结的规律或观测到的可能性前兆，向相关部门发出紧急信号，报告危险情况，以避免危害在不知情或准备不足的情况下发生，从而最大程度的降低危害所造成的损失的行为。

预警研究可以分为经济预警、社会政治预警和自然灾害预警三类。其中经济预警包括宏观经济预警与微观经济预警。微观经济预警主要指的就是企业预警，除此之外还包括个体、家庭、其他法人组织的预警等。

风险的爆发一般要经历一个酝酿、生成、演化、临近、显现和爆发的阶段，就是风险对某个特定目标产生作用到真正形成破坏和失控状态的一个过程。因此，对风险进行预警是有可能的。通过有效的预警，可以感知和测评风险所处状态，从而在不同程度上得到转化、分解、控制和有效管理，使风险在爆发失控前得到制止或控制。预警作为发现潜在危机、潜在损失的一种工具，处在风险管理与危机管理流程的前端，是风险管理的高级阶段。

二、风险预警

风险预警，即对风险进行预测和报警。企业风险预警系统就是通过建立风险评估体系，进行风险预控，化解风险的发生，并将风险造成的损失降至最低程度的有效手段，也称之为“风险预警系统”。

风险预警系统就是根据所研究对象的特点，通过收集相关的资料信息，监控风险因素的变动趋势，并评价各种风险状态偏离预警线的强弱程度，向决策层发出预警信号并提前采取预控对策的系统。因此，要构建预警系统必须先构建评价指标体系，并对指标类别加以分析处理；其次，依据预警模型，对评价指标体系进行综合评判；最后，依据评判结果设置预警区间，并采取相应对策。

在风险预警系统中，根据研究对象的实际情况及风险管理者的经验，合理划分风险预警区间，判断风险量处于正常状态、警戒状态还是危险状态。

（一）划定预警区间

划分预警区间包括划分警区和确定警限。风险预警可分为五个预警区，低风险区、较低风险区、中等风险区、较高风险区、高风险区。处于中等风险区，需要关注；处于较高风险区，需要监控；处于高风险区，考虑到采取相关措施。

（二）设计灯号显示系统

预警系统可采取类似交通管制信号灯的灯号显示法。因本系统有五个预警区间，故可设计五灯显示系统，即“蓝灯”、“绿灯”、“黄灯”、“橙灯”、“红灯”五种标识进行单项预警。针对不同的预警区间，灯号显示所表现的警情也会有所不同。

三、风险预警的不同维度和指标

风险预警既有宏观层面的也有微观层面的。宏观层面预警包括地区层面和行业层面。地区层面的指标包括地区劳动力供给和地区劳动力需求，经济发展水平指标，社会发展水平指标，环境承载力指标，商业银行的安全性、流动性和盈利性指标等。行业层面的指标因行业而异。比如，金融行业的预警指标有汇率变动，国际利率和国家风险指标。房地产行业的预警指标有房地产周期指标：GDP，可支配收入，家庭消费支出，投资结构和资产回报，房地产市场发展的独特指标。农业行业的预警指标有生物因素指标：棉铃虫与天敌，棉花，其他寄主状况；非生物因素指标：气候，防治水平，社会有关因素。

微观层面是指企业内部的。企业内部的风险预警角度有财务的、营销的、战略的、人力资源的、企业生存等方面的。企业风险预警中最著名、最重要的当属财务风险预警。

四、风险预警评价方法

目前研究者使用的风险预警评价方法有模糊综合评判法、层次分析法、结构方程模型、Z 值风险模型、主成分分析法、人工神经网络模型等方法。

其中的Z值风险模型是由美国纽约大学的教授爱德华·阿尔曼（Edwardi·altman）首次使用的，也是目前较为著名的财务风险预警模型。阿尔曼教授选取了1946—1965 年间 33 家破产的和正常经营的公司，使用了 22 个财务比率来分析公司潜在的失败危机。该模型是通过五个变量（五种财务比率）将反映企业偿债能力指标、获利能力指标和营运能力指标有机联系起来，综合分析，预测企业财务失败或破产的可能性。

案例

德隆危机的预警分析

2004年4月，曾经是中国最大的民营企业的德隆集团倒闭了，这个旗下拥有177家子孙公司和19家金融机构的巨型企业集团瓦解的原因是什么呢？

德隆集团的发展可以概括为四个阶段：实业公司、投资公司、资本集团、战略投资。

1986年，“德隆”创始人唐氏兄弟从国有单位下海，开始他们的创业生涯。他们经过商，开过小型彩色照片冲印店。20世纪90年代来到了首都北京，开了一家当时在北京很有名的迪厅，到1993年单是北京迪厅已给他们带来了3 000万元以上的利润。

1997年，唐氏兄弟在新疆注册成立德隆投资公司，要通过资金和这些年在上层建立的社会关系进入“湘火炬”的决策层。此后，德隆通过拆借资金很快完成了收购，进入“湘火炬”公司决策层。1998年以后，德隆投资公司通过贷款、从已控制的公司拆借资金、联合更多投资者等方式入主了“新疆屯河”和“合金股份”，“德隆系”也正式形成。通过控制流通股和大比例的送配，这三家公司的股票价格涨幅最少都超过20倍，到最高峰时期，“德隆系”控制的股票市价已经超过200亿元人民币。由唐万里和唐万新领军的德隆集团，因为擅长资本运作而在中国股市名声赫赫。

2004年4月，德隆公司的股价开始狂跌。4月14日这天，德隆系旗下的三驾马车——湘火炬、新疆屯河和合金投资第一次集体跌停。这不仅反映了市场对德隆的信心丧失正在加速，也增加了市场流传的德隆资金链断裂的真实性。在不到一个月的时间内，总共蒸发掉百亿元人民币的市值，德隆开始崩溃。

德隆系出现问题的原因是多方面的，运用风险预警分析可以发现以下问题。

一、政策风险

1. 德隆系的发展离不开我国的宏观政策，有关地方政府也单独给予德隆一些优惠政策方面的支持。当然，这些地方政府也使德隆产生了政府一直会支持的错觉，而且由于德隆发展顺利而产生了轻视内部管理而努力扩张的理念，同时，也使德隆感觉与政府打交道容易获得需要的东西，忽视了危机的来临。

德隆系的发展是得益于政策的松动，得益于我国建立社会主义市场经济的决定，企业获得发展的地位，特别是被民营企业赋予宽松的投资经营环境以及配套的产业政策、区域发展政策、金融货币政策等。同时，得到新疆维吾尔族自治区政府的大力扶持，给予其整合国有企业、融资、上市等机会，以及给予德隆系的经营管理者相应的政治地位。比如，整合新疆屯和、天山股份等。又比如，给予其董事长唐万里就任全国工商联副主席的地位。

2. 德隆发生危机，宏观政策的调整直接使它的“短融长投”受到打击，而且直接导致其资金链条的断裂。2002年下半年开始经济增长加速，出现局部经济过热，特别是房地产开发、基础设施建设等对水泥、钢材等的需求大增，相关行业投资加速，其产能大大超过近期的需求，国家果断在2004年初实施宏观调控措施，主要是紧缩政策。紧缩政策包括紧缩投资、紧缩银根、减少相关项目的审批，并且采取行政手段进行调控(比如铁本事件)，调控土地供给以及货币供给等，紧缩政策实施的结果对德隆造成很大的影响。

紧缩政策对德隆的影响表现在几个方面：一是简单的信用扩张受阻，资金更加紧张；二是股市下跌，其系列股票从2003下半年开始不断下跌（阴跌不止），市值缩水，作为抵押物或者质押物的股票的融资能力降低，直接影响资金链的运转；三是银行在宏观调控下，银行外部与内部出现风险预警，加强了贷款的发放与回收，同时也加强了对抵押物与质押物的检查，德隆系在2003年下半年与2004年不断发布抵押与质押公告，德隆贷款受阻。

二、环境因素

1. 媒体的持续报道

在德隆的发展初期与高速成长时期，各种媒体对德隆是一片叫好声，使德隆沉浸在成功的喜悦之中，对可能的危机与风险少了一份关注，而只注意继续扩张，扩张。

而郎咸平从2000年开始提出德隆系，且不认可其操作模式，并进一步预言德隆的“类金融公司”模式将可能出现问题。2003年《财经》关于德隆对商业银行的控股并获得融资的报道开始，到2003年底，越来越多的报纸杂志开始挖掘德隆的一些问题。2004年初至2004年3月份，报纸杂志等媒体质疑的声音越来越强，到2004年4月中旬，德隆系股票持续大跌，对其报道也铺天盖地。在2004年初国家出台紧缩政策以来，社会对德隆资金链的质疑导致商业银行停止贷款，参加理财的企业与个人纷纷挤兑，德隆无法继续获得现金，没有现金流的德隆的资金链终于于2004年4月中旬彻底断裂了。

2. 经济学界对德隆系的预警

德隆的成功有学者很大的功劳，他们对其模式的推崇，使不少企业纷纷学习效仿。德隆因此也能够加速扩张，扩张的阻力更小，并购的成功率更高。但是在德隆快速扩张之后，一些学者开始质疑德隆的扩张模式，特别是经济学者郎咸平对德隆系的特别关注与批评的相关文章见诸报端，媒体也开始从仅仅唱赞歌到开始对其进行全面的分析。

学者逐步深入的分析，使一些机构与相关的管理部门开始认识到德隆可能存在问题。第一，证券监管部门于2001年停止德隆系上市公司的配股与增发，使德隆依靠的长期融资的道路受阻，进而转向大量的“短融”；第二，一些商业银行也停止向德隆系发放新的贷款，并加速回款的步伐，如兴业银行，招商银行等；第三，一些企业与个人参与德隆系的理财计划越来越不积极，并且一些企业与个人开始理性地撤离，以保证财产的安全；第四，以上导致大量企业与个人对德隆系丧失信心，造成与之相关的个人与企业不安，加速挤兑，或者提前要求还款。这些结果对德隆的打击很大，加速了德隆系危机的出现。

3. 公众信心丧失之后对德隆的挤兑

德隆花费巨大成本托起的“老三股”的高位，经过多次准备出货，但是因为中国股市低迷，接盘的人很少，无法获得筹码。从券商、信托公司等获得短期资金进行长期投资，在媒体、政策等共同作用下，公众（包括公司、个人等委托理财的客户以及其他的债权人）挤兑发生，资金马上出现紧张，很快就断裂了，导致了这样的悲剧。在公众丧失信心之后，德隆的资金来源就完全断绝了，首先（2001 年）股票融资停止，随后的几家商业银行开始停止贷款，到 2003 年下半年与 2004 年其下属的金融机构（信托公司、银行、证券公司）也丧失融资能力，资金链就这样断裂。

三、公司内部因素

1. 运作理念的偏差

主要是着力扩张，而整合力度不够。德隆的产业整合是以资本运作为基础的，少量的初始资本几经变化控制了巨量的产业资本，而新整合的产业大多数不能实现现金流的正常运转，尽管德隆高举产业整合大旗，但产业整合并没有给德隆带来现金流。

2. 财务运作极其不规范

相互抵押质押，迅速扩张信用。对兼并重组等获得企业的成本计算可能不清楚，对企业的财务能力把握不足，对风险的控制比较片面，没有关注外部的经济风险与政策风险。投资资金的来源不同有不同的成本把握，他们认为从银行与政府获得的资金是低成本的，而忽视其长期风险。

3. 危机管理机制与应急预算不足

德隆的唐万里承认，比较早就认识到可能的危机，但是沉浸在成功的喜悦之中，往往忽视危机的来临。这也是一般人都会遭遇的困境，即心理定势状态。这是面对危机观念的问题，可以说是战略层面的失误。

在公司发展的战略层面不重视，就不存在比较完整的危机管理预案与预算。这样从危机管理计划到危机管理的资源（物资资源与人力资源）都没有准备，因此不能及时预见危机的来临并进行预防，在危机来临之后也没有能力处理危机，即遏止危机的急剧扩大并降低危机的损失以及波及面。

4. 人力资源搭配的协调问题

大量使用年轻人，而对人力资源的年龄结构没有合理安排，年轻人的扩张冲动与成功的一段历史相结合更加重其扩张的冲动。大量优秀的管理人员来到德隆，有海归与“土鳖”，理念的冲突，运作模式的差异，合作意识方面出现了摩擦。

在德隆鼎盛时期，有几十个投资团队，各有特色。德隆对项目团队的激励，往往采用成功的团队就成为被收购或者被兼并企业的管理者，这又加强了团队收购兼并企业的动力。同时不少团队努力寻找合适的对象，不惜以美化项目的各种指标来获得德隆的喜爱，霸占资源促成不是很合适的收购或者兼并。刚开始的时候唐万新还经常参与购并项目的研究，随着德隆的发展，唐氏兄弟对下属团队的监管有所放松，或者无力监督控制，放任下属自由行动。这样，在此种模式激励下，大量的团队可能使用各种不正当手段，控制被购并的企业来满足一小部分人的利益，通过高工资甚至转移资产等手段来满足自己团体的利益。

5. 投资问题

德隆大量投资购并是为了打造一个“两翼并举”的庞大金融产业帝国：产业“一翼”，德隆斥巨资收购了数百家公司，所涉行业含番茄酱、水泥、汽车零配件、电动工具、重型卡车、种子、矿业等；金融“一翼”，金新信托、厦门联合信托、北方证券、泰阳证券、德恒证券、新疆金融租赁、新世纪金融租赁等都被德隆纳入麾下。

而德隆真正的抱负是做金融产品的供应商：一手整合产业，一手做资产证券化，创造金融产品，卖给市场上各种需要的投资者。为获得足够的资金，德隆通过四条途径获得资金，但是四条途径获得资金的成本是不一样的，而且成本的投入时间也是有差异的。

德隆获得资金的途径有四条：一是收购上市公司，进行优化管理，大力购并扩大规模，不断从股市通过配股增发等获得资金，并用于下一次购并扩张；但是，除了最初配了几次股以外，2000 年 8 月后因为管理层的要求德隆再没有从股市得到融资；二是利用持有的法人股抵押贷款；三是利用上市公司的信誉与其他公司互保贷款，德隆系内部大量公告的相互抵押，导致信用迅速扩张；四是利用金信信托、金融租赁、德恒证券等多家金融机构作为融资平台进行融资。

除第一融资渠道外，后三种融资渠道均是短期融资，德隆用短期融资去投资长期相关产业，结果所涉产业不能在中短期内提供稳定的现金流和资本收益。而且德隆第一渠道获得资金是先期投入比较大，而其他三个渠道的融资在获得资金后的投入很大，产生巨大的还贷压力与资金成本压力，很可能使资金链条绷紧以至断裂。

一方面是“短融长投”，这是其资金短缺时进行产业扩张的资金运作型模式，整合企业在刚开始的时候还是非常重视产业本身以及其发展前景，着力管理与整合，比如“湘火炬”，从最初的很小规模到后来的 100 余亿资产；后期，其扩张战线拉得很长，资金日益紧张，收购兼并企业成为其资金的来源，主要还使用被收购兼并后企业的资产作为抵押来从银行获得贷款。

6. 企业文化整合的不足

德隆收购或者兼并其他公司之后，其文化整合力度不够。加之德隆产业的庞大与繁杂，各种文化混到一起，整合难度可想而知；而且企业文化的成型需要时间，需要长久的磨合与积淀。同时，企业领导者的观念对企业文化的建立也影响很大，从各种渠道了解到的信息显示德隆对企业文化的整合观念不到位，当然整合的力度也明显不足。在遭遇危机的时候，各个独立的子公司或者孙公司对整个企业的责任低，各自为政，甚至与其他公司联合打压母公司。

7. 与各地政府的关系暧昧

德隆未能在危机来临时获得当地政府的大力支持，而是各自为政，保全自身的一部分财产。使用法律程序查封或者保全财产的在出现危机以后在各地急速涌现，这种心态也加速对德隆资金的卡压，本来紧张的资金链条迅速断裂。当然，德隆事件的处理还是需要上级政府积极参与并出台相应政策。上级政府需要协调各级地方政府的行为，而且还包括其他部门的行为，一起解决德隆的问题。实际上德隆的产业整合还是比较有优势的，产业经过积极管理，解决资金问题之后会经营得很好的。但是，其金融部分的企业，大部分是违规操作，应该慎重处理。

8. 德隆对企业的信息与公众沟通不足

包括与其债权人（银行等）信息发布不及时，使外部对德隆造成一些误解，老以为德隆仅仅有股票，当庄家的，而忽视德隆有巨大的实业做支撑。债权人不清楚德隆的状况，因此他们对其遭遇危机的时候信心不足，加速了此次危机的形成和发生。

9. 德隆扩张的边界模糊

德隆整合产业的速度非常快，但在进行收购与兼并的过程中忽视了扩张的界限，可以说德隆有盲目扩张之嫌。忽视的企业扩张边界包括两个方面：一是规模界限与企业自身的适应性。企业规模不是越大越好，也不是越大越强。“做大做强”这个口号式的指导性目标害了很多企业，可能德隆也在自己与政府的这个口号中倒下了。很多年以前，欧洲一位学者提出“小的就是强的”（The Small is Smart），企业的成功与否关键不是规模，而是核心竞争力。德隆忽视对企业核心竞争力的建设，公司的核心落在扩张、扩张、再扩张上，收购兼并的企业不能产生足够的现金流，因此德隆只能依靠相互担保借贷、违规使用资金（挪用委托理财人的资金、挪用投资者的保证金等）等来维持公司的勉强运转。二是产业界限与企业管理能力的适应性。德隆扩张是以打造产业龙头为目标，力争进入全国或者全球的前几强。纵观世界大型成功企业的发展史，无不是立足一处稳步推进的。不同行业具有不同的特点，其运行规律各有千秋，与之相适应的管理模式也是有差异的，而且是需要比较长的时间慢慢形成与发展并逐步固定下来的。

（资料来源：王林．不确定性与企业预警［D］．四川大学博士学位论文，2004.）

第二节 企业风险报告

一、风险报告的概念

风险报告就是将企业正在面临的风险、风险的成因、可能导致的后果以及企业已经采取的风险管理措施以书面的形式对外报出。它的作用类似于财务报告和审计报告。利益相关者可以借此报告更好地了解企业面临的风险及抗风险能力和风险管理能力。

风险报告一般应该包括以下内容：风险评估、风险分析、风险应对策略与措施、风险管理组织体系，以及风险对企业的经营成果和财务状况带来的各种不确定性等内容。

二、风险报告的原则

1. 重要性

风险报告中的信息应当覆盖企业所面临的重大战略风险、财务风险、市场风险、运营风险以及法律风险，或者那些会持续影响企业经营的风险因素。

2. 相关性

企业年度风险报告应该从如何保证出资人的利益及国有资产保值增值的角度对企业所面临的风险及管理状况进行报告。报告的内容总体上要侧重关注风险所带来的负面影响和针对这些负面影响所采取的防范措施。

3. 完整性

风险报告中的信息应该覆盖所有会影响企业经济效益和社会效益的重大风险。报告的内容和边界应包括可能对企业产生实质性影响的因素和方面，以便各利益相关方对企业的经营情况做出评价。

4. 一致性

企业应该按照连贯一致的标准来筛选、编辑和报告有关的风险信息。风险报告应该是定期提交、连贯的和可以比较的，能够通过企业的风险报告分析企业的变化。

5. 客观性

企业提交的报告要真实地反映企业风险管理的实际情况，包括风险收益及风险带来的损失，不能为满足某些特殊要求而有选择地进行报告。

6. 准确性

报告中的信息应在成本效益可行的前提下达到足够的准确、具体，包括信息来源及收集、处理过程的准确。应尽量减少报告中的不确定因素。

7. 可验证性

风险报告所使用的方法、数据信息等，应可被验证。相关数据及文档的保存要有一定的透明度及可追溯性。

2006 年 6 月，国务院国有资产监督管理委员会（以下简称国资委）印发了《中央企业全面风险管理指引 》。这标志着中国有了属于自己的风险管理标准。指引要求，中央企业需要向国资委提交《年度风险管理报告》。

三、实例

深振业 A（000006）2009 年度全面风险管理工作报告

2009 年度全面风险管理工作报告

一、全面风险管理综述

报告期内，公司根据《深圳市属国有企业全面风险管理体系建设指导意见》、《企业内部控制基本规范》、《深交所上市公司内部控制指引》等相关规定，完成了首次风险评估，建立了风险管理制度，加强风险日常监控和风险应对措施落实，积极培育风险管理文化，大大增强了公司抵御风险的能力。

二、风险评估

2009 年度，公司专门成立了全面风险管理领导小组和工作小组，对公司内外部政策和经营环境信息、风险管理案例以及制度、流程进行了全面、系统地梳理和分析，深入各个业务部门进行了实地调研，组织公司中高层管理人员及业务骨干进行了风险专项分析及风险评估，对公司风险环境进行了研究分析，提出目前公司风险环境属于比较中性的范围，强调应采取切实措施改进对外部风险的管理工作。

在风险管理上，公司坚持“突出重点，保障实效”的原则，按内、外部风险进行了排序，并根据经营管理现状，提出了公司需要重点防范的九大风险，其中外部风险有政策风险和市场风险两项，内部风险有合法合规和诚信经营风险、投资风险、工程质量风险、成本风险、合同协议风险、资金风险和战略风险等七项。

三、风险管理策略

公司对发展战略目标、目前业务发展态势和管理基础及面临的外部市场和经济环境进行了综合分析，提出了风险管理策略，包括风险管理原则、目标和管理工具，指出公司风险管理工作要实现“效率、效益、效果”的综合平衡，确定了风险管理工作的损前和损后目标，提出了应对具体风险的工具，强调对工具的选择应突出重点，综合考虑，打组合拳，不同的风险采取不同的方法或方法组合。

四、风险应对措施

为强化风险管理的有效落实，公司针对重大风险编制了专项应对方案，制定了包括定期召开宏观经济发展和房地产行业形势分析研讨会，实现外包预算审核的规范化，保持集团总部及下属公司资金的集中管理和统一使用等一系列风险防范措施，编制了《重大设计错误应急预案》、《重大安全事故应急预案》等风险应急预案，注重全方位的风险防范，确保最大限度规避或减轻风险发生的可能性和影响。同时，将风险应对措施和内部控制的要求融入部门规范中，使风险管理成为公司综合管理体系的有机组成部分，真正保障了风险防范能够落到实处。

五、重大风险日常监控

公司坚持对重大风险实行持续监控的原则，充分利用信息技术提高风险控制的效率和效果，目前已经实现了部分财务监控指标的预警和控制，在费用报销、费用支付等流程中增加了合规性、真实性、准确性等审核标准，并实现了预算执行情况的方便查询，能在超预算时进行预警提示，既有效促进了财务内部规范的落实执行，又对资金支付实现了有效的控制；公司大力加强风险监控系统日常应用管理，通过系统预警信息监控与人工核对相结合、重点监测与抽查跟踪相结合的方式进行风险监控，对预警信息及时跟踪回馈并督促整改；公司加强风险监控信息分析、报告制度，风险责任单位负责各自职责范围内的风险监控，对预警信息进行分析，按照集团《重大信息内部报告制度》要求，编制重大信息内部报告并按程序提交处理。

六、风险管理文化建设

公司大力培育和塑造良好的风险管理文化，树立正确的风险管理理念，保障风险管理目标的实现。报告期内，集团开展了多种形式的风险管理文化宣贯、培训活动，邀请专家进行了全员风险管理培训，在集团 EAS 系统上建设了全面风险管理专栏作为集团内部风险管理知识宣贯及学习的渠道，并定期组织工作小组成员进行风险识别、评估、监控等专题培训，提高了员工对风险的认识水平和实施风险管理的工作能力，培养了员工风险管理的自觉意识和行为习惯，使风险管理体系不仅有其形，且具其神。

七、风险管理组织体系

公司建立了领导、执行和监督分工负责的全面风险管理组织架构。董事会是全面风险管理工作的领导机构，负责对公司层面重大风险事项进行决策；董事会下设战略和风险管理委员会和审计委员会，战略和风险管理委员会负责审议公司层面重大风险事项，审计委员会负责全面风险管理的监督；集团总经理负责推进落实风险管理各项具体工作；管理技术部作为全面风险管理日常办事机构，负责编制全面风险管理体系相关制度、流程，组织开展全面风险管理日常实施工作，提出全面风险管理年度工作报告；集团各部室、各所属企业是全面风险管理实施的具体责任部门，负责对日常工作中本部室（单位）的业务风险进行识别、分析、监控和防范。审计监察部负责对全面风险管理工作进行监督评价。

八、风险管理对战略规划和整体目标实现的支持情况

全面风险管理与企业战略的有机结合，是战略管理的内在要求，也是全面风险管理的发展方向。2009 年，公司提出了"百亿企业"发展战略，实现跨越性、大规模发展不仅要求企业具有强大的竞争和发展能力，同时也对企业的风险防范能力提出了更高的要求。

为此，公司在开展全面风险管理工作时始终坚持"战略导向"原则，即在实施战略转型的过程中，通过全面风险管理工作，优化公司治理结构、确保重大信息的内部沟通顺畅，强化信息披露规范；完善以制度流程为核心的内控机制，梳理缺失项，补充完善风险因素的控制防范措施，全面提升企业的基础管理水平；建立日常风险信息收集机制、重大风险监控预警机制和应急预案，在企业的日常经营管理过程中能做到对风险的实时、动态管理，及时发现，妥善、迅速处理，大大降低了风险事故发生的可能性和影响程度，提高了企业的运行效率和经济效益；大力培育风险管理文化，使风险管理意识逐步深入人心，使风险管理融入每位员工的日常工作中，从根本上提升企业的风险管理水平。

通过建立并健全企业的风险管理体系，将战略转型过程中风险控制在公司可承受的范围之内，为战略执行保驾护航，促进了公司战略目标的实现。

九、公司内部和外部环境变化情况与发展趋势

（一）外部环境变化与发展趋势

2009 年，作为国民经济的先导性行业，房地产业在政府税费减免、放松二套房贷等一系列优惠措施刺激下率先走出低谷，房地产开发投资增速逐月上升，一线城市成交量呈"井喷"式上涨，成交均价也在短期内实现了大幅提升。在市场信心回升和销售回暖的带动下，土地市场成交渐趋活跃，房地产业进入新一轮的高速发展时期。

然而，正如两年前繁荣之后随之而来的 2008 年行业调控，2009 年岁末，中央政府出台了一系列调控房价政策，明确提出"遏制部分城市房价过快上涨的势头"，随后各地方政府相继出台房价调控措施，可以预见，受营业税优惠的取消、税收和房贷政策进一步收紧的市场预期影响，短期内高度繁荣的市场盛况难以持续，市场前景存在较大的不确定性，而市场对短期预期的不确定性也加大了房地产市场供给量、成交量、价格走势等因素的短期波动性。

（二）内部环境变化与发展趋势

2009 年，公司围绕"百亿企业"发展战略，在管理架构、营销策划、人力资源、产品管理等方面均进行了卓有成效的实践，为发展战略的全面推进奠定了良好的基础。

在经营上，公司坚定贯彻以营销为龙头的策略，全面提升公司项目的策划设计、施工管理以及成本管理水平，产品开发销售取得优异成绩。在管理上，公司开展集团管控模式改革，建立符合集团化经营和自身特点的管理模式；深入推进管理标准化和全面风险管理体系建设，有效提升了企业基础管理水平和抵御风险能力。

2010 年，面对宏观经济和行业发展的种种不确定性和新的挑战，公司将继续苦练内功，固本强基，着重提升公司的战略管控能力和专业能力。一是以深圳公司为切入点开展“总部—地区公司—项目部”三级管理架构试点，建立地区公司的管理标准化体系，打造并完善与现阶段发展战略相适应的管理机制；二是启动住宅产品标准化建设，加强设计、规划、施工建设以及合规性等方面的产品管理，严抓产品品质；三是继续坚持从规划设计、预算管理、施工现场管理、营销等环节加强成本的全过程控制；四是公司将继续加强对宏观经济的研究和微观市场的调研，加强对客户的研究，提升投资决策与营销策划水平；六是公司将加强融资方式的研究与尝试，积极拓展应用，强化资金回笼管理，为公司高速发展提供资金保障。

十、下一年度风险管理工作思路

下一年度公司将继续完善优化全面风险管理体系，采取培训、研讨交流等措施加强风险管理文化建设；强化重大风险监控和预警，构建日常风险信息搜集、报告和处理机制，逐步形成风险动态管理体系；加强对最新风险管理思想、技术发展和房地产行业动态的研究，进行集团内部的深入调研，探讨公司风险管理发展方向和实施思路，形成长效机制，持续提升集团的风险管理能力和科学决策水平，为公司发展战略目标的实现提供坚强保障。

（资料来源：摘自东方财富网上市公司公告）

第三节　企业风险审计

一、风险审计的涵义

1. 风险审计的定义

国际内部审计师（IIA）协会在 2001 年修订的《内部审计实务标准》中，第一次将风险管理纳入了内部审计的视野，提出了“通过应用系统的、规范化的方法，评价并改善风险管理、控制和治理过程的效果，帮助组织实现其目标”的新理念。自此，风险审计成为企业内部审计的一部分。

2005 年中国内部审计协会发布了内部审计具体准则第 16 号《风险管理审计》，其中明确了风险管理的主要阶段，要求内部审计机构和人员应该充分了解组织的风险管理过程，审查和评价其适当性和有效性，并提出改进建议。同时明确了风险管理包括组织整体及职能部门两个层面。内部审计人员既可对组织整体也可对部门的风险管理进行审查与评价。

综上，风险审计是由企业内部审计部门实施的一系列系统、规范的措施，通过测试企业风险管理信息系统、各业务循环及相关部门的风险识别、分析、评价、管理等活动，评价机构的风险管理、控制及监督过程，目的是提高工作效率，帮助机构实现既定目标。

2. 风险审计的目标

(1) 总体目标

总体目标是指审计主体通过审计活动所期望达到的最终结果。

风险审计的总体目标是审计人员按照风险管理的要求，以风险管理目标为准绳，审核被审计部门在风险识别、评价、管理等方面的合理性和有效性，并能在损失发生之前做出有效地部署，使损失发生后所需要的资源与保持有效经营必要的资源，保持必要的平衡，帮助组织实现既定目标。

(2) 具体目标

① 风险范围确定的合理性：包括战略范围、业务范围、风险范围；

② 风险评价标准与指标体系的科学性：评价基础、评价方法、评价内容、指标计算；

③ 风险识别、评价的科学性：包括风险识别的范围是否全面；风险级别划分是否合理，可控风险与不可控风险划分是否科学；

④ 风险管理措施、方法与程序的合理性；

⑤ 风险实际处理的合理性。

3. 风险审计与内控审计的比较

(1) 风险审计与内控审计的联系：内部控制的设计和执行应该针对风险管理的要求，风险管理在很大程度上要依赖内部控制的设计和执行。二者在某些方面是相互渗透的，目的都是为增加企业价值。

(2) 风险审计与内控审计的区别。

表 14-1　风险审计与内控审计的区别

	内控审计	风险审计
侧重点	测试企业经营的横向、纵向的制约与协调	审核风险管理政策与企业经营战略方针的矛盾统一
目标	内部控制制度设计的健全性、适当性；执行的有效性	风险管理政策设计的适当性；执行的有效性；风险损失处理的合理性
方法	测试、分析、专业判断	预警分析、专业判断、综合评价

4. 风险审计与风险管理的比较

（1）风险审计与风险管理的联系：二者的对象相同，面对的都是在企业生产经营管理活动中和发展战略目标的实现中产生的不确定因素；目的都是为了企业的健康发展。

（2）风险审计与风险管理的区别。

表 14－2　风险审计与风险管理的区别

	风险管理	风险审计
责任不同	需要对风险管理的措施和方法进行设计并负责执行	负责对风险管理的设计与执行情况进行测试、评价，并为管理层提供有关风险管理信息适度保证的责任
方法不同	风险识别、风险分析、风险评价、风险预警等	审阅、函证、分析性复核等
监督层次不同	风险审计比风险管理的监督层次更高	

二、风险审计的流程

1. 编制审计计划，制定审计方案

合理的审计计划可以促使内审机构和人员有效率、有效果地完成审计任务。风险审计计划包括三个层次：年度审计计划、项目审计计划和审计方案。

年度审计计划是配合长期和年度风险战略、对年度的风险审计任务所做的事先安排和规划，是组织年度工作计划的重要组成部分。

项目审计计划是对具体风险业务、项目或因素实施审计的全过程所作的综合安排。

审计方案是记录审计计划和各项审计工作时间安排的文件。

2. 确定审计范围

3. 确定审计目标与审计方法

4. 审计报告

风险审计发现以及被审计部门的反馈通过正规文件形式呈报给适当的人员，这个报告就是审计报告。

5. 后续审计

后续审计应该将注意力集中于最严重的或潜在的问题上，对一般事项的后续审计可仅限于询问和简短的讨论。后续审计应该跟踪到：对于重大的审计发现，相关部门和环节是否予以纠正；若不予纠正，责任和原因到底在哪里。

三、杜邦风险审计模型

杜邦沸腾壶风险审计模型是美国杜邦公司创建的风险审计模型。这种模型以风险管理为基础，审计对象是公司所面临的风险。公司在审计前将风险因素分为八大类，每一类具有不同的风险级别，即高风险、敏感风险、适中风险、低风险。审计主体对不同级别的风险因素进行不同程度的审计，风险级别越高，则配置的审计资源越多。这种方法用图形描述时呈壶状，所以人们称之为沸腾壶法。

表 14－3 杜邦风险审计模型的风险因素与级别

顺序	风险因素	风险级别
1	以前审计发现	1～3 级
2	敏感性	1～3 级
3	控制环境	1～3 级
4	管理层的帮助	1～3 级
5	变化	1～3 级
6	复杂性	1～3 级
7	资产结构大小	1～5 级
8	最后审计日期	

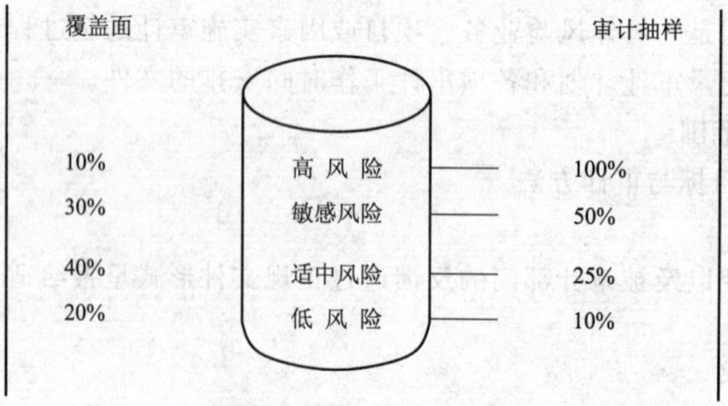

图 14－1 杜邦“沸腾壶”—— 风险审计抽样

在风险因素中，风险结构一般是高风险占 10%，敏感风险占 30%，适中风险占 40%，低风险占 20%。在审计计划资源配置时，对于处于高风险层次的风险因素一般要详细全审；对于处于敏感风险性质的风险因素一般抽样 50%；适中风险性质的风险因素一般抽样 25%；对于低风险抽样 10% 进行审计。

该模型较好地解决了如何确定审计范围和配置审计资源的难题。

本章小结

本章主要介绍了风险预警、风险报告与风险审计。风险预警就是风险预测和报警，它是风险管理的高级阶段。风险报告就是将企业正在面临的风险、风险的成因、可能导致的后果以及企业已经采取的风险管理措施以书面的形式对外报出。利益相关者可以借此报告更好地了解企业面临的风险及抗风险能力和风险管理能力。风险审计是比风险管理更高层次的风险监督，是内部审计的一部分。

重点名词

风险预警
风险报告
风险审计

本章重点与难点

1. 风险预警的评价
2. 风险报告的内容
3. 风险审计的涵义及流程

思考题

1. 什么是风险预警？
2. 风险预警的评价方法有哪些？
3. 什么是风险审计？风险审计的目标是什么？

案例讨论

中港集团的财务预警系统

中港集团设立的财务预警机制是一个完整的体系，包括财务风险控制指标体系、财务风险预警、财务风险评估与识别、财务风险报告与分析等诸多方面。在中港集团，其财务风险控制指标体系以企业偿债能力指标为基础，分为主要指标和辅助指标，共10项。其中主要指标包括：现金流动负债比率、资产负债率、已获利息倍数、经营活动现金流入比重、流动比率、速动比率等。辅助指标包括：净资产收益率、应收账款周转率、主营业务收入增长率、对外担保占净资产的比重等。同时，内部各单位可以结合实际情况，根据需要增加财务风险控制指标，建立健全本单位的财务风险控制指标体系。通常情况下，财务风险预警分为三个区间（级别）：安全区（绿灯区）、预警区（黄灯区）和危机区（红灯区）。指标在安全区，表示发生财务危机的可能性较小；指标在预警区，表示存在发生财务危机的可能性；指标在危机区，表示发生财务危机的可能性较大。

对于财务风险预警，可操作性、实用性最为重要。中港集团没有采用理论界流行的单变量预警法建立模型法，而是根据公司实际选用了财务报表模型为主的评分预警法，中港集团规定各单位应按季度计算本企业各项财务风险控制指标，并分析本期与上期的变动差异，对变动异常（幅度超过10%）的指标要进行专项分析，并对风险进行识别，对于增加的财务风险要查明原因并做出说明。与此同时，中港集团内部各单位对自身财务风险实行动态控制，并建立起了重大事项报告制度。主要指标处于“黄灯区”以上（含）的单位，视为存在发生财务危机的可能性，应进行财务诊断，做出专题分析，限期消除风险因素。对于同时有三项以上（含）主要指标处于“红灯区”的单位，视为发生财务危机的可能性较大，总公司将进行专题调研，提出解决问题的措施和办法。

（该案例摘自广东企业财务管理学会网，http：//www.edutt.com）

讨论问题：

1. 企业风险预警系统有何作用？
2. 企业应该如何设置财务预警系统？

第十五章

公司治理、内部控制与风险管理的互动及协调

在本章中，你将学到

◇ 内部控制与风险管理的比较
◇ 内部控制与风险管理的关系辩论
◇ 国内外对公司治理的研究
◇ 公司内部治理与内部控制的关系定位
◇ 公司内部治理质量对企业内部控制报告的影响
◇ 实现公司内部治理与内部控制良性互动的方法

引例

内部控制——英国移动的公司治理案例①

英国移动电信的公司治理，其特点是内部控制。内部控制的目标是确认、评估和管理公司面临的重大风险。而投资人也恰恰关注这一目标。因此，对内部控制做诚实的披露，便成为检验公司治理效率的焦点。

英国移动电信公司（Vodafone Group Plc）成立于1984年，当时是Racal Electronics的子公司，1991年从Racal Electronics公司完全独立出来，改用现名。到2002年3月底用户已超过1.01亿，是当时全球最大的移动电信公司。在28个国家有电信运营分公司，并在其中25个国家用户数是第一或第二。英国移动成立的时间不长，成长的速度

① 资料来源：内部控制——英国移动的公司治理案例，泰尔网（http://www.catr.cn/ 2007-01-15）

却非常快，子公司又分布在全球几十个国家，因此，必须把内部控制作为公司治理的一个重点向投资人进行披露，以接受投资人的评估，并取得投资人的信任。本案例的重点是英国移动的内部控制。

2001 年，英国移动居世界500 强第 123 位。2002 年，总资产 3 208 亿美元，股东权益 2 008 亿美元，销售收入 251 亿美元，亏损 238 亿美元（其中例外运行成本 54 亿美元，商誉摊销 135 亿美元），雇员为 6.7 万人。资产负债率 37.4%，人均销售额为 37.5 万美元。销售收入中，欧洲占 72%，其他各洲 28%。英国移动一直认为自己不是技术发展商，直到 2001 年才开始建立研发机构，到 2002 年已在英国、爱尔兰、德国、美国、西班牙、意大利、日本建立了 7 个研发中心。2000—2002 年研发费用分别是 0.6 亿美元、1 亿美元、1.5 亿美元。

在英国移动的公司治理中，董事会把内部控制明确作为一个重点，向投资人做详细披露，是因为在英国移动急剧扩张并出现巨额亏损的情况下，投资人会特别重视他的内部控制。从英国移动披露的情况看，英国移动的内部控制是一个复杂的系统，包括内部控制的责任、结构、环境和监督检查，其实从董事会、董事会内设委员会、公司三个管理委员会、公司总部的职能部门、各类子公司的管理层到全体员工，都是这个复杂系统的一个重要环节。只有每个环节都注重风险控制，才能有效地控制和减少整个公司的风险。在英国移动这个复杂的内部控制系统中，审计委员会、独立审计人特别是内部审计部门越来越成为内部控制的一个关键环节。内部审计部门以往主要是从事公司内部经营结果的审核，现在主要是从事公司经营管理过程中风险的控制，因此，与公司财务部门不同，不是公司管理的一个职能部门，而是公司治理的一个重要组成部分。在我国，现在很多公司还没有意识到把内部审计作为公司治理的一个重要部分来进行改进和完善，许多公司内部审计部门至今仍主要从事经营结果包括公司年度财务报告的审核或审计工作，这样，既没有用好独立审计人，又使风险管理和风险控制出现真空。

第一节　内部控制与风险管理的关系

一、内部控制与风险管理的比较

内部控制与风险管理有着密切的联系，二者有相同点也有区别：

（一）相同点

从 COSO 的两份报告来看，企业风险管理与内部控制有以下相似之处：

1. 实施的主体相同，它们都是由“企业董事会、管理层以及其他人员共同实施的”，强调了全员参与的观点，指出各方在内部控制或风险管理中都有相应的角色与职责。

2. 强调过程管理，它们都明确是一个“过程”，不能当作某种静态的东西，如制度文件、技术模型等，也不是单独或额外的活动，如检查评估等，最好是内置于企业日常管理过程中，作为一种常规运行的机制来建设。

3. 目标基本一致，它们都是为企业目标的实现提供合理的保证。设计合理、运行有效的内部控制与风险管理能够向企业的管理者和董事会在企业各目标的实现上提供合理的保证。

（二）不同点

1. 具体目标的差别。风险管理的目标有四类，其中三类与内部控制相重合，即报告类目标、经营类目标和遵循类目标。但报告类目标有所扩展，它不仅包括财务报告的准确性，还要求所有对内对外发布的非财务类报告准确可靠。另外，风险管理增加了战略目标，即与企业的远景或使命相关的高层次目标。这意味着风险管理不仅仅是确保经营的效率与效果，而且介入了企业战略（包括经营目标）制定过程。

2. 组成要素的差别。风险管理与内部控制的组成要素有五个方面是重合的，即（控制或内部）环境、风险评估、控制活动、信息与沟通、监督。这些重合是由它们目标的多数重合及实现机制相似决定的。风险管理增加了目标设定、事件识别和风险对策三个要素。重合的要素中，内涵也有所扩展，例如，内部控制环境包括诚实正直品格及道德价值观、员工素质与能力、董事会与审计委员会、管理哲学与经营风格、组织结构、权力与责任的分配、人力资源政策和实践等七个方面。风险管理的“内部环境”除包括上述七个方面外，还包括风险管理哲学、风险偏好（Risk Appetite）和风险文化三个新内容。

3. 技术方法上的差别。风险管理更注重对风险的定量分析与管理。比如，在风险评估要素方面，针对风险大小的定量度量提出了多种技术方法，包括 VaR（Value at Risk）、风险现金流量、风险收益、损失分布、事后检验等概率技术和敏感性分析、情景分析、压力测试、设定基准等非概率技术。

4. 管理者任务的变化。企业风险管理框架提出设立新的风险管理部门并规定了风险管理员的地位和职责，新增加了风险经理的角色。风险管理人员除了需要和其他管理人员一样，在自己的职责范围内建立起风险管理外，还要帮助其他管理人报告企业风险信息。内部控制与风险管理的关系。

二、关于内部控制与风险管理关系的辩论

内部控制与风险管理有着密切的联系，但是对于内部控制与风险管理二者之间的具体关系如何，目前还没有统一的认识，主要观点如下：

第一种观点，从属观，即谁包含谁的问题。一种观点认为风险管理包含内部控制。正如 COSO 委员会所指出，企业风险管理框架并未取代内部控制，而是将内部控制框架整体纳入其中。英国 Turnbull 委员会（2005）认为，公司的内部控制系统在风险管理中扮演关键角色，内部控制应当被管理者看做是范围更广的风险管理的必要组成部分。另一种观点认为，内部控制包含风险管理。加拿大 COCO 报告认为，控制是一个组织中支持该组织实现其目标诸要素的集合体，实质上就是内部控制。CICA（1998）阐明了风险管理与控制的关系：当您在抓住机会和管理风险时，您也正在实施控制。

第二种观点，统一观，即内部控制就是风险管理。具体分为两种，第一种是完全的同一，Blackburn（1999）认为风险管理与内部控制仅是人为的分离，而在现实的商业行为中，它们是一体化的。第二种认为是不同阶段的表现形式不同。潘晓梅、陈萍（2010）认为风险管理是内部控制发展的成熟阶段，是内部控制最主要的内容，二者不是相互独立的，而是相互交叉、直至统一。

后一种观点越来越得到大家的认可。

内部控制或风险管理的根本作用都是维护投资者利益、保全企业资产，并创造新的价值。从理论上说，企业的内部控制是企业制度的组成部分，是在企业经营权与所有权分离的条件下对投资者利益的保护机制。其目的就是保证会计信息的准确可靠，防止经营层操纵报表与欺诈，保护公司的财产安全，遵守法律以维护公司的名誉以及避免招致经济损失等。内部控制的历史起源更早，其要求更为基本。企业风险管理则是在新的技术与市场条件下对内部控制的自然扩展。企业经营过程中不仅有来自经营者会计舞弊等内部因素，还包括来自市场的风险等。尤其是组织或交易的创新活动，这些创新来源于新兴的市场实践，如安然公司将能源交易大量发展成类似金融衍生品的交易。另一方面，环境保护及消费者权益保护的加强，都强化了企业的社会责任，一有不慎，企业就可能遭受来自商品市场或资本市场的惩罚，表现为企业的品牌价值或资本市场上的市值贬损。因此，企业需要一种日常运行的功能与结构来防范风险，包括遵守法律与法规，确保投资者对财务信息的信任以及保证经营效率等。因此，从维护与促进价值创造这一根本功能来看，风险管理与企业内部控制的目标是一致的，只是在新的技术与市场条件下，为了更有效地保护投资者利益，需要在内部控制的基础上发展更主动、更全面的风险管理。环境的不确定等因素推动了内部控制走向风险管理。

第二节　公司治理机制研究

一、国内外对公司治理的研究

公司治理源于两权分离下的委托代理问题。从思想渊源上看，最早可以追溯到200多年前亚当·斯密（Adam·Smith）在《国富论》中触及的代理问题。但是，真正引起经济及管理学家们对这一问题关注的通常被认为是1937年伯利（Berle）和米恩斯（Means）合著的《现代公司与私有财产》一书。自此，公司治理问题开始受到理论界的广泛重视，并逐渐成为人们关注的焦点，许多经济及管理学家开始研究现代公司中股东如何有效地控制和监督经理人员行为等公司治理问题。1975年，威廉姆森（Williamson）提出了“治理结构”的概念。到了20世纪80年代初期，受美、英等国的敌意接管和公司重组浪潮，以及转轨经济国家公司治理中存在的严重内部控制问题等影响和推动，越来越多的经济及管理学家开始重视公司治理问题，文献中开始出现“公司治理”概念，并在西方经济、管理和法律学界逐渐形成了公司治理理论。

1976年Jensen和Meckling在其论文中明确指出，股东与经理人之间的利益冲突为代理问题，而这正是公司治理研究的主题。他们的论文被认为是现代公司治理研究的发端。基于两权分离理论，学者们从不同角度对公司治理的内涵进行了界定。Cochran和Wartiek从问题治理学的角度提出“公司治理问题包括高级管理阶层、股东、董事会和公司其他利害相关者在相互作用中产生的具体问题。”梅耶从组织结构学说的角度把公司治理定义为“公司赖以代表和服务于它的投资者利益的一种组织安排。它包括从公司董事会到执行人员激励计划的一切东西”。钱颖一则从制度安排学说的角度指出，在经济学家看来，公司治理结构是一套制度安排，用于支配若干企业中有重大利害关系的团体——投资者、经理人员、职工之间的关系，并从中实现经济利益。LLSV的观点是，公司治理的中心课题是要保证资本供给者（可能包括股东和债权人）的利益。以上学者对公司治理内涵理解的共同点在于强调公司股东、经营者和其他利益相关者之间的责任和权利安排，以使经营者的行为不违背股东利益或利益相关者的利益。

国外对公司治理问题的探讨很快引起了国内一些学者的重视，20世纪90年代初开始了公司治理的研究，力图从英美模式、德日模式中寻求借鉴与启发，以探索适合中国企业的公司治理模式，李维安教授就是其中最为突出的代表之一。经过学者的努力倡导和积极推动，公司治理研究在短短数年之后就出现了热潮。在这个过程中，学术界对公司治理实质问题的看法也逐渐达成一些共识：一是强调企业所有权和企业所有者在公司治理中的主导作用；二是强调公司治理结构的相互制衡，划清股东、董事会、经理人员和监督机构之间的权力、责任和利益；三是强调资本市场在公司治理中的作用；四是强调利益相关者的作用。随着我国加入 WTO 三年过渡期的结束，中国企业步入了公司治理改革的新阶段——合规阶段，如何借鉴市场经济发达国家的经验与教训，建立和完善适合国情、与国际接轨的中国公司治理的制度体系与运作机制，实现企业微观层次的"入世"，成为政府、企业界及理论界三方所面临的共同课题。

公司治理机制可以划分为外部治理机制和内部治理机制两大类。外部治理机制包括债权人治理、公司控制权市场、法律体系及对中小股东的保护机制、产品市场竞争等。内部治理机制是在组织的资源计划内用来实现公司治理总目标的内部机制的组合，主要包括激励合约、董事会、股权结构等。

二、激励合约：实现内、外部互动效应

"所谓的激励合约是通过在投资者（或投资者代表，如董事会等）与经理人之间订立隐性或显性合约，来实现的把对经理人专用性投资的报酬（年薪、股权或期权等）建立在企业业绩等可证实的指标上，从而使经理人在一定程度上按照投资者的利益行事的一种激励手段。它可以采取股权（Share）、股票期权（Stock Options）或当收入低于一定的标准时规定的辞退威胁等多种形式（Jensen and Mecking，1976；Fama，1980）。"目前，对管理层激励的研究主要集中在用实证方法探求激励机制与公司业绩的关系上。主要研究视角如图 15－1 所示。

- 激励约束合约
  - 内部
    - 激励
      - 薪酬
      - 持股比例
    - 约束——解聘
  - 外部：经理人市场

图 15－1 管理层激励约束合约图

（一）管理层薪酬与公司业绩：非简单线性关系

由董事会制定的管理层薪酬政策对平衡所有者和管理者的利益起着至关重要的作用。多数学者认为管理者薪酬与公司业绩是显著的正相关的。Jensen 和 Mecking 指出，管理者持有一定份额的股份或者外部股东对管理者施加一定程度的监督，都可以减少代理成本、提高公司的绩效。Morck，Shleifer 和 Vishny 认为，管理者为自身谋求利益的趋向会降低公司的绩效，而持股比例的增加则对公司有着积极的影响。Hall 和 Liebman 以美国 100 家公众持股的最大商业公司的数据为样本，对其高层管理人员的报酬与公司绩效之间的关系进行了实证研究，发现高层管理人员的报酬和公司业绩强相关。Jensen 和 Murphy（1990）研究了现金报酬、内部持股方案和解雇威胁所产生的激励作用，考察

了这几种报酬形式对业绩的敏感性，发现股东财富每变化1 000元，CEO的财富就变化3.25美元。Murphy（1986）、Gibbons和Murphy（1990）等还考察了公司规模、业绩因素以及经理人的年龄、任职期间、是否是创始人和是否外聘等个人特征因素对经理报酬的影响。此外，Mehran（1995）利用1979—1980年随机抽取的153家制造业公司的数据，研究发现对CEO激励报酬是CEO提高公司绩效的动力。他的研究还显示，公司绩效与CEO持股比例正相关，与CEO报酬中以股权为基础的报酬的比例正相关，表明报酬结构的重要性。

可是，部分学者的研究发现，管理者持股比例与公司业绩是非简单线性关系。国外学者Stulz的研究证明，公司绩效最初随着管理者持股比例的增加而提高，当达到一定程度后便随着管理者持股比例的增加而下降。McConnell和Servaes对Tobin Q与高层管理人员持股比例、持股比例平方进行回归分析，得出高层管理人员持股与企业价值之间呈曲线关系的结论。Yermaek（1995）利用1984—1991年美国792家公众公司的数据对CEO的股票期权激励效应进行研究时发现，9个以委托代理理论为基础的假说中，有6个被实证分析所否定，因而对股票期权作为一种激励手段的有效性产生了怀疑。在随后对CEO股票期权的研究中，Yermack（1997）发现公司利好消息的公布与CEO股票期权报酬的给予是紧密相关的，显示公司经理层可能存在操纵消息以利于提高其期权报酬价值的行为。

国内的学者也对这一问题进行了大量的研究，得到的结果却不尽相同。魏刚（2000）、李增泉（2000）、杨瑞龙和刘江（2002）等发现，经理报酬与公司业绩、高级管理人员持股比例均不存在显著正相关，而仅与企业规模显著正相关。另外，于东智和谷立日（2001）发现公司经营者持股比例与公司经营绩效总体上呈正相关关系，但经理层的报酬与企业绩效的相关性并不显著，而是更多地受到资产规模、行业特点等的影响。而吴淑琨（2002）在对1997—2000年的上市公司样本进行研究后认为，经营者持股比例与公司业绩呈显著的倒U形的相关关系。

以上学者进行实证研究的理论基础多是代理理论，随着利益相关者理论的发展和应用，研究视角可以更加宽阔。

（二）解聘：强有力的外部激励手段

解聘是另一种具有更强激励效应的方式，Jensen和Murphy（1990）的研究显示，绩效较差公司的经理遭解聘的概率要大于绩效相对较好公司的经理遭解聘的概率。Kang和Shivdasani（1995）利用日本公司数据的实证分析也得出相同的结论。而他们的研究还显示，因业绩较差等原因导致经理的非正常变更后，公司的业绩趋于改善。因此，解聘作为一种激励方式实践中为很多公司所采用。

（三）经理人市场：市场竞争中的博弈

竞争性的经理市场可以使经理人能够根据自身条件在企业之间或企业内部不同岗位上自由流动，并由市场决定其薪金，这样，经理的提升或降职就由其经营业绩和经营能力决定，从而提高高管激励机制的有效性。在市场竞争中被证明对股东负责、有能力的经理人员就会被高薪聘用；相反，会被替换，甚至被逐出经理人市场，永远不再被聘用。所以，在位的经理人会十分珍惜自己的地位和声誉，尽心尽力地经营和管理，努力提高企业的盈利水平和市场价值，从而在经理人市场上建立良好的声誉，提高自身的人力资本价值。所以，这种竞争能让经营者在一定程度上把自身利益与股东利益联系起来，避免短期行为。

目前，对激励合约的研究主要集中在验证高管薪酬、股票期权等激励措施与企业业绩之间的关系，但在中国这一新兴市场的环境下，我们还应关注以下两方面问题：

（1）国有企业与非国有企业要分开来考虑，而不能在研究中仅仅作为一个控制变量处理。若把高管薪酬、股票期权作为企业的显性成本，则在国有企业中高管的隐性机会成本对其更具吸引力。因为与显性成本相比，国企高管更关心其政治前途。对企业来说，经理人的隐性成本可能会比显性成本带给企业更大的业绩影响。

（2）按照行为经济学的观点，从有限理性出发，市场存在的前提是异质性，由此带来企业价值的特异性。因此，我们要关注经理人个体的异质性（尤其是工作经历、管理及学习经验等），这是直接影响其经营决策进而影响市场业绩的重要因素。例如：关注经理人是否有海外学习或管理过跨国公司的背景及有无政治关联。在以我国为背景的研究中，相关学者结合制度经济学理论来阐述政治关联与企业业绩的关系。Fan、Rui和Zhao（2006）基于中国23个省部级高官腐败案件，考察了上市公司管理层与腐败官员的密切联系对公司融资结构的影响。研究发现，在腐败官员被逮捕后，相对于和腐败官员无联系的公司来说，和腐败官员有联系的公司负债融资程度明显下降。Fan、Wong和Zhang（2007a）以中国上市公司为对象，建立如下模型来验证公司总经理的政府任职背景对治理结构和企业价值的影响：

$$Car = \beta0 + \beta1 \times poli + \beta2 \times large + \beta3 \times M - B + \beta4 \times lev + \beta5 \times Lnassets + \beta6 \times regu - ind + \varepsilon$$

Car：异常回报率；poli代表公司CEO是否具有政治关联；large代表大股东持股比例；M－B代表权益的市值与账面价值比；lev是财务杠杆；Lnassets是资产的对数；regu－ind是政府规制的行业；ε为残差。

研究发现，总经理的政府任职背景对董事会职业化程度及企业价值具有显著负面影响。

然而，这一领域的研究尚待深入，尤其是基于我国这样一个处于转型经济的新兴市场，制度环境因素如何影响其治理结构的研究值得我们继续关注。同时，惩罚机制的实证研究还有所欠缺。

三、董事会特征：组织与个体的多维视角

董事会是公司治理的中心组成，它直接向股东负责，代理广大股东对高管层进行战略指导与监督。在公司治理机制中，董事会治理机制是非常重要的内部治理机制。其主要内容如图 15－2 所示。

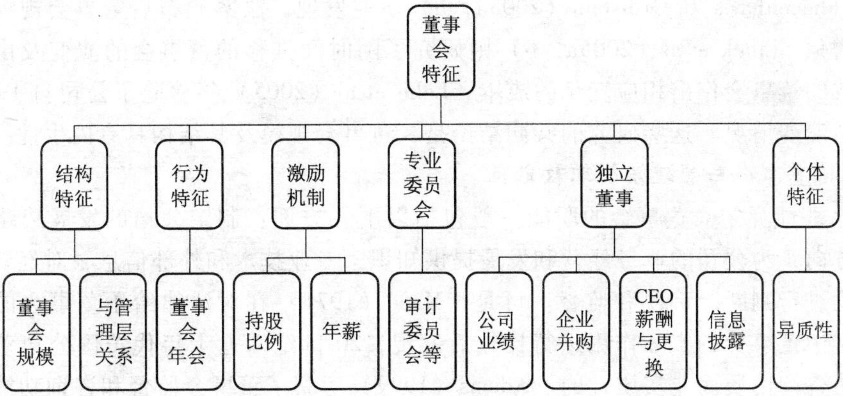

图 15－2　董事会的组织结构图

(一) 董事会规模及其结构的内生性

代理理论、组织行为学团队理论及资源依赖理论认为，董事会规模是影响董事会效率的关键因素。Lipton 和 Lorsch（1992）、Jensen（1993）、Yemark（1996）等认为，董事会规模太大，会增加代理问题及官僚主义问题，且不利于对财务报告监督。其研究结果如下，Lipton 和 Lorsch（1992）从理论角度提出应限制董事会规模，认为在通常情况下，董事会的规模最好为 8～9 人，最大不应超过 10 人。Jensen（1993）年认为，董事会的最优规模应该是 7～8 人，因为董事之间的“相互仇视和报复”可能削弱董事会对 CEO 的监督和评价作用。Yermack（1996）则以 1984—1991 年度 452 家美国公司为研究样本，研究了董事会规模与 CEO 更换及经营业绩之间的关系。发现在小规模董事会的公司中 CEO 更换与业绩关系更为密切，而随着董事会规模增加，CEO 变更的潜在威胁相应有所降低。Beasley（1996）研究发现董事会规模越大，公司越可能发生财务报告舞弊。上述文献基本上都倾向于认为董事会规模与公司绩效具有某种负相关性，而且不是规模越大越好。

另一方面，Helmieh（1980）在对54家化工企业1947—1977年间CEO更换的数据进行分析后发现，在经营状况不佳时，公司董事会规模越大，CEO被辞退的比率越高。Chtourou等（2000）发现董事会规模与盈余管理负相关。Dalton等（1999）认为，董事会规模愈大意味着董事所具备的专业背景可能愈广泛，从而愈能把握外部环境的变迁，提高经营的适应性及监督的有效性。此外，独立董事的吸引会在一定程度上克服“一股独大”等问题。于东智（2004）、孙永祥（2001）通过对中国上市公司的实证研究发现，董事会规模与公司绩效之间并不存在显著相关性。

较近期的研究更关注董事会结构随时间的演变及萨班斯法案颁布后对董事会结构的影响。Chhaochharia和Grinstein（2005a，b）研究发现，法案颁布后董事会规模与独立性有所增强。Linck et al（2005a，b）则研究了随时间推移的董事会的演变及由法案实施所导致的董事会作出相应变化的成本。Lehn et al（2005）年检验了公司自1930年以后的公司演变情况。这些研究的共同结论是，董事会规模及其结构具有内生性。

（二）董事会与管理层的职权定位

（1）职能界定。董事会的职能一般包括以下几方面：制定公司的发展战略与政策和发展方向，为公司的业务经营和发展提供知识、专业技术和外部信息，对经营班子的经营活动进行判断、审视和监督。可是，Mace（1971）在对法律给予董事会的职能界定与现实中董事会的实际作用进行比较后发现，20世纪六七十年代美国公司董事会的作用只是咨询性质而非实质性的。Adams（1999）考察了董事会监督和咨询功能的相互冲突。Adams认为，从减少冲突的角度出发，德国式的双层董事会治理结构要优于美国式的混合的董事会治理结构。

（2）董事长与CEO两职分离或合一问题。两职合一有利于提高信息沟通的效率和组织决策的速度，增强董事会的独立性，然而，依据代理理论，分离很可能导致董事会对CEO监督的独立性和有效性降低。Fama和Jensen（1983）从董事长与CEO两职是否分任的角度对董事会领导结构与公司绩效的关系展开研究，认为两职分任有利于降低代理成本，因此，有利于改善公司绩效。Rechner和Dalton（1991）发现，两职分离有利于提高企业会计指标（如资产收益和利润率）；Pi和Timme（1993）对银行企业的研究发现两职分离有利于降低成本而提高收益。Jensen（1993）的实证研究发现，如果董事长和CEO两职合一时，董事会的监督职能就会受到大大的弱化，容易形成内部控制。Goyal和Park（2002）在研究CEO和董事长两职合一是否会影响董事会辞退不称职的CEO时发现，兼任现象确实可能会导致董事会独立性的丧失，从而无法辞退业绩表现较差的经理人。与此对立，Baligaetal（1996）发现企业领导权结构对企业业绩没有明显影响。在考虑董事长身兼总经理对财务报表质量的影响方面，许多学者指出，若经营者具有双重身份，召开会议权和主导议程权会提升管理当局的掌控权，从而使董事会监督功能削弱（Jensen，1993；Deehow 等，1996）。Bricklcyetal（1997）的研究表明，不论是在会计指标还是在市场收益上，两职合一并不一定与较低的业绩相关。

国内学者也在董事会治理效率方面进行了一定的研究，但由于我国大部分的上市公司是由政府、国资委或国企控股，董事长或总经理往往是由政府任命，在其任职前后都具有一定的行政职务，且其任职情况可能会成为其升迁的依据之一。因此，对于这类公司来说，董事会的领导结构与公司治理效果不一定相关。吴淑琨等人（1998）对 188 家中国上市公司进行分析，发现只有公司规模与两职状态之间反映出正相关性，即公司规模越大，越倾向于采取两职合一。蒲自立和刘芍佳（2004）从董事会领导结构的视角研究董事会与公司绩效的关系，发现两职分任的领导结构对公司绩效存在负面影响。王俊秋和张奇峰（2007）实证研究发现董事长和总经理两职合一会影响内部监控和信息披露质量，两职合一与公司信息披露水平存在负相关关系。叶五一等人（2009 年）的研究则表明，两职合一的上市公司其公司业绩更好。

从上可以看出，作为新兴的市场经济实体，企业终极控制人的政治关联及关系网络是值得我们深入研究的领域。

（三）董事会行为特征：主要通过会议次数体现

对董事会行为特征的研究，许多学者都用董事会会议次数来加以表征，考察其与公司绩效、盈余管理的关系。董事会会议召开次数的多少，可以在一定程度上反映董事会成员活动的积极程度，因此可以合理认为董事会会议次数越多，对于管理层的监督越积极，对于提高盈余信息含量有着促进作用。MeMullen 和 Raghunandan（1996）研究发现董事会年度会议次数与公司盈余管理水平或者其他财务报告的非可靠行为发生概率负相关。Conger 等（1998）认为董事会会议次数是提高董事会效率性的一个重要来源，董事会活动越频繁，董事们有更多的时间交换意见、设置战略和监督管理层，从而有助于改善公司治理水平。国内学者于东智（2001）研究发现，董事会会议频率对公司绩效产生正向的影响，并认为董事会会议是董事会有效运作的重要保证。董事会的年度会议次数，在一定程度上体现出董事会对于公司的实际控制能力（李维安，2005）。

另一方面，Lipton 和 Lorsch（1992）认为董事们面临最普遍的问题是缺乏时间执行其职责。Jensen（1993）认为，运行良好的公司，董事会会议频率不需要太多，董事会会议被当做是发现和消除隐患的措施，而不是提高治理的前瞻性措施。

此外，Vafeas（1999）通过对 1990—1994 年期间 Forbes 杂志公布的前 350 家企业数据的实证分析表明，公司绩效下降时董事会会议的次数会增加，董事会年度会议次数和公司价值负相关，在董事会会议次数异常增加后，公司的运营绩效得到改善。

（四）激励机制：董事持股与年薪的考察

1. 董事持股。国外学者对高管持股比例的研究，主要集中于对高管持股之后表现出的激励效应与壕沟效应的争论。Morck 等采用 1980 年《财富》500 家公司的截面数据，检验了董事持股与公司绩效的关系。他们用 TobinQ 来衡量公司绩效，发现二者具有显著的非单调关系，即董事会成员持股比例低于 5% 和超过 25% 时，TobinQ 与董事的持股比例正相关；在 5% ~25% 的范围内，二者负相关。Rosen – stein 和 Wyatt 的研究表明，仅当内部董事持股比例介于 5% ~25% 之间时，内部董事持股比例与内部董事任命公告的平均收益率之间关系的参数估计值才显著为正。Hillman 和 Dalziel 认为，董事在公司中持有的股权比例不仅影响了其对经理层的激励强度，而且还决定了其投入到公司资源的多少。因此，董事会成员股权比例越高，公司的绩效就越好。Warfield 等(1995) 研究发现盈余的信息含量，伴随着管理层持股比例的提高而得到改善。

Denisetal (1997) 在研究美国公司高管变更样本时发现，管理者持股比例和高管变更存在负相关关系。但是，高管变更概率并不是随着持股比例的增加而单调降低的，当持股比例超过 10% 时，高管变更概率将显著降低。回归结果表明：高管持股比例与高管变更显著负相关；持股比例低于 5% 和超过 25% 时，高管持股比例不会显著影响变更对业绩的敏感性；而持股比例处于 5% ~25% 时，持股比例会显著降低变更对业绩的敏感性。Dahyaetal (1998) 则对英国 1959—1992 年间 2 643 个董事长或 CEO 变更的样本进行了研究。结果发现，超过 90% 的高管非正常变更发生在管理者持股比例小于 5% 的公司，其与经营业绩的负相关关系也更为显著，而对于正常变更的公司而言，未发现高管持股与高管变更以及业绩的关系证据。

就我国公司治理的现状来看，我国的股权激励形式基本上局限于两类：在国有独资企业中，对管理者获得年薪以外的特别奖励实行延期兑现；在非国有独资企业中，经股东大会或董事会批准，管理者在一定期限内，以优惠价购买或通过获奖方式取得适当比例的企业股份，并在任期届满后逐步兑现。张俊瑞 (2003) 发现高管报酬与公司业绩(EPS)、公司规模之间，呈现较为显著的、稳定的正相关关系；与高管持股比例之间呈现正相关关系；与国有股控股比例之间存在较弱的负相关关系。

2. 年薪。对董事年薪的研究通常与前述高管薪酬结合在一起。Brick et al. (2006) 研究发现董事薪酬的过度支付与 CEO 薪酬的过度支付有关，而且这种过度支付与公司未来较差的绩效相关。即董事的过高薪酬导致其独立性降低，进而导致其对 CEO 支付过高薪酬。

由于我国大部分上市公司都是由国有企业改制而来，所以与发达国家相比，我国董事会人员薪酬水平明显较低，因此较高的薪酬水平对于董事人员仍然具有较大吸引力，在激励董事方面仍具有发挥作用的空间。因此，中国的董事会薪酬近几年一直是呈上升趋势。

(五) 专业委员会的设立

专业委员会是隶属于董事会的次级委员会，次级委员会的设置依公司的规模、性质而有所差异，但在大部分英美公司中，多数公司都设置了下述次级委员会：执行委员会、审计委员会、提名委员会、薪酬委员会和公共政策委员会等。其中对审计委员会的研究较多。DeAngelo（1981）研究发现，活跃和独立的审计委员会和准确、高水平的财务报告显著正相关。Loebbecke 等（1989）研究认为审计委员会的存在及较佳的董事会治理机制可以降低财务报表舞弊的发生。McMullen（1996）也发现有审计委员会的公司比较不容易发生错误、不法行为及其他不可信任的财务报告等。Anderson et al（2005）年研究发现，当董事会与审计委员会二者都独立且有效时，市场将认为公司盈余报告比较可信。与上述观点有分歧的是，Beasley（1996）研究认为审计委员会对于财务报表舞弊的发生与否并无显著影响，未发生财务报表舞弊的企业没有特别重视审计委员会，并且董事会结构和审计委员会间的互动并没有对财务报表舞弊可能性产生重大影响。Abott 等（2004）研究发现，具有审计委员会的公司，并且其审计委员会是由独立董事组成而且一年至少开两次会的被 SEC 通报为舞弊公司的可能性较小。由此可知，对审计委员会的作用目前还处于有争议的阶段，但是审计委员会在公司治理中的作用是不容忽视的。

（六）独立董事与公司财务、战略的关联

1. 独立董事与公司业绩

① 正相关。20 世纪 90 年代，Rosenstein 和 Wyatt（1990）对 1981—1985 年的 146 个样本做了统计分析，发现独立董事和公司股价显著正相关。Millstein 和 MacAvoy（1998）、Hossian 等（2001）的研究也支持这一观点。② 负相关。Agrawal 和 Knoeber 则研究发现，外部董事制度与反映公司绩效的 Tobin Q 具有负相关关系。③ 不显著相关。Mehran（1995）发现，董事会结构与公司业绩没有显著关系，公司业绩与独立董事的持股间也没有显著关系。Barnhart 和 Rosenstein 用 TobinQ 来衡量公司业绩表现，并选择 1990 年标准普尔 500 公司为研究样本，其结果发现，有微弱的证据表明独立董事比例和公司业绩之间存在一种曲线关系。

国内在该问题上的研究结论同样处于非常尴尬的境地。吴淑琨、刘忠明、范建强（2001），靳云汇（2002）等人的研究表明独立董事（非执行董事）比例与公司绩效正相关；陈宏辉、贾生华（2002）则认为董事会的独立性高低与董事会决策效率（进而与公司绩效）之间是一种倒 U 型关系。谭劲松、李敏仪等（2003），曾显荣（2004）的经验数据也证实了这一观点。但是，更多学者的经验数据则表明，公司绩效与独立董事之间并不存在显著关系（高明华、马守莉，2002；胡勤勤、沈艺峰，2002；于东智、王化成，2003）。

2. 独立董事与首席执行官的更换和薪酬确定

Borokhovich，Parrino 和 Trapani 的研究证实，独立董事与内部董事相比，更容易作出撤换业绩较差的 CEO 的决策。该观点在很多学者（Weisbach，1988；Renneboog，2000；Perry，2000；McConnell & Dahya，2001）的研究中也得到证实。在独立董事和 CEO 就公司的决策发生冲突时，独立董事往往不是采取公开反对的态度（Hermalin & Weisbach，2001；William & Brown，1996），为了表明自己不愿和管理层合谋的态度，他们往往选择主动辞职；即使一些独立董事采取公开反对 CEO 的决策，往往最后也被迫辞职（William & Brown，1996）。

此外，在制定 CEO 薪酬上，由于独立董事往往曾经或正在其他企业担任 CEO，其一般倾向于将 CEO 报酬标准制定得过高（Yermack，1996；Core，Holthausen & Larcker，1999）。可见，独立董事在监督经营者过程中发挥了一定作用，但这种作用的发挥是有局限性的。

3. 独立董事与信息披露

Beasly（1996）研究了独立董事比例与虚假财务报告发生率的关系，研究结果显示，独立董事的比率越高，虚假财务报告的发生率越低。Peasnell（2000）对英国上市公司的公司治理与盈余管理问题进行研究后发现，董事会里外部董事占的比例越高，公司盈余管理的可能性越小。Dechow（1996）通过对受美国证券交易委员会查处的公司进行调查，也发现了类似的结果。此外，Chen & Jaggi（2000）和 Beekes、Pope 和 Yong（2002）等人的研究也表明，独立董事有助于改善上市公司信息披露的质量。

从国外研究文献来看，独立董事在企业收购、高管更换、经理层的薪酬确定和信息披露等方面发挥了较大作用。

4. 独立董事与企业并购

Byrd 和 Hickman（1992）的研究表明，当公司董事会由外部董事控制时，公司做出的收购决策一般会更为明智。类似的结果也被“经理层融资收购”（Lee etc.，1992）和“毒丸计划”（Brickley etc.，1990）的研究所证实，他们都发现独立董事对董事会拥有投票控制权时，公司投票产生的超额收益数额非常巨大。国外许多学者的研究均表明，独立董事在企业收购过程中是有利于维护股东利益和提高企业价值的。

（七）董事的个体特征

董事的个体特征即异质性。目前，而对董事会成员个体的异质性研究是国内外学者较关注的话题之一，例如董事年龄、性别、专业背景、管理经验、工作领域等要素。Agrawal 和 Chadha（2005）研究发现，有财务专业背景的董事会，其财务报告重述的可能性较低。Guner et al（2005）研究发现，在公司董事会中的商业银行家与公司贷款规模有关，董事会中的投资银行家则与外部融资的频率及大额公共债券的发行有关，然而该研究并未发现财务专家的存在与提高股东价值有关。在我国这一新兴市场，独立董事作用发挥的影响因素也有其特殊性，例如董事专业背景与其风险规避的关系。

四、股权结构：基于制度背景与股权制衡的价值创造

公司的股权结构是公司治理中的重要组成部分，对于公司的经营激励、收购兼并、代理权竞争、监督等诸多方面均有较大影响。股权结构包括股权集中度、控股股东性质、国有股比例以及股权制衡度等方面的内容。

（一）股权集中度与企业价值：制度经济学的开示

在股权结构同公司治理的关系上，Jensen 和 Meckling，（1976）将股东分为内部股东和外部股东两类，认为提高对企业有控制权的内部股东的股权比例，能降低代理成本，提高企业价值。Pederson 和 Thomsen 考察了欧洲 12 国 435 家大公司，认为公司股权集中度与公司净资产收益率显著正相关。而对大股东（Large Shareholders）在公司治理中扮演重要角色的理论认识始于 Shleifer 和 Vishny 发表于 1986 年的经典论文。Shleifer 和 Vishny（1986）的模型表明，一定的股权集中都是必要的，有助于增强接管市场运行的有效性，降低管理层代理成本。

MeConnell 和 Servaes（1990）则认为，公司价值是其股权结构的函数[13]。其经验结果表明，TobinQ 值与企业内部人持有股份之间具有曲线关系，当内部股东的持股比例从无到有并且逐步增加时，TobinQ 值会随之不断上升，并在内部股东持股比例达 40% ~ 50% 时实现最大，然后开始下降。当大股东股权比例超过某一点，基本上能够充分控制公司决策时，大股东可能更倾向获取外部少数股东不能分享的私人利益（Shleifer 和 Vishny，1997），由此会产生大股东与外部中小股东的利益冲突。

Demsetz（1983）认为企业的所有权结构是寻求公司价值最大化的结果，而且他和 Lehn（1985）通过对前 5 大股东、前 10 大股东持股比例以及代表股权集中度的赫芬德尔指数与会计利润率（ROE）之间的实证分析，没有发现显著的相关关系。

随着制度经济学的兴起，Chen、Li 和 Su（2005）对中国私人控制的上市公司建立政治联系的原因和后果进行了分析。研究结果显示，财政赤字和政府任意行为越严重的地区，公司越倾向于建立政治联系，同时该类公司往往拥有集权的股权结构和董事会结构。

（二）控股股东性质和国有股比例：源于我国这一新兴市场的议题

这是我国的特殊现象。许小年（1997）发现，国有股比重越高的公司效益越差，法人股比重越高的公司效益越好。陈晓和江东（2000）发现，股东性质与经营业绩之间的关系受行业竞争性的影响，在竞争性较强的行业，国有股比例与公司业绩负相关，法人股和流通股比例与公司业绩正相关，而在竞争性较弱的行业则没有发现这些结果。刘立国和杜莹（2003）研究认为法人股比例、执行董事比例、内部控制制度、监事会的规模与财务舞弊的可能性正相关，流通股比例则与之负相关。此外，如果公司的第一

大股东为国资局，公司更可能发生财务舞弊。余怒涛等（2008）的研究认为国有股比例不会对上市公司的盈余质量造成显著影响。

（三）股权制衡：发挥多个大股东的相互监督牵制作用

股权制衡指的是第一大股东以外的其他大股东对第一大股东的牵制作用，通常用其他大股东的持股比例之和与第一大股东的持股比例的比值来衡量。如 Shleifer 和 Vinshny（1986）通过理论建模所证明的那样，公司其他大股东（以第二大股东为代表）对第一大股东的制衡是保护外部投资者利益的一种重要机制。实际上，在 Shleifer 和 Vinshny（1956）之后，Zwiebel（1995）较早对公司同时存在多个大股东时的情形进行了分析，Pagano 和 Roel（1998），Bennedsen 和 Wolfenzon（2000），Gome 和 Novaes（2001）更是进一步研究了多个大股东的存在对于抑制资产掏空等侵害行为的作用，认为多个大股东的存在可以起到互相监督、制衡的作用。Volpin（2002）的研究发现，有多个大股东的公司市场价值高于仅有一个大股东的公司。Maury 和 Pajuste（2005）的研究也表明多个大股东的存在与公司价值正相关，这一相关性在家族控制公司尤为显著，表明在没有其他大股东监督的情况下，家族控制者更倾向于攫取私人利益。针对我国刚刚兴起的家族企业，双重代理问题尤为严重，如何防范及解决是我们研究的议题之一。

五、对未来公司内部治理机制研究的展望和建议

1. 从激励机制研究的状况看，我国应加强对惩罚机制的实证研究。从我国国有企业的情况来看，亏损公司的经理遭更换的例子比比皆是，但其是否对公司经理形成了一定的约束和激励，以及这些约束和激励又受到哪些公司治理机制的影响是一个值得认真研究的课题。

2. 如前所述，依据行为金融的观点，董事个体的异质性对企业相关决策可能会产生独特效应，因此，该领域值得我们持续关注。此外，独立董事与企业并购、独立董事与首席执行官的更换和薪酬确定以及独立董事与信息披露这三方面的研究，国外已比较成熟，而我国对独立董事的研究多是集中在独立董事与公司业绩方面，其他方面的研究较少。事实上公司绩效和公司治理的有效性并不能完全等同：绩效反映企业增值创利的能力，属于总体层面的概念；公司治理则反映一种规范、协调运作的状态，属于基础层面的概念。

3. 股权结构的研究必然与投资者利益保护相挂钩，美国萨班斯法案加大了对上市公司违规的惩罚力度，其目的也是为了保护投资者利益，创造良好的融资环境以巩固其金融中心的地位。而投资者利益保护是要有最优程度的，即其程度取决于与上市公司代价的博弈，它是内生于二者关系中的。因此，对开放经济与封闭经济下的投资者利益保护机制的研究是我们今后要深入研究的问题之一，尤其是不同国家的制度环境的对比。

4. 公司内部治理机制应与外部环境相结合考虑，尤其是我国作为新兴市场中的经济体，外部环境不同与西方发达市场，有很多自身特点，在公司层面上，我们更应关注过渡性事件（例如，公司并购、CEO 更换等）与公司治理特征的关系，内部控制机制与外部治理机制的对接互动以及公司治理与公共治理的结合等话题。

5. 从研究方法上看，应注重把传统的管理学、经济学理论与公司治理的实证研究方法相结合，这就要求研究者在研究设计中要格外注意内生性问题和变量的取舍。

第三节 公司内部治理与内部控制活动互动性研究

新制度经济学认为：公司治理是一项正式的制度安排，并且这项制度安排直接决定着公司的所有者和经营者以及其他利益相关者在实现公司价值最大化过程中所持有的态度。Jensen（1993）将现代公司的控制系统总结为四个方面：资本市场；法律政治管制体系；产品和要素市场；以董事会为核心的内部控制体系。根据 Jensen 的思想，结合利益相关者理论，可以把公司治理机制划分成两个大的方面：外部治理机制和内部治理机制。外部治理机制包括：债权人治理、公司控制权市场、法律体系及对中小股东的保护机制、产品市场竞争等；内部治理机制是在一个企业的资源计划范围内，可以用来实现企业的公司治理目标的各种公司内部治理机制的总称。包括：如何配置和行使控制权；如何监督和评价董事会、经理人员和职工；如何设计和实施激励机制。其主要作用在于：监督、约束经营者的行为。它体现了所有者、董事会、监事会和高级管理人员之间的制衡关系，其核心是让所有者的约束力量可以到达公司管理层，从而尽可能使管理层和所有者的目标保持一致。由于两权分离导致的代理问题的产生，内部控制也因此而产生。

内部控制制度是董事会及管理层为确保企业财产安全完整、提高会计信息质量、实现经营管理目标等而建立和实施的一系列具有控制职能的措施和程序。其理论发展大致可以划分为如下几个阶段：内部牵制、内部控制制度、内部控制结构、内部控制整体框架和企业风险管理框架。2004 年 COSO 发布的企业风险管理框架（ERM）认为，风险管理包括内部控制，内部控制是风险管理不可分割的一部分。内部控制有五个要素组成：控制环境、风险评估、控制活动、信息与沟通、监督。目前，内部控制风险管理框架的思想已得到业内人士的广泛认同。

一、公司内部治理与内部控制的关系定位

纵观内部控制与公司内部治理的发展历史，从“事物是普遍联系永恒发展的”哲

学视角来看，我们需要明确二者关系及相互影响，并在此基础上构建其互动发展的可行方案。公司内部治理要解决的问题是通过契约关系的制度安排来确保委托人的权益不被侵害，通过制衡来实现对管理者的约束与激励，以最大限度地满足股东和利益相关者的权益。内部控制处于公司内部治理设定的大环境之下，解决的是管理当局与其下属之间的管理控制关系，其目标是保证会计信息的真实可靠，防止发生舞弊行为。可以说，内部控制能否有效运行，相当一部分因素取决于公司内部治理是否完善。建立健全公司内部治理结构才能保证不同层次控制目标的一致性、促进科学决策和效率经营，才能提高内部控制的经营效率与效果；若没有科学有效的公司内部治理结构，无论设计如何有效的规则、政策和组织实施程序，内部控制制度也只能流于形式，无法起到保护财产安全和保证会计信息真实可靠的作用。

简言之，内部控制是在公司内部治理解决了股东、董事会、监事会、经理之间的权责利划分之后，作为经营者的董事会和经理为了保证受托责任的顺利履行，而做出的主要面向次级管理人员和员工的控制。因此，我们认为，应从公司治理的高度认识内部控制，公司内部治理机制与内部控制框架的关系是制度环境与内部管理监控系统的关系。在此基础上，我们再来研究二者的具体联系、公司内部治理质量对内部控制的影响及二者互动方法。

（一）终极目标同源性——股东财富最大化

公司内部治理与内部控制的终极目标都是为了实现股东财富最大化。科学的公司治理结构应该是一套有利于企业剩余索取权和剩余控制权合理配置的契约与制度安排，其目的是制衡企业各利益相关者之间的权力，保证公司管理者做出科学的决策。也就是说，科学的公司治理结构应该以企业价值最大化为目标，同时兼顾各利益相关者的利益。而要保证各利益相关者的利益，内部控制就是不可或缺的关键手段，内部控制是通过追求效率经营来促进企业实现价值最大化的。内部控制在设计与执行过程中有其特殊的基础作用，是协调企业各方利益关系的一种最佳手段，也是企业价值最大化目标得以实现的强有力的保证之一。因此，公司内部治理与内部控制的终极目标是一致的，即实现股东财富最大化。

（二）本质内容一致性——风险识别与控制

内部控制的发展历史，最早的内部控制形式要追溯到公元前 3600 年前的美索不达米亚时期，它是基于当时组织面临的两类基本风险——财物不安全和信息不真实的需要而产生的。15 世纪末，随着资本主义经济的初步发展，在意大利诞生了复式记账法，内部牵制渐趋成熟。但是，市场结构仍相对单一，企业规模也相对较小，企业经营结构相对单一，这意味着财务安全与信息真实仍是当时企业的控制目的。由此可以看出，内部牵制是基于对财产不安全和信息不真实风险的控制需要而产生的，内部牵制本身就是控制风险。后期，内部控制的控制目的经历了由财物的安全性、信息的真实性进一步扩展至经营效率以至战略的正确性；20 世纪初，公司制企业大量涌现，使得内部控制的层次由企业员工层面向经理层和董事会（甚至包括股东大会）提升，但无论怎样变化风险控制是贯穿内部控制的核心主线。

20 世纪公司制企业的发展过程中，发达国家公司的内部人控制相当严重，经理人背德、逆向选择、决策失误以及大股东一股独大导致决策非理性、侵占小股东利益等问题使得大量公司失败。为了解决这一问题，理论和实务界提出了公司治理的理论与方法，形成了公司治理的规范。公司治理包括外部治理和内部治理，这里的公司治理规范主要是就内部治理而言的。公司治理的目标也是要保证各层次的受托者不得背叛委托者，这里的背叛包括侵吞财物、信息欺诈；公司治理的另一目标要保证各层次的受托者理性地决策，这里的理性决策首先要求受托者不得逆向选择，也要求在识别企业各种风险的基础上做出正确的战略选择和经营决策。所以非常巧合的是，公司制企业内部控制制度的控制目标拓展和控制层次提升的趋势与公司内部治理的治理目标和治理层次具有几乎完全拟合的特征，也就是由于公司制企业的特点使得内部控制必须适应这种特点。尽管理论和实务界单独研究和实践了公司内部治理，但本质上仍然是为了控制风险，只是这种风险控制是基于新出现的公司组织层次，以及这些层次所要进行的行为（战略选择与经营决策）。通过内部控制目标拓展和控制层次的提升就可以达成公司内部治理的要求，两者可以合二为一。

（三）关键环节同位性——董事会和总经理

董事会、经理层是公司内部治理与内部控制共同辐射的重要区域，也是容易出现问题的区域。美国安然、世通、日本八佰伴、香港百富勤以及我国广夏、东方电子等特大财务欺诈及公司违规操作的案件中可以看出，内部控制并不是万能的，在实现其基本目标即保证会计信息真实性时仍然存在缺陷。究其原因，大部分公司失败不是由于权力制衡出现问题，而是由于公司治理中的决策机制存在问题，决策过程缺乏监督机制以及无法及时纠正错误（John Pound，1995）。公司的董事会是联结出资者和经营者的桥梁，为股权资本出资者和经理人员的职业合同提供了合理的保障。基于股权分散的事实产生的投资者行使剩余控制权的高额成本以及信息不对称，行使控制权的重心客观上要求落在董事会肩上。科学、合理的公司治理结构，要求能够有效降低代理成本，并且能够形成良好的约束和激励机制，从而构成对经理层的内在约束。内部控制的内容拓宽到整个控制体上，要求建立起涵盖各部门、各层次、各环节及有关人员的责权利机制。内部控制以及涉及内部控制的信息流动构成解决信息不对称、保证会计信息真实可靠的重要手段，而确保信息质量是董事会不可推卸的责任。由此可见，关注内部控制与公司内部治理所涉及的共同重要领域——董事会和总经理，对于实现有效控制、确保信息真实可达到事半功倍的效果。

（四）管理手段相似性——激励与制约并重

虽然公司内部治理与内部控制分属于经济学和管理学两个范畴，但其运作都采用同样的管理手段，即主要为制度控制和激励。公司治理的控制方式以决策和引导为主，更多涉及法律层面的问题；内部控制方式则以执行为主。但是，要获得良好的执行，必须作出正确的决策和必要的引导，所以，两者的控制方式和手段存在相继性和统一性。公司治理具有惩罚性条款，通过强制性机制（如契约）对内部控制产生引导和监督。内部控制是内部契约的体现，是在给定条件下追求成本最小化、效率最大化。在执行中，公司内部治理与内部控制采取的手段都是激励与制约并存。

二、公司内部治理质量对企业内部控制报告的影响

通过提高公司内部治理质量来提高财务报告质量相对于通过对内部控制的审计这一途径成本要低（美国 SEC，2005）。在《萨班斯法案》302 条款要求下，高质量的公司治理确实能引导企业对内部控制重大缺陷的披露。我们知道，内部控制系统通过两方面保护投资者利益：一是通过无重大缺陷的内部控制报告的出具提高财务报告的可信性；二是通过及时确认、评估和管理影响公司目标实现的风险来引起董事会注意并采取相应的防控措施。而要达到保护投资者利益的目的，就需研究影响内部控制报告质量的公司治理因素。美国学者通过对美国上市公司及欧洲上市公司的实证研究，发现当公司治理机制不完善时，内部控制需要披露更多信息以确保投资者利益不受损失；而公司治理机制有效运行时，则管理层相对来说缺少披露更广泛内部控制系统信息的动力，因为这是一项高成本行为，并且，其效益会被其他治理机制所掩盖。下面就公司内部治理对内部控制影响的重要方面分别加以论述。

（一）股权结构多样性与内部控制报告的披露质量

内部控制报告的披露质量与股权集中度呈负相关关系。在股权高度分散的公司内，经理人更倾向于准确披露内控情况，反之，股权高度集中的公司，由于存在少数人控制的现象，经理人易受控于人，其内控报告风险相对要大。因为根据委托—代理理论，职业经理人享有的是薪酬，其更关注个人短期利益。实践中很多企业采取“绩效股”等激励措施，企图降低代理成本，使经理人利益与股东一致，但随着经理层股份的增加，其对内控的披露的动力却逐渐降低。因此，要正确处理好这种博弈关系，应通过股改等方案尽可能地避免“一股独大”、“内部人控制”等现象，有关该方面问题的研究甚多，这里不再讨论。

值得一提的是，研究发现，在公众公司中机构持股比例与内部控制报告的披露程度也呈负相关。在公众公司中，若个人投资者碍于成本—效益原则，缺乏动力参与监督企

业管理层时，机构投资者在参与管理中扮演的角色就显得越发重要——因为其享有重要的投票权。而且，机构投资者利用其特殊身份，可以独享公司经营的相关信息。由于机构投资者的出现，管理层则更缺少动力披露内部控制报告。

（二）董事会的组织结构及比例、人员知识背景等都对内部控制报告有直接影响

我们先关注董事会的组织结构图，如图 15－2 所示。

1. 独立董事比例与内部控制报告的披露程度负相关。众多研究文献表明，在《公司法》规定的独立董事人数和比例范围内，独立董事比例与公司业绩正相关。独立董事比例反应的是董事会对管理当局行为控制的一种代理关系，若处理适当，独立董事会更加有效发挥其监督作用。根据资源依赖理论，作为管理层，独立董事比例越高，其披露内部控制的自觉性就越低。

2. CEO 的二重性。此二重性是指 CEO 既作为决策管理者又作为有决策控制权的 CHAIRMAN 出现。若 CEO 与 CHAIRMAN 是同一人，则会弱化董事会管理行为的有效性，而管理层也会因此更加自愿地披露内部控制报告，但其舞弊的可能性也随之增加。因此有效的公司内部治理机制会把管理决策权从 CEO 的权力中划分出来，形成决策管理与控制的分离。

3. 财务专家在董事会中所占比例。董事会的监督职能是通过董事知识结构的多样化和逐步深化而加强的，董事会的会计专家不仅可以通过管理层的内、外报告评价其业绩，还可以通过对会计循环和会计信息系统的评价判断其报告的可靠性。由此可见，董事会中会计专家的存在可以提高财务报告和内部控制报告的可信性，董事会成员会计专家的比例与内部控制报告的披露质量是正相关的。所以，提高该比例或加强对董事会成员会计专业知识的培训有利于提高内部控制报告的质量。

（三）审计委员会在管理角色中起着重要的作用

我们同时关注董事会与审计委员会的组织关系图，如图 15－3 所示。

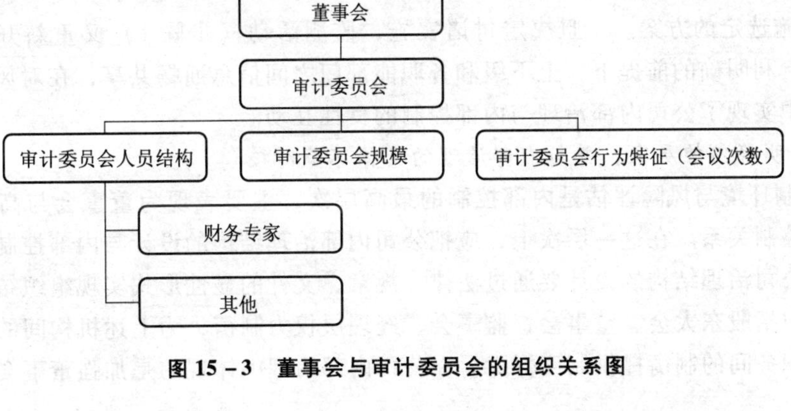

图 15－3　董事会与审计委员会的组织关系图

高质量的审计委员会更倾向于披露内部控制的缺陷与不足。过去很多研究发现，审计委员会的建立对公司财务报告的质量有普遍的正面影响，前提是审计委员会是独立于管理层的。《萨班斯法案》第 407 节“有关审计委员会财务专家的信息披露”中规定，审计委员会中至少存在一名由 SEC 定义的“财务专家”，并特殊强调该专家应具有内部财务控制方面的工作经验。事实上，审计委员会成员若具备会计与审计知识则更易于与内部审计师沟通，从而更利于对内部控制报告的完善与质量的提高。

三、实现公司内部治理与内部控制良性互动的方法

（一）贯彻决策机制，进行风险识别和控制

要想控制风险必须要清楚风险发生的原因，这就要结合相关决策机制来实现。理性决策方法强调首先要对问题进行系统的分析，然后按照合乎逻辑的步骤进行方案选择及实施。过程如下：

1. 监测决策环境。作为管理者要监控内外环境，获得能显示实际与计划或可接受的行为之间的偏差的信息。这属于风险识别范畴，为实现风险识别所需要的信息要具有预测性。

2. 界定决策问题。对于出现的偏差，管理者要界定偏差问题实质性的环节，由内部控制制度确定责任人。

3. 明确决策目标。管理者要确定各项决策应该达到什么样的绩效目标。

4. 诊断问题。把握问题产生的原因有助于找到合适的应对策略。

5. 提出备选方案。管理者在确定计划前，必须对能够实现预期目标的多种备选方案都有全面清晰的认识。

6. 评价备选方案。这一步骤要涉及运用统计方法评估各备选方案。对每一备选方案的优、缺点及实现预期目标的可能性都要进行评价。

7. 选择最佳方案。这是决策过程的核心。

8. 实施选定的方案。一旦决定付诸实施，监测活动（步骤 1）又重新开始。整个过程在权责利明确的前提下，上下级和各职能部门之间信息通畅共享，在对风险识别与控制过程中实现了公司内部治理与内部控制的良性互动。

（二）明确内控层次，并与内部治理的具体环节对接

1. 控制环境与风险评估是内部控制的最高层次，主要表现为董事会与高级管理人员之间的控制关系。在这一层次上，应把公司内部治理结构的设计与内部控制的机理结合起来，公司治理结构的设计要通过法律、规章、文件的显性形式实现组织结构上的职权分配，包括股东大会、董事会、监事会、经理层权力制衡，为上述机构间的分级授权和不相容职务间的制衡提供制度保障。在公司内部治理中体现的是加强董事会在内部控

制中的核心地位。

2. 控制活动、信息与沟通是内部控制的第二层次，以日常经营管理活动为基础。其主体涉及高级管理层、中级管理层、内部审计组织和一般员工等，涉及的范围主要是企业日常管理中的控制与约束。公司治理在该层次更多的是对员工的培训与对经理层的相应激励措施。

3. 监督是内部控制的第三层次，也是公司治理中的最底层，是以各部门之间以及各部门内部的职责分工为基础的企业员工与具体作业之间的一种控制关系。该种控制主要由中层管理者以下的员工来完成，所面对的主要是企业的日常业务和事项。

（三）营造学习型组织，加强对"人"的行为的控制

人通过自身的行为识别风险并控制风险，所以公司内部治理与内部控制的最终对象是人的行为。要保证公司内部治理—内部控制系统的完整有效，就要从每一个治理单位和控制单位即个人开始。人在没有约束的条件下，可能出现背德和不理性行为。约束了人的行为，基本能保证信息真实准确、保证财产的安全、提高经营效率。这里值得注意的是，过去的风险控制对象是更多地关注企业高层。实际上，企业的风险存在于企业运行各个层面、各个要素之中。因此，要实行由上而下的全员管理。同时，在学习型组织中，充分发挥成员的创新改造能力是企业赖以存在和发展不可或缺的资源。鼓励员工主动寻找机会空间，发挥自身的适应能力和创造才能。

（四）重视软环境，加强企业伦理与价值观建设

经历了2001年以来的世界范围内的财务丑闻，企业管理层的诚信建设被置于前所未有的高度，但实践中却始终寻求不到行之有效的方法。我们认为，既然公司内部治理与内部控制的本质内容都是进行风险控制，其有效性是不可能脱离那些创造、管理和监督企业活动的人的诚信和道德价值观。因此，处于软环境的道德与价值观建设就显得尤为重要。具体途径是：通过对健康企业文化的渗透达到该目的，而衡量健康企业文化的首要因素就是其社会责任的履行。

本章小结

本章梳理了内部控制与风险管理的关系，内部控制与公司内部治理的关系。内部控制与风险管理的实施主体、目标基本一致，在具体目标、组成要素、管理者任务的要求上存在些微的差别。内部控制与风险管理关系密切，不可分割。而公司内部治理和内部控制在终极目标、本质内容、关键环节、管理手段上具有相同之处，因此可以实现公司内部治理与内部控制的良性互动。

重点名词

公司治理
公司内部治理
激励合约
股权结构
董事会特征

本章重点与难点

1. 内部控制与风险管理的比较
2. 内部控制与风险管理的关系辩论
3. 公司内部治理与内部控制的关系定位
4. 实现公司内部治理与内部控制良性互动的方法

思考题

1. 内部控制与风险管理有哪些异同?
2. 分析内部控制与风险管理的内在关系如何?
3. 公司内部治理与内部控制的关系定位是怎样的?
4. 如何实现公司内部治理与内部控制良性互动?

案例讨论

三泰公司治理结构内部控制

2009 年 1 月 16 日至 2 月 21 日，三泰集团内审部委托中天恒管理咨询公司，依据财政部、审计署等五部委颁布的《企业内部控制基本规范》等有关规定，对三泰集团控股的三泰公司治理结构内部控制进行设计，确定了三泰公司治理结构方面的风险点、关键控制点及控制措施。三泰集团内审部和中天恒管理咨询公司联合组成的内部控制项目组，经过一个多月的努力工作，确定的三泰公司治理结构方面的风险点和风险描述如下:

三泰公司治理方面的风险点及其描述总表

风险点	风　险　描　述
指导方针	在缺乏良好的治理的保障下，信息的不对称和监控上的困难往往使难以对企业作出监控的资金提供者感觉风险太高 若外界资金提供者没有得到有意义的保障，那些控制企业的人便可利用其地位错误分配经济利益，影响企业的长远表现和企业价值
董事会的组成	董事会组成不合理，有可能发生关联交易，中小股东利益无法得到保证 违反上市地监管法律、法规
董事的责任和义务	企业不明确规定董事的职责和义务，可能导致监管部门的纪律处分甚至法律制裁
监督职能	主要官员的业绩鉴定和加薪的过程可能不是被独立地评价的 过多的薪水可能支付给主要官员
发现问题后采取的措施	对于紧急事件的解决可能也不及时或不恰当
独立董事	独立董事不能充分发挥其作用，有可能出现损害中小股东利益的情况
执行会议	非执行董事对管理层的监督可能不充分、不及时
监事会章程	对企业董事、总经理、副总经理和其他高级管理人员的监督可能是不充分和不及时的
监事会的职责	监事会的职责不充分、不全面 对企业董事、总经理、副总经理和其他高级管理人员的监督可能是不充分和不及时的
审计委员会	对企业内控机制缺乏客观公正的评价 企业财务报告有可能存在虚假陈述 企业违反有关法律、法规 缺乏对企业各级管理人员是否遵循行为规范的评价
审计委员会的独立性	管理层的决策可能不会被恰当地质询或怀疑 从不同的业务经历和观点得出的结论可能不会在主要的决议中获得 管理层对减少管理层从事下列活动可能性的监督可能是不充分的 使企业陷于严重的非法行为中（违背法律和法规） 非法占用重要的资源 使企业重要的资产置于过度的风险中 未能确保充分的控制构架 在企业外部发行的财务报告中存在重要的虚假陈述

续表

风险点	风 险 描 述
与控股机构的关系	企业经营机构与控股机构职责不分，控股机构介入企业经营管理 可能存在不正当的关联交易，侵害中小股东利益
内部审计之职能	企业控制结构的缺陷可能不会被检查或修正 法律和法规的背离情况可能不会报告给恰当层面的管理者以减少未来发生的可能性
审计结果的反馈和沟通	管理层可能并不了解内部控制结构中他们的责任区域，从而不了解控制弱点 管理层可能没有处理好对政策、流程、法律、法规的偏离 企业可能因为违反相关法规而被罚款或接受其他处罚

（该案例摘自中天恒会计师事务所网站 www.zhongtianheng.com.cn 作者：李三喜）

讨论问题：

1. 公司治理的好坏对公司内部控制效果有何影响？
2. 独立董事和审计委员会在财务报告的可靠性方面负有什么责任？

参考文献

[1] 王晓．企业风险审计［M］．北京：中国时代经济出版社，2007.

[2] 叶陈刚，郑君彦．企业风险评估与控制［M］．北京：机械工业出版社，2008.

[3] 朱荣恩．内部控制案例［M］．上海：复旦大学出版社，2005.

[4] 程新生．企业内部控制［M］．北京：高等教育出版社，2008.

[5] 企业内部控制编审委员会．企业内部控制配套指引：解读与案例分析［M］．上海：立信会计出版社，2010.

[6] 企业内部控制规范［M］．北京：中国财政经济出版社，2010.

[7] 方红星，译．内部控制——整合框架［M］．大连：东北财经大学出版社，2008.

[8] 李连华．内部控制理论结构［M］．厦门：厦门大学出版社，2007.

[9] 贺卫，伍山林．制度经济学［M］．北京：机械工业出版社，2003.

[10] 张先治．内部管理控制论［M］．北京：中国财政经济出版社，2004.

[11] 潘爱香，高晨．全面预算管理：整合“四流”．创造“一流”［M］．杭州：浙江人民出版社，2001.

[12] 黄世忠．会计数字游戏——美国十大财务舞弊案例剖析［M］．北京：中国财政经济出版社，2003.

[13] 王世定．企业内部控制制度设计［M］．北京：企业管理出版社，2001.

[14] 龚杰，方时雄．企业内部控制——理论、方法与案例［M］．杭州：浙江大学出版社，2006：99.

[15] 邓爱民，任红强，王晓明，周彦霆．风险预警体系研究述评［J］．现代管理科学，2008（2）.

[16] 张应语．风险管理报告的模式及内容研究［J］．科学决策，2009（2）.

[17] 王维虎，冯晨光．杜邦沸腾壶风险审计模型的启示［J］．财会月刊，2006（5）.

[18] 王林．不确定性与企业预警［D］．四川大学博士学位论文，2004.

[19] 孟焰，张军．萨班斯法案404条款执行效果及借鉴［J］．审计研究，2010（3）：96－100.

[20] 陈赛珍．解析404条款：萨班斯法案最大的挑战［J］．会计师，2005（7）.

[21] 周兆生．内部控制与风险管理［J］．审计与经济研究，2004（7）.

[22] 王海菲，叶陈刚．公司内部治理机制研究述评与启示［J］．经济与管理研究，2010（8）.

[23] 叶陈刚，王海菲．公司内部治理质量与内部控制互动性研究［J］．审计与经济研究，2011（1）.

[24] 叶陈刚，程秀生．公司治理学科发展的新阶段——《公司治理学》述评［J］．南开管理评论，2006（2）.

[25] 风险管理五大失败案例［EB/OL］．［2009－02－12］．http：//www.sina.com.cn.

[26] 百度百科 http：//baike.baidu.com.

[27] 饶盛华. 加强企业内部控制是当务之急——“ST郑百文”的警示 [J]. 中国注册会计师，2001 (6).

[28] 刘华. “巨人”内部控制案例分析 [J]. 财务与会计，2008 (4).

[29] 毛盼盼，黄会英. 论我国企业内部控制的改进——基于雷曼兄弟破产分析 [J]. 企业技术开发，2010 (3).

[30] 叶陈刚，翟健勇. 公司内部控制体系探析——来自中国网通的案例 [J]. 财会通讯，2008 (4).

[31] 吴志华，程六满. 有效内部控制关键因素分析——兼议联想集团做实检查监督案例 [J]. 财会通讯，2008 (4).